KB210715

성경의 핵심 메시지 1

성경의 핵심 메시지 1

저자 김대동

초판 1쇄 발행 2024. 10. 25.

발행처 도서출판 브니엘
발행인 권혁선

책임교정 조은경
책임영업 기태훈

등록번호 서울 제2006-50호
등록일자 2006. 9. 11.

서울특별시 송파구 백제고분로28길 25 B101호 (05590)
마케팅부 02)421-3436
편 집 부 02)421-3487
팩시밀리 02)421-3438

ISBN 979-11-93092-28-6 03230

독자의견 02)421-3487
이 메 일 editorkhs@empal.com

북카페 주소 cafe.naver.com/penielpub.cafe
인스타그램 @peniel_books

도서출판 브니엘은 독자들의 원고를 설레는 마음으로 기다리고 있습니다.
위의 이메일로 간단한 기획 내용 및 원고, 연락처 등을 보내주십시오.

도서출판 브니엘은 갓구운 빵처럼 항상 신선한 책만을 고집합니다.

153

성경의 핵심 메시지 1

성경 전체를 아우르는 153편의 설교

김대동 | 지음

브니엘

성경을 펼쳐놓고 고민하고 또 고민하며 153개의 본문을 선정하였습니다. 그 이유는 〈성경153올람〉 운동을 진행하면서 성경이 우리 가치관의 원천이었기 때문입니다. 〈성경153올람〉 운동은 작금의 거대 시대 풍조의 도전을 온몸으로 느끼면서 어떻게 하면 그 도전과 유혹을 물리치고 이 시대 속에서 참된 그리스도인으로 살 수 있을 것인가 하는 고민에서 출발하였습니다. 나아가 다음 세대의 신앙 문제가 참으로 심각한데, 어떻게 하면 우리의 다음 세대를 신앙으로 잘 양육할 수 있을 것인가 하는 고뇌에서 출발하였습니다. 그래서 〈성경153올람〉 운동은 성경 153개의 본문을 가지고 매 주일 한 주제씩 말씀 선포를 함으로써 기독교적 가치관을 체득하게 하고, 이 내용을 가정 예배문으로 만들어 매주 가정 예배를 드림으로써 다음 세대를 신앙으로 양육하자는 운동입니다. 이 운동은 153개의 주제이니 3년 동안 힘써 행하자는 것이며 이로써 올람, 즉 옛적 길(렘 6:16)을 함께 옹골차게 걸어가자는 운동입니다.

이와 같은 운동을 실행하려 하였을 때 이 모든 운동의 원천은 다름 아닌 성경입니다. 그래서 성경을 펼쳐놓고 고민하고 또 고민하여 153개의 핵심 본문을 선정하였습니다. 하지만 신구약 성경 속에서 153개의 핵심 본문을 선정하기란 결코 쉽지 않았습니다. 왜냐하면 성경 속에는 감동이 되고 은혜가 넘치는 말씀이 너무나 많기 때문입니다. 이 본문을 선정하면 저 본문이 빠지고 그때마다 아쉬운 마음이 들었으며, 그래서 최종적으로 이 작업을 마무리하는 데 무려 3개월의 시간이 필요하였습니다.

이렇게 153개의 본문을 선정하고 필자는 매 주일 피를 토하는 심정으로 3년 동안 핵심 메시지를 선포하였습니다. 그동안 목회를 하며 이렇게 절실해 본 적이 없었습니다. 오늘날 그리스도인들은 물신주의(mammonism), 세속주의(secularism), 쾌락주의(hedonism), 이기주의(egoism), 포스트모더니즘(postmodernism)의 도전 앞에 무방비로 노출되어 있고, 우리의 자녀들은 점점 더 신앙에서 멀어지고 있는 이 시점에 필자는 나 자신이 먼저 이 핵심 메시지를 붙들었고 진정 절절한 마음으로 말씀을 선포하였습니다.

이제 3년 동안의 말씀 선포를 묶어서 책으로 내놓습니다. 이미 출판된 〈성경153올람〉 운동의 매뉴얼인 「이제, 이 길밖에 없습니다」와 짝을 이루어 이 책들이 한국교회 선한 영향을 미침으로써 "교회가 교회되게, 성도가 성도되게" 하는 역사가 일어나길 간절히 기도할 뿐입니다.

이 책은 첫째, '성경의 맥을 관통하는 메시지'로서 도도히 흐르는 구속사의 흐름을 따라 성경 전체의 각 권을 빠짐없이 언급하고 있습니다. 둘째, '신앙적 가치관을 세우는 메시지'로서 이 시대를 살아가는 그리스도인들이 꼭 체득해야 할 가치관을 집중적으로 강조하고 있습니다. 셋째, '복음의 본질을 회복하는 메시지'로서 시대의 풍조에 휩쓸리지 않는 온전한 복음을 옹골차게 선포하고 있습니다. 그러므로 이 책은 목회자의 말씀 선포에 큰 도움이 될 뿐만 아니라 평신도가 성경으로 여행하며 하나님의 음성을 듣고자 할 때 아주 좋은 길잡이가 되리라 생각합니다.

이 책이 나오기까지 부족한 종의 말씀 선포를 듣고 힘써 이 운동에 동참해 주신 분당구미교회의 교우들에게 깊은 애정으로 감사를 드립니다. 곁에서 늘 지지해 주고 격려해 주신 당회원들의 노고에도 깊은 감사를 드립니다. 선뜻 이 운동의 취지와 가치를 알아주시고 기꺼이 이 책을 출판해 주신 브니엘 출판사 직원들에게 깊은 감사를 드립니다. 이 모든 영광을 하나님께 올려드립니다.

이 책을 통하여 이 땅의 그리스도인들이 영적으로 정신이 번쩍 들었으면 참 좋겠습니다. 복음 전파의 일선에서 고군분투하는 교회마다 본질을 회복했으면 참 좋겠습니다. 나아가 탈종교화의 시대 속에서 한국교회를 비롯한 세계교회가 잃어버린 하나님의 영광을 회복했으면 정말 좋겠습니다. 무엇보다 너무나 소중한 우리의 다음 세대가 진실로 신앙의 사람들로 커 갔으면 정말 좋겠습니다.

글쓴이 김대동

【성경의 핵심 메시지 2권】

【성경의 핵심 메시지 3권】

"너희가 섬길 자를 오늘 택하라.

오직 나와 내 집은 여호와를 섬기겠노라" (수 24:15).

성경153올람 운동을 위한
예비주일 메시지

- 예비주일 1 / 수 24:14~18 / 하나님만 섬기는 교회와 가정
- 예비주일 2 / 렘 6:16 / 〈성경153올람〉을 실천하는 법

하나님만 섬기는 교회와 가정

하나님께서 오래 참으시는 섭리 가운데 또다시 우리에게 새해를 허락해 주셨습니다. 감사하며 감격하며 이 새해를 우리 인생의 가장 소중한 해로 만들어 나가야 하겠습니다. 우리는 작년 한 해를 온갖 고통과 씨름하며 살아왔고 새해가 왔지만 여전히 참 힘겨운 삶을 살아가야 하는데, 그러면 우리는 어떻게 살아가면 좋겠습니까?

'엘 샤다이'(El Shaddai), 저는 새해 첫 주일에 이 단어를 던지면서 여러분에게 가장 중요한 한 가지를 말씀드리고자 합니다. 먼저는 '코나투스'(Conatus)라는 것이 있는데 이것은 '사는 의지'를 말합니다. 모든 존재는 바로 이 사는 의지, 코나투스를 본능적으로 가지고 있어서 자기 삶을 이어간다는 것입니다. 그런데 우리는 '코나투스'로만 살아갈 수는 없습니다. 왜냐하면 코나투스는 지극히 제한적이고 물질적이기 때문에 우리의 소중한 인생을 그렇게만 살아갈 수는 없는 것입니다. 그래서 우리는 코나투스로 살 것이 아니라 진실로 '엘샤다이', '전능하신 하나님'을 붙들고 살아야 합니다.

우리가 믿는 하나님은 천지 만물을 창조하시고 불가능한 것을 가능케 하시는 엘샤다이, 전능하신 하나님이시기 때문에 우리는 여전히 힘들고 어려운 시대를 살아갈 때도 전능하신 하나님의 선하신 능력으로 살아가야 합니다. 진실로 하나님께서 주신 새해를 살아갈 때 여러분은 엘샤다이, 전능하신 하나님을 붙들고 모든 것을 다 이겨내고 날마다 승리하는 성도 여러분 되시기를 간절히 바랍니다.

1. 새해 표어와 방침, 주제 성구

▶ 표어 : 오직 하나님만 섬기는 교회와 가정이 되게 하소서!

이 표어는 단순하게 보여도 아주 심오한 뜻을 내포하고 있는데, 이것은 모든 인간주의, 인본주의, 세속주의의 가치를 극복하고 오직 하나님의 뜻대로 하나님의 가치를 붙들고 나와 가정과 교회의 삶을 살아가자는 결심입니다.

▶ 주제 성구 : "너희가 섬길 자를 오늘 택하라. 오직 나와 내 집은
여호와를 섬기겠노라"(수 24:15).

이 말씀은 여호수아가 자기 사명을 다하고 죽음을 맞이하기 전에 이스라엘 공동체에 도전하면서 언약을 갱신하는 내용입니다. 여호수아는 "너희가 섬길 자를 오늘 택하라. 오직 나와 내 집은 여호와를 섬기겠노라"고 도전하였고 백성들도 이에 반응하여서 하나님만 섬기겠다고 결단하였습니다. 포스트모더니즘, 물질주의, 쾌락주의, 세속주의, 이기주의가 판을 치는 이 세상에서 정말 우리의 교회와 가정은 하나님만 섬겨야 합니다.

▶ 방침 : 단계별로 되어 있음

- 1단계. 생활 속에서 성경 말씀을 따라 살아가는 공동체

성경 말씀은 우리의 신앙, 행위, 교리, 법칙, 우리의 모든 삶에 있어서 가장 원천이 되는 주 텍스트이므로 어떡하든지 우리는 하나님 말씀을 묵상하고 그 가치관대로 살아가야 합니다.

- 2단계. 가정 속에서 믿음의 다음 세대를 세우는 공동체

정말 이 시대는 다음 세대 신앙 양육이 크게 도전받고 있는데 하나님 말씀을 가지고 통합 세대 전체가 진정으로 새로워져서 다음 세대 신앙 양육에 최선을 다해야 합니다.

- 3단계. 세상 속에서 성경의 가치관을 선포하는 공동체

우리는 우리만 신앙적으로 살면 안 되고 이 세상을 하나님 말씀으로 변혁시켜야 하는 사람들입니다. 그래서 성경에서 익힌 가치관을 갖고 세상을 아름답게 바꾸어나가야 합니다.

2. 이 모든 것을 담고 있는 큰 그림, 〈성경153올람〉 운동

이제 올해부터 우리 교회는 〈성경153올람〉 운동을 힘써 전개해 나가고자 합니다. 〈성경153올람〉 운동은 위에서 말씀드린 것처럼 우리가 성경을 익히고 성경의 가치관을 체득해서 그 가치관대로 사는 운동을 앞으로 3년 동안 감당하자는 운동입니다. 진실로 말씀드리는 것은 성경은 우리 가치관의 원천, 우리 모든 삶의 표준이 아닐 수 없습니다.

그러나 사실 '성경'은 굉장히 방대한 책입니다. 구약 929장, 신약 260장, 합해서 1,189장이나 되는 많은 내용을 담고 있습니다. 그래서 이

수많은 내용을 하나하나 묵상하자면 우리의 평생이 걸려도 모자랄 것이기 때문에 특별히 그 가운데서 가장 핵심적이고 가장 중요한 내용 153가지를 뽑은 것입니다.

그리고 이 '153'이라고 하는 숫자는 베드로와 제자들이 예수님 십자가 사건 후에 실망과 좌절에 빠져 갈릴리 바다로 돌아갔을 때 경험했던 사건에서 가져왔습니다. 그때 제자들은 밤새도록 수고하여도 물고기 한 마리 잡지 못하였는데 그 현장에 부활의 주님이 나타나셔서 "그물을 배 오른편에 던지라"고 말씀해 주셨습니다. 바로 그 명령에 순종하여 제자들이 배 오른편에 그물을 던졌는데 그물에 물고기가 가득하였고 제자들이 그것을 끌어올려 세어보았더니 모두 153마리였습니다. 그러므로 이 '153'이라는 숫자는 부활하신 예수님이 실망과 좌절에 빠진 제자들을 회복시켜 주고 살려주고 새로운 사명을 허락해 주신 것을 의미합니다.

그래서 우리도 성경에서 가장 중요한 핵심 정신 153개를 뽑아서 이것을 우리가 베드로처럼 낚아 올려서 이것을 먹고, 이것으로 살고, 이 정신을 실천하며 살자는 것입니다. 그리고 또 한편 '물고기'(익투스)는 초대교회 때 그리스도인의 상징이었습니다. 그래서 정말 153개 주제를 확실히 익히고 실천하여서 진짜 그리스도인으로 살아가자는 의미도 있습니다.

그다음에 '올람'이라는 표현은 153을 깊이 연구하던 중에 하나님께서 저에게 생각나게 해주신 너무나 뜻깊은 단어입니다. 제가 일전에 안식년을 가졌을 때 특별히 하와이 코나 열방대학에서 진행하는 목회자 부부세미나에 2주 동안 참석한 적이 있었습니다. 그때 2주 동안 세 분의 강사님이 2~3일씩 강의해 주셨는데 그 세 분 강사님으로부터 제 목회와 인생을 다시 생각해 볼 수 있을 만큼 너무나 큰 은혜를 받았습니다. 그중에 한 분, 크레이그 힐(Craig Hill) 목사님이 강의 중에 예레미야 6장 16절을 인용하셨는데 이 구절에 바로 히브리말로 '올람'이라는 단어가 등장합니다.

올람은 '옛적 길'이라는 뜻인데 이 옛적 길은 창조 때부터 하나님께서 정해놓으신 바로 그 길, 하나님의 원래 계획을 뜻합니다. 그래서 이 뜻이 너무 좋아 우리가 하나님의 자녀로서 꼭 걸어가야 할 참 가치관의 길, 참으로 선한 길, 생명의 길, 영원으로 이어지는 길, 이런 뜻을 가진 '올람'을 〈성경153운동〉의 고유 명칭으로 삼은 것입니다.

이처럼 〈성경153올람〉 운동은 매주 하나씩 153개 주제를 다루면 앞으로 3년이 걸리는 원대한 영성 프로젝트이기에 이제 올해를 3년 커리큘럼의 원년으로 삼고자 합니다. 그래서 이 귀한 일을 이제 1월 셋째 주일부터 시작하려고 하는데 이 일이 너무 중요한 일이어서 오늘과 다음 주일은 예비주일로 지키면서 이에 대해 충분히 설명해 드리고자 하는 것입니다. 오늘과 다음 주일, 예비주일 설명을 잘 들으시고 이제 1월 셋째 주일부터 우리가 창세기 말씀부터 시작하게 되는데 여러분께 간절히 호소합니다. 정말 마음을 새롭게 다잡고 이 일에 기꺼이 기쁨으로 동참하여서 아름다운 신앙 역사를 꼭 이루시기를 간절히 바랍니다.

3. 〈성경153올람〉 운동은 다음 세대를 신앙으로 잘 양육하자는 운동

오늘날 다음 세대의 신앙 문제가 참으로 큰 위기에 처했다는 것은 이미 여러분이 너무나 잘 알고 계실 것입니다. 현재 대학, 청년들의 교회 출석 비율은 4~5%밖에 안 되고 청소년들은 더 심각해서 3~4%밖에 되지 않습니다. 그래서 한국교회 성도들의 연령별 분포도가 전에는 삼각형 구조였는데 지금은 역삼각형 구조가 되고 말았습니다. 최근에는 이것이 더욱더 가속화되어서 요 몇 년 사이에는 아주 빠르게 T자형으로 변형되고 있습니다.

그런데 다음 세대를 신앙으로 양육하는 일은 교회학교만으로는 절대로 불가능하고 무엇보다 우리 각 가정이 이에 완전히 적극적으로 동참해야 합니다. '168:1'이라는 대단히 중요한 표현이 있습니다. 168은 일주일의 시간 숫자입니다. 그런데 교회 나와서 예배드리고 성경 공부하는 것은 168시간 중의 1시간입니다. 이 1시간도 참 중요하고 교회학교 역할도 너무 중요하지만 나머지 167시간은 가정에서 보내니까 무엇보다 가정이 이 일을 책임져야 다음 세대를 양육할 수 있다는 것입니다.

바로 이런 이유로 우리 가정의 현장에서 〈성경153올람〉 운동을 가장 잘 실천하는 방법을 찾았는데 그것은 바로 '가정예배'입니다. 이것은 너무나 중요합니다. 가정예배는 너무나 중요한 주제여서 다음 주일은 온통 이 주제 하나만 가지고 말씀드리고자 합니다. 가정예배의 중요성, 가정예배 드리는 법, 자녀들에게 올람 정신을 심어주는 방법 등을 알려드리겠습니다.

4. 〈성경153올람〉 운동은 통합 세대 전체가 기독교적 가치관대로 살자는 운동

오늘날 우리가 살아가는 이 시대를 여러 가지 말로 정의할 수 있겠습니다만 가장 특징적이고 가장 현저한 세력을 갖추고 있는 것은 '포스트모더니즘'(Postmodernism)이라고 할 수 있습니다. '포스트모더니즘'은 '모더니즘 그 이후'라는 뜻입니다. 모더니즘, 즉 근대주의는 인간이 지금까지 발견하고 체득한 가장 고상한 내용의 가치관을 총망라하는 개념인데 이제 포스트모더니즘은 그것을 부정하고 해체하고 완전히 다르게 살겠다는 탈근대화의 시대 정신입니다. 그래서 포스트모더니즘은 공동체성을 무시하고 지극히 개인적이거나 이기적이며, 또 이성적으로 깊이 사고하기보다는 지극히 감각적이거나 쾌락적이며, 그래서 정신적이거나 영적인 것을 무시하고 지극히 세속적인 것을 추구하는 시대정신입니다.

이와 더불어서 물질만능주의와 배금주의 사상인 물신주의(Mammonism), 이 세상이 전부라고 생각하는 세속주의(Secularism), 인생의 목적이 잘 먹고 잘사는 것인 쾌락주의(Hedonism), 지극히 이기적이고 자기중심적인 이기주의(Egoism) 등의 거대 시대풍조가 포스트모더니즘의 물결과 함께 밀어닥쳐서 오늘날 우리 그리스도인들에게 심각한 도전을 던져주고 있습니다. 이렇다 보니 포스트모더니즘과 거대 시대풍조의 가치관은 기독교적 가치관과 충돌할 수밖에 없고 바로 이것이 오늘날 사람들이 교회를 떠나가는 가장 중요한 이유가 되기도 하는 것입니다.

그래서 〈성경153올람〉 운동은 오늘날 우리 인간의 모든 면에 스며들고 있는 포스트모더니즘과 거대 시대풍조의 가치관을 극복해서 진정으로 기독교적 가치관으로 살아가자는 운동입니다. 우리는 하나님을 믿는 사람들입니다. 그렇기에 우리는 반드시 포스트모더니즘과 거대 시대풍조의 가치관을 극복하고 진실로 우리가 믿는 하나님의 가치관대로 살아가야 합니다. 그런데 그 하나님의 뜻, 하나님의 가치관은 온통 다 성경 속에 녹아들어 있습니다. 그렇기에 이제 우리는 진실로 〈성경153올람〉 운동에 집중하여 하나님의 가치관을 체득하고 오직 그 가치관대로 살아가야 합니다.

5. 한국교회를 살릴 하나님의 새 일

저는 〈성경153올람〉 운동을 진행하면서 이 운동이야말로 가장 본질적이고 가장 기독교적이며 가장 성경적이고 가장 아름다운 교회의 사명이기 때문에 이 〈성경153올람〉 운동을 한국교회 전체의 운동으로 승화시켜야겠다는 생각이 들었습니다. 성경으로 돌아가서 성경의 가치관대로 살아가자는 이 운동은 한국교회를 새롭게 하는 운동입니다. 한국교회를 살리는 운동입니다. 교회를 교회답게 하고 그리스도인을 그리스도인답게 하는 운동입니다.

이제는 내 교인, 네 교인 따질 때가 아닙니다. 성경으로 돌아가서 성경의 가치관대로 살자는 것은 우리 한국교회 전체가 감당해야 할 이 시대 가장 중요한 사명입니다. 여러분이 아는 지인들에게, 자녀들에게, 일가친척들에게 이 운동을 꼭 전해주시기 바랍니다. 교회는 교회대로 이 운동을 열심히 전파할 것이고 제가 아는 모든 목사님께 이것을 열심히 전파해서 진정으로 한국교회가 새로워지는 데 최선을 다할 것입니다.

'옛적 길', 바로 이것이 바로 우리 교회가 〈성경153올람〉 운동을 전개하는 이유입니다. 우리는 절대로 내 생각이나 내 가치관대로 살지 말고 '옛적 길', '올람'으로 돌아가야 합니다. 올람, 옛적 길, 선한 길로 돌아가서 바로 그 길을 우리가 모두 힘차게 걸어갈 때, 그때 우리는 평강의 길, 생명의 길, 영생의 길을 걸어갈 수 있게 되는 것입니다. 이제 〈성경153올람〉 운동이 무엇을, 어떻게 하자는 운동인지 10가지로 요약해 드리겠습니다.

① 〈성경153올람〉 운동은 성경의 가치관을 체득하자는 것입니다.
② 성경에서 153개 핵심 주제를 찾아 철저히 익히자는 것입니다.

③ 153개니까 매 주일 한 주제씩 3년 동안 운동하자는 것입니다.

④ 매 주일 설교 후에 이것을 가지고 가정예배 드리는 것입니다.

⑤ 가정예배 후 제공되는 올람편지를 온누리에 전파하자는 것입니다.

⑥ 〈성경153올람〉 운동은 다음 세대를 일으키는 운동입니다.

⑦ 〈성경153올람〉 운동은 통합 세대 전체가 새로워지는 운동입니다.

⑧ 〈성경153올람〉 운동은 거대 시대풍조를 극복하는 운동입니다.

⑨ 〈성경153올람〉 운동은 올람, 옛적 길로 돌아가자는 운동입니다.

⑩ 올람, 옛적 길은 평강으로 가는 길, 영원으로 가는 길입니다.

저는 이 일을 생각하고 이 운동을 전개하면서 가슴이 뛰고 영적 흥분이 밀려옵니다. 여러분도 저와 같은 마음을 품어주시기를 간절히 바랍니다. 이제 하나님께서 우리를 통해 '새 일'을 행하시고 한국교회를 새롭게 하실 것입니다. 이제 이 거룩하고 아름다운 〈성경153올람〉 운동에 기쁨으로 동참하여서 하나님의 새 일을 이루시는 성도 여러분 되시기를 간절히 바랍니다.

〈성경153올람〉을
실천하는 법

올해부터 우리는 〈성경153올람〉 운동을 시작하고자 합니다. 이 운동은 두 가지의 기둥을 가지고 있는데 그 첫 번째는 거대 시대풍조가 밀려오는 이 시대 속에서 성경 153개의 핵심 주제를 통해 성경적 가치관을 철저히 익혀서 이 시대 진정한 그리스도인으로 살자는 것입니다. 둘째는 우리가 익힌 153개의 성경적 가치관을 가정예배에 잘 녹여서 이를 통하여 다음 세대 신앙 양육을 반드시 이루자는 것입니다. 이 두 가지 기둥은 〈성경153올람〉 운동의 가장 중요한 두 가지 목적이며 이것은 또한 이 시대 하나님께서 바라시는 새 일입니다.

이렇게 너무나 귀한 〈성경153올람〉 운동에 대해 지난 주일과 오늘, 두 번을 예비주일로 지키면서 전체 설명을 다 드리고 이제 다음 주일부터 구체적으로 창세기 본문으로 들어갈 것입니다. 그러면 〈성경153올람〉 운동이 구체적으로 어떻게 진행되는지 그 절차와 내용에 대해 말씀드리겠습니다.

1. 말씀 선포

먼저 매 주일 한 주제씩, 창세기부터 해당 본문을 가지고 저는 정성을 다해 설교 말씀을 선포할 것입니다. 말씀을 선포할 때는 주보에 설교 요약문을 잘 기록해 드릴 테니까 그것을 함께 보시며 말씀을 들으시면 되겠습니다. 이 운동은 성경에서 모두 153개 주제를 찾아서 매 주일 진행하니까 거의 3년이 걸리게 됩니다. 무엇보다 중요한 것은 이제부터 3년 동안 말씀을 들을 때에 진실로 세속적인 나의 가치관을 버리고 성경적인 가치관을 체득함으로써 정말 이 시대 참된 그리스도인으로 거듭날 수 있기를 간절히 바랍니다.

2. 가정예배

그다음에 정말 중요한 것이 이 내용을 가지고 가정예배를 드리는 것입니다. 설교 말씀을 전해드릴 때 저도 온갖 노력을 다해 말씀을 전할 테니까 먼저는 여러분이 큰 은혜 받으시고, 그리고 가정예배는 한 주간 뒤에 드리게 됩니다. 한 주간 뒤에 가정예배문을 아주 잘 만들어서 주보 사이에 삽지로 넣어드릴 것입니다. 교회 앱이나 홈페이지에서도 얼마든지 다운받아 사용하실 수 있습니다.

이처럼 〈성경153올람〉 운동은 교회에서 시작되어서 가정에서 마무리되는 운동이니까 이 점을 꼭 기억하시고 정말 작정하고 가정예배를 잘 드리기 바랍니다. 오늘 여러분에게 선포합니다.

"가정예배는 흉내만 내도 복을 받습니다."

진정으로 기억하시기 바랍니다.

그러면 〈성경153올람〉 운동에 있어서 가장 중요한 이 가정예배를 어떻게 드리는 것이 좋을지 '가정예배 드리는 법'에 대해서 집중적으로 말씀드리겠습니다.

　　가정예배 드리는 법에 있어서 가장 중요한 것은 먼저 요일과 시간을 정하는 것입니다. 어느 요일에, 어느 시간에 드릴지를 가족들과 반드시 미리 정해야 합니다. 물론 시간 날 때마다 드리는 것도 안 드리는 것보다는 훨씬 낫지만 그런 식으로 시작하면 이것은 하나님께 대한 정성도 아니고 신앙의 결단도 안 되고 나중에는 가정예배가 흐지부지하게 됩니다. 그래서 주중에 가족이 다 모일 수 있는 요일과 시간을 딱 정해두고 이 시간만큼은 온 가족이 생명처럼 지키겠다고 결심하는 것이 참 중요합니다.

　　그다음에는 가족들을 잘 모이게 하는 것이 참 중요합니다. 어린 자녀들을 둔 가정이나 또 예수님을 잘 믿는 자녀들이 있는 가정은 아무 어려움이 없겠죠. 가정예배 드린다고 하면 오히려 더 좋아할 테니까 말이죠. 문제는 좀 장성한 자녀들, 또 신앙이 없는 자녀들이 있는 경우인데 지금부터 시간이 한 2주 정도 남았으니까 그야말로 온갖 방법을 다 동원해서 마음을 돌이켜 놔야 합니다. 잘 구슬리든지 선물 공세를 하든지, 아니면 뭐 협박을 하든지 해서 새해부터 꼭 가정예배 드리자고 강권해야 합니다.

　　그렇게 해서 정한 요일, 정한 시간에 가족들이 함께 모이면 이제 교회가 제공하는 가정예배문을 따라 예배드리면 됩니다. 우리 교회의 가정예배문은 모두 7단계로 되어 있고 아주 특출하게 잘 만들어졌습니다. 정한 요일, 정한 시간에 가족들이 함께 모여서 이 가정예배문과 성경, 찬송을 준비하고 자리를 정돈합니다.

1) 함께 찬양하기
　　첫 번째, '함께 찬양하기'는 말씀으로 들어가기 전에 함께 찬양하면서 우리의 마음 문을 여는 작업입니다. 이때 진실한 마음으로 하나님께서 우리 가운데 역사하시기를 기대하는 마음으로 찬양하면 참 좋습니다.

2) 함께 본문 읽기

두 번째, '함께 본문 읽기'는 153주제를 따라 그 주간에 제시된 성경 본문을 읽는 것인데 대표로 한 사람이 읽어도 좋고(봉독), 인도자와 가족들이 교대로 읽어도 좋고(교독), 또는 가족들이 한 절씩 돌아가며 읽어도 좋습니다(윤독). 단, 본문을 읽을 때 오늘 하나님께서 나에게 뭐라고 말씀하시는지 기대하는 마음으로 읽는 것이 대단히 중요합니다.

3) 함께 생각하기

세 번째, '함께 생각하기'는 이제 본문으로 들어가 내용을 구체적으로 살펴보기 전에 본문의 정신을 가장 잘 표현하고 있는 '도움글' 예화를 함께 읽는 것입니다. 이것도 여러 가지 방법으로 읽을 수 있는데 중요한 것은 은혜를 갈구하는 마음으로 읽는 것입니다. 그리고 이것을 다 읽은 후에는 이 글을 읽고 느낌이 어떠했는지 말해보는 것도 좋습니다.

4) 함께 관찰하기

네 번째, '함께 관찰하기'인데 이것은 오늘 본문 가운데서 가장 중요한 구절을 익히기 위해서 □ 안에 적당한 단어를 찾아 넣는 작업입니다. 이것은 하나도 어렵지 않은 작업이지만 이것을 통해 하나님께서 우리에게 말씀하시는 음성을 들어야 합니다. 찾은 말씀을 잘 각인시키기 위해서 어린 자녀들이 있는 경우에는 퀴즈처럼 흥미롭게 진행하는 것도 한 방법입니다.

5) 함께 나눠보기

그다음에 다섯 번째가 참 중요한데 '함께 나눠보기'입니다. 이 항목에서는 2개 정도의 질문을 드리는데 이 질문으로 서로의 생각과 느낀 점을 나눠보는 것입니다. 이렇게 함께 나누고 이야기할 때 하나님의 뜻이 우리 안에 각인되고 믿음이 강한 사람이 믿음이 약한 사람에게 좋은 믿음의 영향력을 끼칠 수가 있게 됩니다. 이때 중요한 점은 자기 생각을 무조건 강압적으로 강요하지 않고 서로 나누는 마음으로, 좋은 말로 부드럽게 애정을 가지고 서로 대화하는 것이 꼭 필요합니다.

그렇게 서로 나눈 다음에는 그 밑에 오늘 말씀의 핵심 설명이 있는데 그것을 함께 읽으면 정리가 됩니다. 바로 이 설명문이 그날 가정예배의 핵심 내용이라 할 수 있습니다.

6) 함께 기도하기

이제 여섯 번째, 일곱 번째는 마무리하는 시간인데 여섯 번째 '함께 기도하기'는 앞서 나눈 내용을 가지고 함께 기도하며 하나님의 도우심을 구하는 시간입니다. '함께 기도하기'는 공동 기도문일 때는 함께 읽으시면 좋겠고 인도자가 하거나 혹은 자녀들에게 시켜도 좋습니다.

7) 함께 축복하기

마지막 일곱 번째는 '함께 축복하기'입니다. 제공해 드리는 악보를 통해 찬양을 부르고 이때 가족 간에 서로 안아주며 좋은 말로 축복해 주면 참 좋겠습니다. 가족을 향한 축복의 말은 반드시 이루어진다는 것을 알아야 합니다. 우리가 축복할 때 사람이 변화되고 축복할 때 힘이 생기고 살 소망이 넘쳐나게 됩니다.

이렇게 축복의 시간을 가진 후에 마지막으로 오늘 가정예배 중에 가장 중요한 성경 요절을 암송하도록 하면 좋습니다. 이것은 가족들이 함께 암송해도 좋겠고 혹은 흩어져서 암송하도록 해도 좋을 것입니다. 중요한 것은 무슨 수를 써서라도 꼭 암송을 시켜야 합니다. 왜냐하면 이렇게 암송해 놓은 구절은 우리가 살아갈 때 정말 피가 되고 살이 되는 너무나 중요한 말씀이기 때문입니다. 자녀를 사랑한다면 꼭 성경 요절을 암송시키시기 바랍니다.

여러분이 가정에서 예배드리는 것을 도와주기 위하여 교회에서 몇 가지를 준비해 두었습니다.

첫째는 '가정예배문'인데 이것은 주보 크기로 4면 인쇄를 해서 매 주일, 앞으로 3년 동안 주보 삽지를 통해 제공합니다. 교회 홈페이지나 앱을 통해서도 제공해 드리니까 교회에서 가져가시거나 홈페이지를 통해 출력해서 잘 사용하시기 바랍니다. 단 한 가지 기억할 것은 제가 설교하고 난 다음에 가정예배문은 그다음 주일에 제공된다는 것입니다.

둘째는 '가정 예배문 바인더'입니다. 이것은 매 주일 가정예배를 드리고 난 후에 그 예배문을 모으는 바인더입니다. 이것을 잘 모아 놓으면 집안의 영적 가보가 될 것이고 오고 오는 세대에 영적 자산이 될 것입니다. 교회에서 그냥 드릴 수도 있는데 일부라도 돈을 받고 판매하려고 합니다. 무엇이든지 내가 투자해야 가치가 있는 것입니다. 꼭 구입하시기 바랍니다.

셋째는 '올람 십자가'입니다. 이것은 가정예배를 드릴 때 가운데 세워놓고 중심 잡는 십자가입니다. 이거 정말 좋습니다. 이 십자가 하나 딱 세워놓으면 완전히 가정예배 분위기가 딱 잡힙니다. 이것 역시 그냥 드릴 수도 있지만 그렇게 하지 않으려고 합니다. 말씀드린 것처럼 내가 투자해서 얻는 것이 좋습니다. 꼭 구입하시기 바랍니다.

3. 올람편지

이렇게 가정예배까지 다 드리고 나면 그 주간의 금요일쯤에는 '올람편지'를 그림 파일로 만들어서 제공해 드립니다. '올람편지'는 카톡이나 문자를 통해서 보내는 핸드폰 화면 크기의 그림 파일인데, 그 주간의 설교와 가정예배 내용을 딱 요약해서 한눈에 볼 수 있도록 만든 것입니다. 여러분은 이것을 가족들에게, 시집 장가간 자녀들에게, 손자 손녀들에게 보내주시고, 이미 예수님 믿고 있는 사람들, 아직도 예수님을 믿지 않고 있는 지인들, 군대나 지방이나 해외에 나가 있는 사람들에게 다 카톡이나 문자를 통해서 이 올람편지를 보내주시기 바랍니다. 153주, 3년 동안 한 주도 빠지지 않고 직접 이걸 작성해서 보내드릴 테니까 알고 있는 모든 사람에게 보내주시기 바랍니다.

이 '올람편지'는 매 주일 선포된 153주제의 핵심 메시지를 짧게 기록해 놓은 것이기 때문에 아마 많은 사람에게 참 좋은, 선한 영향력을 끼치게 될 것입니다. "진리는 자증(自證)한다"는 말이 있습니다. 진리는 누가 진리라고 증명해야 진리가 되는 것이 아니라 진리는 진리이기 때문에 스스로 증명하는 것입니다. 그래서 여러분이 보내주는 올람편지가 우리 자녀들을 돌아오게 할 것이고 내가 사랑하는 사람들을 하나님께로 돌아오게 할 것입니다. 꼭 사랑의 마음으로 전파해주시기 바랍니다.

4. 주제가

이제 큰 네 번째로 말씀드리는 것은 우리가 이 〈성경153올람〉 운동을 온 교우가 힘을 합해 만들어가고 한국교회 속에 각인시키기 위해 '주제가' 까지 만들어 놓고 있습니다. 제가 〈성경153올람〉 운동의 핵심 내용을 가지고 가사를 쓰고 우리 교회 찬양 간사인 박세진 집사님이 곡을 붙여서 주제가가 완성되었습니다. 이 시간 한번 불러보도록 하겠습니다.

1절	우리는 걸어간다 성경의 길 구원의 길
	우리는 달려간다 올람으로 옛적 길로
2절	우리는 걸어간다 참된 가치 생명의 길
	우리는 달려간다 다음 세대 행복의 길
(후렴)	일오삼 일오삼 평강으로 가는 길
	일오삼 일오삼 영원으로 가는 길

어떻습니까? 주제가가 너무 좋지 않습니까? 이렇게 주제가를 부르며 우리 구미교회에서 시작한 〈성경153올람〉 운동이 한국교회 전체 속에 흘러넘쳐서 이 땅을 새롭게 하는 거룩한 영적 운동이 될 줄로 믿습니다.

5. 운동의 핵심 개념

이제 마지막으로 왜 우리가 이렇게 〈성경153올람〉 운동을 전개하려고 하는가 하는 것에 대해 가장 중요한 핵심 개념을 말씀드리고자 합니다. 이 운동은 하나님께서 우리에게 명령하신 '새 일'입니다. 하나님은 이사야를 통해 "너희는 이전 일을 기억하지 말며 옛날 일을 생각하지 말라. 보라 내가 새 일을 행하리니 이제 나타낼 것이라"(사 43:18-19)고 말씀하셨습니다. 하나님의 이 '새 일'에 우리는 깊은 관심을 가져야 합니다. 왜냐하면 하나님은 새 일을 전개하시며 새 일을 통해 세상을 새롭게 하시기 때문입니다.

지금 세상을 뒤덮고 있는 '포스트모더니즘'은 우리가 알지 못하는 사이에 야금야금 우리 정신을 갉아먹고 있습니다. '세속주의'로 인하여 사람들은 이 세상이 전부라고 생각하며 오직 육체와 이 세상의 일에만 몰두하고 있습니다. 오늘날 사람들은 인생은 즐거워야 한다고 생각하며 '쾌락주의'에 빠져서 세상 재미와 즐거움에 몰두하고 있습니다. 특히 '물질주의'에 빠져서 맘몬을 섬기며 오직 돈이면 다 된다는 생각에 사로잡혀 있습니다. 이런 분위기 속에서 사람들은 오직 자기 욕심만을 채우며 '이기주의'적인 모습으로 살아가고 있습니다. 이렇게 이 시대는 5가지의 거대 시대풍조가 가득한 세상입니다.

그래서 이 5가지 거대 시대풍조로 말미암아 오늘날 기독교적 가치관은 심각한 도전을 받고 있습니다. 기독교적 가치관이 우리가 진정으로 사는 길인데 이 5가지의 도전을 받아서 지금 온 세상은 잘못된 가치관으로 살아가고 있습니다. 특별히 인구절벽 시대에 이 5가지 주의의 도전으로 이 세상이 가치 전도의 세상이 되니까 다음 세대의 신앙이 크게 위협받고 있습니다. 다음 세대뿐만이 아니라 지금은 통합 세대 전체가 배교하는 일이 점점 많아지고 있습니다.

그래서 이와 같은 심각한 상황 속에서 이제 우리 교회는 지금의 시대적 상황을 직시하면서 〈성경153올람〉 운동을 전개하고자 하는 것입니다. 이 운동의 두 뼈대는 이렇습니다. 첫째는 성경의 가장 핵심적인 주제 153개를 뽑아서 한 주에 한 주제씩 향후 3년 동안 성경의 가치관을 충분히 익히자는 것입니다. 둘째는 교회에서만 외치는 운동이 아니라 온 가정이 동참하여서, 특별히 '가정예배'라고 하는 아주 훌륭한 도구를 통해 이 운동을 실현해 나가자는 것입니다.

이렇게 중요한 〈성경153올람〉 운동을 전개하고자 우리 교회는 모두

10가지의 사전 작업을 감당하였습니다. 먼저 153주제를 만들고, 이것을 3년 동안 설교로 선포하기로 하고, 이 내용으로 가정예배를 드리며, 이 내용을 요약해서 올람편지로 발송하고, 또 이 가정예배를 효과적으로 이루어가기 위해 가정예배문 바인더를 만들고, 가정예배 인도법도 만들며, 가정예배 올람 십자가도 만들었습니다. 그리고 이 내용을 함축적으로 표현해서 로고를 만들고, 주제가도 만들고, 이것을 한국교회에 널리 소개하고자 각종 홍보 메시지와 카톡 채널도 만들었습니다.

사랑하는 성도 여러분, 이 거룩한 영적 운동에 있어서 가장 중요한 핵심 개념은 바로 '올람'입니다. '올람'은 예레미야 6장 16절에 나와 있는 히브리말로서 우리말 성경에는 '옛적 길'로 번역되어 있습니다. "너희는 길에 서서 보며 옛적 길 곧 선한 길이 어디인지 알아보고 그리로 가라. 너희 심령이 평강을 얻으리라"(렘 6:16). 여기서 올람, 옛적 길은 하나님께서 창조 때부터 정해놓으신 우리 삶의 길입니다. 이 길은 선한 길이며 하나님의 원래 계획이고 이 길을 걸어갈 때 우리는 가장 행복할 수 있습니다. 그리고 이 길을 따라 줄기차게 걸어갈 때 우리는 반드시 평강을 얻고 마침내 천국에 이르게 되는 것입니다.

이제 다음 주일부터 이 운동을 시작합니다. 크게 기대하시고 깊이 동참하시기를 바랍니다. 그래서 여러분은 물론이고 사랑하는 모든 사람을 이 운동으로 초대해서 함께 올람, 옛적 길을 걸어감으로써 진실로 생명과 영원에 이르는 성도들이 꼭 되시기를 간절히 바랍니다.

"태초에 하나님이 천지를 창조하시니라" (창 1:1).

PART 1

원역사

001
성경153올람

하나님이
천지를 창조하시니라

　오늘은 참으로 역사적인 주일입니다. 하나님이 시작하신 '새 일', 〈성경153올람〉 운동을 이제 오늘부터 구체적으로 시작하는 주일이기 때문입니다. 정말 가슴이 벅차고 아주 대단한 영적 흥분이 마음속에 차오릅니다. 이제 이 '새 일'을 통하여 하나님께서 역사하시고 한국교회를 새롭게 하실 것을 생각하니 너무나 감개무량합니다. 이 거룩한 영적 운동에 정말 기꺼이, 정말 함께하는 마음으로 동참해 주시기를 간절히 바랍니다.

　다시 한번 간곡히 부탁드립니다. 지금 이 일은 정말 이 시대에 하나님이 명령하신 '새 일'이고 우리 교회가 영적 전쟁의 선봉에 서서 행하는 너무나 귀하고 의미 깊은 일입니다. 그리고 여러분 개인에게도 어쩌면 다시는 찾아오지 않을 기회일지도 모릅니다. 그동안 살아오며 성경을 한 번도 읽지 못한 분도 계실 텐데 이번에 작정하고 동참하면 좋겠습니다. 바로 이런 의미에서 가능하면 성경을 새로 사서 〈성경153올람〉 전용으로 쭉 읽어나가는 것도 참 좋겠습니다. 그래서 〈성경153올람〉이 진행되는 동안에 설교나 가정예배 메모도 하고 또 진도에 맞춰서 여러분 스스로 성경을 정독하면 여러분 평생에 가장 아름다운 3년이 될 것입니다.

이제 드디어 오늘 첫 번 주제의 말씀을 여러분에게 선포해 드리고자 합니다. 창세기 1장 1절, 성경의 첫 문장은 이렇습니다. "태초에 하나님이 천지를 창조하시니라." 성경의 첫 문장이 이렇다는 것은 아주 중요한 의미를 내포하고 있습니다. 사실 성경은 하나님이 어떻게, 왜 존재하게 되셨는지 그리고 창조 이전에는 하나님이 뭘 하고 계셨는지 이런 것들에 대해 전혀 설명하지 않습니다. 왜냐하면 히브리적 사고에 있어서 그것은 당연하기 때문입니다. 이것을 독일말로 '졸렌'(Sollen), '당위'라고 하는데 성경은 하나님이 계신 것은 당연하기 때문에 곧바로 태초에 하나님이 천지를 창조하셨다고 선포하고 있는 것입니다.

하나님이 태초에 천지를 창조하셨는데, 하나님의 창조에는 3가지의 중요한 점이 있습니다. 첫째는 '무로부터의 창조'(크레아치오 엑스 니힐로, Creatio ex nihilo)입니다. 성경에서 '창조하다'라는 동사는 두 가지로 나타나는데 하나는 '바라'(בָּרָא)이고 다른 하나는 '아사'(עשה)입니다. 이 두 단어는 용법이 좀 다른데 '바라'는 아무 재료 없이 무로부터의 창조를 말할 때 쓰는 단어이고 '아사'는 이미 있는 어떤 재료로 무엇을 만들 때 사용하는 단어입니다. 그런데 창세기 1장에 사용된 단어는 모두 '바라'입니다. 이것은 하나님께서 아무것도 없는 무로부터 이 모든 천지 만물을 창조하셨다는 사실을 말씀하고 있는 것입니다.

둘째로 하나님의 창조는 '혼돈과 무질서로부터 질서와 조화'를 이루신 지극히 아름다운 창조라는 것입니다. 2절을 보시면 "땅이 혼돈하고 공허하며 흑암이 깊음 위에 있고 하나님의 영은 수면 위에 운행하시니라"고 말씀하십니다. 여기 나오는 '혼돈'과 '공허', 이 두 단어는 히브리말로 '토후'와 '보후'라고 하는데 토후는 '황폐함'을 뜻하고 보후는 '공허함'을 뜻하는 단어입니다. 거기에다가 "흑암이 깊음 위에 있다"고까지 말씀하였으니까 이 모든 상황을 종합하면 그야말로 '카오스'(Chaos), 즉 '혼돈'의 상태인데 이런 중에 하나님께서는 6일 창조를 통하여 이 세상을 정말 질서 있고 조화롭게 만드셨다는 사실입니다. 그러므로 우리는 창조주 하나님을 꼭 본받아서 혼돈이나 무질서를 극복하고 우리 모든 삶의 현장에서 온전히 질서와 조화를 이루는 삶을 반드시 살아야 합니다.

셋째로 창조의 모습 가운데 중요한 또 한 가지는 하나님은 천지 만물을 창조하실 때 '말씀으로 창조'하셨다는 것입니다. 첫째 날, 하나님께서 "빛이 있으라" 말씀하시니까 그대로 빛이 있게 되었습니다. 그리고 이러한 패턴은 여섯째 날까지 계속해서 반복되는데 하나님은 6일 동안 계속해서 오직 말씀으로 모든 만물을 창조하셨습니다. 하나님의 말씀은 이렇게도 중요하고 권능이 가득 찬 말씀이기에 우리는 믿음의 삶을 살아갈 때 진실로 하나님의 말씀을 꼭 붙들고 그 말씀에 순종하여서 날마다 승리하는 삶을 살아가야 합니다.

이렇게 창조 때의 특징 3가지를 꼭 기억하시고 이제 창조 이야기로 더 깊이 들어가 보겠습니다. 하나님은 6일 동안에 모든 천지 만물을 창조하셨습니다. 첫째 날은 빛을 만드셨고, 둘째 날은 궁창, 즉 하늘을 만드셨으며, 셋째 날은 육지와 바다와 각종 식물을 만드셨고, 넷째 날은 일월성신 각종 광명체를 만드셨으며, 다섯째 날은 하늘의 새와 바다의 물고기를 만드셨고, 마지막 여섯째 날에는 모든 육축과 사람을 만드셨습니다.

그런데 하나님께서 6일 동안 천지 만물을 창조하실 때 창세기 1장에 제일 많이 등장하는 단어가 있습니다. 그것은 바로 '각기 종류대로'(10회)라는 표현입니다. 이 말씀은 생물이 아메바에서부터 진화해서 오늘날 인간이 된 것이 아니라 모든 생물은 애초부터 그 종으로 각기 종류대로 만들어졌다는 것을 분명히 말씀하고 있는 것입니다.

이제 바로 이 대목에서 저는 '창조론'과 '진화론'에 대해서 말씀드리지 않을 수 없습니다. 이 이야기는 많이 하지는 않겠습니다. 왜냐하면 이것은 괜한 논쟁을 불러일으킬 뿐이고 결국 그 사람의 믿음의 문제이기 때문입니다. 그래서 이에 대해 간단히 몇 말씀만 드리면 창조론은 하나님께서 모든 천지 만물을 만드셨다는 사실을 믿는 것입니다.

이에 비해 세상에서는 이 모든 우주 만물이 절대자 창조주가 만든 것이 아니고 그냥 우연히 있게 되었다고 말합니다. 아무런 이유가 없습니다. 그냥 그렇게 있게 되었다는 것입니다. 그런데 보세요. 지금 제가 안경을 쓰고 있습니다. 이 안경은 누가 분명히 만들어서 있는 것입니다. 이 안경이 저절로 있게 되었다는 것은 도무지 있을 수가 없는 일입니다.

우주 만물이 우연히 그냥 있게 되었다고 하는 이런 설명은 사실 과학자들이 금과옥조처럼 여기고 있는 열역학 제1법칙에도 위배되는 모순을 안고 있습니다. 열역학 제1법칙은 폐쇄된 체제 안에서 에너지의 형태는 변하지만 에너지의 총량은 변하지 않는다는 법칙으로서 에너지 보존의 법칙이라고 부르기도 하는데 질량 불변의 법칙도 이 법칙에 속하는 같은 개념입니다.

그런데 과학자들이 금과옥조로 여기는 이 법칙에 의하더라도 아무것도 없는 무에서 그냥 우연히 이 우주 만물이 있게 되었다고 하는 것은 도무지 있을 수가 없는 것입니다. 이것은 열역학 제1법칙에 위배됩니다. 그래서 결국 이 모든 우주 만물은 절대자이신 우리 하나님께서 만드신 것이고 그 결과 모든 우주 만물은 존재하게 된 것입니다.

그다음에 생명의 기원에 대해서 지금 세상 과학이 설명하고 있는 것은 열역학 제2법칙에 완전히 모순됩니다. 열역학 제2법칙은 물질계를 자연 상태로 내버려 두면 물질의 에너지의 엔트로피(entropy, 무질서도)가 증가하지 절대 낮아지지 않는다는 법칙입니다. 이 법칙은 에너지 질 저

하의 법칙인데 예를 들면 목재 책상을 방치하면 부패해서 원자 및 분자 상태로 분해되는 것이지 목재에서 싹이 나고 잎이 나서 나무가 되지는 않는 것입니다. 그래서 우연히 그냥 무기물로부터 조건이 맞아떨어져서 생명체가 만들어진다는 것은 열역학 제2법칙에도 어긋나는 것으로서 이것은 도무지 있을 수가 없는 일입니다.

그리고 생물학적 실험으로도 그 유명한 '파스퇴르의 실험'에서 이미 밝혀졌는데, 그 실험의 결과는 무기물로부터 생명을 만들어낼 수 있는 것이 아니라 생명체는 오직 생명체로부터만 나온다는 사실이 입증되었습니다. 그러므로 우리는 생명의 기원에 대해서 오직 하나님께서 각기 그 종류대로 생물을 만드신 것이고 특별히 우리 인간은 하나님께서 처음부터 인간으로 만드신 것이라는 사실을 분명히 믿어야 합니다.

본래 과학이라고 하는 것은 언제나 어디서나 관측이나 측정할 수 있고 누가 실험을 해도 똑같이 객관적인 결과가 나올 때 이것을 과학적 사실이라고 말합니다. 그런데 지금 세상은 우주 만물이 있게 된 것도, 생명의 기원 문제도 그냥 우연히 있게 되었다고 하니까, 도대체 이것을 어떻게 과학이라고 말할 수 있겠습니까?

그래서 설명이 안 되면 설명을 못 하겠다고 해야 하는데 하다 하다 설명이 안 되니까 우주의 기원을 '빅뱅', '대폭발'로 설명하는데 여전히 빅뱅 이전에는 어떤 상태인지, 누가 이 빅뱅을 일으켰는지 아무것도 설명하지 못하고 있습니다. 그래서 사실은 빅뱅도 진화론도 하나의 가설일 뿐이고 가설인 것을 과학적 사실로 가르치는 것은 무리가 있는 것입니다. 우리나라 교과서에서는 이것을 무조건 과학적 사실이라고 가르치고 있는데 그나마 서구 사회에서는 과학적 사실로 가르치기도 하지만 어느 정도는 가설이라고도 설명하고 있습니다.

이런 이야기는 끝도 없이 할 수 있습니다만 쓸데없는 논쟁이 될까 봐 여기까지만 하겠습니다. 그리고 사실 우리가 성경을 읽으면서 과학적 논쟁을 할 필요는 없습니다. 성경이 과학적 사실을 포함하고 있지만 성경은 과학책이 아니기 때문입니다. 성경은 이미 기본적인 사실(fact) 외에 훨씬 더 많은 의미, 무엇보다 훨씬 더 많은 믿음의 내용을 설명하려고 하는 것이지 과학적 사실을 설명하려고 하는 책은 아니기 때문입니다.

그래서 이제는 여기에서 방향을 돌이켜서 하나님께서 나를 창조하셨다는 이 사실이 나에게 도대체 어떤 의미가 있느냐 하는 문제에 집중하고자 합니다.

1. 우연의 가치관

앞서 말씀드린 것처럼 우주의 기원, 생명의 기원, 진화론, 이런 것들을 설명하는 세상의 과학은 철저하게 한 가지 개념에 맞닿아 있는데 그것은 바로 '우연의 가치관'입니다. 그러니까 우주 만물이 존재하게 된 것도, 생명체가 출현하게 된 것도, 그 생명체가 점점 진화를 거듭하여 인간이 되었다고 말하는 이 모든 설명의 기저에는 바로 이 '우연'의 가치관이 깊이 내재되어 있는 것입니다. 그래서 모든 것이 다 우연입니다. 이 우주, 이 세상의 모든 자연 만물은 그냥 우연히 그냥 그렇게 존재한 것이고 생명체가 출현하게 된 것도 다 우연이며, 그래서 지금 '나'라고 하는 이 존재 역시도 우연히 있게 되었다는 것입니다.

그러나 하나밖에 없는 내 인생을 어떻게 '우연'에 걸 수 있겠습니까? 사실 과학적이지도 않고 아무런 의미도 없는 우연에 어떻게 내 인생을 맡길 수가 있겠습니까? 우리는 결코 그럴 수가 없습니다. 내가 우연히 존재하게 되었다는, 그리고 내 생명이 다한 다음에 그냥 소멸할 수밖에 없다는 이런 가치관에 내 인생을 걸 수는 없는 것입니다.

2. 창조의 가치관

그렇다면 우리는 도대체 어디에다 우리의 인생을 걸 수 있겠습니까? 그것은 오직 하나밖에 없습니다. 바로 '창조의 가치관'입니다. 하나님이 천지 만물을 창조하시고 나도 만드셨다고 분명히 믿는 신앙, 바로 이 창조신앙이 나의 가치관이 되어야 합니다. 이 창조신앙은 너무너무 중요해서 모든 신앙의 뿌리 신앙, 근본 신앙, 기초 신앙, 원초적인 신앙이 되는 것입니다. 생각해 보세요. 하나님이 모든 천지 만물을 만드셨다고 믿는 사람이 임마누엘 신앙, 고난의 신앙, 섭리의 신앙을 왜 믿지 못하겠습니까? 그래서 창조신앙은 모든 신앙의 출발점입니다.

그러면 이렇게도 중요한 창조신앙의 핵심 내용은 무엇일까요? 저는 이 창조신앙이 너무너무 중요해서 제 나름대로 그 내용을 3가지로 구성해 보았습니다. 첫째는 창세기 1장이 확실히 알려주는 대로 하나님께서 모든 우주 만물을 만드셨다는 사실입니다. 둘째는 우주 만물을 만드신 하나님이 나도 만들어주셨다는 사실입니다. 셋째는 나를 만드신 하나님이 나의 모든 삶을 책임져 주신다는 것입니다. 우주 만물을 만드신 하나님이 나도 만들어주셨고, 그래서 하나님은 나의 모든 삶을 책임져 주신다는 사실입니다. 이것이 바로 창조신앙입니다. 이 3가지를 기억하면 정말 가슴이 벅차오르고 용기백배해지고 내 인생의 의미가 충만해지고 정말 활기찬 인생을 살아갈 수 있게 되는 것입니다.

그래서 이 세 가지 창조신앙을 여러분이 잘 기억할 수 있도록 아예 창세기 1장 1절을 히브리어로 경구처럼 외워두시면 좋겠습니다. "베레시트 바라 엘로힘"(בְּרֵאשִׁית בָּרָא אֱלֹהִים), 하나님이 창조하셨다는 선언입니다. "베레시트 바라 엘로힘", 이 말을 꼭 암송해 두면 힘들 때 이 말씀이 모든 것을 이길 수 있게 해주고 어려울 때 하나님을 바라보게 해주며 마음이 약해졌을 때 용기백배하게 해주고 아주 많이 외로울 때 마음 든든하게 만들어주는 것입니다. "베레시트 바라 엘로힘", 이 선언을 꼭 기억하시기 바랍니다.

여러분은 하늘에 별이 얼마나 많은지 아십니까? 동쪽에 백백, 서쪽에 백백, 남쪽과 북쪽에 백백, 그리고 가운데는 스물 스물, 그래서 하늘의 별은 모두 840개라는 이야기가 있습니다. 이 이야기는 우스갯소리입니다만 실제로 우리 눈으로 볼 수 있는 별의 숫자는 약 5천 개 정도라고 합니다. 그런데 하늘에 별이 정말 이 정도밖에 없을까요? 결코 그렇지 않습니다. 우리가 사는 지구는 태양계 안에 속해 있고 태양계는 훨씬 더 큰 은하계라는 성단에 속해 있습니다. 정말 놀라운 사실은 우리 은하계 안에는 별이 무려 1천억 개가 넘고 이런 은하가 이 우주 안에는 또 2천억 개가 있다는 사실입니다. 정말 상상이 가지 않는 어마어마한 숫자입니다.

별이 이렇게 숫자가 많은 것도 놀라운 사실이지만 태양 주위를 도는 우리 지구가 천년만년 똑같은 위치에서 공전과 자전을 하고 있다는 것, 이게 더 놀랍지 않습니까? 만유인력, 원심력, 구심력 뭐 이런 말로 설명하지만 그것은 현상을 설명한 것뿐이고 딱 그 자리에서 공전과 자전을 하도록 만들어 놓으신 분은 우리 하나님이십니다.

그런데 더 놀라운 사실이 아직도 많이 남아 있습니다. 시편에 이런 말씀이 있습니다. "그가 별들의 수효를 세시고 그것들을 다 이름대로 부르시는도다. 우리 주는 위대하시며 능력이 많으시며 그의 지혜가 무궁하시도다"(시 147:4-5). 시편에 의하면 하나님이 하늘의 무수한 별들을 다 세시고 그것들을 다 이름대로 부르신다고 말씀합니다. 우리는 수, 금, 지, 화, 목, 토, 천, 해, 태양계의 10개도 안 되는 별을 외우는 데도 첫 자만 외워서 겨우 기억하고 있는데 우리 하나님은 이 우주의 모든 별을 다 아시고 그 이름을 기억하고 계신다는 사실입니다.

그러니 천하보다 귀한 성도 여러분 한 분 한 분은 우리 하나님께서 얼마나 잘 기억하시고 돌보아주시겠습니까? 우리 하나님은 여러분을 이 땅에 내신 분이고 여러분의 이름을 다 알고 계신 분입니다. 여러분 자신보다 하나님이 여러분을 더 잘 알고 계시고 여러분을 다 섭리하시며 다 책임져 주시고 결국에는 합력하여 선을 이루어 주십니다.

이것이 바로 '창조신앙' 입니다. 오늘 〈성경153올람〉 운동의 첫 시간 첫 메시지는 바로 이것입니다. 진실로 우리는 창조신앙을 꼭 붙들어야 합니다.

우주 만물은 절대로 우연히 만들어지지 않았습니다. 생명의 기원도 절대로 우연히 만들어지지 않았습니다. 무엇보다 '나' 라는 존재는 절대로 우연히 이 땅에 태어난 것이 아닙니다. 우리는 하나님께서 이 땅에 내셨습니다. 여러분은 참으로 존귀한 분들입니다. 하나님께서 우주 만물을 창조하시고 여러분 한 사람 한 사람을 이 땅에 내시며, 그래서 여러분의 모든 삶을 분명히 책임져 주시는 것입니다. 바로 이 창조신앙을 붙들고 날마다 가슴 뿌듯하게, 날마다 용기백배하게, 날마다 목적이 이끄는 삶을 살아가시는 성도 여러분 꼭 되시기를 간절히 바랍니다.

002
성경153올람

하나님이 보시기에
심히 좋았더라

〈성경153올람〉 운동을 시작하여 지난 주일 제가 첫 번 주제를 가지고 말씀을 선포하였습니다. 이제 이번 주간부터는 이 내용을 가지고 가정예배를 드리게 됩니다. 가정예배를 위해서는 준비할 것이 두 가지가 있는데, 첫째는 언제 예배를 드릴지 요일과 시간을 정해야 합니다. 그냥 시간 날 때마다 드리지 마시고 꼭 시간을 정해서 예배드려야 합니다. 여기에 정성과 결단이 있기 때문입니다. 둘째는 어떡하든지 가족들을 모이게 해야 합니다. 상금을 걸든지 선물을 사주든지, 아양을 떨든지 아니면 협박을 하든지 하여튼 일단은 모이게 해야 합니다.

꼭 가정예배에 성공하시면 좋겠습니다. 가정예배에 성공하시면 다음 세대 신앙 양육에 성공할 수 있습니다. 가정예배에 성공하시면 가족 간의 대화에도 성공할 수 있고 가족 간의 친밀감에도 성공할 수도 있으며 진정한 행복도 얻을 수 있고 명품 가문을 이룰 수도 있습니다. "가정예배는 흉내만 내도 복을 받습니다." 이번 주부터 꼭 실천하시기 바랍니다.

태초에 하나님이 천지를 창조하셨습니다. 하나님은 첫째는 무로부터, 둘째는 질서와 조화를 이루시며, 셋째는 오직 말씀으로 천지 만물을 창조하셨습니다. 바로 이와 같은 하나님의 창조로 인하여 온 세상 만물이, 특별히 모든 생명체가 '각기 종류대로' 존재하게 되었습니다. 그런데 하나님은 모든 우주 만물, 모든 생명체 가운데서 우리 인간이란 존재를 아주 특별하게 만들어주셨습니다.

사람은 자기를 잘 알아야 아름다운 삶을 살아갈 수 있습니다. 내가 어떤 존재인지 잘 모르면 자기의 가치를 발견할 수도 없고 '자아존중감'을 가질 수도 없게 되는 것입니다. 인생을 살아가는 데 있어서 '자아존중감'은 대단히 중요합니다. 내 인생은 내가 나를 어떻게 생각하느냐 하는 것에 달려 있기에 자아존중감은 너무나 중요한 것입니다. 내가 나를 별 볼일 없는 존재로 생각하는데 그런 사람이 자기 인생을 성공적으로 살아갈 수는 없는 것입니다.

오늘 창세기 1장에는 창조 때에 우리 인간의 첫 모습이 어떠하였는지, 하나님은 '나'라고 하는 존재를 어떻게 만드셨는지 참으로 놀라운 진술들이 들어 있습니다. 아무쪼록 오늘 창세기 1장을 통하여 내가 어떤 존재인지를 분명히 깨닫고 그 감격 그 확신을 가지고 이제부터 정말 아름다운 삶을 전혀 새롭게 살아가시기를 간절히 바랍니다.

1. 우리는 하나님을 닮은 존재

창세기 1장에 나타난 창조 때 우리의 모습 그 첫 번째는 우리가 '하나님을 닮은 존재'로 창조되었다는 사실입니다. 26~27절을 보시면 기가 막힌 내용이 기록되어 있습니다.

"하나님이 이르시되 우리의 형상을 따라 우리의 모양대로 우리가 사람을 만들고 그들로 바다의 물고기와 하늘의 새와 가축과 온 땅과 땅에 기는 모든 것을 다스리게 하자 하시고 하나님이 자기 형상 곧 하나님의 형상대로 사람을 창조하시되 남자와 여자를 창조하시고"(창 1:26-27).

와! 이것은 참으로 놀라운 말씀이 아닐 수 없습니다. 놀랍게도 하나님은 우리 인간을 만드실 때 '하나님의 형상'을 따라, '하나님의 모양' 대로 만드셨다는 사실입니다. 여기서 '하나님의 형상' 대로, '하나님의 모양' 대로 만드셨다는 것은 지금 우리가 '하나님을 닮은 존재'라는 것을 알려 주는 것입니다. 이것은 정말 놀라운 선언입니다. 오늘 이 자리에 앉아 있는 여러분 한 분 한 분은 놀랍게도 하나님을 닮은 존재들입니다.

여기서 '하나님의 형상'을 이해해야 하는데 라틴어로 'Imago Dei', 영어로 'Image of God'입니다. 이렇게 우리가 하나님의 형상을 지녔다는 것은 무슨 의미일까요? 먼저 우리가 하나님의 형상을 닮았다는 것은 우리 몸, 우리의 뼈와 살, 이 모양새가 하나님을 닮았다는 것이 아닙니다. 왜냐하면 하나님은 육체가 없으시고 영적인 분이시거든요. 그래서 '하나님의 형상'은 우리가 영적으로 해석해야 하는데 하나님의 형상은 3가지의 중요한 의미가 있습니다.

이것은 흔히 '3R'로 표현할 수 있는데 '하나님의 형상' 그 첫 번째 R은 'Relationship', '관계성'입니다. 왜 하나님은 우리를 하나님의 형상을 따라 하나님을 닮은 존재로 만드셨을까요? 그것은 바로 하나님께서 우리와 관계하시기 위해 그렇게 만드신 것입니다. 하나님은 인간을 하나님과 관계하며 하나님과 교제하며 하나님과 친밀감을 느끼는 존재로 만들어주신 것입니다. 이런 관계를 인격적인 관계라고 하는데 하나님은 우리를 하나님의 형상을 따라 하나님 닮은 존재로 만들어주셔서 서로 대화하고 교제하며 인격적인 관계를 맺고자 하신 것입니다.

하나님의 형상 그 두 번째 R은 'Responsibility', '책임성' 입니다. 이 것은 하나님 앞에서 오직 인간만이 책임성을 가질 수 있다는 말입니다. 인간은 하나님 앞에서 책임 있는 존재이기 때문에 자기 삶에 대해 책임져야 합니다. 자연 동식물은 책임을 지지 않습니다. 자연 동식물의 삶은 그야말로 그냥 그렇게 하나님 만들어주신 대로 살면 끝나는 것이지만 오직 인간은 하나님의 형상을 지닌 존재이기 때문에 하나님 앞에서 자기 삶에 대해 책임져야 합니다.

하나님의 형상 그 세 번째 R은 'Representative', '대리자' 입니다. 26절에서 하나님은 하나님의 형상을 따라 사람을 만들어 그들로 바다의 물고기와 하늘의 새와 가축과 온 땅과 땅에 기는 모든 것을 다스리게 하자고 말씀하셨습니다. 인간이야말로 하나님을 대신해서 이 세상에 하나님의 뜻을 펼치고 하나님의 뜻을 실천하는 하나님의 대리자입니다.

그래서 인간은 이렇게 관계성, 책임성, 대리자, 이 세 가지의 모습으로 하나님의 형상을 지닌 존재이고 바로 이런 모습으로 하나님을 닮은 존재라 하는 것입니다. 이렇게 너무나 귀한 모습으로 우리는 하나님의 형상을 지닌 존재, 하나님을 닮은 존재라는 것을 꼭 기억하고 날마다 아름다운 삶을 꼭 살아가시길 바랍니다.

2. 우리는 하나님께 복 받은 존재

창세기 1장이 전해주는 창조 때 우리의 모습 두 번째는 '하나님께 복 받은 존재' 로 창조되었다는 사실입니다. 28절 말씀을 보시기 바랍니다.

"하나님이 그들에게 복을 주시며 하나님이 그들에게 이르시되 생육하고 번성하여 땅에 충만하라. 땅을 정복하라. 바다의 물고기와 하늘의 새와 땅에 움직이는 모든 생물을 다스리라 하시니라"(창 1:28).

여기 28절 처음에 "하나님이 그들에게 복을 주시며"라고 분명히 말씀하십니다. 애초에 하나님은 우리 인간을 복된 존재로 만들어주셨습니다. 오늘날 우리 기독교가 기복적인 종교가 되면 안 된다는 말을 많이 합니다만 기복이란 것은 하나님과 바른 관계 속에 있지 않으면서 복만 추구하는 것을 말합니다. 그런데 태초에 인간이 창조될 때 하나님은 우리 인간을 하나님과 관계하며 그 아름다운 관계 속에서 복을 누리며 살도록 창조하신 것입니다.

그 복은 28절에 나오는 대로 생육하고 번성하여 땅에 충만하고 땅을 정복하고 모든 것을 다스리는 복입니다. 고대 사회에서 이런 복은 최고의 복입니다. 여기 28절에 5가지의 복이 나옵니다만 이것을 두 가지로 요약할 수 있는데 하나는 번성의 복이요 하나는 사명의 복입니다. 그래서 하나님과 바른 관계 속에서 번성을 누리고 이것을 가지고 아름다운 사명을 잘 감당하는 것이 진정한 복입니다. 처음 인간이 살았던 에덴동산은 '행복 동산'이라는 뜻이 있습니다. 그 행복 동산에서 번성하며 사명을 감당하며 사는 것이 하나님의 뜻이었습니다.

이처럼 우리 인간은 처음부터 하나님께 복 받은 존재로 창조되었습니다. 여러분은 이 사실을 분명히 기억하시고, 먼저는 여러분들이 하나님께서 허락하시는 복을 많이 받으시고, 나아가 이 복을 이웃에게도 나눠주는 축복의 통로가 꼭 되시기를 간절히 바랍니다.

3. 우리는 아주 긍정적인 존재

세 번째로 창세기 1장은 우리가 아주 '긍정적인 존재'로 창조되었다는 사실을 알려주고 있습니다. 하나님께서는 우주 만물을 만드시면서 날마다 그 창조를 마감하실 때 이렇게 말씀하셨습니다. '키 토브', 이 말은 "보시기에 좋았더라"는 뜻입니다. '키 토브'(כִּי־טֹוב)를 영어로 말하면 'Good'입니다. 얼마나 하나님 마음에 좋았으면 하나님께서는 매일 창조하실 때마다 '키 토브', 'Good', 이렇게 말씀하셨을까요? 그런데 맨 마지막 날에 인간을 만드시고는 너무나 좋으셔서 하나님은 "웨힌네 토브 메오드"라고 말씀하셨습니다. 이것은 "보시기에 심히 좋았더라"는 뜻입니다. 영어로 말하면 'Very Good'입니다. 정말 아주 좋았다는 것입니다.

이것이 무얼 말해 주고 있습니까? 이것은 우리 인간이 아주 긍정적인 존재라는 사실을 잘 알려주는 것입니다. 아주 쓸 만한 존재라는 것입니다. 있으나 마나 한 존재가 아니라, 실수로 태어난 존재가 아니라 너무나 긍정적이고 너무나 괜찮은 존재라는 사실입니다.

철학의 최고봉이라 일컬어지는 실존주의 철학의 결론이 무엇인 줄 아십니까? 그것은 바로 인간은 '피투된 존재'(Projected Being, Geworfenheit)라는 것입니다. 내가 원하건 원치 않건 간에 나는 이 세상에 던져진 존재라는 것입니다. 그러나 성경은 우리가 이 세상에 그냥 던져진 존재가 아니라 하나님이 예정과 계획을 가지고 빚어내신, 참 아름다운 존재라고 말씀하십니다. 우리 인간은 하나님 보시기에 심히 좋은 존재, 정말 긍정적인 존재라는 사실입니다.

이런 느낌, 이런 인식은 오늘을 사는 우리에게 너무나 필요한 정서, 너무 중요한 마음가짐이 아닐 수 없습니다. 오늘날 현대를 가리켜 '자기 상실의 시대'라고 말하지 않습니까? 오늘날 현대인들은 자기의 소중함을 깨닫지 못하고 자신을 잃어버린 채 살아가고 있습니다. 그래서 오늘날 사람들의 마음속에 필요한 것 중의 하나가 바로 자아존중감(Self Esteem)인데 오늘날 현대인들은 이것을 상실한 채 살아가고 있는 것입니다. 생각해 보십시오. 나는 쓸 만한 존재라고 믿는 삶과 나는 있으나 마나 한 존재라고 생각하는 삶이 나중에 얼마나 큰 차이가 나겠습니까? 하늘과 땅만큼의 차이가 날 것입니다. 결국에는 완전히 다른 삶이 되는 것입니다.

오늘 하나님 말씀은 우리를 향해 '웨힌네 토브 메오드', 'very good'이라고 탄성을 발하시며 우리 인간은 긍정적인 존재, 대단한 존재라고 분명히 말씀해 주십니다. 자아존중감, 자기 존엄은 교만이 아닙니다. 이 것은 생을 긍정하고 힘 있게 살게 하는 아주 중요한 내적 힘입니다. 이것이 있어야 사람은 생을 긍정하고 적극적으로 창조적으로 살아갈 수가 있는 것입니다.

하나님은 나를 참 긍정적인 존재로 만들어주셨다는 사실을 꼭 기억하십시오. 힘이 없어지고 삶의 의욕이 떨어지고 자기의 소중함을 깨닫지 못하는 분이 계신다면 하나님이 나를 얼마나 긍정적으로 보시는지를 잘 생각하시기 바랍니다. 우리는 있으나 마나 한 존재가 아니라 대단한 존재입니다. 적어도 하나님께서 우리를 보실 때는 '웨힌네 토브 메오드', 'Very Good' 입니다. 여러분 한 분 한 분은 하나님 보시기에 심히 좋은 존재임을 꼭 기억하시기 바랍니다.

4. 우리는 하나님의 사랑받는 존재

네 번째로 창세기 1장은 특별히 우리가 '하나님의 사랑받는 존재' 임을 말씀하십니다. 인간 세상 가운데서도 우리가 무엇을 만들어낸다고 할 때는 그 작품에 굉장한 애정을 쏟습니다. 예술 작품을 만들어내는 작가가 아무런 애정 없이 어떤 작품을 만들어내는 것은 상상할 수가 없습니다. 모든 작가는 온갖 정성을 다 쏟고 심혈을 기울여서 한 작품을 완성하는 것입니다. 하물며 하나님께서 우주 만물을 만드실 때 얼마나 사랑과 애정을 다 쏟아부으셨겠습니까? 계획하시고 섭리하시고 예정하셔서 이와 같은 아름다운 세상을 만들어내신 것입니다.

그런데 하나님께서 이 모든 우주 만물을 창조하실 때 다른 어떤 자연보다 인간을 특별히 사랑하신 것 같습니다. 왜냐하면 창조의 순서에서 그 이유를 찾아낼 수 있습니다. 이사 갈 때를 상상해 보세요. 이사 가서 그다음에 도배하고 마루 깔고 이것저것을 준비한다면, 그것이 얼마나 불편하겠습니까? 그러나 하나님께서는 우리가 살아가는 데 필요한 모든 것을 다 만들어 놓으시고 맨 나중에 인간을 만드셨습니다. 들어가 살기만 하면 되도록 만들어 놓으신 것입니다. 그러므로 바로 이 창조의 순서를 통하여 하나님이 우리를 얼마나 사랑하시는가 하는 것을 깨달을 수 있습니다. 그래서 인간 창조는 하나님 창조의 정점이라고 할 수 있습니다.

신앙은 나 같은 존재도 하나님이 이렇게 사랑하시는구나 하는 것을 깨닫는 것으로부터 출발합니다. 믿음은 신뢰감인데 이 신뢰감은 사랑의 느낌으로 발전합니다. 그래서 하나님의 사랑을 날마다 새록새록 느끼며 뿌듯하게 살아가는 것이 바로 신앙인의 삶이라고 할 수 있습니다. 우리는 하나님의 사랑받는 존재입니다. 하나님이 우리를 참으로 사랑하셔서 자연 만물 중에서 최고의 걸작품으로 만들어주셨고, 또 우리를 얼마나 사랑하셨으면 제일 나중에 만들어서 불편 없이 살 수 있게 하시고, 만물의 영장으로까지 삼아주셨겠습니까? 오늘날 비교로 만들어지는 상대적인 사랑이 이 세상에 가득하지만 우리를 만들어주신 하나님의 절대적인 사랑을 생각하면 정말 가슴 뿌듯하기 그지없습니다.

바로 이 대목에서 정말 우리가 깊이 생각해 보아야 할 주제가 있습니다. 하나님이 우리를 얼마나 사랑하셨으면 그 아들을 주시기까지 하셨을까요? 너무나 값비싼 대가를 지불하시고 아무런 값도 없이 우리에게 사랑과 구원을 주셨습니다. 우리가 얼마나 하나님의 사랑받는 존재이면 우리가 얼마나 귀한 존재이면 하나님이 우리를 위해 십자가에 죽으셨을까요? 생각해 보십시오. 정말 우리는 하나님의 사랑받는 존재입니다. 이 사실을 기억하고 살아가면 우리는 정말 감격스러운 삶, 정말 충만한 인생을 살아갈 수 있습니다.

지금까지 창세기 1장에 나타난 우리 인간의 모습에 대해 네 가지를 말씀드렸습니다. 우리는 하나님을 닮은 존재입니다. 우리는 하나님께 복받은 존재입니다. 우리는 참으로 긍정적인 존재입니다. 무엇보다 우리는 하나님의 사랑받는 존재입니다. 바로 이것이 정말 아름다운 본래 우리의 모습입니다. 지극히 귀하고 너무너무 소중한 우리의 존재 양식입니다.

우리는 인생을 살아가면서 때때로 무기력해지고 한없이 연약해질 때가 참 많습니다. 어쩔 수 없이 실망과 좌절이 몰려올 때도 있습니다. 일상 속에 빠져서 삶의 아무런 의미를 느끼지 못할 때도 있습니다. 살다 살다 뭔가 일이 잘 안 되어서 지쳐버릴 때도 있습니다. 큰일을 앞두고 감당 못 할 고민이 밀려올 때도 많고 중요한 결정을 앞두고 번민할 때도 있습니다. 관계 속에서 고통받을 때도 있고 죄악의 자리에서 허우적거릴 때도 있습니다. 이런 때에 우리는 어떻게 해야 합니까? 처음으로 돌아가야 합니다. 처음으로 돌아가는 지혜가 너무나 중요합니다. 우리의 처음은 바로 창세기 1장입니다. 그 태초에 하나님과 사람은 너무나 아름다운 관계 속에 있었습니다. 그 처음으로, 그 옛적 길(올람)로 우리는 반드시 돌아가야 합니다.

하나님은 사람을 만드시되 첫째로 하나님을 닮은 존재로, 둘째로 축복의 존재로, 셋째로 긍정적인 존재로, 넷째로 하나님께 사랑받는 존재로 만들어주셨습니다. 이제부터 우리는 이렇게 살면 되는 것입니다. 이렇게 살면 우리는 가장 행복한 삶을 살 수 있습니다. 가장 의미 있는 삶을 살 수 있습니다. 가장 아름다운 삶을 살 수 있는 것입니다. 바로 이것이 '올람', '옛적 길'의 첫 출발지입니다. 바로 이 '올람', '옛적 길'의 첫 출발지에서 내가 어떤 존재인지를 마음 깊이 깨달으시고, 이 네 가지 자기 인식을 통하여 정말 아름답고 보람된 삶을 살아가시는 성도 여러분 되기를 간절히 바랍니다.

003
성경153올람

둘이 한 몸을
이룰지로다

천지 만물을 창조하신 하나님은 특별히 인간을 만드실 때 우리를 하나님 닮은 존재로, 복 받은 존재로, 긍정적인 존재로, 사랑받는 존재로 만들어주셨습니다. 이렇게 해서 6일 동안 창조 사역을 다 마치신 하나님은 일곱째 날에는 모든 일을 그치고 안식하셨습니다. 이것은 하나님께서 피곤하셔서 안식을 취하신 것이 아니라 창조 후에 보시기에 좋은 자연 만물을 보시고 얼쑤 좋으니까 성취의 기쁨을 누리시기 위하여 안식하신 것입니다.

그리고 이와 똑같이 하나님은 사람에게도 안식일 지킬 것을 명령하셨는데 창세기 2장 3절을 보니까 하나님이 이날을 복되게 하사 거룩하게 하셨다고 기록하고 있습니다. 그래서 하나님은 7일 중 하루, 이날만큼은 세상의 모든 일을 그치고 하나님과 교제하고 하나님과 샬롬의 관계를 회복하는 안식일로 만들어주신 것입니다. 안식일의 의미를 잘 깨달아서 주일을 잘 지킴으로 하나님의 크신 복을 받고 거룩함으로 샬롬의 관계를 회복하는 성도들이 되시기 바랍니다.

이렇게 천지 만물과 인간을 만드시고 난 뒤에 첫 번 제도인 안식일을 제정하신 하나님은 이제 가장 처음 기관, 가장 기초적인 공동체인 가정을 만드셨습니다. 그러니까 가정은 천지창조 후에 하나님께서 만드신 최초의 기관이고 모든 공동체 중에 가장 중요한 기초 공동체입니다. 그래서 하나님은 이 가정을 통하여 창조 때 말씀해 주신 대로 생육하고 번성하여 땅에 충만해지도록 하신 것입니다.

그뿐만 아니라 하나님은 창조 때 갖고 계셨던 이 세상 만물을 향한 모든 계획을 바로 이 가정을 통하여 이루어 나가기로 작정하셨습니다. 이렇게도 중요한 이유와 목적 때문에 하나님은 창조 이야기가 끝나자마자 곧이어 바로 가정을 만들어주신 것입니다. 이제 오늘 말씀을 통해서 가정의 원리에 대해 잘 배우고 여러분의 가정을 우리 하나님의 창조 섭리에 온전히 부합되는 가정으로 꼭 만들어나가기를 간절히 바랍니다.

하나님께서 천지만물을 창조하실 때 보시기에 다 좋았다고 말씀하셨는데 하나님 보시기에 좋지 않은 것이 한 가지 있었습니다. 오늘 본문 18절에 보니까 사람이 혼자 사는 것, 다시 말하면 아담이 짝이 없어 혼자 살아가는 모습이 하나님 보시기에 참 안타까우셨습니다. 그래서 이러한 아담의 모습을 보시고 하나님은 아담을 위하여 "돕는 배필을 지으리라"고 작정하셨습니다. 그래서 하나님은 아담을 깊이 잠들게 하신 후에 아담에게서 갈빗대 하나를 취하시고 살로 대신 채우시고 그 갈빗대로 여자를 만드셨습니다. 이렇게 돕는 배필로서 여자를 만드신 후에 하나님은 그 여자를 아담에게로 이끌어 오셨습니다.

하나님께서 여자를 만들어 아담에게로 이끌어 가시는 모습을 한번 상상해 보시면 대번에 오늘날 어떤 한 장면이 머릿속에 떠오를 것입니다. 바로 결혼식장에서 신부의 아버지가 그 딸을 데리고 신랑에게로 이끌고 가는 모습과 너무나 많이 닮았습니다. 서양의 결혼식은 대부분 기독교 전통을 취하고 있는데 이것은 아마도 이 첫 번 가정의 모습에서 힌트를 얻어 신부 아버지가 그 딸을 이끌어 신랑에게로 데려다주는 모습입니다.

이 모습을 가만히 살펴보면 우리는 남자와 여자의 만남이 결코 우연이 아니라 바로 하나님께서 섭리해 주시는 만남이란 것을 알 수 있습니다. 그래서 바로 이런 의미에서 결혼은 곧 '소명'(Calling)이라고 말할 수 있습니다. 곧 섭리의 만남이라는 것입니다. 세상의 수많은 남자 가운데 한 남자를 택하시고 세상의 수많은 여자 가운데 한 여자를 택하셔서 이 두 사람을 만나게 하신 분이 바로 우리 하나님이십니다.

이렇게 소명으로 두 사람을 만나게 하신 하나님의 뜻을 따라 이 역사 속에 처음 만들어진 첫 번 가정의 모습은 정말 너무나 아름다운 모습이었습니다. 하나님께서 여자를 아담에게로 이끌고 오실 때 잠에서 깨어난 아담은 놀라운 탄성을 발하면서 이렇게 외쳤습니다. "이는 내 뼈 중의 뼈요 살 중의 살이라." 이 고백은 하나의 탄성이자 감격이며 감사의 노래가 아니겠습니까? 이 고백은 내가 곧 당신이며 당신이 곧 나라고 하는 완전한 일체감의 표현입니다. 그야말로 하나님께서 만나게 하신 짝, 돕는 배필, 진정한 나의 배우자라는 지극히 아름답고 순결한 고백입니다. 여러분도 다 이렇게 아름다운 고백을 하고 결혼하신 줄로 믿습니다.

어떤 부부가 성격 차이가 너무 크고 잘 안 맞아서 결국에 이혼하고야 말았습니다. 그러고는 어느 정도 시간이 흘렀고 둘 다 재혼해야겠다고 생각하게 되었습니다. 이제 나이가 좀 있는 상태였기 때문에 젊은 사람들처럼 연애할 수도 없어서 결국은 결혼정보회사의 문을 두드리게 되었습니다. 두 사람 다 자기의 신상 내용과 어떤 사람을 바라는지 희망 사항을 적어냈습니다. 얼마간의 시간이 흐른 다음 결혼정보회사에서 아주 적합한 사람이 있다고 연락이 왔습니다. 그래서 설레는 마음으로 소개장을 뜯어 보고는 깜짝 놀랐습니다. 결혼정보회사에서 자기의 희망 사항을 따라 제시했던 사람은 바로 얼마 전에 이혼했던 자신의 배우자였던 것입니다.

지금 내가 함께 사는 나의 배우자가 하나님께서 짝지어 주신, 그리고 내가 고른 최고의 배우자입니다. 결혼 생활에 있어서 환상은 버려야 합니다. 내 마음, 내 뜻에 100% 합당한 배우자는 없습니다. 조금은 아쉽지만 조금은 부족하지만 지금 나의 배우자가 진정으로 하나님께서 짝지어 주신 배우자라는 사실을 마음 깊이 기억하고 잘 사시기 바랍니다. 그래서 이제는 의도적으로도 이렇게 고백할 수 있어야 합니다. "당신은 내 뼈 중의 뼈요, 내 살 중의 살입니다." 그렇습니다. 바로 이렇게 생각하고 사는 것이 건강한 가정을 만드는 첫걸음입니다.

이제 이렇게 귀한 만남을 이루게 하신 하나님께서는 24절에서 이렇게 말씀하십니다. "이러므로 남자가 부모를 떠나 그 아내와 합하여 둘이 한 몸을 이룰지로다." 이 말씀이 참 중요한데 이 말씀은 아담과 하와를 만나게 하신 하나님께서 이제 결혼 주례사를 말씀해 주시는 장면입니다. 그런데 하나님께서 말씀해 주시는 그 첫 번 결혼식 주례사의 내용이 오늘날 모든 가정이 귀담아들어야 할, 성공적인 결혼 생활의 아주 놀라운 세 가지 비밀을 담고 있습니다.

1. 부모를 떠나

하나님께서 말씀해 주신 주례사의 첫 번째 내용은 부부관계의 서곡과 같은 것인데 '부모를 떠나' 라는 말씀입니다. 떠나라는 이 명령은 한 남자와 한 여자가 본래의 공동체, 그러니까 원 가족을 떠나서 새로운 부부공동체로 재구성되는 과정의 가장 중요하고 필수적인 첫 단계입니다. 그래서 떠나지 아니하면 새 가정을 온전히 이룰 수 없다고 말할 수 있습니다.

여기서 부모를 떠나야 한다는 말을 오해해서는 안 됩니다. 이것은 부모를 무시하거나 젖혀 놓는다는 뜻이 아닙니다. 효도하지 말고 더는 관계하지 말라는 뜻이 아닙니다. 그리고 이것은 또한 지리적으로 멀리 떠나는 것을 의미하는 것도 아닙니다. 그러니까 바로 옆집에 살면서도 부모로부터 떠날 수 있고, 반면에 수백 킬로미터 밖에 살면서도 부모로부터 떠나지 못할 수도 있습니다. 심지어 부모가 죽었는데도 부모로부터 떠나지 못 하는 일도 있습니다.

부모를 떠난다는 것은 결혼한 후에는 부모와의 관계가 즉시 변해야 한다는 것을 의미합니다. 이 떠남에 대하여 맥래(W. McRae)라는 학자는 지정학적인 떠남, 경제적인 떠남, 심리적인 떠남을 이야기합니다. 하워드 클라인벨(Howard Clinebell) 교수는 떠남이 부부 성숙의 필수 요소라고 강조하였습니다.

이런 진술들을 다 종합해 보니 '떠남'을 다섯 가지로 정리할 수 있을 것 같습니다. 첫째로 부모와 성인으로서의 관계를 새로 정립하는 것입니다. 이제는 아이가 아니라 부모와 같이 성인이 되었다는 것을 의미합니다. 둘째로 부모의 생각, 견해, 행동보다 이제는 배우자의 생각, 견해, 행동에 대해서 더 많이 신경 써야 한다는 것을 의미합니다. 셋째로 이제 부모의 사랑과 동의와 도움과 지원을 얻기 위해서 무조건 부모에게 의지해서는 안 된다는 것을 의미합니다. 쉽게 말하면 스스로 독립해야 한다는 것입니다. 넷째로 부모에 대한 어떤 좋지 않은 태도와 감정을 다 제거해야 하며 그렇지 않으면 아무리 멀리 떨어져 살아도 감정적으로 얽매여 있게 된다는 것을 의미합니다. 다섯째로 남편과 아내 관계를 다른 어떤 관계보다 우선에 두어야 한다는 것입니다. 진실로 좋은 아들딸이 되는 것, 혹은 좋은 아빠 엄마가 되는 것보다 먼저 좋은 남편, 좋은 아내가 되는 것이 훨씬 더 중요하다는 사실입니다.

이 말씀에 절대 오해가 없기를 바랍니다. 저는 여러분에게 효도는 인륜 정도가 아니라 천륜이라고까지 말씀드린 바가 있습니다. 기독교는 효도의 종교입니다. 그러나 나의 사랑하는 자녀가 진정으로 좋은 가정을 이루기를 원한다면 그 자녀를 떠나보내야 합니다. 부모에게 머무르게 해서는 안 됩니다. 그들을 감정적인 불구로 만들어서는 안 됩니다. 이것은 자녀들의 결혼 생활에 뛰어들어서는 안 된다는 이야기입니다.

그리고 자녀도 스스로 부모를 떠나야 합니다. 독립할 줄 알아야 합니다. 효도하더라도 떠나서 효도해야 합니다. 부모님과의 관계보다도 아내-남편과의 관계가 더 중요함을 알아야 합니다. 그래야 그 가정이 온전해질 수 있습니다.

2. 합하여

하나님이 말씀해 주신 주례사의 두 번째 내용은 '합하여'입니다. 떠남의 그다음 과정이 바로 합하는 과정입니다. 여기서 합한다는 말은 'to cling to', 'to be glued to'를 의미하는 말인데 이것은 '아교' 또는 '강력한 접착제'로 둘을 견고하게 접합하는 것입니다. 그래서 이 연합한다는 말의 의미에 대해서 존 머레이(John Murray)라는 학자는 일부일처의 원칙, 두 사람 간의 독점적이요 유일한 관계의 원칙, 영원한 관계의 원칙, 이 세 가지로 말하였습니다.

결혼한다는 것은 여러 가지 면에서 우리가 그리스도인이 되는 것과 아주 비슷합니다. 어떤 사람이 그리스도인이 될 때 그는 과거의 생활방식, 자기가 옳다는 생각, 자기 스스로 구원하려는 노력으로부터 먼저 완전히 돌이킵니다. 그리고 그 후에는 모든 것을 죄인들을 위해 죽으신 예수님께로 향하고 예수님께 자신의 모든 것을 '의탁'하는 것입니다. 이렇게 주님께 나의 모든 것을 다 의탁하는 것, 나의 느낌이나 어떤 문제나 상관하지 않고 오직 예수님만 신뢰하며 전적으로 의탁하는 것이 바로 신앙입니다.

이와 똑같이 부부간에 '연합한다'는 것은 두 사람 사이의 전적이고 취소할 수 없는 '의탁'의 의미를 강하게 내포하고 있습니다. 부부가 형통할 때는 물론 문제를 직면할 때나, 역경 중에 부딪힐 때나, 가정 안에 심각한 위기가 생길 때나, 서로 의논하며 함께 하나님의 도우심을 의지하며 끝까지 함께하는 것이 바로 연합하는 것입니다. 연합한다는 것은 건강할 때나 병들었을 때, 부유할 때나 가난할 때, 기쁠 때나 슬플 때, 좋을 때나 나쁠 때, 생각이 같을 때나 다를 때 서로 '아교처럼' 견고하게 접합된 것을 말하는 것입니다.

그래서 오늘 하나님의 주례사, 두 번째 내용을 들으시고 이제 이런 다짐을 다시 한번 해보시면 어떻습니까? 먼저 아내들의 다짐입니다. "나는 남편이 뚱뚱해지고 대머리가 되고 발가락에 무좀이 생기고 도수 높은 안경을 쓴다고 할지라도, 또한 남편이 건강을 잃고 재산을 잃고 직업을 잃고 매력을 잃게 된다고 할지라도 오직 남편에게만 충성할 것을 맹세합니다." 그다음에 남편들의 다짐입니다. "나는 아내가 아름다움과 매력을 잃게 된다고 할지라도, 또한 기대했던 것만큼 깔끔하거나 단정하거나 순종적이지 않을지라도, 또한 아내가 돈을 낭비하거나 음식을 잘못 만든다고 할지라도 오직 아내에게만 충성할 것을 맹세합니다." 여러분의 가정이 온전히 연합하는 가정이 되기를 간절히 바랍니다.

3. 한 몸을 이루라

하나님께서 말씀해주신 처음 가정의 주례사 세 번째 내용은 '한 몸을 이루라' 는 말씀입니다. 한 몸이 되는 것에 관해서는 스몰(Dwight Sm-all)이라는 학자가 잘 말해 주고 있습니다. "한 몸이 되는 것은 두 사람 속에서 하나의 새로운 삶이 존재하며 여기에 각 개인의 인식과 가치, 존엄성이 똑같이 존재하는 것을 의미한다." 그래서 한 몸이 된다는 것은 단순히 육체적인 연합만을 의미하지 않고 각 개인이 가지고 있는 인식이나 가치관, 사상, 감정 등 모든 것이 하나가 되는 것을 의미합니다. 심지어 고통과 아픔까지도 함께 나눠야 한다는 것입니다. 육체적으로 하나가 되는 것으로부터 시작해서 소유물, 생각, 재능, 문제, 성공, 고통, 심지어 실패까지도 함께 나누는 하나가 되어야 합니다.

1+1=2가 아닙니까? 그러나 부부관계에서는 2라는 숫자가 암살당했다고 말할 수 있습니다. 1+1=1이 되는 것이 바로 부부관계입니다. 이것은 부부가 둘 다 획일적으로 똑같다는 것을 의미하지는 않습니다. 우리 몸을 생각해 보면 쉽게 이해할 수 있습니다. 우리 몸의 여러 지체 눈, 코, 입은 서로 다 다릅니다. 아니 오히려 똑같아서는 큰일입니다. 이렇게 다르지만 이들이 한 몸을 이루고 있는 것처럼 부부의 관계가 바로 이러한 관계가 되어야 한다는 것입니다.

지금까지 말씀드린 이 세 가지가 바로 첫 번 가정을 향하신 우리 하나님의 기가 막힌 주례사입니다. 오늘 첫 번 가정 이야기에서 하나님은 남편과 아내의 '관계' 에 대해서 집중적으로 말씀하고 계시는데 여기에는 아주 중요한 이유가 있습니다. 그것은 남편과 아내의 관계가 가정의 '중심축' 이기 때문입니다. 가정에는 부모–자녀 관계도 있고 형제–자매 관계도 있습니다. 그러나 많은 관계 중에서 가장 중요한 관계, 가정의 중심축이 되는 관계는 바로 남편-아내의 관계입니다. 남편과 아내의 관계가 가정의 중심축이기 때문에 남편과 아내의 관계가 건강해야 가정 전체가 건강해진다는 사실입니다.

그리고 오늘 하나님의 주례사와 더불어 우리가 꼭 기억해야 하는 가정의 원리가 한 가지 더 있습니다. 하나님께서 만드신 성은 남자와 여자, 두 가지밖에 없다는 것을 우리가 잘 알아야 합니다. 그리고 한 남자와 한 여자, 즉 일부일처가 바로 우리 하나님의 뜻입니다. 요즘에 동성애 문제가 크게 이슈가 되고 있습니다만 하나님의 뜻은 남자와 여자 그 외의 성은 없습니다. 제3의 성은 없다는 것입니다. 물론 동성애적 성향을 지닌 사람들을 우리가 배척하지 말고 그들을 포용해서 신앙으로 잘 인도해야 하겠지만, 그러나 창조 때 말씀하신 하나님의 원칙은 결혼은 남자와 여자가 만나는 것이고 일부일처가 바로 우리 하나님의 뜻입니다.

이제 말씀을 마치면서 오늘 하나님께서 말씀해 주신 중요한 표현 한 가지에 집중하고자 합니다. 그것은 바로 '돕는 배필'이란 표현입니다. 하나님은 여자를 만드실 때 아담을 위해 돕는 배필을 지으리라고 말씀하셨습니다. 여기서 돕는 배필은 '적합한 반려자', '응답하는 자'라는 뜻입니다. 그래서 성품과 신분에 있어서 여자는 남자와 똑같고 언제나 그 곁에 살면서 기쁨과 사랑을 함께 나누는 짝이라는 사실입니다.

그런데 우리는 이 돕는 배필을 여자에게만 적용할 필요는 없습니다. 남편과 아내, 모든 자녀까지도 서로 '돕는 가족'이 되어야 합니다. 먼저는 감정적으로 잘 도와주어야 합니다. 힘들고 어려운 세상 아닙니까? 그래서 우리가 가정에서 그 마음을 읽어주고 잘 공감해 줌으로써 감정적으로 도와줄 줄 알아야 합니다. 특별히 자아존중감을 느끼도록 도와주어야 합니다. 자존감은 인생에 있어 너무나 중요한 것입니다. 그래서 자존감을 꼭 도와주어서 가정 안에서 힘을 얻고 용기를 얻게 해야 합니다. 그리고 노동적으로도 도와줄 줄 알아야 합니다. 가정에 일이 얼마나 많습니까? 가정에서 일어나는 일들에 대해 공동책임을 지고 서로 도울 줄 알아야 합니다. 그다음에 부족함을 도울 줄 알아야 합니다. 부족하다고 핀잔주지 말고 그 부족함을 잘 도와주어야 합니다. 무엇보다 신앙을 도울 줄 알아야 합니다. 온 가족이 여호와 하나님 신앙을 갖고 살아가는 것이 참 중요합니다. 그래서 온 가족이 참된 신앙을 갖도록 도와주어야 합니다.

여러분의 가정이 진정으로 행복한 가정이 꼭 되기를 간절히 바랍니다. 이를 위해 가정의 중심축인 남편과 아내 관계를 건강하게 하시고 서로 돕는 가족이 되어서 행복한 가정 꼭 이루시기를 간절히 바랍니다.

004
성경153올람

아담아
네가 어디 있느냐

　　창세기 3장은 성경 전체를 놓고 볼 때 가장 가슴 아픈 장이라고 할 수
있습니다. 왜냐하면 창세기 3장은 인간의 타락이 기록된 장이기 때문에
그렇습니다. 하나님은 인간을 하나님의 형상을 따라 창조하셔서 하나님
과 관계하는 존귀한 존재로 만들어주셨는데 인간은 이 아름다운 관계를
벗어나 그만 스스로 타락해 버리고 말았습니다.

　　이렇게 가슴 아프고 슬프기 짝이 없는 창세기 3장을 우리는 정말 깊
이 살펴보아야 합니다. 어떡하다가 우리가 이 지경이 되었는지, 어떡하
다가 인간이 죄인이 되고 말았는지 창세기 3장이 잘 설명해 주고 있기 때
문입니다. 그래서 잃어버린 하나님의 형상을 회복하고 하나님과의 관계
를 복원하기 위해서 우리는 창세기 3장, 이 타락의 장을 유심히 살펴보아
야 합니다. 창세기 3장에는 첫째로 인간의 타락 과정, 둘째로 죄악에 대
한 하나님의 심문, 셋째로 하나님의 선고, 넷째로 죄악의 결과까지 다 기
록되어 있습니다.

1. 타락의 과정

먼저 인간이 어떻게 타락하게 되었는지 '타락의 과정'에 대해 말씀드리고자 합니다. 이것을 잘 살펴보면 죄악을 이기는 방법도 알게 됩니다.

1) 의심

첫 번째로 악한 마귀 사탄은 하나님 말씀을 '의문'(疑問)에 붙이고 있습니다. 1절에서 "그런데 뱀은 여호와 하나님이 지으신 들짐승 중에 가장 간교하니라. 뱀이 여자에게 물어 이르되 하나님이 참으로 너희에게 동산 모든 나무의 열매를 먹지 말라 하시더냐"라고 기록하고 있는데, 이것은 진짜 하나님이 그랬냐는 것입니다. 혹시 네가 잘못 들은 것은 아니냐는 것입니다. 하나님이 뭐 그렇게까지 말씀하셨겠느냐 하는 아주 간교한 의문문입니다.

본래 하나님 말씀은 우리의 판단의 근거가 아니라 순종의 근거입니다. 하나님이 우리에게 말씀하실 때 우리는 듣고 순종해야 합니다. 그런데 지금 사탄은 하나님 말씀을 인간이 판단할 수 있는 주제로 등장시켜서 '의문'에 붙이고 있습니다. 이렇게 뱀이 하나님의 말씀을 '의문'에 붙이니까 여자가 대번에 그만 걸려들고 말았습니다.

2~3절에서 "여자가 뱀에게 말하되 동산 나무의 열매를 우리가 먹을 수 있으나 동산 중앙에 있는 나무의 열매는 하나님의 말씀에 너희는 먹지도 말고 만지지도 말라. 너희가 죽을까 하노라 하셨느니라"고 기록하고 있는데 여기서 여자의 대답은 심각한 두 가지 잘못을 우리에게 보여주고 있습니다. 먼저는 '첨가'입니다. 하나님 말씀은 하나님 말씀으로만 받아야 하는데 여인은 하나님 말씀에다가 자기 생각을 함부로 첨가하고 있습니다. 하나님께서는 동산 중앙에 있는 나무의 열매는 "먹지 말라"고

만 말씀하셨는데 여자는 이 말에다가 "만지지도 말라" 하는 말을 자기 마음대로 첨가하고 있습니다. 우리가 하나님 말씀에 내 생각을 첨가하면 순수한 말씀이 변질되고 하나님 말씀은 말씀이 아닌 것처럼 되어버리고 맙니다. 말씀하시면 그냥 순종해야 합니다. 그냥 순종해야 그것이 순전한 믿음이 되는 것이고 이러한 순전한 믿음 위에 하나님께서 역사하십니다. 그런데 지금 여자는 하나님의 말씀에 자기 생각을 마음대로 첨가하여 하나님 말씀을 순수하게 지켜내지 못하고 그 말씀을 변질시켜 버리고 있는 것입니다.

또 하나는 '왜곡'입니다. 하나님은 선악과를 말씀하시며 이것을 먹는 날에는 "반드시 죽으리라"고 말씀하셨는데 여인은 "죽을까 하노라"고 이렇게 말하고 있습니다. 항상 이 '까?'가 문제입니다. 정말 그럴까? 정말 하나님이 싫어하실까? 하나님이 진짜 벌을 내리실까? 이 '까?'가 항상 문제입니다. 하나님 말씀은 말씀대로 받아야 합니다. 겸손히 있는 그대로 받아야 합니다. 부분이 아닌 온전함으로 받아야 합니다. 그래야 그 말씀이 내 삶 가운데 역사하는 것입니다.

이렇게 사탄이 하나님 말씀을 의문에 붙이며 살짝 건드리니까 여자는 하나님의 말씀에 자기 생각을 '첨가'하고 하나님 말씀을 '왜곡'하여 변질시키고 있습니다. 지금 둘이 아주 죽이 잘 맞죠? 지금 여인은 하나님과 교제하지 아니하고 사탄과 교제하고 있고 둘이 아주 죽이 잘 맞아서 서로가 서로에게 아주 잘 화답하고 있습니다. 사탄과 교제하면 안 됩니다. 사탄과 죽이 잘 맞으면 안 됩니다. 그것은 결국 사망으로 치닫기 때문입니다. 이 사실을 분명히 인식하고 사탄과 교제하여 사망으로 치닫지 말고 하나님과 교제하여 생명으로 나아가시기 바랍니다.

2) 거짓

자기 말에 여자가 첨가와 왜곡으로 하나님 말씀을 변질시키는 모습을 본 사탄은 이제 '거짓'으로 여자를 유혹합니다. 4절을 보시면 "뱀이 여자에게 이르되 너희가 결코 죽지 아니하리라"고 거짓말하고 있습니다. 하나님 말씀을 변질시키는 이 악한 사탄의 모습을 똑똑히 바라보아야 합니다. 처음에 하나님은 선악과를 먹으면 반드시 죽는다고 말씀하셨는데 여인은 죽을까 하노라 그랬고, 지금 사탄은 결코 죽지 않는다고 거짓말하고 있습니다.

사탄의 이러한 모습에 대하여 예수님께서는 요한복음 8장 44절에서 악한 마귀 사탄은 '거짓말쟁이'이며 '거짓의 아비'라고 분명히 말씀하셨습니다. 그렇습니다. 사탄은 거짓말하는 자이고 거짓의 아비입니다. 온갖 미사여구를 동원하여 아주 그럴듯한 말을 하지만 그러나 실상은 거짓말로 우리를 유혹하여 넘어뜨리는 자입니다.

그래서 죄를 지을 때 악한 마귀 사탄이 우리 마음속에 불어넣는 네 가지 거짓말이 있다는 것을 잘 알아두어야 합니다. 첫째는 "딱 한 번뿐이니까"라는 거짓말입니다. "딱 한 번만 그러면 돼, 그냥 눈 질끈 감고 딱 한 번만 그렇게 해봐." 사탄은 이렇게 우리를 유혹합니다. 그러나 인간은 그렇게 강하지 못합니다. 이 한 번이 두 번이 되고 두 번이 세 번이 되고 나중에는 아무렇지도 않게 그냥 일상적으로 죄를 범하게 되는 것입니다. 이걸 끊어내야 합니다.

둘째는 "누구나 다 하는 일이니까"라는 거짓말입니다. "너만 하는 것 아니야, 누구나 다 그 정도는 해, 그러니까 괜찮아." 이렇게 유혹합니다. 그러나 누구나 다 함부로 죄를 짓지는 않습니다. 신실한 사람들은 "나 혼자만이라도" 이렇게 다짐하며 거룩함으로 죄를 이기고 자신을 지켜내는 것입니다. 우리도 그래야만 합니다.

셋째는 "대수롭지 않은 일이니까"라는 거짓말입니다. "주일 한 번 범한다고 뭐 하늘이 무너져? 괜찮아, 이 정도는 별일도 아니잖아" 이렇게 유혹합니다. 그러나 대수롭지 않은 일을 범하면 나중에는 대수로운 일도 함부로 범하게 됩니다. 우리 속담에도 바늘 도둑이 소도둑 된다고 하였습니다. 작은 일에도 신실해야 합니다.

넷째는 "나중에 잘하면 되니까"라는 거짓말입니다. "젊어서는 실수도 하는 거야, 나중에 잘하면 되니까 지금은 적당히 해, 그렇게 살아도 돼" 이렇게 유혹합니다. 그러나 지금 죄의 뿌리를 자르지 아니하면 결코 나중에 잘할 수 없습니다. 죄란 놈은 그렇게 호락호락한 놈이 아닙니다. 그러므로 죄악의 문제에 대해서는 우리가 처음부터 아주 단호해야 합니다. 죄는 모양이라도 버려야 합니다.

3) 교만

이렇게 선악과를 먹어도 절대 죽지 않을 것이라고 거짓말을 한 사탄은 이제 한술 더 떠서 아주 '교만' 해져서 하나님 말씀을 대적하고 있습니다. 3절 보세요. "너희가 그것을 먹는 날에는 너희 눈이 밝아져 하나님과 같이 되어 선악을 알 줄 하나님이 아심이니라" 이 교만을 보십시오. 선악과를 먹으면 눈이 밝아진답니다. 그래서 하나님같이 된다고 유혹합니다. '교만' 이라고 하는 죄는 이렇게 감히 하나님의 자리에 올라서려는 것입니다. 이것을 보면 죄악의 끝은 바로 교만이란 것을 우리가 알 수 있습니다. 자신이 하나님의 자리에 올라서려는 것이 교만이기 때문에 죄악 중에서도 가장 큰 죄악이 바로 교만입니다.

우리가 믿음의 삶을 살아갈 때 정말 가장 경계하고 조심해야 할 것이 바로 이 '교만' 의 죄입니다. 왜냐하면 예수님 당시에도 가장 종교적이고 가장 하나님을 잘 믿는다고 생각한 바리새인들이 가장 교만하였기 때문입니다. 교만은 자신을 보지 못하게 만듭니다. 그래서 바리새인들은 지극히 교만하면서도 '자기의'에 갇혀서 '나는 잘 믿는다고, 나는 회개할 것이 없다'고 생각하였습니다. 이런 생각을 하고 있으니까 자기를 도무지 고쳐나갈 수가 없고 나아가 다른 사람을 업신여기고 함부로 정죄하고, 그래서 너무나 이기적인 모습으로 살아가는 것입니다.

교만에서 벗어나야 합니다. 신앙은 겸손한 자의 것입니다. 그래서 나를 돌아보고 자기를 살피고 통회하는 모습이 있어야 신앙은 가능합니다. 한마디로 신앙은 애통입니다.

이렇게 해서 결국 사탄의 유혹에 넘어간 여인은 선악과를 따먹고 자기와 함께 한 남편에게도 주어서 함께 먹음으로써 인간은 결국 타락하고야 말았습니다.

여기서 우리는 '선악과'의 문제를 한번 짚어보고 넘어가야 하겠습니다. 흔히 우리는 왜 하나님께서 선악과를 두셔서 인간을 타락하게 만드셨는가 하는 질문을 하곤 합니다. 그러나 그것은 이미 질문 자체가 잘못된 것입니다. 하나님께서 선악과를 동산 가운데 두신 것은 하나님과의 관계성의 표현입니다. 에덴동산에서 인간은 모든 것을 다 할 수 있지만, 단 한 가지 선악과를 먹으면 안 된다는 제한을 두심으로서 인간은 하나님께 순종해야 할 존재라는 것을 분명히 알려주신 것입니다. 다시 말해 선악과는 하나님 주권의 의미가 담긴 나무입니다.

그리고 이 선악과는 인간의 자유의지와 밀접한 연관이 있습니다. 하나님과의 관계성 속에서 인간이 로봇처럼 기계적으로 하나님을 섬기는 것이 아니라 인간이 도덕적 인격체로서 자기의 자유의지를 가지고 하나님을 선택하고 하나님께 순종하는 것을 바라신 것입니다. 그래서 이것은 오히려 하나님께서 인간을 아주 높이 인정해 주신 것이고 순종의 시험

나무인 선악과를 통하여 온전한 인격적 관계를 이루어나가기를 바라신 것입니다.

2. 하나님의 심문

선악과에 대한 이러한 하나님의 뜻을 깨닫지 못하고 결국 인간은 불순종하여 선악과를 범하므로 타락해 버리고 말았습니다. 그러면 이제부터는 죄악을 결코 간과하지 아니하시는 하나님께서 죄악에 대해 심문하시는 내용을 살펴보겠습니다.

1) 첫째 심문 : 아담에게 (9-12절)
"아담아, 네가 어디 있느냐?"

"내가 벗었으므로 두려워하여 숨었나이다."

"누가 너의 벗었음을 네게 알렸느냐? 내가 네게 먹지 말라 명한 그 나무 열매를 네가 먹었느냐?"

"하나님이 주셔서 나와 함께 있게 하신 여자 그가 그 나무 열매를 내게 주므로 내가 먹었나이다."

여기서 네가 어디 있느냐는 질문은 장소에 관한 질문은 아닙니다. 사실 하나님은 아담이 어디 있는지 이미 잘 알고 계십니다. 그래서 이 질문은 장소에 관한 질문이 아니라 관계에 관한 질문입니다. 하나님은 아담이 하나님의 형상으로 지음 받고 하나님과 관계하는 존재로 창조되었는데, 그런데 그 아름다운 관계를 파괴하고 오히려 사탄과 관계하며 왜 엉뚱한 삶을 살아가느냐고 심문하신 것입니다. 신앙은 관계의 개념입니다. 신앙은 소유의 개념이 아니라 관계의 개념입니다. 이것은 대단히 중요한 신앙 인식입니다. 얼마나 많은 교회 출석, 얼마나 많은 헌금, 얼마나 많은 헌신 등 이런 것들보다 바로 지금 내가 하나님과 어떤 관계 속에 놓여 있는지가 참 중요하다는 사실입니다.

그런데 하나님의 심문에 대하여 아담의 대답은 참으로 안타까울 뿐입니다. 하나님이 주셔서 나와 함께 있게 하신 여자 그가 그 나무 열매를 내게 주므로 내가 먹었다고 변명하고 있습니다. '하나님의 형상'에서 살펴본 대로 인간은 하나님 앞에서 책임지고 살아가야 할 존재입니다. 그런데 지금 아담은 자신의 죄를 하나님께, 그리고 아내에게 투사(投射, Projection)하고 있습니다. 투사는 자신의 잘못을 타자에게 전가(轉嫁)하는 것인데, 이것은 자신의 죄를 직시하지 못하게 하여서 더 깊은 죄악 가운데 빠지게 만들기 때문에 신앙적으로 아주 치명적인 태도입니다. 그뿐만 아니라 투사는 심리학적으로도 참 좋지 못해서 이 방어기제를 즐겨 사용하면 자신의 모습을 더 나은 모습으로 발전시킬 수가 없게 되므로 인격에 심각한 장애를 가져올 수 있습니다. 무엇보다 이 모습은 인간적으로 보아도 참 못난 남편의 모습이 아닐 수 없습니다.

2) 둘째 심문 : 여자에게 (13절)

"네가 어찌하여 이렇게 하였느냐?"

"뱀이 나를 꾀므로 내가 먹었나이다."

부창부수(夫唱婦隨)라는 말이 있습니다. 지금 첫 부부의 모습은 그야말로 그 남편에 그 아내입니다. 하와 역시 아담과 마찬가지로 자신의 죄악에 대해 직시하지 못하고 뱀이 나를 꾀므로 내가 선악과를 먹었다고 자신의 죄를 합리화하며 변명하고 있습니다.

인간은 참 연약한 존재이기 때문에 어쩔 수 없이 죄를 지을 수밖에 없습니다. 그러나 이런 때에 자신의 잘못을 인식하고 철저히 하나님 앞에 회개할 때 우리는 어제보다 더 나은 모습으로 날마다 성화의 삶을 살아갈 수 있는 것입니다. 그런데 아담처럼, 하와처럼 자신의 죄를 타자에게 투사하고 전가하기에 급급하다면 더 아름다운 모습으로 나아가는 것은 어렵게 되는 것입니다. 죄를 지으면 그 죄를 직시하고 하나님 앞에 철저히 회개할 수 있어야 합니다.

3) 그런데 셋째 심문으로서

하나님은 뱀에게는 심문하지 아니하셨습니다. 왜 그럴까요? 네, 뱀은 회복 가능성이 없는 존재이기 때문에 그렇습니다. 죄에 대한 책임은 오직 인간에게만 있는 것입니다. 그래서 하나님은 아예 뱀에게는 왜 그렇게 하였는지 묻지도 아니하시고 단지 심판만 하시는 것입니다. 악한 마귀 사탄은 오직 심판받아 멸망할 존재입니다.

3. 심판의 선고

죄악에 대해 심문하신 하나님은 이제 그 죄악에 대하여 심판하시는데 그 죄악에 대한 심판의 선고는 심문의 역순으로 진행됩니다.

1) 첫째 : 뱀에게 (14-15절)

"저주를 받아 배로 다니고 살아있는 동안 흙을 먹을지니라."

"내가 너로 여자와 원수가 되게 하고 네 후손도 여자의 후손과 원수가 되게 하리니 여자의 후손은 네 머리를 상하게 할 것이요 너는 그의 발꿈치를 상하게 할 것이니라."

하나님은 사탄의 죄에 대하여 심문은 안 하셨지만 선고는 반드시 하고 계십니다. 사탄은 회복 가능성이 없는 존재여서 심문이 필요하지는 않지만 그 죄악에 대하여 심판은 반드시 받아야 합니다.

여기서 '여자의 후손'은 오실 메시아 예수님을 가리키고 있는데 악한 마귀 사탄은 장차 예수님으로 말미암아 반드시 멸망하게 된다는 것입니다. 비록 사탄은 십자가의 수난처럼 여자 후손의 발꿈치를 상하게 할 것이지만 사탄은 예수님의 부활로 말미암아 머리를 상하게 되므로 치명상을 입고서는 결국 비참한 종말을 맞이하게 되는 것입니다.

2) 둘째 : 여자에게 (16절)

"임신하는 고통을 크게 더하리니 네가 수고하고 자식을 낳을 것이며."

"남편은 너를 다스릴 것이니라."

본래 여인의 잉태와 해산은 하나님의 축복이었고, 그래서 그것은 기쁨과 환희의 순간이었습니다. 그러나 범죄 후에 여인의 해산은 무서운 고통을 수반하는 형벌로 확대되고 있습니다. 따라서 해산의 고통을 당할 때 인간은 죄악의 아픔을 뼈저리게 느끼게 되는 것입니다.

그리고 여자는 남편을 의지하고 그 지배에 복종해야 했는데 이것은 죄악으로 말미암아 여자의 권위가 박탈당하고 그 지위가 낮아지고 말았다는 것입니다. 그러나 이것은 부부간의 위계질서 변화를 의미할 뿐 예속이나 노예 상태를 의미하지는 않습니다.

3) 셋째 : 아담 (17-19절)

"땅은 너로 말미암아 저주를 받고 너는 네 평생에 수고해야 그 소산을 먹으리라."

"너는 흙이니 흙으로 돌아갈 것이니라."

아담은 모든 피조물의 대표자로서 죄악을 물리치고 승리해야 했지만 그렇게 하지 못하고 죄악에 빠짐으로써 모든 피조물도 역시 함께 탄식하며 함께 고통받게 되었습니다(롬 8:22). 그래서 인간은 수고의 땀을 흘리며 열심히 일해야만 수고의 떡(시 127:2)을 먹을 수 있게 되었습니다. 이것은 본래부터 에덴동산에 있었던 복되고 신성했던 노동이 죄악의 결과로 확대되는 모습을 보여주고 있는 것입니다.

그렇게 힘겨운 인생을 살아가다가 결국 인간은 흙으로 돌아갈 수밖에 없게 되었는데 이것은 죗값으로 인하여 인간에게 임하게 되는 죽음의 방식을 알려주는 것입니다. 처음에 하나님께서 인간을 만드실 때 흙으로 사람을 만드시고 그 코에 생기를 불어넣으심으로 사람이 생령이 되었습니다(창 2:7). 여기서 생기는 인간의 존엄성을 나타내고 흙은 인간의 한계성을 나타내고 있습니다. 결국 인간이 하나님을 잊어버리고 죄악 가운데 살아가면 흙과 같은 존재가 될 수밖에 없지만 하나님을 기억하고 그분의 뜻대로 살아가면 존귀한 존재가 되는 것입니다.

4. 죄악의 결과

이렇게 인간이 타락하여 죄를 범한 그 결과는 너무나 심각하였는데 이제는 죄악의 결과를 살펴보겠습니다. 인간이 가지는 관계는 모두 4가지로 요약해 볼 수 있습니다. 그런데 범죄와 타락으로 말미암아 이 4가지의 아름다운 관계가 완전히 다 파괴되어 버리고 말았습니다.

1) 하나님과의 관계
인간의 첫 번째 관계는 하나님과의 관계인데 너무나 안타깝게도 인간의 범죄와 타락 후에 그 친밀했던 하나님과의 관계가 다 깨어져 버리고 말았습니다. 처음에 하나님께서는 인간을 하나님의 형상을 지닌 존재로 만들어주셨고 인간은 하나님과 영적으로 교제하며 참 행복하게 참 아름답게 살아갔습니다. 그런데 범죄와 타락 이후에는 그 친밀하던 하나님과의 관계가 다 파괴되고 인간은 하나님을 두려워하여(fear) 숨을 수밖에 없었습니다. "그들이 그날 바람이 불 때 동산에 거니시는 여호와 하나님의 소리를 듣고 아담과 그의 아내가 여호와 하나님의 낯을 피하여 동산 나무 사이에 숨은지라"(창 3:8). 죄는 이렇게나 심각한 것입니다. 하나님과의 관계가 파괴되면 결국은 죽을 수밖에 없는데 죄는 하나님과의 분리로 말미암아 우리를 사망에 이르게 하는 것입니다.

2) 이웃과의 관계

인간의 두 번째 관계는 이웃과의 관계인데 죄를 짓고 타락하고 나니까 그 친밀했던 남편과 아내의 관계도 다 파괴되고 말았습니다. 처음에 아담은 자기 아내를 보고 이렇게 말하였습니다. "이는 내 뼈 중의 뼈요 살 중의 살이라." 이 말은 친밀함의 극치가 아닙니까? 그런데 범죄 후에 아담은 "하나님이 주셔서 나와 함께 있게 하신 여자 그가 그 나무 열매를 내게 주므로 내가 먹었나이다"라고 하였습니다. 자기 잘못을 아내에게 전가하고(imputation) 있습니다. 죄가 참 무섭지 않습니까? 어떻게 사람이 이렇게 달라질 수가 있단 말입니까? 오늘날 인간 사회의 모든 불협화음, 싸움과 분쟁과 전쟁은 결국 모두가 다 죄악의 결과물입니다.

3) 자연과의 관계

인간의 세 번째 관계는 자연과의 관계인데 인간의 범죄와 타락으로 말미암아 자연과의 관계도 다 깨어지고 그 결과 땅은 저주(curse)를 받고 말았습니다. 타락하기 전에 인간은 생육하고 번성하며 땅의 모든 열매가 인간의 먹을거리가 되었습니다. 그러나 타락한 후에 땅은 인간으로 말미암아 저주를 받게 되었고(curse) 인간은 힘겹게 수고하여야 먹고 살 수가 있게 되었습니다. 오늘날 우리가 먹고살기 위해 땀 흘리고 수고하는 모든 것은 결국 범죄와 타락과 연관이 있다는 사실입니다. 에덴동산에서 신성했던 노동이 범죄의 형벌이 되고 만 것입니다.

4) 자신과의 관계

인간의 네 번째 관계는 자기 자신과의 관계입니다. 범죄와 타락 후에 인간은 심지어 자기 자신과도 분리되고 말았습니다. 타락하기 전에 인간은 벌거벗었으나 부끄러워하지 않았습니다. 이것은 부패하지 않은 인격, 자기 안에 통합된 온전한 인격을 말합니다. 그러나 범죄와 타락 이후에는 자기 자신들이 벌거벗은 줄을 알고 수치심을 느껴서(shame) 무화과 나무 잎을 엮어 치마를 만들어 입었습니다(7절). 죄악은 수치심을 불러오는 것입니다.

얼마나 무섭습니까? 범죄와 타락의 결과 그 아름다운 친밀감은 다 깨져 버리고 네 가지 관계는 모두 다 파괴되어 버리며 아름다운 복은 다 달아나 버리고 말았습니다. 그래서 이제 이 창세기 3장에서 우리는 뼈저리게 죄악의 심각성을 깨우쳐야 합니다. 아, 죄란 놈이 우리를 망가트리고 우리를 죽게 만들고 우리를 망치는 것이구나 하는 것을 깨달아야 합니다. 그래서 죄악의 심각성을 깨우치고 그 무서움에 몸서리치고 이제 나는 어이할꼬 탄식할 때, 그때 우리는 하나님을 바라볼 수밖에 없는 것입니다. 그 무서운 죄의 현장 가운데서 그저 우리는 하나님의 은혜를 사모할 수밖에 없는 것입니다.

그래서 이런 범죄와 타락 중에도 한편 너무나 감사한 것은 하나님은 타락한 인간을 결코 포기하지 아니하시고 은혜를 베푸시며 인간을 구원하시기로 작정하셨습니다. 놀라운 사실은 이렇게 인간이 타락하는 바로 그 현장에 하나님은 이미 구원의 계획을 세워놓으셨습니다. 놀랍게도 3장 15절에서 하나님은 여자의 후손인 예수 그리스도를 통하여 사탄의 머리를 상하게 하고 결국에 인간을 구원하실 것을 이미 선포해 주셨습니다.

그래서 이 15절 말씀은 예수님께서 사탄을 이기고 승리하심으로 우리의 모든 죄의 문제를 해결하시고 구원해 주실 것을 이미 나타내고 있기에 이 구절을 가리켜 '원시 복음'(原始福音, Proto Evangelium)이라고 부르는 것입니다. 우리는 바로 이 대목에서 하나님께서 우리를 얼마나 사랑하시는지를 다시 한번 분명히 깨달을 수 있습니다. 원죄로 말미암아 타락하는 바로 그 순간에 이미 하나님은 구원의 방법을 제시해 주고 계시는 것입니다. 이토록 우리를 사랑하고 구원하기를 즐겨하시는 하나님께 감사와 존귀와 영광을 올려드립니다.

그리고 21절에서 하나님은 인간의 죄의 수치를 가리기 위하여 가죽옷을 지어 입히셨는데 가죽옷이 만들어지기 위해서는 어떤 동물이 피를 흘리고 죽어야만 했습니다. 이것은 결국 예수님의 십자가 희생을 예표하고 있습니다. 죄와 사탄은 하나님과 인간을 분리시키는 간사하고 더러운 분리자이나 십자가는 죄와 인간을 분리시키는 참되고 영원한 해방의 사건입니다. 십자가는 예수님께서 하나님과 나의 이름을 부르다 죽은 곳입니다. 십자가는 주님께서 한 손으로 나의 손을 붙잡고 한 손으로 하나님의 손을 붙잡고 사랑의 심장이 터져 죽은 곳입니다. 그래서 천하 인간의 죄악의 문제와 죽음의 문제를 해결하신 분은 우리 예수님밖에는 없습니다. 예수님은 십자가 사건으로 우리 죄 문제를 해결해 주셨고 부활을 통하여 죽음의 문제를 해결해 주셨습니다. 바로 이것이 복음의 진짜 핵심입니다.

우리가 살아가는 삶의 현장에는 고통, 눈물, 탄식, 아픔, 질병, 사고, 고독, 외로움, 안타까움, 무기력, 상처, 좌절, 파괴 등 수많은 절망이 우리를 엄습하고 있습니다. 그런데 이 모든 절망을 거슬러 올라가 보면 결국에는 죄란 놈이 도사리고 있습니다. 그 배후에 사탄이란 놈이 있습니다. 진실로 오늘 창세기 3장을 통하여 죄가 얼마나 무섭고 심각하고 절망적인지 깊이 깨우쳐서 죄를 멀리해야 합니다. 죄악은 그 모양이라도 버려야 합니다. 그리고 이제 죄의 문제를 해결할 수 있는 분은 바로 예수님밖에 없는 줄로 분명히 확신하고 예수님을 잘 믿어서 날마다 죄를 이기고 승리하는 성도들 되시기를 간절히 바랍니다.

005

성경153올람

네 아우 아벨이
어디 있느냐

선악과를 따먹고 범죄한 인간은 하나님의 의도를 깨닫지 못하고 욕심과 불순종에 이끌려 그만 타락하고야 말았습니다. 동산 중앙에는 두 종류의 나무가 있었는데 아담과 하와는 먹을 수 있는 생명나무의 열매는 먹지 아니하고 먹지 말라고 한 선악과의 열매를 따 먹고는 그만 타락해 버리고 만 것입니다. 우리는 이 대목에서 흔히 이런 질문을 많이 합니다. "아니, 하나님께서 왜 하필 선악과를 두셔서 인간이 죄짓게 만드셨는가?" 하는 것입니다. 그런데 그것은 그렇지가 않습니다. 하나님께서 인간을 골탕 먹이려고 선악과를 두신 것이 아닙니다. 선악과는 오히려 하나님께서 우리 인간을 아주 높이 생각해 주신 결과입니다.

이 선악과에는 아주 중요한 핵심 정신 2가지가 있는데, 그 첫째는 "너 자신을 알라"는 것입니다. 생육하고 번성하여 땅에 충만하고 땅을 정복하고 다스릴 수 있는 아주 놀라운 대리자의 권세를 주셨지만 인간 위에는 경배하고 순종해야 할 하나님이 계신다는 것을 알아야 한다는 의미로 선악과를 두신 것입니다. 그러니까 "너는 하나님이 아니다. 네 마음대로 모든 것을 다 할 수 있지만 너에게는 경배하며 순종해야 할 대상, 하나님이 계신다는 것을 분명히 기억하고 살라"는 것입니다. 바로 이런 의미로 창조주와 피조물 사이에 딱 하나의 제한점을 두신 것인데 그것이 바로 선악과입니다.

선악과를 두신 두 번째 이유는 하나님께서는 인간에게 기계적 순종이 아니라 '책임적 순종'을 원하셨기 때문입니다. 하나님은 인간에게 '자유의지'를 주셨습니다. 이렇게도 저렇게도 할 수 있는 자유의지를 주셔서 인간이 전인적인 독립체가 되어서 참된 교제를 함께 나누기를 원하셨던 것입니다. 인간을 로봇이나 애완동물로 만드셔서 기계적인 순종을 바라신 것이 아니고 인간이 이렇게도 저렇게도 할 수 있는 자유의지를 가지고 책임적 순종, 자발적 순종을 할 수 있게 하려고 자유의지를 주신 것입니다. 그래서 그 자유의지의 표식이 선악과입니다. 그러니까 선악과는 하나님이 우리 인간을 아주 높이 생각해 주신 결과입니다. 그런데 이러한 하나님의 뜻을 깨닫지 못한 인간은 그만 스스로 인간이기를 포기하고 교만하여져서 자유의지를 남용함으로써 결국 선악과를 따먹고 타락한 존재가 되고 만 것입니다.

이렇게 선악과를 따먹고 타락한 인간을 하나님께서는 에덴동산에서 추방하셨는데 이 추방이 오히려 하나님의 은혜라고 할 수 있습니다. 인간이 에덴동산에서 추방된 것은 한없이 안타까운 일이지만 죄를 지음으로써 저주받은 인간이 생명나무 실과를 먹고 고통과 비탄의 삶을 영원히 산다고 하면 이것은 인간에게는 더 큰 형벌이 아닐 수 없었을 것입니다. 그래서 하나님께서는 바로 이것을 막기 위하여 아담과 하와를 '에덴 동편'으로 쫓아내시고 그룹들과 두루 도는 불칼(라하트 하헤렙)로 에덴동산을 지키셨습니다.

그렇게 해서 에덴동산 동편으로 쫓겨난 아담과 하와는 이제 동침하여 자녀를 생산하기 시작하였습니다. 1절에 보시면 아담이 그의 아내 하와 와 동침하여 가인을 낳았는데 그때 하와가 "내가 여호와로 말미암아 득 남하였다"고 기록되어 있습니다. 이 말은 "여호와와 같이 나도 한 남자를 창조하였다"는 뜻인데 하나님의 그 놀라운 창조 사역을 내가 아들을 낳 으므로 계속 이어가게 되었다는 기쁨을 표현한 것입니다.

그렇게 해서 아담과 하와는 첫아들 가인을 얻게 되었고 계속해서 둘 째 아들 아벨을 낳았습니다. 비록 범죄한 인간들이지만 이렇게 아이들 낳고 행복하게 잘 살았으면 얼마나 좋았겠습니까? 그러나 안타깝게도 인 간 속에 있는 죄악은 더욱 심각한 모습으로 발전하고야 말았습니다.

아담과 하와가 낳은 두 아들 중에서 가인은 농사하는 자이었고 아벨 은 양을 치는 자였습니다. 세월이 지난 후에 이 둘은 각각 제물을 준비하 여 하나님께 제사를 드렸습니다. 제사를 드릴 때에 가인은 땅의 소산으 로 제물을 삼아 여호와께 드렸고 아벨은 자기 양의 첫 새끼와 그 기름으 로 제물을 삼아 하나님께 제사를 드렸습니다.

그런데 이 둘의 제사 중에서 하나님은 가인의 제물은 받지 아니하시 고 아벨의 제물만 받아주셨습니다. 왜 그랬을까요? 이 문제에 대해서는 우리가 어렸을 때부터 이런 설교를 참 많이 들었습니다. 아벨은 하나님 께 정성을 다하여 예배드렸지만 가인은 정성이 아주 부족하였다는 것입 니다. 그렇습니다. 오늘 본문 가운데는 이 정성의 문제가 분명히 나타나 있습니다. 3절을 보면 가인은 그냥 땅의 소산으로 제물을 삼아 여호와께 드렸다고 기록하고 있고, 4절을 보면 아벨은 양의 첫 새끼와 그 기름으로 여호와께 드렸다고 기록하고 있습니다. 여기 '첫 새끼'라는 표현에서 우 리는 아벨이 정성을 다해 예물을 드린 것을 알 수 있습니다.

그런데 과연 하나님께서 이 정성의 문제만으로 제사를 받거나 혹은 받지 않으시거나 하셨을까요? 오늘 본문에는 그 정성의 문제를 뛰어넘는 어떤 다른 이유가 있습니다. 4~5절 말씀을 보시기 바랍니다.

> "아벨은 자기도 양의 첫 새끼와 그 기름으로 드렸더니 여호와께서 아벨과 그의 제물은 받으셨으나 가인과 그의 제물은 받지 아니하신지라 가인이 몹시 분하여 안색이 변하니"(창 4:4-5).

이 구절에서 무엇을 발견하셨습니까? 하나님께서 제물을 받거나 혹은 받지 아니하신 것은 단지 그 제물만의 문제가 아니라 하나님께서 그들의 삶을 보셨다는 사실입니다. 그래서 '아벨과 그의 제물'은 받으시고 '가인과 그의 제물'은 받지 않으셨던 것입니다. 하나님은 제물만이 아니라 그들의 삶도 함께 보신 것입니다.

지금 우리는 하나님께 예배드리고 있습니다. 지금 우리가 드리는 이 예배는 참으로 중요합니다. 그러나 이곳에서만 예배를 잘 드릴 것이 아니라 여러분의 삶 전체가 예배가 되어야 합니다. 그래서 우리의 삶 전체를 산 제물로 드릴 줄 아는 성도가 꼭 되어야 합니다.

그런데 너무나 안타깝게도 첫 사람 아담과 하와가 범죄한 그 안타까운 모습이 바로 오늘 본문 가인과 아벨의 현장에서도 똑같이 재현되고 있습니다. 아니 재현되는 정도가 아니라 이제는 죄악이 점점 더 확대되는 모습을 성경은 우리에게 보여주고 있습니다. 동산에서 들판으로, 그리고 불순종에서 살인으로 이어지고 있습니다. 이러한 안타까운 모습에 대해 제가 이름을 붙여보았는데 이것은 그야말로 '죄악의 고질적인 증가'입니다.

그러면 죄악이 어떻게 고질적으로 증가하는지 살펴볼까요? 하나님께서 아벨의 제물만 받으시고 자기 제물은 받지 않으시는 것을 보고 가인은 몹시 분하여 안색이 변하였습니다. 그래서 그 분을 삭이지 못해 씩씩거리고 있을 때 하나님은 그를 찾아오셔서 이렇게 말씀하셨습니다.

"여호와께서 가인에게 이르시되 네가 분하여 함은 어찌 됨이며 안색이 변함은 어찌 됨이냐. 네가 선을 행하면 어찌 낯을 들지 못하겠느냐. 선을 행하지 아니하면 죄가 문에 엎드려 있느니라. 죄가 너를 원하나 너는 죄를 다스릴지니라"(창 4:6-7).

지금 이 구절들은 단어는 어렵지 않은데 말 자체가 좀 어렵습니다. 특히 7절을 잘 이해하려고 하면 지금 하나님께서 죄를 의인화해서 말씀하시는 것으로 생각하면 됩니다. 그러니까 "네가 선을 행하면 낯을 들고 다닐 수 있을 것이다. 지금 죄가 문지방에서 너를 호시탐탐 노리고 있는데 너는 꼭 죄를 다스려야 한다"라는 하나님 사랑의 충고였습니다. 화가 난다고 그 분노로 죄짓지 말고 오히려 죄를 다스려야 한다는 말씀입니다.

그러나 너무나 안타깝게도 가인은 하나님 사랑의 충고를 받아들이지 않고 아벨을 들판으로 꾀어내서는 그 분에 못 이겨 그만 아벨을 쳐 죽이고야 말았습니다. 여기서 '쳐 죽였다'는 히브리말 '하라그'는 죽일 의도를 갖고 힘껏 내리치는 것을 말하는 단어입니다. 그러니까 지금 가인이 아벨을 쳐 죽인 것은 우발적인 살인이 아니라 분노에 못 이겨서 정말 죽일 마음으로 하나님의 격려와 충고도 무시하고 고의로 쳐 죽인 것입니다. 아! 에덴동산에서 실패한 인간은 이렇게 들판에서도 실패하는 존재가 되고 말았습니다. 타락한 인간이 이제는 이렇게 미워하고 이렇게 죽고 죽이는 존재로 전락해 버린 것입니다.

범죄한 아담을 찾아오셔서 "네가 어디 있느냐?" 물으셨던 하나님은 이제 범죄한 가인을 찾아오셔서 다시 물으십니다. "네 아우 아벨이 어디 있느냐?" 성경에 나오는 첫 번째 질문, "네가 어디 있느냐"는 질문은 장소에 관한 질문이 아니라 관계에 관한 질문입니다. 우리의 실존에 관한 질문인 것입니다. 그래서 우리는 하나님과 우리 사이에 관한, 인간 실존에 관한 이 질문에 늘 바르게 대답함으로써 진정으로 하나님과 바른 관계 속에서 살아가야만 합니다.

오늘 본문에 나오는 두 번째 질문, "네 아우 아벨이 어디 있느냐?" 이 질문은 형제와 형제의 관계에 관한, 우리의 이웃에 관해 물으시는 하나님의 질문입니다. 이 질문은 형제가 형제를 사랑하며 아름다운 공동체를 이루어야 하는데 형제마저도 사랑하지 못하는 가인을 향해 질문하시는 하나님의 준엄한 책망의 말씀입니다. 바로 이런 이유로 하나님은 가인을 책망하실 때 그냥 '아벨'이 아니라 반드시 '네 아우 아벨'이라고 호칭하셨는데 오늘 본문에만 이 '아우'라는 표현이 모두 일곱 번씩이나 등장합니다. "네 아우 아벨이 어디 있느냐?"

우리는 정말 하나님과 아름다운 관계 속에서 살아야 하는데 그에 못지않게 반드시 이웃과 바른 관계 속에서 살아야 합니다. 그래서 성경의 첫 번 질문, "네가 어디 있느냐?" 하는 질문에도 우리가 끊임없이 대답해야 합니다만, 오늘 하나님의 두 번째 질문, "네 아우 아벨이 어디 있느냐?" 하는 질문에도 반드시 대답할 줄 알아야 합니다.

그렇다면 여러분의 형제, 여러분의 아벨은 어디에 있습니까? 여러분이 진정 사랑해야 하는 여러분의 이웃, 여러분의 아벨이 어디 있느냐는 질문입니다. 안타깝게도 지금 아벨은 가인의 분노와 미움으로 말미암아 죽음 가운데 놓여 있습니다. 가인이 아벨을 쳐 죽인 것입니다. 그래서 땅에서 피를 흘리며 죽음 가운데 놓여 있습니다. 이렇게 분노는 사람을 죽입니다. 미움이 사람을 죽입니다. 시기와 질투가 사람을 죽이고 죄악이 사람의 생명을 집어삼키는 것입니다.

오늘 하나님의 질문을 들으시고 내가 혹시 가인처럼 행동하지는 않았는지 잘 생각해 보시기 바랍니다. 나는 내 형제, 내 이웃을 미워하고 시기하고 질투하고 그래서 그들에게 화를 내고 그들에게 분노하지는 않았습니까? 그들에게서 살 소망을 빼앗아버린 것은 아닙니까? 이런 우리에게 하나님은 지금도 똑같은 질문을 해오고 계십니다. "네 아우 아벨이 어디 있느냐?"

성경에서 두 번째로 등장하는 질문, "네 아우 아벨이 어디 있느냐?"는 하나님의 질문은 오늘 우리에게 몇 가지의 중요한 사실을 깨닫게 합니다. 첫 번째는 하나님께서 우리를 만드시고 이 세상에 살게 하신 것은, 먼저는 하나님을 사랑하고 그다음에 반드시 하나님을 사랑하는 만큼이나 이웃을 사랑하며 살아야 한다는 사실을 분명히 깨우쳐 주시는 것입니다. "하나님 사랑, 이웃 사랑", 바로 이 두 가지가 하나님의 오리지널 디자인(Original Design)이고 이것이 우리 사는 방식이며 이렇게 사는 것이 가장 행복한 삶인 것을 분명히 기억해야 합니다.

두 번째는 내가 살아가는 내 삶의 주위에 '아벨'이 있다는 사실을 우리가 반드시 깨달아야 합니다. 오늘 본문에서 특히 하나님께서 '네 아우 아벨'이라고 부르신 것처럼 오늘 우리는 먼저 우리의 부모, 형제자매, 가족들을 잘 보살피고 이들을 먼저 사랑할 줄 알아야 합니다. 그래서 가족들끼리 날마다 서로 지지하고 격려하고 세워주어서 어떤 지체도 소외됨이 없이 온 가족이 사랑 가운데 함께 이 세상을 힘 있고 용기 있게 살아가야 합니다.

그다음에 세 번째는 여기서 반드시 한 걸음 더 나아가서 우리 아벨의 지평을 더 넓히고 우리 이웃의 지평을 더 넓혀서 우리의 아벨들을 잘 돌보아야 한다는 것입니다. 오늘날 같은 하늘 아래 살아가는 우리 이웃 가운데는 연약한 아벨이 매우 많습니다. 병들고 가난하고 소외된 이웃들이 너무나 많습니다. 게다가 마음의 고통을 겪고 불쌍하고 억눌린 사람들, 남몰래 눈물 흘리는 사람도 아주 많습니다. 그래서 이런 사람들이 다 우리가 돌보아야 할 나의 아벨이구나 하는 것을 분명히 깨닫고 그들에게 구체적인 도움을 주고 사랑을 주어서 그들을 살려내야 하는 사명이 바로 오늘 우리에게 있음을 꼭 기억해야 합니다.

이제부터 여러분의 나머지 인생을 살아갈 때 여러분의 귓전에 하나님의 이 질문이 들려졌으면 참 좋겠습니다. "네 아우 아벨이 어디 있느냐?" 정말 우리가 꼭 들어야 하는 질문입니다.

그런데 하나님께서 이 질문을 가인에게 하셨을 때 가인은 이 질문의 의미를 전혀 깨닫지 못하고 아주 못된 모습으로 이렇게 반문하였습니다. "내가 내 아우를 지키는 자니이까?" 우리는 절대 이러면 안 됩니다. 우리는 하나님의 질문 앞에서 철저히 회개하고 오히려 이렇게 대답할 수 있어야 합니다. "네, 하나님 저는 제 아우를 지키는 자입니다."

미국인이 가장 사랑하는 작가이자 노벨문학상을 받았던 존 스타인벡(John Steinbeck)의 대표작에는 「에덴의 동쪽」이란 작품이 있습니다. 소설도 소설이지만 연세가 좀 많으신 분들은 제임스 딘이 주연한 영화 '에덴의 동쪽'을 기억하실 것입니다. 영화 '에덴의 동쪽'에서는 제임스 딘이 주연을 맡은 칼이 주인공으로 나오지만 실상 소설에서는 칼이 주인공이 아니라 칼의 아버지 애덤 트래스크가 주인공입니다.

애덤은 아버지와 의붓어머니와 이복 남동생과 함께 살아가는데, 애덤은 힘이 센 동생과 비교되고 심지어 동생에게 맞기도 하며 아버지의 관심 밖에서 외롭게 자랐습니다. 나중에 아버지의 강요로 군인이 되었다가 고향으로 돌아오는데 그의 아버지는 거짓으로 전쟁영웅이 되어서 많은 재산을 남기면서 죽고 그 결과 애덤은 졸지에 부자가 되었습니다.

애덤은 캐시라는 여자를 돕다가 정이 들어 쌍둥이 아들까지 얻게 되고 새 인생을 살기 위해 캘리포니아 살리나스로 옮겨서 정말 에덴동산을 만들고 행복하기를 소원하였습니다. 그런데 어찌 된 영문인지 아내 캐시는 자신에게 총을 쏘고 집을 나가서는 유곽의 창녀가 되고 말았고 이름을 케이트로 바꾸고는 자신을 잘 대해주던 사장마저 독살하는 등 아주 전형적인 악녀의 모습을 보여줍니다.

시간이 흘러 쌍둥이 아들 아론과 칼은 고등학생이 되었는데 아론은 명석한 두뇌와 선한 마음을 가진 인물로, 칼은 반항적이고 사람을 이용하는 악을 지닌 인물로 성장하였습니다. 아버지 애덤은 자기 아버지와 똑같이 아론에게는 무한한 애정과 응원을 보내주었고 칼에게는 냉정과 무정함으로 대해 그를 더욱 방황의 길로 걸어가게 만들었습니다. 그래서 선한 이미지인 아론은 고등학교를 1년 월반하는 인재로 스탠퍼드대학의 학생이 되었고 칼은 경찰서에서도 예의주시하는 문제아로 성장하였습니다.

이런 과정에서 아버지에게 끝내 인정받지 못한 칼은 자기 어머니가 착하고 가엾은 여자였다는 아버지의 말과는 다르게 유곽의 창녀라는 사실을 알게 되었고 반항의 의미로 아버지께 사랑받는 형에게 그 사실을 폭로하였습니다. 그날 밤 어머니는 자살하고 형 아론은 군에 입대하여 끝내 전사하고 말았습니다. 그 충격으로 아버지는 뇌경색으로 몸져눕고 칼 자신은 엄청난 죄책감에 억눌리게 되었습니다.

그 후에 용서를 비는 아들, 칼에게 아버지 애덤이 마지막으로 남긴 말이 있었는데 이것이 이 소설의 클라이맥스입니다. 존 스타인벡의 소설은 인류 보편의 원죄 의식과 내면에서의 선과 악의 대립 문제를 아주 신랄하게 다루고 있습니다. 그가 쓴 소설 제목 「에덴의 동쪽」은 지난 주일 우리가 살펴보았던 아담과 하와도 에덴 동쪽으로 쫓겨났고 오늘 본문 말씀에서 가인도 에덴의 동쪽 놋 땅에 거한 데서 따왔습니다. 그래서 '에덴의 동쪽'은 상징적으로 죄악의 땅이자 인간 소외의 땅이며 죄악으로 인한 탄식과 고통의 땅입니다.

존 스타인벡은 자신의 소설 「에덴의 동쪽」 끝부분에서 애덤의 입을 통해 아들 칼에게 마지막 한 단어를 남겼습니다. 애덤은 칼에게 이 단어를 남기고 숨을 거두었습니다. '팀샬', 이 단어는 오늘 본문 창세기 4장 7절 끝부분에 나오는 히브리말입니다. '팀샬'(תמשל)은 "너는 죄를 다스릴지니라"는 말씀입니다. 그래서 '팀샬'을 통해 하나님께서 말씀하시는 것은 "너는 죄를 잘 다스려야 한다. 그래서 선을 택하며 살아야 한다. 너는 진실로 죄를 다스려서 선한 사람이 되어라" 하는 것입니다. '팀샬'의 의미를 꼭 기억하여서 예수님의 도우심으로, 성령 충만함으로 죄악을 이기고 선을 행하며 살아가는 성도들이 꼭 되시기를 간절히 바랍니다.

006
성경153올람

내가 그것들을
지었음을 한탄함이니라

인생에서 무엇을 이룬다는 것은 대단히 중요합니다. 그런데 그것을 잘 지켜내는 것 또한 대단히 중요한 일입니다. 힘쓰고 노력해서 대단한 것을 이루었다고 할지라도 우리가 그것을 잘 지켜내지 못한다면 아무 소용 없는 일이 되고 마는 것입니다. 그런데 바로 이와 같은 안타까운 모습이 하나님께서 우리를 창조하신 후에 에덴동산에서부터 일어났습니다.

처음 창조 시 하나님께서 인간을 만드실 때는 사람을 아주 특별한 존재로 만드셨는데 하나님을 닮은 존재로, 하나님께 복 받은 존재로, 참으로 긍정적인 존재로, 하나님께 사랑받는 존재로 만들어주셨습니다. 그런데 너무나 안타깝게도 우리의 시조 아담과 하와는 이 아름다운 모습을 잘 지켜내지 못하였습니다. 악한 마귀 사탄의 유혹에 넘어가 선악과를 따 먹고 그만 타락해 버리고 말았습니다. 선악과는 '너는 인간임을 알라'고 주신 것이고 자유의지를 가지고 '전인적인 교제'를 하자고 주신 것인데 인간은 이것을 남용해서 먹음직도 하고 보암직도 하고 탐스럽기도 한 유혹에 빠져 그만 선악과를 따먹고 타락해 버리고 만 것입니다.

그렇게 한번 타락하고 나니까 죄악의 기세는 놀랍게 확장되었습니다. 그 뒤로 들판에서는 이런 일이 일어났습니다. 가인은 하나님께서 자기 제사는 받지 않으시고 그 아우 아벨의 제사만 받으시는 것에 분하여 안색이 변하였습니다. 결국 그는 분노하여 그 아우 아벨을 쳐 죽여 버리고 말았습니다. 이 사건을 설명하는 창세기 4장의 말씀을 보니까 하나님은 가인에게 아벨에 대하여 말씀하실 때 '네 아우 아벨'이라는 표현을 무려 일곱 번씩이나 사용하셨습니다. 이것은 인간이 죄악으로 인하여 참으로 악하게 되어서 이제는 마침내 형제가 형제를 죽이는 심각한 자리에까지 이르고 말았다는 것을 여실히 보여주는 것입니다.

그리고 그 죄악의 모습은 동산에서 들판으로, 들판에서 더더욱 확대되어서 이제는 마침내 온 세상으로, 우주로까지 확대되었습니다. 그야말로 '죄악의 고질적인 증가'입니다. 오늘 본문 1~2절에 보니까 사람이 땅 위에 번성하기 시작할 때에 그들에게서 딸들이 태어났다고 기록하고 있습니다. 그런데 하나님의 아들들이 사람 딸들의 아름다움을 보고 자기들이 좋아하는 모든 여자를 아내로 삼았습니다. 여기서 말씀하는 '하나님의 아들들'이 누구인지, 또 '사람의 딸들'이 누구인지에 대해서는 여러 해석이 있습니다. 그러나 아주 단순화시켜 이해해 보면 하나님께서 가인과 아벨 대신에 주신 셋 계열의 경건한 사람들이 가인의 후예인 불경건한 사람들과 뒤섞여서 이제는 모두가 다 한통속이 되어 심각한 죄악 속에 빠지고 말았다는 말씀입니다.

이런 모습을 보고 하나님은 너무나 안타까우셨습니다. 3절에는 하나님의 안타까움이 이렇게 기록되어 있습니다. "여호와께서 이르시되 나의 영이 영원히 사람과 함께 하지 아니하리니 이는 그들이 육신이 됨이라. 그러나 그들의 날은 백이십 년이 되리라 하시니라." 이 구절 가운데 "육신이 됨이라"는 문장은 하나님께서 인간을 심판하실 수밖에 없는 이유를 잘 설명하고 있습니다. 여기 나오는 '육신'이라고 하는 단어는 히브리말로 '바사르'(בָּשָׂר)인데, 이 말은 헬라어 '사릌스'(σάρξ)에 해당하는 말입니다. 이 '사릌스'는 단순히 육체나 몸을 의미하는 단어가 아니라 죄악에 심각하게 오염되어 있는 타락한 인간의 상태를 가리키는 표현입니다.

참 안타깝게도 노아 시대에 인류는 다 타락하여서 셋 계열의 경건한 사람도 가인 계열의 악한 사람들과 똑같이 되었고 마침내 그들은 '육신'이 되어버리고 말았습니다. 하나님의 형상을 따라 영적인 존재가 되어서 하나님과 교제하는 사람이 되어야 하는데 그만 노아 시대에 전체 인류는 다 육신이 되었고 육체의 쾌락만을 위해 살아가는 악한 존재가 되어버린 것입니다. 그래서 이런 모습을 보시고 하나님은 정말 아파하시며 탄식할 수밖에 없었습니다.

"여호와께서 사람의 죄악이 세상에 가득함과 그의 마음으로 생각하는 모든 계획이 항상 악할 뿐임을 보시고 땅 위에 사람 지으셨음을 한탄하사 마음에 근심하시고 이르시되 내가 창조한 사람을 내가 지면에서 쓸어버리되 사람으로부터 가축과 기는 것과 공중의 새까지 그리하리니 이는 내가 그것들을 지었음을 한탄함이니라 하시니라"(창 6:5-7).

우리는 지금 인간을 향해 크게 슬퍼하시는 하나님의 한탄, 너무나 안타까워하시는 하나님의 탄식을 보고 있습니다. 그 탄식은 우리의 죄악된 모습을 바라보고 아파하고 슬퍼하시는 탄식입니다. 그 탄식은 영적인 존재들마저 육신이 되어버린 것에 대한 하나님의 깊은 근심의 탄식입니다. 이렇게 탄식하시면서도 하나님은 3절 끝에서 "그러나 그들의 날은 백이십 년이 되리라" 말씀하셨는데 이것은 하나님께서 홍수 심판 전에 120년의 유예기간을 두신 것을 의미합니다. 이렇게 하나님은 참고 또 참으시며, 기다리고 또 기다리시며 육신이 되어버린 인간들이 돌아와서 하나님과 아름다운 관계를 회복하기를 그토록 간절히 소망하셨던 것입니다.

그런데 모든 존재가 '육신'이 되어서 부패하고 타락한 그 모습은 시간이 갈수록 아주 극에 달하였습니다. 오늘 본문 바로 뒷부분에는 노아 시대의 죄악상을 참 무섭고 안타까운 모습으로 기록하고 있습니다. "그때에 온 땅이 하나님 앞에 부패하여 포악함이 땅에 가득한지라"(창 6:11). 이 말씀에는 노아 시대 사람들의 죄악의 양상이 두 가지로 요약되고 있습니다. 한 가지는 부패하였다는 것이고 또 한 가지는 포악함이 가득하였다는 것입니다. 이 두 가지가 12절과 13절에서 다시 한번 더 반복되고 있습니다.

> "하나님이 보신즉 땅이 부패하였으니 이는 땅에서 모든 혈육 있는 자의 행위가 부패함이었더라"(창 6:12).
> "하나님이 노아에게 이르시되 모든 혈육 있는 자의 포악함이 땅에 가득하므로 그 끝 날이 내 앞에 이르렀으니 내가 그들을 땅과 함께 멸하리라"(창 6:13).

11절과 12~13절 말씀은 거듭하여 노아 시대 죄악의 모습이 '부패'와 '폭력'임을 알려줍니다. 부패는 히브리말 '솨하트'인데 이것은 썩었다는 것입니다. 죄악으로 인해 썩어서 악취가 나는 것을 말합니다. 폭력은 히브리말 '하마스'인데 이것은 다른 사람을 해치고 빼앗고 약탈하고 심지어 살인과 강간 등 폭력이 난무하는 그야말로 무법 상태를 가리키는 표현입니다.

노아 시대의 죄악상을 표현하는 이 두 가지 단어를 발견하고 나서 저는 너무나 깜짝 놀랐습니다. 이 두 가지 단어, '부패'와 '폭력'은 바로 오늘날 우리가 사는 이 세상의 모습이기도 하기 때문입니다. 먼저 오늘날 우리가 사는 이 세상은 참 너무나 많이 부패하였습니다. 죄악의 악취가 모든 곳에서 넘쳐나고 있습니다. 충분히 가졌으면서도 욕심에 이끌려 쌓고 또 쌓아두니 그것이 썩어 악취가 납니다. 매사에 자기중심적으로만 생각하니 그 속물근성 때문에 썩어 악취가 나는 것입니다. 그래서 욕심과 자기 중심성은 사람을 부패하게 만드는 가장 중요한 두 가지 원인입니다. 욕심이 지나치니까 쌓아둔 그곳이 썩어 문드러지게 되고 매사에 자기중심적으로 살아가니까 아주 완벽히 고인 물이 되어서 심한 악취가 나는 것입니다.

그다음에 노아 시대 죄악상 두 번째는 폭력인데 지금 이 세상의 폭력은 그야말로 심각한 수준에 빠져 있습니다. 몇 년 전에 있었던 '정인이 사건'은 말만 들어도 가슴이 먹먹해집니다. 어떻게 사람이 그럴 수가 있단 말입니까? 입양해서 겨우 한 살 지난 아이를 방에 가두거나 차에 방치하고 온몸에 멍이 들 정도로 때리고, 그래서 쇄골이 부서지고 결국에는 두개골 골절과 복부 장기 파열로 사망하였습니다. 이 과정에서 더욱더 안타까운 것은 아이를 죽게 한 그 양부모는 기독교인이었고 그 양부모의 부모는 목사였다는 것입니다. 도대체 그들에게 있어서 예수 믿음은 과연 어떤 의미였을까요? 그런데 누구 욕할 것 없습니다. 방송에 보도된 것만이 아니라 우리 사회 모든 삶의 현장에는 가정폭력, 학교폭력, 직장폭력, 약자에 대한 폭력이 비일비재한 게 사실입니다.

이렇게 노아 시대 2가지 죄악상, 부패와 폭력은 오늘날 우리가 살아가는 이 세상에도, 바로 우리 가까운 삶의 현장에도 만연된 아주 심각한 두 가지 죄악상입니다.

바로 이러한 세상 가운데서 오늘날 하나님이 왜 우리를 그리스도인으로 부르셨는지를 알아야 합니다. 오늘 본문 앞쪽의 5장 28~29절을 보시기 바랍니다. "라멕은 백팔십이 세에 아들을 낳고 이름을 노아라 하여 이르되 여호와께서 땅을 저주하시므로 수고롭게 일하는 우리를 이 아들이 안위하리라 하였더라." 여기서 "이 아들이 안위하리라"고 말씀하셨는데 이 아들은 누구를 말합니까? 네, 노아입니다. '노아' 란 이름의 뜻은 '안위함', '위로함' 입니다. 그러니까 노아에게는 그 시대를 위로하는 사명, 부패와 폭력으로 죄악 속에 빠진 그 시대에 하나님의 신령한 위로를 전하는 사명이 있었다는 사실입니다.

노아처럼 오늘 우리에게도 이 시대를 위로하고 안위하는 사명이 있다는 것을 잘 알아야 합니다. 노아 시대처럼 지금도 부패하고 포악한 시대가 되고 말았는데 바로 이런 시대 속에서 하나님은 우리를 부르셔서 이 시대를 안위하는 사명을 허락해 주신 것입니다. 그래서 우리는 죄악 때문에 고통받는 사람을 위로하고 죄악으로 인해 절망하는 사람에게 신령한 위로를 전하여서 다시는 그런 죄를 짓지 않도록 잘 인도해야 합니다.

그런데 우리가 노아처럼 안위의 사명을 잘 감당하려면 무엇보다 먼저 노아처럼 아름다운 삶을 살아낼 줄 알아야 합니다. 9절 말씀을 보시기 바랍니다. "이것이 노아의 족보니라. 노아는 의인이요 당대에 완전한 자라. 그는 하나님과 동행하였으며"(창 6:9). 여기에 3가지가 나옵니다. 노아는 첫째로 의인이요, 둘째로 당대에 완전한 자요, 셋째로 그는 하나님과 동행하였습니다. 이 세 가지를 한 번에 표현하면 노아는 그 시대 사람들처럼 죄짓지 아니하고 하나님과 깊이 교제하며 하나님과 동행할 줄 아는 사람이었다는 것입니다.

오늘 우리에게도 안위의 사명이 있는데 그 사명을 잘 감당하기 위해서는 먼저 죄짓지 말고 노아처럼 의롭게 하나님과 동행하며 살아야 합니다. 죄가 얼마나 무서운 것인가 하는 것은 이미 분명히 말씀드렸습니다.

죄의 결과는 사망입니다. 그러므로 죄를 미워하고 죄를 아주 모질게 다루고 그래서 하나님과 동행하며 의를 행할 때 그때 비로소 우리도 노아처럼 안위의 사명을 감당할 수 있게 되는 것입니다.

노아에게 있어서 그 위로와 안위의 사명은 방주를 짓는 것으로 나타났습니다. 노아는 방주를 지어서 인류를 구원하시려는 하나님의 뜻을 전하였습니다. 홍수 대심판이 예고된 다음에도 120년의 세월이 있었습니다. 노아는 120년 동안 방주를 지었고 끊임없이 사람들에게 하나님의 홍수 심판이 있을 것이니까 회개하고 돌아오라고 촉구하였습니다. 그러나 참 안타깝게도 노아 시대 사람들은 회개의 촉구를 무시하고 더욱더 죄악 속으로 빠져들었습니다.

결국 하나님은 노아 시대 사람들을 홍수로 심판하실 수밖에 없었는데 방주가 완성된 후에 하나님은 40주야를 이 땅에 비를 내리셨고 그로 인해 천하의 모든 산이 물에 다 잠기게 되었으며 그 물은 150일 동안이나 땅에 넘쳤습니다. 그 결과 땅 위에 움직이는 생물들, 곧 새와 가축과 들짐승과 땅에 기는 모든 것과 사람이 다 죽었는데 육지에 있어 그 코에 생명의 기운, 숨이 있는 것은 다 죽었습니다. 하나님은 죄악에 빠진 인간을 홍수로 심판하신 것입니다.

이렇게 하나님의 홍수 심판이 진행되는 가운데 오늘 본문을 통하여 우리가 꼭 기억해야 할 세 가지 중요한 메시지가 있습니다.

첫째로 하나님은 홍수 심판이 있을 것이니까 방주를 지으라고 명령하셨는데 이 방주는 히브리말로 '테바'(תבה)라고 합니다. 이 '테바'는 구약성경에서 딱 2번 쓰였는데, 먼저는 오늘 본문에서 노아 방주를 테바라고 하였고 나중에 모세를 갈대 상자에 넣어 나일강에 띄워 보낼 때 그 상자를 뜻하는 단어가 바로 테바입니다. 그러니까 노아 방주는 오늘날 배의 모양처럼 돛이 있고 닻이 있는 그런 일반적인 배가 아니라 돛도 없고 닻도 없고 심지어 키도 없는 보통 상자같이 생긴 배입니다. 이것이 무슨 뜻인가 하면 노아 방주는 어디로 노를 저어 갈 필요가 없는 배이고 단지 물에 떠 있기만 하면 되는 배입니다. 그래서 결국 테바의 중요한 의미는 노아 방주는 하나님께 맡겨진 배, 하나님의 은혜로만 진행하는 배라는 것입니다.

둘째로 노아 시대 방주는 오직 한 척뿐이었습니다. 그리고 하나님께서 방주의 설계를 말씀해 주실 때에 그 방주의 출입문도 오직 하나뿐이었습니다. 방주도 한 척, 출입문도 하나뿐이었다는 사실은 구원은 오직 한 길밖에 없다는 것을 말해 줍니다. 그래서 그 오직 한 길은 바로 예수 그리스도이시고 우리는 오직 예수님을 통해서만 구원받을 수 있다는 사실입니다. 사도행전 4장 12절에 예수님 외에 천하 사람 중에 구원받을 만한 다른 이름을 주신 일이 없다고 분명히 말씀하고 있습니다.

셋째로 홍수 심판 중에 구원받은 사람은 방주에 들어갔던 여덟 사람밖에 없었습니다. 노아와 그 아내, 그리고 세 아들과 며느리들, 이렇게 여덟 사람만 구원받았습니다. 한자(漢字) 중에 배 '선'(船) 자는 배 '주'(舟)와 여덟 '팔'(八)과 입 '구'(口)로 구성되어 있는데, 이것은 참으로 놀랍게도 노아 방주로 구원받은 사람이 여덟이라는 것을 잘 나타내고 있습니다.

그런데 여기서 이 방주는 오늘날 교회라고 할 수 있습니다. 교회를 가리켜서 '구원의 방주'라고 부르는 이유가 여기에 있습니다. 그러니까 하나님은 교회를 통하여 구원의 역사를 이루어나가십니다. 이런 의미에서 교회밖에는 구원이 없고 무교회주의는 사실상 잘못되었다는 것입니다. 누가 뭐라고 해도 교회는 노아 방주와 같은 하나님의 구원기관이고, 구원은 오직 교회를 통해 선포되는 것임을 알아서 하나님의 구원역사에 최선을 다해야 합니다.

이제 마지막 결론으로서 저는 노아 홍수 기사 전체를 통틀어서 가장 중요한 한 구절을 소개하고자 합니다. 홍수 대심판을 말씀하고 있는 창세기 6장부터 9장까지 말씀 가운데 가장 중요한 구절은 6장 8절 말씀입니다. "그러나 노아는 여호와께 은혜를 입었더라." 하나님의 탄식 앞에서도 노아는 하나님의 은혜를 입었습니다. 이 은혜를 입었기에 노아는 의인이요, 당대에 완전한 자요, 하나님과 동행하는 삶을 살 수 있었습니다.

아! 이 은혜가 얼마나 중요한지요. 신구약성경 전체를 통틀어 가장 중요한 단어 바로 '은혜' 입니다. 기독교 역사, 모든 사상을 통틀어 가장 중요한 개념은 바로 '은혜' 입니다. 우리는 은혜 때문에 하나님을 알고, 은혜 때문에 죄를 깨닫고, 은혜 때문에 예수님을 믿고, 은혜 때문에 성령님을 의지하고, 은혜 때문에 구원받은 것입니다. 노아는 여호와께 은혜를 입었더라는 이 말씀이 꼭 여러분의 말씀이 되기를 간절히 바랍니다. 김 목사는 여호와께 은혜를 입었더라, 이 장로는 여호와께 은혜를 입었더라, 박 집사는 여호와께 은혜를 입었더라, 최 권사는 여호와께 은혜를 입었더라. 여러분 모두에게 하나님의 은혜가 충만하시기를 간절히 바랍니다.

마침내 홍수가 그치고 배가 육지에 도달하였을 때 노아는 방주에서 나와 가장 먼저 하나님께 제사를 드렸습니다. 그때 하나님은 다시 생육하고 번성할 것을 명령하셨고 다시는 홍수로 생명을 멸하지 아니할 것을 약속하시며 그 언약의 증거로 무지개를 구름 속에 두셨습니다.

모든 것이 다 하나님의 은혜입니다. 노아가 선택받은 것도 은혜이며 방주 속에 들어간 것도 은혜이고 무지개 언약을 통해 새로운 조상으로 삼아주신 것도 하나님의 은혜입니다. 바로 이 하나님의 은혜가 여러분 모두에게, 여러분의 모든 자녀에게 충만하시기를 바랍니다. 이제부터 정말 심판받을 죄악을 짓지 말고 오직 하나님의 은혜로 생명의 삶을 살아가는 성도 여러분 되시기를 간절히 바랍니다.

007

그들을 온 지면에 흩으셨더라

그동안 창세기 1장부터 열심히 달려서 이제 마침내 창세기 11장에 도달하였습니다. 창세기 1장부터 11장까지를 '원역사'라고 부르는데 이 부분을 통해서 하나님은 우리에게 이 세상의 창조와 삶의 기본 원리에 대해 상세하게 알려주셨습니다. 그래서 창세기 1~11장까지를 통하여 우리는 모든 인류가 어떻게 살아가야 하는지에 대한 하나님의 원래 계획과 이 세상의 기본적인 운영 방식에 대해 배우게 되는 것입니다.

그런데 참 안타깝게도 이러한 하나님의 뜻을 깨닫지 못하고 첫 사람 아담과 하와가 타락한 이후로 죄악은 고질적으로 증가하여 마침내 '바벨탑' 사건에 이르게 되었습니다. 타락한 인류에 대하여 하나님은 노아 시대에 대홍수로 심판하셨습니다. 그러면 인간은 스스로 뉘우치고 회개하여 하나님 앞에서 겸손한 자세로 순복하는 것이 마땅한 것입니다. 그러나 안타깝게도 노아 이후 인류는 급속도로 번성하였지만 또다시 하나님을 거부하고 더욱더 심각한 죄악 속으로 빠져들고 말았습니다. 그래서 인류는 다시는 홍수로 심판하지 않겠다는 하나님의 약속을 악용하고 통일된 세계 왕국을 건설하고자 하여 있는 힘을 다 규합해서 시날 평지에 거대한 탑 공사를 시작하였습니다. 인간들의 이러한 바벨탑 건축은 하나님의 권위를 무시하고 오히려 하나님께 도전하는, 그야말로 아주 지극히 악한 교만과 허영의 모습이 아닐 수 없습니다.

특별히 이 바벨탑 사건은 창세기 1~11장까지의 '원역사'를 결론지어 주는 최종적인 사건입니다. 그래서 이 바벨탑 사건을 통해 오늘 우리는 아주 중요한 교훈을 얻어야 합니다. 먼저 1절을 보면 바벨탑 사건이 있기 전까지는 온 땅의 언어가 하나였고 말이 하나였다고 기록하고 있습니다. 그런데 그 하나 된 모습으로 하나님께 영광을 돌리기는커녕 오히려 더 악한 죄악을 저질렀습니다.

3절 말씀을 보면 죄악에 만연된 사람들이 서로 말하기를 "벽돌을 만들어 견고히 굽자"라고 합니다. 이렇게 돌을 대신하여 벽돌을 굽고 진흙을 대신하여 역청을 사용합니다. 여기서 진흙 벽돌을 구워 돌로 대신하고 역청으로 진흙을 대신하였다는 것은 이제 인류가 인공물을 만들어낼 수 있게 되었다는 것입니다. 이것은 인류 문명이 극도로 발달하였음을 말하는 것입니다.

이렇게 인류 문명이 크게 발달하고 과학기술이 최고조에 달하자 그들은 4가지의 계획을 세워 실행하기로 작정하였습니다. 그 4가지 계획이 4절에 나와 있습니다. "또 말하되 자, 성읍과 탑을 건설하여 그 탑 꼭대기를 하늘에 닿게 하여 우리 이름을 내고 온 지면에 흩어짐을 면하자 하였더니"(창 11:4). 이 4절 말씀은 바벨탑 사건의 본질을 잘 설명해 주고 있습니다. 이제 그 심각한 죄악의 모습을 하나하나 설명할 테니 잘 들어보시기 바랍니다.

첫째로 그들은 '성읍'을 건설하자고 하였습니다.

여기서 성읍은 인위적 장벽이 둘러쳐져 있는 도시를 말합니다. 그래서 이 성읍은 그들이 '도시 문명'을 건설했다는 것을 말해 줍니다. 기독교는 절대로 반문명적이지 않습니다. 문화와 문명을 거부하고 원시적으로 살자는 것도 결코 아닙니다. 오히려 하나님이 주신 지혜로 아름다운 문명을 이루어야 합니다. 그러나 여기서 중요한 것은 그 문화와 문명이 하나님을 거부하는 것이라면 그것은 아주 심각한 죄악이 되고 마는 것이고 결국은 그 문명 때문에 망할 수밖에 없다는 것입니다.

3절 첫 부분에 "서로 말하되, 자~" 이런 표현이 나옵니다. 또 4절 처음에도 "또 말하되, 자~" 이런 표현이 있습니다. 이것은 서로서로 격려하고 뜻을 함께 모으는 모습입니다. 함께 모여서 뜻을 모으고 서로 힘을 합치는 것은 좋은데 함께 힘을 합쳐서 열심히 죄짓자고 한다면 그것은 참 심각한 문제가 아닐 수 없습니다.

바벨탑 사건에서 '성읍'을 건설한 것은 도시를 건설하고 도시 문명을 이루었다는 것인데 이것의 가장 큰 문제점은 하나님을 거부하는 도시 문명이라는 것입니다. 그래서 인류는 함께 모여서 도시를 건설하고 그 하나 된 모습으로 하나님을 거부하고 마음껏 죄짓고 이제는 멸망을 향해 치닫는 존재들이 되고 말았습니다.

두 번째 그들은 '탑'을 건설하자고 합니다.

여기 나오는 이 '탑'이 바로 바벨탑입니다. '성읍'이 그들의 도시 문명을 말한다면 이 '탑'은 아주 놀라울 정도의 '과학기술 문명'을 의미합니다. 한 가지 예를 말씀드리면 기원전 2,500년경에 건설된 이집트의 피라미드는 2.5톤짜리 돌 100만 개가 소요되었는데 조금도 어긋남이 없이 건설되었고, 그 돌을 어디서 다 구했는지 어떻게 옮겼는지 지금까지도 그 모든 것이 불가사의로 남아 있을 정도입니다.

그리고 고대 사회에는 바벨탑과 비슷한 유형의 탑들이 많았는데 일반적으로 이것을 지구라트(Zigurat)라고 불렀고 이것은 아주 놀라운 과학 기술 문명을 기반으로 지어졌습니다. 이 지구라트는 주로 벽돌로 지어졌는데 이것은 다분히 이교적이어서 점성술이나 자연 숭배, 악한 마귀 사탄을 숭배하려는 사악한 목적을 지니고 있었습니다.

오늘 본문의 바벨탑도 거대한 지구라트의 일종으로 볼 수 있는데 특별히 오늘 본문에서는 사람들이 그 탑 꼭대기를 하늘에 닿게 하자고 말하고 있습니다. 이것은 하나님 앞에서 아주 교만한 모습을 의미하고 있습니다. 이교도적이거나 자연 숭배, 사탄적인 모습을 가진 것도 너무나 악하지만 우리 탑이 하늘에 닿게 하자는 이 발상도 하나님을 대적하는 악한 모습이 아닐 수 없습니다. 그래서 바벨탑은 하나님을 대적하자는 악한 목적이 있는 것이고 인간이 하나님처럼 높아지겠다고 하는 지극히 교만한 모습을 보여주는 것입니다.

세 번째로 탑을 높이 쌓아서 "우리 이름을 내자"라고 말합니다.

이 표현도 사실 정말 안타까운 표현이 아닐 수 없습니다. 이 표현을 영어 성경에서 찾아보면 "We can make a name for ourselves"입니다. 우리 스스로 이름을 지을 수 있다는 뜻입니다. 이 말은 이제 인간 스스로 이름을 짓자는 것인데, 그러니까 이 말은 "우리는 더 이상 하나님이 필요 없다, 우리는 우리 스스로 살겠다, 지금부터는 하나님 말씀에 좌지우지 하지 않겠다, 이제부터 우리의 주인은 우리 자신이다"라는 이런 뜻을 내포하고 있는 것입니다.

이 대목에서 이 '이름'과 연관된 아주 중요한 성경의 신앙 정신을 한 가지 여러분에게 알려드리고자 합니다. 창세기 2장 19절을 보면 하나님께서 천지 만물을 창조하신 후에 아담을 대리자로 삼으시고 모든 동식물의 이름을 아담이 짓도록 허락하십니다. 그러나 그 이전에 1장 26절에서는 하나님께서 아담을 만드실 때 아담이라는 이름을 하나님께서 직접 지어 부르시며 우리의 형상을 따라 '사람', '아담'을 만들자고 말씀하셨습니다. 여기서 이름을 짓는다는 것은 그 존재를 규정하는 것이고 그 존재가 살아갈 때 가장 중요한 의미를 부여해 주는 것입니다.

얼마 전까지만 해도 한 집안에 아기가 태어나면 누구나 마음대로 이름을 짓는 것이 아니라 그 집안에 가장 큰 어른이 그 아기의 이름을 지어 주었습니다. 그 아기의 특성을 가장 잘 파악하는 그 집안의 최고 어른이 그 존재의 이름을 지어줌으로써 이름 짓는 분의 의지, 의도가 그 존재에게 스며드는 것이었습니다.

그런데 바벨탑 사건에서 "make a name for ourselves", 우리 스스로 이름을 짓자고 하는 것은 이제 하나님을 배제하고 자기들 스스로 살겠다는 말입니다. 이제부터 자기가 주인이 되어서 자기 스스로 이름을 날려보겠다는 그릇된 욕망 속에 빠져버린 것입니다. 결국 더 이상 하나님은 필요가 없고 '우리 일은 우리가 알아서 할 것'이라고 천명하는 것입니다. 이것은 아주 지극히 교만한 모습이고 하나님을 대적하는 악한 행위가 아닐 수 없습니다.

네 번째로 "온 지면에 흩어짐을 면하자"라고 말하였습니다.

이것 역시 하나님의 창조 질서에 크게 어긋난 악한 표현이 아닐 수 없습니다. 처음 천지창조 때에 하나님은 생육하고 번성하여 땅에 충만하라고 말씀하셨습니다. 흩어져서 하나님의 뜻을 이루며 사는 것이 인간을 향하신 하나님의 명령이었습니다. 그런데 이 바벨탑 사건에서 그들은 하나님의 뜻을 거슬러 "온 지면에 흩어짐을 면하자"라고 말하고 있습니다.

이것은 흩어지지 말고 힘을 합쳐 똘똘 뭉쳐서 하나님 없이 자기들 힘으로 한번 잘살아 보자는 것입니다. 결국 이것은 모든 삶에서 창조주 하나님을 배제하겠다는 생각이고 더 이상 하나님이 필요 없다고 하는, 참으로 악한 모습이 아닐 수 없습니다.

이렇게 인간이 바벨탑을 건축한 것이 도대체 무엇을 하자는 것인지를 우리가 잘 살펴보았습니다. 요약하면 그들은 첫째로 도시 문명을 건설하여 똘똘 뭉치고, 둘째로 과학기술 문명을 총동원해서 탑을 높이 건설하고, 셋째로 그래서 하나님 없이 스스로 이름을 날리고, 넷째로 더 이상 흩어지지 말고 우리끼리 한번 잘살아 보자고 한 것입니다.

결국 이 바벨탑 사건은 하나님께 도전하고 하나님을 거역하고 배제하여서 더 이상 하나님의 뜻을 따르지 말고 자기들끼리 인간 중심적으로 살아보자고 하는 악한 운동인 것입니다. 이렇게 악한 모습에 대하여 하나님은 그냥 넘어가실 수가 없었습니다.

하나님께서는 사람들이 건설하는 그 성읍과 탑을 보려고 내려오셨습니다. 그리고 이 무리가 한 족속이요 언어도 하나이므로 이러한 역사를 이루는 것임을 보시고 그들의 언어를 혼잡하게(바벨, בבל) 하셔서 서로 알아듣지 못하게 하셨습니다. 이렇게 언어가 혼잡하게 되므로 말미암아 그들은 공사를 그칠 수밖에 없었고 결국 하나님은 그들은 온 지면에 흩어버리셨습니다. 바로 이것이 바벨탑 사건의 실체입니다. 그들의 교만한 시도는 결국은 실패로 끝날 수밖에 없었습니다.

이렇게 해서 창세기 1~11장까지를 다 살펴보았는데 이 부분을 가리켜서 우리는 특별히 '원역사'(Primeval)라고 부르고 있습니다. 하나님께서 만들어 놓으신 이 세상 모든 것의 원형과 기본 원리, 그리고 인간 실존의 본모습을 보여준다는 의미에서 원역사라고 부르는 것입니다.

창세기 1~2장은 창조에 관한 모든 사실과 그 창조 원리들을 설명하고, 3~11장까지는 인간의 타락 이후 죄악의 고질적인 증가에 대해 알려주고 있습니다. 그런데 창세기 3~11장까지 '죄악의 고질적인 증가'를 나타내는 이 부분은 '죄-심판-은혜'라고 하는 하나의 패턴을 형성하고 있습니다. 이 '죄-심판-은혜'라는 기본 패턴이 3~11장에 무려 4번이나 반복되고 있습니다. 이제 이것을 한번 정리해 보겠습니다. 이를 통하여 우리는 원역사 전체를 신학적으로 잘 이해할 수 있습니다.

구분	죄	심판	은혜
1	**타락** 아담과 하와는 불순종함으로 선악과를 따먹고 타락함	**죽음** 타락 후 그들은 죽을 수밖에 없는 죽음의 존재가 됨	**가죽옷** 그럼에도 하나님은 은혜로 가죽옷을 지어 입히심
2	**살인** 제사의 열납 문제로 가인이 그 아우 아벨을 쳐 죽임	**추방** 가인은 쫓겨나서 땅에서 피하여 유리하는 자가 됨	**보호의 표** 하나님은 보호의 표를 주시어 죽음을 면케 해주심
3	**세계적 혼란** 하나님의 아들들이 사람의 딸들과 함께 죄를 지음	**홍수** 홍수 심판으로 세상을 쓸어버리시고 인간을 멸하심	**노아(무지개)** 하나님은 노아를 살려주시고 무지개를 보여주심
4	**바벨탑** 하늘까지 닿는 탑을 쌓아 하나님을 대적함	**흩어짐** 그들의 언어를 혼잡케 하시고 지면에 다 흩으심	**A** (바벨탑사건 후에는 지금까지 나타났던 은혜가 없음)

그런데 인간이 죄지을 때마다 끊임없이 나타났던 하나님의 은혜가 왜 바벨탑 사건 후에는 없을까요? 네, 그 은혜의 자리에 제가 대신해서 'A'라고 써놨습니다. 이 'A'가 바로 '아브라함'입니다. 이제 원역사는 실패한 역사로 끝나고 타락한 인류를 구원하시기 위해 하나님이 새로운 역사를 시작하십니다. 그 새로운 역사를 이름하여 '구속사', 혹은 '구원사'라고 부르는데 그 새로운 구원 역사를 위한 첫 인물로 하나님께서 선택한

사람이 바로 아브라함입니다.

바로 이런 의미에서 바벨탑 사건에서는 은혜가 따로 나타나지 않았던 것입니다. 그러니까 은혜가 없는 것이 아니라 아브라함으로부터 시작되는 하나님의 구원 역사가 바로 은혜인 것입니다. 이렇게 아브라함으로부터 시작하는 하나님의 구원사에 대하여 이제 다음 주일부터 우리가 또다시 힘써 살펴보고자 하는 것입니다.

이렇게 정리해 놓고 보니까 창세기 1~11장까지의 원역사는 이제 하나님께서 막 시작하려고 하시는 구원역사의 '서론'에 해당하는 말씀이라고 정의할 수 있겠습니다. 왜 하나님께서 구원 역사를 시작하실 수밖에 없었는지를 서론 격으로 보여주는 말씀이 원역사이고 그것이 창세기 1~11장까지의 말씀입니다.

그렇다면 이제 창세기 1~11장까지 원역사를 최종 정리해 봐야 하는데 그 결론은 이렇습니다. 원역사에 나타난 인류 역사는 결국은 실패한 역사라는 것입니다. 이렇게 실패한 원역사의 최종적인 결론이 바로 바벨탑 사건이고 바벨탑 사건은 하나님 없는 역사, 하나님 없는 문명은 결국 실패할 수밖에 없다는 것을 분명히 보여주는 것입니다. 하나님을 떠나서 타락하여 고질적인 죄악 가운데 살아가면 인류는 멸망할 수밖에 없고 사망에 이를 수밖에 없다는 것이 원역사가 우리에게 주시는 참된 교훈입니다. 진실로 원역사의 교훈을 마음 깊이 기억하시고 절대로 하나님을 떠나 죄악 가운데 빠지는 일이 없도록 하시기 바랍니다.

앞에서 원역사의 결론은 바벨탑 사건이라고 누누이 말씀드렸는데 결론적으로 바벨탑 사건만 가지고 이것에 집중해서 영적 교훈을 찾아보고자 합니다. 가만히 생각해 보니 원역사의 교훈, 바벨탑 사건의 교훈을 잊어버린 인류는 지금도 바벨탑을 쌓고 있습니다.

국가는 국가대로, 사회는 사회대로, 개인은 개인대로 사람들은 지금도 수많은 바벨탑을 쌓아 올리고 있습니다. 물질과 탐욕의 바벨탑, 명예와 자랑의 바벨탑, 이기심과 교만의 바벨탑, 쾌락과 사치의 바벨탑, 오직나 중심, 나만이 최고라는 바벨탑을 지금도 여전히 쌓아 올리고 있습니다. 사람들은 이렇게 바벨탑을 높이 쌓아 올리면서 애써 하나님을 부인하고 심지어 하나님을 대적하며 죄악 속에 깊이 빠져서 멸망을 향해 치닫고 있는 것입니다.

저는 최근에 우리가 당한 코로나 사태가 바벨탑을 쌓아 올린 인간에게 내려진 형벌이 아닌가 생각합니다. 물론 코로나19가 하나님의 심판이라고 쉽게 말할 수는 없습니다. 탐욕과 죄악으로 가득 차 있는 사람들만이 아니라 선하고 겸손한 사람들도 코로나의 고통을 함께 당했기 때문입니다. 그러나 코로나 사태가 하나님의 뜻과는 전혀 무관하다고 말할 수도 없습니다. 우리는 이 세상 모든 것은 다 하나님의 섭리 안에 있다고 분명히 믿기 때문입니다.

저는 여러분에게 코로나에 대해서 말씀드리기를 "현상은 바이러스이지만 본질은 죄악이다", "코로나는 지구의 역습이다"와 같은 이런 말씀을 자주 드렸습니다. 그렇습니다. 인간이 죄악 가운데 빠져서 바벨탑을 쌓아 올리는 데 혈안이 되어서 자연을 파괴하고 기후변화를 초래하고 생태계의 교란이 일어나서 그 죄악의 결과로 찾아온 것이 코로나 사태인 것입니다.

이제 우리는 겸허하게 하나님 앞에서 참회하고 기도하며 우리의 행실을 반드시 고쳐야 합니다. 더 이상 바벨탑을 쌓는 일을 그치고 하나님께로 돌아와 그분의 뜻에 순복하고 하나님께서 만들어 놓으신 가장 아름다운 창조의 섭리대로 살아가야 합니다.

저는 여러분들이 바벨탑을 쌓는 사람들이 아니라 하나님이 우리에게 주신 사랑을 쌓고 은혜를 쌓는 성도가 되면 얼마나 좋을까 생각합니다. 개인도 그렇고 국가도 그렇고 잘 먹고 잘사는 것은 부질없습니다. 다 지나가는 것입니다. 그렇게 지나가 버리고 마는 것에 우리 인생을 걸지 말고 영원한 것에, 하나님 나라에 우리의 소망을 두고 살아가야 합니다. 바로 이런 의미에서 여러분은 절대로 바벨탑을 쌓지 말고 하나님의 은혜와 사랑을 쌓는 사람이 되고 그 은혜와 사랑을 세상에 증거하며 살아가는 거룩한 성도들이 꼭 되시길 간절히 바랍니다.

"여호와께서 아브람에게 이르시되 너는 너의 고향과 친척과
아버지의 집을 떠나 내가 네게 보여 줄 땅으로 가라"(창 12:1).

PART 2

족장사

008
성경153올람
내가 네게 보여줄
땅으로 가라

창세기 1~11장까지 원역사의 공부를 다 마치고 이제 오늘 우리는 구
속사로 들어가게 되었습니다. 창세기 1~11장까지를 '원역사' 라고 부르
는데 이 부분은 이 세상 모든 것의 시작과 그 모든 것의 근본 원리에 대
해 알려주시는 말씀들입니다. 그런데 안타깝게도 원역사는 결국은 실패
한 역사로 끝을 맺고 말았습니다. 원역사 속에 나타난 인류의 역사는
'죄-심판-은혜' 라는 패턴을 그리고 있습니다. 인간은 탐욕과 교만과 불
순종으로 말미암아 끊임없이 죄악을 저질렀지만 하나님은 이런 인간을
바로 잡고자 한편 심판하기도 하시지만 그 끝에는 반드시 은혜를 베푸셨
습니다.

그래서 원역사 가운데는 '죄-심판-은혜' 의 패턴이 4번 반복되는데
원역사의 마지막 사건인 바벨탑 사건에서는 하나님의 은혜가 나타나고
있지를 않습니다. 그것은 하나님께서 새로 시작하시는 구속사(구원사)가
바로 하나님의 은혜이기 때문입니다.

하나님께서 죄악 가운데 빠져 버린 인간을 구원하시고자 구속사(구원사)를 시작하시면서 첫 번째로 선택한 인물은 바로 아브람입니다. 이제 우리는 하나님의 구속사, 구원 역사 속으로 들어가게 되었고 그 첫 번째 인물 아브람의 이야기를 통해 말씀의 은혜를 나누고자 합니다. 아무쪼록 오늘부터 새롭게 시작하는 구원 역사를 통해 하나님의 크신 은혜를 깊이 체험하시기를 바랍니다.

하나님은 평범하게 일상의 삶을 살아가던 아브람에게 나타나셔서 그를 불러주셨습니다.

> "여호와께서 아브람에게 이르시되 너는 너의 고향과 친척과 아버지의
> 집을 떠나 내가 네게 보여 줄 땅으로 가라"(창 12:1).

사실 이 1절 말씀은 대단한 모험이자 힘든 결단이 아닐 수 없습니다. 왜냐하면 고대사회에서 고향과 친척과 아버지의 집을 떠나는 것은 거의 죽음과 같은 것이기 때문입니다. 그런데 하나님은 아브람을 불러서 구속사의 첫 인물로 사용하시기 위해 고향과 친척과 아버지의 집을 떠나 하나님이 보여줄 땅으로 가라고 분명히 말씀하셨습니다. 여기 1절에 두 가지의 동사가 등장하고 있습니다. 하나는 '떠나'라는 동사이고 또 하나는 '가라'는 동사입니다. 이 두 가지를 합치면 '떠나, 가라'는 말이 됩니다. 우리가 이 세상에 태어나서 그냥 그렇게 살다가 그냥 그렇게 죽어가는 인생이 되지 않으려면, 무엇보다 진정으로 날마다 새롭게 참된 신앙의 삶을 살아가려면 '떠나', '가는' 것이 우리에게 필요합니다.

그렇다면 오늘날 우리는 어떻게 하면 '떠나', '가는' 삶을 살아갈 수가 있겠습니까? 물론 하나님께서 아브람에게 명령하신 것은 실제로 떠나, 가는 것이었습니다. 그리고 아브람은 하나님의 명령대로 구체적으로 물

리적으로 분명히 떠나, 간 것이 사실입니다. 그러나 오늘 우리는 그것을 다 물리적으로만 해석할 필요는 없습니다. 오늘 당장 짐을 싸서 다른 곳으로 이사 갈 필요는 없는 것입니다.

떠나, 가는 것이 새로운 인생을 살아가는 첫걸음이라고 한다면 우리는 어떻게 떠나, 갈 수가 있겠습니까? 하나님께서 아브람에게 떠나, 가라고 명령하신 것은 우상의 도시에서 죄악된 관습에 젖어 살던 과거의 모든 인연과 삶을 완전히 청산하고 새롭게 살아가라는 말씀입니다. 그래서 하나님을 좇으려고 하면 가장 먼저 해결해야 할 숙제가 세상으로부터 떨어져 나오는 것입니다. 구습을 좇는 옛 생활을 벗어버리고 반드시 새출발해야 합니다.

물론 이 말씀은 우리가 세상 사람들을 전혀 만나지도 말고 세상일도 전혀 하지 말고 오직 교회 모여서 기도만 하고 예배만 드리라는 것이 결코 아닙니다. 그러나 우리가 세상 사람들이 살아가는 방식을 따라 살아가고 적당히 거짓말하고 세상 쾌락을 좇고 그래서 전혀 구별되지 못한 삶을 살아간다면 우리는 결코 하나님을 따라갈 수 없는 것도 분명한 사실입니다.

그래서 여기서 '떠나', '가는' 것은 죄악의 자리를 떠나 거룩의 자리로 가는 것입니다. 무엇보다 세상의 방식을 떠나 하나님의 방식으로 가는 것입니다. 이렇게 '떠나야만' 과거로부터의 단절을 실천할 수 있고 '가야만' 비로소 새로운 삶을 시작할 수 있게 되는 것입니다. 오늘 여러분도 아브람을 부르신 하나님의 말씀을 따라서 죄악의 삶에서, 세속과 쾌락의 삶에서 반드시 떠나 거룩과 소명과 사명의 삶으로 나아갈 수 있기를 간절히 바랍니다.

이렇게 떠나서 새롭게 나아가는 아브람에게 하나님은 이제 두 가지의 중요한 약속을 허락해 주셨습니다. 그것은 첫째는 땅에 관한 약속이며 둘째는 후손에 관한 약속입니다.

먼저 '땅'에 관한 약속은 1절에서 말씀하시는 것처럼 "내가 네게 보여 줄 땅", 바로 '그 땅'을 아브람과 그의 후손에게 주시겠다는 하나님의 약속입니다. 하나님께서 보여주시는 땅은 결국은 가나안 땅을 의미하는 것이고 이 약속은 수백 년이 지난 다음에 이스라엘 백성의 가나안 땅 정복으로 완성이 되었습니다.

그다음 '후손'에 관한 약속은 2절에 나와 있는 것처럼 "내가 너로 큰 민족을 이루게 할 것"이라는 약속입니다. 이 말씀은 하나님께서 아브람의 후손을 아담 이후 죄악으로 얼룩진 이 세상에 하나님의 뜻을 전할 도구로 삼으시겠다는 약속입니다. 후손에 관한 이 약속은 도무지 인간적으로는 불가능한 상황이었지만 늙은 아브람과 그리고 본래부터 아이를 갖지 못하던 사라 사이에 아들 이삭을 주심으로써 이루어지기 시작하였습니다.

그리고 이 약속은 이삭 후에 야곱 대에 와서 열두 아들이 태어나고 열두 지파가 형성됨으로써 구체화 되었고 출애굽 이후 이스라엘 민족이 가나안 땅을 정복함으로써 완성되었습니다. 그래서 하나님은 아브람을 부르시고 떠나, 가게 하신 후에 이렇게 땅에 관한 약속과 후손에 관한 약속을 허락해 주셨는데 이 두 가지 약속을 합하면 결국은 '민족'에 관한 약속이 되는 것입니다.

그렇다면 왜 하나님은 '민족'에 관한 약속을 허락해 주셨는가 이제 우리는 그 이유를 분명히 알아야 합니다. 하나님께서 구원 역사의 원대한 계획을 진행하시면서 선택하신 인물이 아브람이고 하나님이 아브람에게 주신 두 가지 약속을 한데 묶으면 그것이 바로 민족에 관한 약속이 됩니다. 하나님은 아브람에게 민족에 관한 약속을 허락해 주셔서 이 민족을 통하여 온 인류를 구원할 계획을 세우신 것입니다. 그래서 하나님의 구원 역사의 도구로 선택된 민족이 바로 아브람의 후손, 이스라엘 민족입니다.

오늘날 우리의 신앙에 있어서 '하나님의 약속'이라고 하는 이 개념은 대단히 중요합니다. 하나님은 우리에게 약속하시고 그 약속하신 것을 반드시 성취하시는 분입니다. 바로 이런 의미에서 성경은 결국 하나님 약속의 성취과정을 보여주는 것이고 우리 기독교는 다름 아닌 약속의 종교라고 말할 수 있는 것입니다. 우리 기독교는 무턱대고 아무것이나 믿는 것이 아니라 이렇게도 구체적인 하나님의 약속을 믿는 것입니다. 하나님은 일상 속의 평범한 인물을 불러내셔서 떠나, 가게 하시고, 꿈과 비전의 약속을 허락해 주시며, 그것은 이룰 수 있도록 날마다 순간마다 도와주시고, 결국에는 그 약속을 반드시 성취해 주시는 것입니다.

우리에게는 이렇게 분명한 하나님의 약속이 있습니다. 그러므로 이렇게도 분명한 하나님의 약속을 꼭 기억하여서 그 약속을 부여잡고 이제부터 더욱더 옹골차게 믿음의 삶을 잘 살아가는 성도들이 꼭 되시기를 간절히 바랍니다.

그런데 오늘 하나님께서 아브람에게 약속을 허락해 주실 때에 이 약속과 더불어서 몇 가지의 중요한 말씀도 함께 전해주셨습니다. 2~3절 말씀을 보시기 바랍니다.

"내가 너로 큰 민족을 이루고 네게 복을 주어 네 이름을 창대하게 하리니 너는 복이 될지라"(창 12:2).

너무나 좋고 아름다운 말씀이 아닙니까? 이 구절은 그야말로 '축복'에 관한 약속이 넘쳐나는 말씀입니다. 먼저 "네게 복을 주어"라고 말씀하시는데 이 말씀은 복의 주체자가 누구인지를 분명히 알려주시는 말씀입니다. 다시 말하면 '하나님이' 우리에게 복을 주시는 분이라는 것입니다. 하나님은 우리에게 복을 주시는 분이고 우리는 그 복을 받는 존재입니다. 우리가 복이나 축복을 생각할 때에 가장 중요한 것이 바로 이 사실을 기억하는 것입니다. 다름 아닌 우리에게 복을 주시는 분은 하나님이라는 하는 사실입니다.

그다음에 하나님께서 이렇게 말씀하십니다. "너는 복이 될지라." 이 말씀은 정말 귀한 표현인데 전의 성경에서는 이것을 "너는 복의 근원이 될지라"고 이렇게 번역했었습니다. "너는 복이 될지라" 하는 이 말씀은 너는 '복 그 자체'가 될 것이라는 말씀입니다. 더 쉽게 말하면 그냥 복덩어리가 되게 해주시겠다는 약속입니다.

하나님은 천지창조 때에 인간을 만드시고 그들에게 곧바로 복을 선포해 주셨습니다. 그리고 그 후에 이렇게 구속사를 시작하시면서 그 첫 인물 아브람에게도 너는 복이 될지라며 복을 선포해 주십니다. 그렇습니다. 이런 것을 보면 우리 기독교는 분명히 복의 종교입니다. 하나님은 그토록 우리에게 복을 주시기 원하시는 분이십니다. 그리스도인은 하나님께 복을 받은 존재입니다. 그리고 하나님의 복에 관한 말씀은 3절에도 계속 이어지고 있습니다. 이 3절은 정말 기가 막힌 말씀입니다.

"너를 축복하는 자에게는 내가 복을 내리고 너를 저주하는 자에게는 내가 저주하리니 땅의 모든 족속이 너로 말미암아 복을 얻을 것이라 하신지라"(창 12:3).

이 말씀은 아브람을 축복하는 자는 하나님으로부터 복을 받고, 아브람을 저주하는 자는 하나님께 저주를 받을 것이기 때문에 결국 아브람이 복의 근원이 된다는 말씀입니다.

이렇게 여러 축복의 말씀들을 통하여 이제 우리는 아주 중요한 신앙 원칙을 한 가지 발견할 수 있습니다. 그것은 "아, 정말 내가 축복하며 살아야겠구나" 하는 것입니다. "우리가 서로 축복하지 않고 저주하게 되면 하나님으로부터 저주를 받을 수밖에 없구나!" 하는 것도 우리가 똑똑히 기억해 두어야 합니다. 우리가 축복의 사람이 되어야 하나님의 복을 받을 수 있습니다. 우리가 저주의 사람이 되면 복은커녕 저주를 받을 수밖에 없습니다. 진실로 지금부터 여러분은 축복을 받고 축복을 하며 살아가는 성도들이 꼭 되시기를 간절히 바랍니다.

그리고 이제 우리가 결코 그냥 지나갈 수 없는 표현 한 가지가 등장하는데 그것은 2절에 나오는 대로 "네 이름을 창대하게 하리니"라는 말씀입니다. 바로 지난 주일에 바벨탑 사건을 설명하면서 사람들이 모여 4가지를 획책했는데, 그중의 한 가지가 "make a name for ourselves", "우리 스스로 이름을 짓자"라고 한 것인데 이것이 하나님 앞에서 지극한 교만이었다고 말씀드렸습니다. 그런데 보십시오. 실패한 역사 바벨탑 사건과는 달리 새로운 역사 구속사에서는 하나님이 아브람의 이름을 창대하게 해주시겠다고 약속하고 계십니다.

이것이 얼마나 날카로운 대조를 이루고 있습니까? 스스로 이름을 짓자는 바벨탑 사건은 결국 실패할 수밖에 없지만 구속사는 하나님께서 친히 우리의 이름을 창대하게 만들어주시는 진정으로 아름다운 역사입니다. 바로 이 날카로운 대조를 마음 깊이 기억하여서 나 스스로 이름을 날리자고 하는 바벨탑과 같은 인생이 아니라 하나님께서 우리의 이름을 창대하게 만들어주시는 구속사의 아름다운 삶을 꼭 살아가시기를 간절히 바랍니다.

여기까지가 하나님께서 구속사의 첫 인물로 아브람을 부르셨을 때의 소명 이야기입니다. 그리고 그다음에 이어지는 4~9절까지는 아브람의 순종 이야기입니다. 아브람은 여호와의 말씀을 따라갔고 조카 롯도 아브람과 함께 갔으며 아브람이 고향과 친척 아버지의 집이 있는 하란을 떠날 때 나이는 칠십오 세였습니다. 아브람은 아내 사래, 조카 롯, 하란에서 모은 모든 소유와 얻은 사람들을 다 이끌고 마침내 가나안 땅으로 들어갔고 세겜 땅 모레 상수리나무에 이르게 되었습니다.

이때 하나님은 또다시 아브람에게 나타나셔서 약속을 분명히 상기시켜 주시면서 이렇게 말씀해 주셨습니다. "내가 이 땅을 네 자손에게 주리라"(창 12:7). 아브람은 자기에게 나타나신 여호와 하나님께 즉시 그곳에서 제단을 쌓았고 가는 곳마다 하나님께 예배하였습니다.

이 모든 말씀은 하나님께서 불러주신 구속사의 첫 인물 아브람은 잘 순종하였다는 것을 우리에게 알려주고 있습니다. 이것이 오늘 우리 신앙에 있어서 너무나 중요합니다.

로마서 5장에서 이것을 분명히 설명하고 있습니다. 첫 사람 아담은 순종하지 않아서 죄를 짓고 타락하였고 결국은 온 인류를 사망과 절망에 빠트렸습니다. 그러나 둘째 아담이신 예수 그리스도는 십자가에 죽기까지 철저하게 순종하심으로 말미암아 우리 모든 인류를 사망과 절망으로부터 구원해 주셨습니다. 요한계시록에는 다름 아닌 순종한 사람들이 마지막에 예수님과 더불어 왕 노릇 하며 천국에서 영생의 삶을 살아가는 이야기가 기록되어 있습니다.

바로 이런 의미에서 이 '순종' 이야말로 창세기 1장부터 요한계시록 22장까지 성경 전체를 관통하는 가장 중요한 핵심 신앙정신인 것을 우리가 알 수 있는 것입니다. 원역사 실패 후에 하나님께서 새롭게 시작하시는 구속사의 첫 이야기는 사실상 아브람의 순종 이야기입니다. 고대사회에 고향과 친척과 아버지의 집을 떠나, 가는 것은 대단한 모험이지만 아브람은 하나님 말씀에 순종하여 이것을 온전히 실행에 옮겼습니다.

성경에 나오는 모든 위대한 인물들은 모두가 한 사람도 예외 없이 다 순종하는 사람들이었습니다. 하나님은 아무나 사용하지 않으십니다. 순종하는 사람들을 사용하십니다. 하나님은 순종하는 사람들을 통해서 구속의 역사를 이루시고 생명의 역사를 이루어 나가십니다. 그리고 성경에 나오는 모든 기적은 한결같이 순종의 결과입니다. 순종할 때 기적이 일어나는 것입니다. 그래서 존 맥도날드(John Mcdonald)는 "순종은 모든 문의 열쇠다"라고 말하였습니다.

존 스튜어트 밀(John Stuart Mill)은 "오늘 순종하는 것이 제일 귀하다. 오늘 순종하면 내일에는 하나님의 뜻이 나타난다"고 말하였습니다. 이것은 바로 순종을 통하여 하나님의 역사가 나타나고 순종을 통해 하나님의 축복이 나타난다는 말입니다. 그래서 토마스 왓슨(Thomas Watson)은 이렇게 말하였습니다. "하나님께 순종하는 것은 우리의 의무라기보다는 우리의 특권이다. 하나님은 우리에게 유익이 되는 것만을 명령하시기 때문이다."

오늘 구속사의 첫 인물, 아브람의 첫 이야기 중에서 가장 중요한 핵심은 그가 하나님께 순종하였다는 사실입니다. 오늘 우리는 이것을 꼭 배워야 합니다. 믿음은 바로 순종입니다. 그리고 순종은 기적을 불러옵니다. 놀랍게도 순종은 특권입니다. 진실로 순종은 축복이고 순종은 생명입니다. 오늘 구속사의 첫 인물 아브람의 이야기를 통해 마음 깊이 각성하여서 첫째로 하나님의 약속을 꼭 부여잡고, 둘째로 축복의 통로가 되고, 셋째로 하나님께서 내 이름을 창대케 해주실 줄로 믿고, 넷째로 온전히 순종하는 성도들이 꼭 되시기를 간절히 바랍니다.

009

네 자손이
이와 같으리라

지난주 우리는 구속사로 들어와서 하나님께서 구속사의 첫 인물로 선택하신 아브람의 소명 장면을 함께 나누었습니다. 아브람의 소명 장면을 설명하는 창세기 12장부터 그 이후의 모든 역사를 우리가 '구속사' 라고 부르는데 그중에서 특별히 창세기 12~50장까지를 '족장사' 라고 부릅니다. 족장사는 아브람, 이삭, 야곱, 요셉에 이르는 족장들의 이야기를 다루고 있는데 이 족장사를 이끌어가는 가장 중요한 주제가 바로 '하나님의 약속' 개념입니다. 하나님은 아브람을 부르시고 땅에 관한 약속과 후손에 관한 약속을 허락해 주셨는데 족장사는 바로 이 약속들이 어떻게 실현되는지를 보여주고 있습니다.

그러면 그 약속이 실현되는 과정에서 어떤 일들이 있었는지 아주 궁금해지는데요. 특별히 오늘 본문 창세기 15장은 신구약 성경 전체를 통틀어서 너무나 중요한 본문입니다. 오늘 본문은 특별히 믿음에 관해서 성경 전체를 관통하는 중요한 핵심 신앙 정신을 보여주고 있기 때문입니다.

하나님께서 불러주시고 놀라운 약속을 허락해 주신 것을 체험한 아브람은 아마도 황홀경 가운데서 고향 친척 아버지의 집을 떠나 가나안 땅으로 들어갈 수 있었을 것입니다. 그런데 이렇게 하나님의 부르심을 입었으면 그 약속을 부여잡고 끝까지 옹골찬 믿음의 길을 걸어가야 하지 않겠습니까? 그런데 이어지는 아브람의 모습은 참 안타까운 모습이 아닐 수 없습니다.

가나안 땅에 기근이 들자 아브람은 그 땅을 떠나 애굽으로 내려가 버립니다. 하나님께서 가나안 땅을 줄 것이라고 분명히 약속해 주셨는데, 그러면 이 약속을 붙들고 기근이 올지라도 어떡하든지 그 땅에 머물러야 하지 않겠습니까? 그런데 소명 받은 장면 바로 그 뒤에 아브람은 가차 없이 가나안 땅을 버리고 애굽으로 내려가 버리고 말았습니다.

그리고 애굽에 내려갔을 때 혹시 애굽 사람들이 자기를 죽이고 아내를 빼앗아 갈까 봐 아내를 자기 누이라고 거짓말하였습니다. 결국 애굽의 고관들이 사래의 아리따움을 보고 크게 칭찬하면서 그를 애굽 왕 바로의 궁으로 이끌어 들였고 이로써 하나님의 약속은 무산될 큰 위기에 처하게 되었습니다. 만약에 바로가 사래를 취하게 되면 이것은 큰일 날 일입니다. 아브람과 사래 사이에 후손을 얻게 해주시겠다는 하나님의 약속이 물거품이 되고 말기 때문입니다.

그래서 하나님은 곧바로 직접 개입하셔서 그 일을 막으시면서 사래의 일로 바로와 그 집에 큰 재앙을 내리셨습니다. 바로 얼마 전에 하나님의 약속을 받을 때 아브람이 복의 근원이 될 것이라고 하였는데 복의 근원은 커녕 지금 화의 근원이 되고 말았습니다. 무엇보다 그 놀라운 하나님의 약속을 저버리고 애굽으로 내려가 버렸고 애굽에서도 그 약속이 무산될 위기에 처하였으니 이것을 보면 정말 한심한 모습이 아닐 수 없습니다.

그런데 하나님은 인내하시며 아브람에게 은혜를 베푸셨습니다. 하나님은 실패를 실패대로만 책벌하지 아니하시고 아브람으로 하여금 애굽으로부터 가축과 은금을 풍부하게 얻게 하시고 다시금 가나안땅으로 돌아오게 해주셨습니다. 이러한 하나님의 은혜를 따라 아브람은 벧엘과 아이 사이, 전에 처음으로 장막 쳤던 곳으로 다시 돌아오게 되었습니다. 그러고는 거기서 아브람은 다시 제단을 쌓고 여호와의 이름을 불렀습니다. 바로 이 모습이 오늘날 우리의 살길입니다. 우리도 돌아와서 하나님의 이름을 불러야 합니다.

사람은 고난을 통해 성장하게 되는가요? 그 뒤로 아브람은 훨씬 성숙한 모습을 보여줍니다. 가나안 땅에 돌아온 그들은 유목민으로 살았는데 목초지는 한정되어 있다 보니 아브람의 목자들과 롯의 목자들이 서로 그것을 차지하려고 싸울 수밖에 없었습니다. 그래서 아브람은 조카 롯을 데리고 높은 산에 올라가서 "우리는 한 친족이라. 나나 너나 내 목자나 네 목자나 서로 다투게 하지 말자" 말하면서 훌륭한 제안을 하였습니다. 그 제안은 "나를 떠나가라, 네가 좌하면 나는 우하고 네가 우하면 나는 좌하리라" 하는 아주 희생적인 제안이었습니다.

지금의 이 제안은 예전보다 훨씬 더 성숙한 아브람의 모습을 보여주고 있습니다. 이런 제안을 하기까지 아브람의 마음속에는 애굽에서의 실패를 바탕으로 이제는 하나님을 깊이 신뢰하는 마음이 생겼고 하나님께서 그의 삶을 반드시 섭리하실 것이라는 확신이 있어서 이런 제안을 할 수 있었던 것입니다.

아브람의 제안에 따라 롯은 눈을 들어 사방을 바라보고는 소돔성이 있는 요단 지역을 택하여 동으로 옮겼습니다. 바로 이 대목에서 우리는 롯의 선택에 대해 잠깐 생각해 보지 않을 수 없습니다. 인생은 선택의 연속이고 신앙도 곧 선택이기 때문에 우리는 롯의 선택을 잘 살펴보아야 합니다. 지금까지 롯은 아브람과 모든 것을 함께하였습니다. 그런데 이제는 롯이 동쪽을 선택하여 옮기게 되었는데 그곳은 요단 지역이었고 소돔과 고모라가 있는 땅이었습니다. 그래서 롯이 선택한 바로 그곳에 대하여 성경은 한 절 말씀을 기록하고 있는데 13장 13절에서 "소돔 사람은 여호와 앞에 악하며 큰 죄인이었더라"고 말씀하고 있습니다.

인생은 결국 무엇을 보고 무엇을 선택하는가에 달려 있습니다. 그런데 그렇게 보고 그렇게 선택하는 것은 결국은 그 사람의 내면의 '가치관'과 밀접한 연관이 있습니다. 롯은 하나님의 약속보다는 세상을 선택하였습니다. 하나님 안에서 목적 있는 삶을 살아가는 것 대신에 세상의 재미와 쾌락을 선택하였습니다. 영적인 것보다는 육적이고 물질적인 것을 선택한 것입니다.

결국 이 선택으로 말미암아 롯은 구속사의 본류에서 완전히 제외되고 말았습니다. 그는 약속의 땅에 계속 남아 있지 못하고 세속적인 삶에 동화되어 소돔을 선택한 것입니다. 여러분은 진실로 〈성경153올람〉 운동을 통해 여러분의 가치관을 새롭게 하시고 정말 영적이고 아름다운 것을 잘 선택하는 성도가 되시기를 간절히 바랍니다.

아브람도 우리와 똑같은 성정을 지닌 사람이라 때로 실패하고 넘어지지만 그런 중에서도 새롭게 깨닫고 깨달은 대로 훨씬 성숙한 모습을 보여주고 있습니다. 그래서 아브람은 하나님을 굳게 신뢰하며 희생적인 제안을 할 수 있었고 다툼과 분쟁을 해결할 수 있었으며 결국 하나님의 섭리에 따라 가나안 땅에 남을 수가 있게 되었습니다.

이런 아브람에게 하나님은 다시 또 나타나셔서 그를 위로하시고 그에게 다시금 귀한 약속을 상기시켜 주셨습니다.

"롯이 아브람을 떠난 후에 여호와께서 아브람에게 이르시되 너는 눈을 들어 너 있는 곳에서 북쪽과 남쪽 그리고 동쪽과 서쪽을 바라보라. 보이는 땅을 내가 너와 네 자손에게 주리니 영원히 이르리라. 내가 네 자손이 땅의 티끌 같게 하리니 사람이 땅의 티끌을 능히 셀 수 있을진대 네 자손도 세리라. 너는 일어나 그 땅을 종과 횡으로 두루 다녀 보라. 내가 그것을 네게 주리라"(창 13:14-17).

참으로 하나님은 아브람을 아브라함으로 바꾸어나가시는 하나님이십니다. 잊을 만하면 생각나게 하시고 곁길로 가면 바로 잡아 주시며 진실로 만군의 하나님 여호와의 열심이 아브람을 아브라함으로 바꾸어나가시는 것입니다.

이 대목에서 참으로 중요한 것은 어떡하든지 우리는 하나님의 구속사의 본류에서 벗어나면 안 된다는 사실입니다. 롯은 세속적인 관심, 물질에 대한 욕심, 세상의 즐거움을 추구한 나머지 소돔성이 있는 요단 땅을 선택함으로써 그는 그만 하나님의 구속사의 본류에서 제외되고 말았습니다. 그러나 아브람은 비록 힘들고 어렵지만 어떡하든지 하나님의 약속을 꼭 부여잡고 어떡하든지 믿음의 길을 선택함으로써 구속사의 주인공이 되고 믿음의 조상이 되었습니다. 여러분도 하나님의 약속을 꼭 부여잡고 믿음의 삶을 끝까지 잘 살아서 절대로 구속사의 본류에서 벗어나지 말고 오히려 구속사의 주인공들이 다 되시기를 간절히 바랍니다.

지금까지 살펴본 아브람은 그 역시 우리와 똑같은 성정을 지닌 사람이라 실패하고 넘어지기도 하였습니다. 그러나 이런 중에도 하나님은 끝까지 은혜를 베푸셔서 그 약속을 반복시켜 주실 때 그는 다시 또 정신을 차리고 하나님을 신뢰하고 믿음의 길을 걸어가기도 하였습니다. 바로 이것이 연약한 우리의 모습이 아닌가 생각합니다. 어떤 때는 은혜 충만하여서 승리하기도 하고 또 어떤 때는 형편없이 무너지는 연약함이 우리에게 있기도 합니다.

그런데 이렇게 내가 잘하고 못하고 이런 것을 떠나서 어떤 때는 상황이 우리를 아주 모질게 이끌어갈 때가 있습니다. 아브람도 가나안 땅에 들어온 이후로 아주 경악할 만한 상황에 부닥치게 되었는데 처음으로 전쟁을 겪게 되었던 것입니다. 가나안에는 여러 족속이 서로 엉켜서 남동맹국과 북동맹국으로 나뉘어 있었는데 이 동맹국 간에 전쟁이 붙었고, 이때 아브람은 그 전쟁에 휘말려서 자기 군사 318명을 동원해서 전쟁통에 붙잡혀 간 롯을 찾아오게 됩니다.

바로 이런 상황 중에 이제 오늘 본문의 말씀이 이어집니다. 그러니까 큰 전쟁 후에 누가 다시 보복을 해오면 어떡하나 하고 큰 두려움에 빠져 있었을 때 하나님은 아브람을 찾아와 이렇게 말씀하셨습니다. 1절 말씀 보세요. "이 후에 여호와의 말씀이 환상 중에 아브람에게 임하여 이르시되 아브람아 두려워하지 말라. 나는 네 방패요 너의 지극히 큰 상급이니라"(창 15:1). 하나님은 아브람에게 먼저 "두려워하지 말라"고 말씀하셨는데 이 말씀이 그에게 정말 큰 위로가 되었을 것입니다.

그리고 이어서 하나님은 두 가지를 말씀해 주십니다. "나는 너의 방패다." 그리고 "나는 너의 지극히 큰 상급이다." 여기서 '나는 너의 방패'라는 말씀은 전쟁을 마치고 돌아와 큰 보복이 두려운 아브람에게 나는 너의 방패니까 어떤 악한 자도 너를 넘보지 않도록 지켜주겠다는 말씀입니다. 그리고 '내가 너의 큰 상급'이라는 말씀은 땅과 후손에 관한 약속과 관계가 있는 표현으로서 하나님 자신이 그 모든 약속을 반드시 성취해 주시는 상급이 되신다는 뜻입니다.

이렇게 큰 은혜의 모습으로 하나님께서 다가오셨을 때 아브람은 이때

다 하는 마음으로 하나님께 떼를 썼습니다. 2~3절입니다.

"주 여호와여 무엇을 내게 주시려 하나이까. 나는 자식이 없사오니 나의 상속자는 이 다메섹 사람 엘리에셀이니이다. 아브람이 또 이르되 주께서 내게 씨를 주지 아니하셨으니 내 집에서 길린 자가 내 상속자가 될 것이니이다"(창 15:2-3).

이 말씀에 나타난 아브람의 탄식은 모두 5가지로 기록되어 있는데 첫째로 "내게 무엇을 주시려 하나이까?" 하는 이것은 '의심'의 모습입니다. 내가 아이를 갖는다고 하는 것이 정말 가능한 일입니까? 의심하며 질문한 것입니다. 둘째로 "나는 자식이 없사오니"라는 이 표현은 '절망'의 모습입니다. 이것은 "하나님 나는 여전히 그대로이지 않습니까? 기다리면 약속이 이루어집니까?" 하는 절망의 표현입니다. 셋째로 "나의 상속자는 이 다메섹 사람 엘리에셀이니이다"라는 이 표현은 '좌절'의 모습입니다. 그러니까 "이제는 그냥 이대로 살겠습니다. 그냥 나를 좀 내버려 두십시오"라는 그런 뜻입니다. 넷째로 "주께서 내게 씨를 주지 아니하셨으니"라는 이 표현은 '원망'의 모습입니다. "하나님, 주신다고 해놓고 이게 뭡니까? 도대체 이럴 수가 있습니까?" 하는 뜻입니다. 다섯째로 "내 집에서 길린 자가 내 상속자가 될 것이니이다"라는 이 표현은 '속단'의 모습입니다. 이것은 "이제는 인간적인 방법밖에 남지 않았습니다. 그냥 못 들은 것으로 하고 현실적으로 가능한 방법을 따라 살겠습니다" 하는 뜻입니다.

그런데 이렇게 의심하고 절망하고 좌절하고 원망하며 속단하는 아브람에게 하나님은 그렇지 않다고 분명히 말씀해 주십니다. 4~5절 보세요. "여호와의 말씀이 그에게 임하여 이르시되 그 사람이 네 상속자가 아니라 네 몸에서 날 자가 네 상속자가 되리라 하시고 그를 이끌고 밖으로 나가 이르시되 하늘을 우러러 뭇별을 셀 수 있나 보라. 또 그에게 이르시되 네 자손이 이와 같으리라"(창 15:4-5). 여기서 "네 몸에서 날 자가 네 상속자가 되리라" 하는 말씀은 하나님의 약속은 변동이 없다는 것입니다. 하나님은 그 약속을 반드시 지키신다는 것입니다.

그다음에 하나님은 아브람을 이끌고 밖으로 나가 "하늘을 우러러 뭇별을 셀 수 있나 보라"고 말씀하시면서 시청각 교육을 시켜주셨는데 앞으로 그의 후손을 진정으로 하늘의 별처럼 많게 해줄 것이라고 분명하게 약속해 주셨습니다.

이 놀라운 하나님의 말씀 앞에서 이제 아브람의 마음은 움직이기 시작하였고 마침내 6절처럼 되었습니다. "아브람이 여호와를 믿으니 여호와께서 이를 그의 의로 여기시고." 여기서 "아브람이 여호와를 믿으니" 이 표현은 정말 금과 같이 중요한 표현입니다. 바로 이 구절 때문에 아브람은 믿음으로서 의의 사람으로 인정받게 되었고 후대 역사에서 '믿음의 아버지'(롬 4:13)라 불리게 되었습니다. 그리고 6절의 뒷부분 "여호와께서 이를 그의 의로 여기시고"라는 이 표현은 하나님께서 오직 아브람의 믿음을 보시고 그를 의롭게 여기셨다는 중요한 내용입니다.

본래 '의롭다'는 말은 희생제물이 적합하게 봉헌되었음을 공적으로 인정하는 제관들의 제의적 용어였습니다. 그래서 희생제물이 적합하게 봉헌됨으로써 제물을 바치는 사람의 죄는 이 제물에게 완전히 전가되었고 그 결과 제물을 바치는 사람의 죄의 문제는 완전히 해결되었다는 뜻입니다. 그래서 성경에 나오는 이 '의'(義)라고 하는 단어는 바로 '구원'이란 말과 똑같이 쓰이는 단어로 생각하면 됩니다. 그래서 이 6절은 하나님께서 약속해 주시는 말씀을 아브람이 믿었는데 바로 이 단순한 믿음의 사건으로 아브람이 구원(의)을 얻게 되었다는 것을 말씀하고 있는 것입니다. 이처럼 우리가 의롭게 되는 유일한 방법은 '믿음'에 의한 방법뿐입니다. 아브람은 행위가 아닌 하나님의 약속을 믿음으로 하나님으로부터 의롭다 여김을 받은 것입니다.

사실 아브람의 행위를 볼 때는 결코 의롭다 여김을 받을 수 없었습니다. 그 역시 하나님의 부르심을 받기 전에는 조상을 따라 우상을 숭배했었고 소명 이후에도 실패하는 삶을 살았기 때문입니다. 그러나 아브람은 하나님의 약속을 철저히 믿었으며 그 결과 하나님은 그의 믿음을 보시고 그를 의롭게 여기신 것입니다. 도무지 믿을 수 없는 상황이었지만, 인간적으로 도무지 불가능한 상황이었지만, 그래도 아브람이 하나님을 믿었더니 바로 그 믿음을 보시고 아브람을 의롭게 여겨주신 것입니다.

결국은 믿음입니다. 이 믿음으로 우리는 의로워지는 것이고 이 믿음으로 우리는 구원받는 것이며 이 믿음으로 우리는 진실로 능력 있는 삶을 살게 되는 것입니다. 6절에 나타난 이 신앙 정신은 성경에서 도도히 흐르고 있는 구속사의 가장 중요한 핵심 정신입니다.

첫째, 아브람은 하나님을 믿음으로 의롭게 되었습니다(창 15:6).

둘째, 이 믿음은 주전 7세기 하박국 예언자에게 이어져서 큰 위기 중에 하박국은 하나님께로부터 이런 말씀을 들었습니다. "의인은 그의 믿음으로 말미암아 살리라"(합 2:4).

셋째, 신약에 와서 바울은 구원의 문제에 대해 깊이 고민하던 중에 하박국의 말씀을 통해 구원의 도리를 깨닫게 되었습니다. "복음에는 하나님의 의가 나타나서 믿음으로 믿음에 이르게 하나니 기록된 바 오직 의인은 믿음으로 말미암아 살리라 함과 같으니라"(롬 1:17).

넷째, 그 후 최근의 기독교 역사에서 종교가 종교의 역할을 전혀 감당하지 못하고 있었을 때 청년 루터는 로마서 1장 17절 말씀을 통해 구원의 감격을 깊이 체험하였고 이 말씀을 통해 종교개혁을 불러일으켰습니다.

어떻습니까? 바로 이것이 구속사의 첫 인물 아브람으로부터 오늘 우리에까지 이르고 있는 가장 중요한 신앙 정신입니다. 오직 믿음으로만 의로워지는 것입니다. 믿음으로만 구원받고 믿음으로만 승리하고 믿음으로만 천국에 갑니다. 다른 방법은 절대로 없습니다. 우리의 행위도, 우리의 노력도, 어떠한 공적도 소용없습니다. 오직 믿어야만 하는 것입니다.

그렇다면 이제부터 우리는 진정 어떻게 해야 하겠습니까? 네, 정말 잘 믿어야 합니다. 아브람처럼 약속이 희미해져도 믿어야 합니다. 아무리 고난이 차고 넘쳐도 믿어야 합니다. 하나님이 눈에 보이지 않고 그분의 약속이 희미해져도 그래도 믿어야 합니다. 그럼에도 불구하고 믿어야 합니다. 그리 아니하실지라도 믿어야 합니다.

인생은 참 힘듭니다. 낙담이 되고 우울감과 절망감이 엄습할 때도 있습니다. 그러나 믿으면 이길 수 있습니다. 믿으면 최후의 승리를 얻게 됩니다. 믿으면 정말 어떤 상황 중에도 평안할 수 있습니다. 오늘 아브람의 믿음을 여러분의 것으로 꼭 받아서 바로 이 믿음 가지고 온전히 날마다 승리하는 성도 여러분 되시기를 간절히 바랍니다.

010
성경153올람

열 명으로 말미암아
멸하지 아니하리라

구속사의 첫 인물로 선택받은 아브람은 때때로 실패하였지만 그런 중에도 하나님의 은혜로 믿음의 길을 걸어 나갈 수 있었습니다. 그런데 15장에서 "아브람이 여호와를 믿으니 여호와께서 이를 그의 의로 여겨주시는" 놀라운 체험을 하고도 그 뒤에 아브라함은 또 다시 실패하였습니다. 그런데 이번에는 아주 치명적인 실수였습니다.

시간이 한참 지나도 약속이 이루어지지 않으니까 결국 아브람은 아내 사래의 권고를 받아들여서 여종 하갈을 취함으로 약속의 아들이 아닌 인간적인 아들 이스마엘을 낳았습니다. 이것은 하나님의 약속이 더디다고 그 약속을 끝까지 기다리지 못하고 지극히 인간적인 편법으로 해결하고 있는 참 연약한 인간의 모습이 아닐 수 없습니다. 정말 믿음의 길은 멀고도 험한가요? 아브람이 믿음 위에 우뚝 서는 것은 아직도 많은 연단과 과정이 필요한 것 같습니다.

그러나 그래도 하나님은 결코 아브람을 포기하지 않으셨습니다. 아브

람이 처음 부르심을 받았을 때가 75세였고 이스마엘을 낳은 것은 그로부
터 10년 뒤인 86세 때였습니다. 그리고 그 사건으로부터 또 13년이 더 지
났을 때, 그러니까 아브람이 99세가 되었을 때 마침내 하나님의 최종언
약이 아브람에게 주어졌습니다.

이때 먼저 하나님은 아예 아브람의 존재를 바꾸시고자 이제 그의 이
름을 '아브라함' 으로, 아내 사래의 이름은 '사라' 로 바꿔주셨습니다. 이
름은 그 존재를 규정하는 의미가 있고 그 존재에 대해 목적하는 바가 있
음을 알려주는 것입니다. 그래서 하나님은 아브람의 이름을 바꾸심으로
그 존재를 바꾸어주셨습니다.

본래 이름 '아브람' 은 '존귀한 아버지' 란 뜻인데 이 이름을 하나님께
서 '아브라함' 으로 바꾸어주시면서 '여러 민족의 아버지' 란 뜻을 가진
약속의 의미를 부여해 주셨습니다. 아내의 본래 이름 '사래' 는 '여주인'
이란 뜻인데 하나님은 이 이름을 '사라' 로 바꾸어주시면서 '여러 민족의
어머니' 란 뜻을 가진 약속의 의미를 부여해 주셨습니다. 이렇게 하나님
께서는 아브람과 사래의 이름을 바꾸시고 그 이름 속에 하나님의 약속을
심어주셨습니다. 바뀐 이름대로 아브라함과 사라는 반드시 여러 민족의
아버지와 어머니가 되게 하실 것이고 이를 통해서 하나님의 구원 역사는
온전히 진행될 것이라 하는 것입니다.

그래서 아브라함 나이 99세에 이제 임박한 약속의 실현을 앞에 두고
하나님은 최종 언약을 허락해 주셨습니다. 17장에 나타난 하나님의 최종
언약을 설명하는 가장 중요한 구절은 6~8절입니다.

"내가 너로 심히 번성하게 하리니 내가 네게서 민족들이 나게 하며 왕
들이 네게로부터 나오리라. 내가 내 언약을 나와 너 및 네 대대 후손
사이에 세워서 영원한 언약을 삼고 너와 네 후손의 하나님이 되리라.

내가 너와 네 후손에게 네가 거류하는 이 땅 곧 가나안 온 땅을 주어 영원한 기업이 되게 하고 나는 그들의 하나님이 되리라"(창 17:6-8).

족장들의 이야기는 하나님의 약속 실현 과정을 보여주는 것인데 이렇게 마침내 하나님의 최종언약이 주어졌고 이제 하나님의 성취가 임박해지고 있는 것입니다. 이런 중에도 아브라함은 또 여전히 부족한 모습을 보입니다. 하나님께서 이렇게 최종언약을 말씀해 주시는데도 그것을 온전히 믿지 못하고 또 의심하였습니다. 하나님께서 '사래'의 이름을 '사라'로 바꾸시면서 그녀가 아들을 낳으리라고 말씀하실 때 아브라함은 마음속으로 "백 세 된 사람이 어찌 자식을 낳을까? 사라는 구십 세니 어찌 출산하리오." 이렇게 말하면서 엎드려 웃었습니다.

이 웃음은 이 나이에 아들을 낳는 것은 사실상 불가능한 것이 아닌가 하는 생각으로 자신도 모르게 웃었던 불신의 웃음이자 의심의 웃음입니다. 나중에 그 아내 사라도 똑같이 웃었는데(창 18:12) 참 이 모습을 보면 그야말로 부창부수(夫唱婦隨)가 아닐 수 없습니다. 그러나 이런 연약함 중에도 한편 아브라함은 하나님의 명령을 준행하여서 하나님께서 택하신 선민의 증표로서 자신과 모든 권속에게 할례를 행하였습니다.

이렇게 만군의 하나님 여호와의 열심으로 아브람은 점점 더 아브라함으로 변화되어 가고 있었고 이제는 하나님의 약속이 이루어질 때가 점점 가까워지고 있었습니다. 이런 분위기 속에서 이제 오늘 본문이 속해 있는 창세기 18장이 주어지는데 하나님은 마므레 상수리나무가 있는 곳에서 아브라함에게 다시 나타나셨습니다. 그때는 날이 뜨거울 때인데 하루는 아브라함이 장막 문에 앉아 있다가 눈을 들어 사람 셋이 맞은편에 서 있는 것을 보게 되었습니다. 이 모습을 보고 아브라함은 이 현상이 일상의 모습이 아닌 것을 직감하고 그 세 분을 집으로 모셔서 아주 극진하게 대접하였습니다. 그 접대 후에 이제 하나님께서 아브라함에게 "내가 하려는 것을 아브라함에게 숨기겠느냐"(창 18:17) 하시면서 아주 중요한 말씀을 전해주셨습니다.

먼저는 "아브라함은 강대한 나라가 되고 천하 만민은 그로 말미암아 복을 받게 될 것"이라는 말씀이었고 이어서 하나님은 소돔과 고모라에 대하여 말씀하셨습니다. "소돔과 고모라에 대한 부르짖음이 크고 그 죄악이 심히 무거우니 내가 이제 내려가서 그 모든 행한 것이 과연 내게 들린 부르짖음과 같은지 그렇지 않은지 내가 보고 알려 하노라"(창 18:20-21) 하는 말씀을 하나님께서 하신 것입니다.

이 말씀은 소돔성 사람들의 죄악이 너무 커서 하나님께서 심판하지 않을 수 없다는 것을 믿음의 사람 아브라함에게 미리 알려주신 것이었습니다. 특별히 그 소돔성에는 아브라함의 조카 롯이 거주하고 있었기 때문에 하나님께서 소돔성의 심판에 대해 말씀하셨을 때 아마 아브라함은 롯을 떠올리고는 매우 놀랐을 것입니다.

그 말씀 후에 그 사람들이 떠나 소돔으로 향하여 가고 아브라함이 하나님 앞에 섰을 때 그는 하나님께 소돔에 대하여 이렇게 간절히 호소하였습니다. 23~25절입니다.

"아브라함이 가까이 나아가 이르되 주께서 의인을 악인과 함께 멸하려 하시나이까. 그 성 중에 의인 오십 명이 있을지라도 주께서 그곳을 멸하시고 그 오십 의인을 위하여 용서하지 아니하시리이까. 주께서 이같이 하사 의인을 악인과 함께 죽이심은 부당하오며 의인과 악인을 같이 하심도 부당하니이다. 세상을 심판하시는 이가 정의를 행하실 것이 아니니이까"(창 18:23-25).

아브라함의 이 이야기는 의인 50명이 있을지라도 소돔성을 멸하시겠습니까 하는 말씀인데 이것은 롯을 생각하여서 어떡하든지 롯을 구했으면 좋겠다는 마음으로 드린 말씀입니다. 그런데 아브라함의 이 중보에 대하여 하나님은 의외로 이렇게 말씀해 주셨습니다. "내가 만일 소돔 성읍 가운데에서 의인 오십 명을 찾으면 그들을 위하여 온 지역을 용서하리라"(26절).

그런데 아브라함이 아무리 생각해 봐도 소돔성에 의인 50명이 있을 것 같지 않거든요. 그래서 아브라함은 또 하나님께 숫자를 낮추어서 요청할 수밖에 없었습니다. 그래서 하나님과 아브라함 사이에서 이 대화는 계속 이어졌는데 50명에서 45명으로, 45명에서 40명으로, 40명에서 30명으로, 30명에서 20명으로, 마침내 10명까지로 낮추어졌습니다. 그런데 놀랍게도 하나님은 그때에도 "내가 십 명으로 말미암아 멸하지 아니하리라"고 분명히 말씀해 주셨습니다.

이제 모든 대화는 다 끝났습니다. 세 분이 아브라함에게 나타났다가 아브라함의 대접을 받은 후에 하나님은 아브라함과 대화하시고 나머지 두 특사가 소돔성을 찾아간 것입니다. 이때 롯은 성문에 앉아 있다가 천사들을 보고서는 영접하고 땅에 엎드려 절하면서 종의 집으로 들어오셔서 환대를 받으시고 편히 쉬고 갈 길을 가시라고 요청하였습니다. 그래도 롯은 소돔성 사람들과는 좀 달랐는지 두 천사를 알아보고 자기 삼촌 아브라함처럼 천사들을 대접할 줄 아는 일말의 경건성은 있었습니다.

그런데 롯의 간청에 따라 두 천사가 롯의 집에 들어가서 환대를 받고 자리에 누우려고 하는데 갑자기 소돔성 사람들이 몰려와서 그 집을 에워싸고 롯을 불렀습니다. 그들이 하는 말이 19장 5절에 나와 있습니다. "오늘 밤에 네게 온 사람들이 어디 있느냐? 이끌어 내라. 우리가 그들을 상관하리라"라고 말하고 있습니다. 여기서 "우리가 그들을 상관하리라"는 말은 정말 심각한 표현이 아닐 수 없습니다. '상관하다'는 말의 히브리 원문은 '야다'(יָדַע)인데 이 야다의 첫 번째 뜻은 '알다'입니다. 그런데 이 '야다'는 그냥 피상적으로 아는 게 아니라 구체적으로 아주 체험적으로 아는 것을 뜻하기 때문에 이 야다의 두 번째 뜻은 성관계를 의미합니다.

그래서 지금 소돔 사람들이 몰려와서 "오늘 밤에 네게 온 사람들이 어디 있느냐. 이끌어 내라. 우리가 상관하리라" 하는 이 말은 끔찍하게도 남색, 즉 동성애를 하겠다는 뜻입니다. 그래서 소돔을 영어로 'sodom'이렇게 쓰는데, 여기에 'y'자를 붙인 'sodomy'는 '남색'이란 말이고 'ite'를 붙인 'sodomite'는 '남색자'란 뜻이 되는 것입니다. 이렇게 남색하는 일에 대하여 부끄러운 줄도 모르고 그것도 떼로 몰려와 상관하겠다며 폭력을 행사하는 것은 죄악 끝판왕의 모습이 아닐 수 없습니다.

이렇게 창세기 19장에 나타난 소돔성 사람들의 죄악상은 참으로 심각하였습니다. 음란과 폭력과 각종 죄악이 홍수를 이루고 있었습니다. 소돔은 회생 불가능한 상태에 도달하였고 실로 그들의 관심은 오직 현세의 쾌락과 만족뿐이었고 그들 스스로는 결코 제어할 수 없는 육체적 욕망에 빠져 있었습니다. 그들은 양심이 마비되어 수치를 몰랐고 오히려 음란과 폭력과 죄악을 당연한 것으로 여겼으며 자신들을 만류하는 롯 마저 해치려 하였습니다.

롯의 집 앞에서 벌어지는 사태에 대하여 두 천사는 손을 내밀어 롯을 집으로 끌어들이고 문을 닫고서는 문밖 무리의 눈을 어둡게 하여 그들이 헤매게 만들었습니다. 그 후에 천사들은 급히 롯에게 말하기를 "하나님께서 이 성을 멸하시려고 우리를 보내셨으니까 네게 속한 자들은 사위나 자녀나 다 성 밖으로 이끌어 내라"고 긴박하게 촉구하였습니다.

그런데 이런 상황 중에 또 한 가지 어이없는 일이 일어났습니다. 롯이

나가서 딸들과 결혼할 사위들에게 여호와께서 이 성을 멸하실 터이니 어서 이곳을 떠나자고 촉구하였을 때 안타깝게도 그 사위들은 이것을 농담으로 여겼습니다. 아, 이것은 정말 안타까운 일입니다. 하나님 말씀을 농담으로 여기면 안 됩니다. 하나님께서 우리에게 명령하시는 것들을 농담으로 여기면 안 됩니다. 하나님의 심판, 하나님의 공의, 하나님의 약속을 농담으로 여기면 멸망에 이를 수밖에 없는 것입니다.

결국 동틀 때 이제 두 천사는 롯과 그의 아내, 그리고 두 딸을 급히 재촉하여서 성 밖으로 나가게 하였습니다. 이어서 하나님께서는 하늘로부터 유황과 불을 소돔과 고모라에 비같이 내려서 그 성읍을 심판하셨습니다. 무섭고 끔찍한 심판이 소돔과 고모라에 임한 것입니다.

그런데 이런 중에 또 한 가지 안타까운 것은 천사가 이 성을 나갈 때 돌아보거나 들에 머물지 말고 급히 도망하라고 알려주었는데도 롯의 아내는 소돔성에 미련이 남았는지 뒤를 돌아보았고 결국 그는 소금기둥이 되고 말았습니다.

이렇게 소돔성이 멸망하는 이야기를 들으시고 이제 오늘 우리는 진지하게 고민할 줄 알아야 합니다. 그러면 이제 나는 어떻게 살 것인가 깊이 생각해 보아야 합니다. 오늘 창세기 18~19장에 나타난 소돔성 멸망의 이야기를 들으시고 이제 3가지의 중요한 교훈을 마음속에 꼭 기억하시면 좋겠습니다.

첫째는 하나님은 죄악에 대해 반드시 심판하신다는 사실입니다. 죄악이 관영하여 불가역적인 상태에 빠진 소돔을 멸하신 것처럼 죄악은 반드시 하나님의 심판을 받습니다. 아마도 소돔성 사람들은 이렇게 멸망의 날이 오리라고는 꿈에도 생각하지 못하였을 것입니다. 그러나 하나님은 반드시 죄에 대하여 심판하시는 하나님이십니다. 심판 장면 중에서 19장

24절에 "여호와께서 하늘 곧 여호와께로부터"라고 이렇게 기록하고 있는데 이 표현은 소돔성의 멸망이 우연이 아니라 하나님의 심판인 것을 분명히 나타내고 있는 것입니다. 하나님은 진실로 사랑의 하나님이지만 우리의 죄악을 감찰하고 심판하시는 하나님인 것을 분명히 기억해야 합니다. 지금도 이 시대는 죄악이 홍수를 이루고 있는데 이 시대 하나님께서 우리에게 바라시는 가장 중요한 덕목은 성결임을 기억하시고 날마다 거룩하여 생명의 삶을 살아가시기를 바랍니다.

소돔성 심판의 두 번째 교훈은 하나님은 죄악에 대하여 반드시 심판하시지만 이런 중에서도 한 생명이라도 더 구원하기를 원하시며 끝없이 은혜를 베푸신다는 사실입니다. 심판이 임박하였을 때 하나님은 천사를 통해 롯에게 "이 외에 네게 속한 자가 또 있느냐. 네 사위나 자녀나 성 중에 네게 속한 자들을 다 성 밖으로 이끌어 내라"(창 19:12)고 말씀하십니다. 이 말씀은 한 생명이라도 더 구원하기 원하시는 하나님의 열망을 보여주고 있습니다. 우리는 이 말씀 속에서 의인에게 속한 자는 함께 구원해 주시겠다는 하나님의 자비하심을 읽을 수 있습니다.

그래서 이 구절에서 '이끌어 내라'는 이 표현을 오늘 우리 마음속에 확실히 새겨 두시면 정말 좋겠습니다. 하나님의 심판을 피하는 유일한 방법은 세상을 향해 치닫는 죄악을 청산하고 단절하고 거기서 빠져나오는 길뿐입니다. 세상은 그 옛날도, 현재도, 앞으로도 악할 것이고 여전히 죄 가운데 빠져 있을 것입니다. 그러므로 하나님의 사람들은 거기에서 빠져나와야 합니다. 요한계시록 18장 4절은 이렇게 말씀하고 있습니다. "내 백성아 거기서 나와 그의 죄에 참여하지 말고 그가 받을 재앙들을 받지 말라." 이 구절에서 "Come out", "내 백성아 거기서 나오라"고 말씀하시는 하나님의 음성을 듣고 세상에서, 죄악에서 과감히 뛰쳐나와 구원의 은총을 온전히 받아 누리는 성도들이 꼭 되시기를 간절히 바랍니다.

소돔성 심판의 교훈 세 번째는 이 시대에 진정으로 '남은 자'(Rem-nant)가 되어 하나님이 찾으시는 '한 사람'이 되어야 한다는 것입니다. 소돔성 심판을 앞두고 하나님과 아브라함 사이에 있었던 중보의 대화를 통해 우리는 왜 소돔이 심판을 받았는지를 여러 각도로 살펴볼 수 있습니다. 물론 소돔성은 그곳에 죄악이 너무 관영하여서 하나님의 심판을 받은 것이 분명합니다. 그러나 하나님과 아브라함의 대화 가운데 나타난 또 하나의 이유는 소돔은 의인 열 사람이 없어서 멸망하였다는 사실입니다.

이와 같은 발견은 대단히 중요한 신앙 인식이 아닐 수 없습니다. 죄악이 관영해서 멸망하는 것도 맞지만 그것보다는 오늘 본문의 문맥은 의인 열 사람이 없어서 멸망하였다는 것입니다. 바로 여기에 먼저 믿는 우리의 책임이 있습니다. 내가 의인이 돼서 하나님의 뜻을 이루며 살아가면 하나님은 우리를 보시고 이 세상에 구원의 은총을 허락해 주시는 것입니다.

이러한 사실은 오늘 사건에서도 분명히 드러나고 있습니다. 19장 29절에서 하나님이 소돔성을 멸하실 때 아브라함을 생각하사 롯을 구원해 주셨다고 말씀하고 있습니다. 이 말씀처럼 우리가 선한 영향력을 발휘하면, 우리가 바로 서서 의인의 삶을 살고 한 영혼을 붙들고 기도하면 하나님은 우리를 보시고 죽어가는 사람들을 구원해 주시는 것입니다.

오늘 본문의 말씀에서는 '의인 열 사람'이 없어서 멸망하는 것으로 되어 있습니다만 한참 후대에 주전 7세기에, 예레미야 5장 1절에서는 이런 말씀이 기록되어 있습니다. "너희는 예루살렘 거리로 빨리 다니며 그 넓은 거리에서 찾아보고 알라. 너희가 만일 정의를 행하며 진리를 구하는 자를 한 사람이라도 찾으면 내가 이 성읍을 용서하리라." 참 대단한 말씀이죠? 하나님은 의인 한 사람이라도 찾으면 이 성읍을 용서할 것이라고 말씀하십니다. 이제 이 말씀을 마음에 새기고 우리가 진정 하나님이 찾으시는 '의인 한 사람'이 꼭 되시기 바랍니다.

〈성경153올람〉 운동을 통해 내가 먼저 진정으로 옛적 길을 걸어가고 내가 습득한 가치관을 이웃에게 전하고 선한 영향력을 끼침으로 말미암아 주위에 있는 사람들을 구원하여 함께 생명의 길을 걸어가는 성도들이 되시면 참 좋겠습니다.

지금 이 말씀들은 구약성경에서 도도히 흐르고 있는 'remnant', '남은 자' 사상과 그 맥이 맞닿아 있습니다. 세상 죄악에 휩쓸리지 말고 자기 탐욕에 빠지지 말며 세상 쾌락과 물질에 빠져 멸망을 향해 치닫지 말고 우리는 진실로 이 시대의 '남은 자'가 되어야 합니다.

스바냐 3장 13절에서는 남은 자에 대하여 이렇게 말씀하고 있습니다.

"이스라엘의 남은 자는 악을 행하지 아니하며 거짓을 말하지 아니하며 입에 거짓된 혀가 없으며 먹고 누울지라도 그들을 두렵게 할 자가 없으리라"(습 3:13).

하나님의 말씀을 절대로 농담으로 여기지 말고 이 시대의 남은 자가 되어 진정으로 하나님의 구원을 온 세상에 선포하는 성도들이 꼭 되시기를 간절히 바랍니다.

011

네가 나의 말을 준행하였음이니라

오늘은 특별히 구속사의 첫 인물로 선택받은 아브라함에게 하나님의 놀라운 약속이 성취되는 기가 막힌 말씀을 나누고자 합니다. 하나님은 아브라함을 고향 친척 아버지의 집에서 불러내어 두 가지의 약속을 허락해 주셨는데 첫째는 땅에 관한 약속이고, 둘째는 후손에 관한 약속입니다. 이 두 가지 약속은 한마디로 말하면 민족에 관한 약속인데 이것은 하나님께서 이스라엘 민족을 선택하셔서 온 세상을 구원하실 도구로 삼기 위한 하나님의 약속이었습니다.

그런데 이 약속들은 두 가지 모두 사실은 도무지 이루어질 수가 없는 불가능한 약속이었습니다. 먼저 땅에 관한 약속은 텅 비어있는 땅에 들어가 그 땅을 그저 차지하는 그런 것이 아니었습니다. 이미 그 땅에는 수많은 족속이 살고 있었고 이방에서 온 아브라함에게 그 땅을 쉽게 내어줄 리 만무하였습니다. 그러므로 사실 이것은 실현 불가능한 약속이었습니다.

그리고 후손에 관한 약속 역시 도무지 실현 불가능한 약속이 틀림없었습니다. 어쩌면 이것은 땅에 관한 약속보다 더 이루어지기 힘든 약속이었습니다. 왜냐하면 아브라함은 나이 많아 늙었고 하나님께서 아브라함을 불러내어 그에게 후손에 관한 약속을 허락해 주실 그 때에 이미 아브라함의 나이는 75세였습니다. 더구나 아브라함의 아내 사라는 나이를 생각하기 이전에 본래부터 아이를 갖지 못하는 여인이었고 지금은 나이가 많아서 생리까지 다 끊어진 상태였습니다(창 18:11).

그러나 만군의 하나님 여호와의 열심이 이 모든 약속을 친히 이루어 가셨습니다. 아브라함이 잊을 만하면 다시 생각나게 하시고 아브라함이 곁길로 가면 바로 잡아 주시고 아브라함이 실수하면 다시 한번 그 약속을 분명하게 상기시켜 주셨습니다.

사실 지금까지 살펴본 아브라함은 실수투성이의 사람입니다. 우리가 아브라함을 '믿음의 조상'이라고 부릅니다만 그것은 나중의 이야기입니다. 아브라함은 하나님의 약속을 쉽게 잊어버리고 자꾸만 곁길로 나아갔고 복의 근원은커녕 화의 근원이 되고 말았습니다. 심지어 나중에는 약속의 아들을 기다리지 못하고 인간적인 아들 이스마엘을 낳기도 하였습니다. 아브라함은 믿음에 있어 온전한 사람이 전혀 아니었습니다.

그런데 이런 정도라면 그냥 하나님도 포기하실 만한데 하나님은 결코 그 약속을 포기하지 아니하시고 끝까지 모든 약속을 하나하나 다 이루어 가셨습니다. 바로 이것을 가리켜서 '하나님의 열심'이라고 말할 수 있습니다. 바로 이 하나님의 열심이 끝까지 아브라함을 바꾸어나가셨고 약속을 온전히 이루어가신 것입니다.

저는 이 '하나님의 열심'이라는 표현이 너무너무 좋습니다. 그야말로 하나님의 열심이 자연인 아브람을 믿음의 조상 아브라함으로 바꾸어나가신 것입니다. 그래서 결국에 그 열심으로 하나님은 늙은 아브라함(Old

Abraham), 그러니까 아브라함의 나이 100세 때에, 그 아내 사라의 나이 90세 때에 마침내 약속의 아들을 주셨습니다. 도무지 인간적으로 이루어질 수 없는 상황에서 이렇게 귀한 아들을 주셨을 때 그들은 너무나 기쁘고 감사하여 그 아들의 이름을 '이삭'이라고 지었는데 이삭은 '웃음'이란 뜻입니다. 그렇게 아들의 이름을 이삭이라고 지어 부른 다음에 사라는 이런 고백을 하였습니다. "하나님이 나를 웃게 하시니 듣는 자가 다 나와 함께 웃으리로다"(창 21:6).

사라의 고백처럼 하나님은 우리를 웃게 만드시는 하나님이신 줄로 분명히 믿으시기 바랍니다. 도무지 이루어질 수 없는 상황에서도 하나님은 약속하신 것을 반드시 이루시고 그 성취의 기쁨을 우리에게 허락하시는, 정말 하나님은 우리를 웃게 만드시는 하나님이십니다.

지금과는 비교가 되지 않을 정도의 고대사회 속에서는 가문의 대를 잇는 상속자가 그렇게도 중요한데요. 노년에 아들을 얻은 아브라함은 얼마나 기뻤겠습니까? 더군다나 가정 안에 복잡한 문제였던 이스마엘 문제도 잘 해결되고, 심지어 블레셋 왕 아비멜렉과도 평화조약을 맺고 이제 아무 문제가 없는, 그야말로 참 행복한 삶을 살아가고 있었습니다.

그런데 오늘 본문에서 하나님은 그렇게 행복하게 살아가는 아브라함에게 너무나 황당한 말씀을 하셨습니다.

"여호와께서 이르시되 네 아들 네 사랑하는 독자 이삭을 데리고 모리아 땅으로 가서 내가 네게 일러 준 한 산 거기서 그를 번제로 드리라" (창 22:2).

이게 뭡니까? 도대체 이런 명령이 어디 있습니까? 아마도 아브라함이 처음 이 명령을 들었을 때 그는 먼저 자기의 귀를 의심하였을 것입니다. "아니 뭐라구요? 하나님, 뭐라고 말씀하셨습니까? 도대체 저에게 무슨 말씀을 하시는 것입니까? 어떻게 아들 이삭을 번제 제물로 바치라고 말씀하실 수 있단 말입니까?" 그러나 하나님의 그 명령은 아브라함이 잘못 들었거나 환청이 아니었습니다. 잘못 내려진 명령도 결코 아니었습니다.

오늘 본문의 1절 말씀은 "하나님이 아브라함을 시험하시려고"라고 분명히 언급하고 있습니다. 이것은 하나님께서 작정하시고 이 명령을 내리셨다는 것입니다. 히브리 원문 성경에는 명령을 내리시는 '하나님'이라는 단어에 정관사를 붙여 '그 하나님'이라고 표현하고 있는데 영어로는 'That God' 이렇게 되어 있습니다. 그래서 지금 이삭을 바치라고 하는 이 명령은 환청이거나 바람 소리거나 잘못 내려진 명령이 아니라 바로 그 하나님이 직접 내리신 명령이라는 것을 우리에게 분명히 알려주는 것입니다.

이렇게 그 하나님께서 직접 이런 명령을 내리셨다는 사실에 아마 아브라함은 처음에는 그야말로 아연실색, 혼비백산하였을 것입니다. 도무지 이해가 가지 않았을 것입니다. 그렇게 자비롭고 친절하시고 사랑 많으신 하나님이 이런 명령을 내리시는 것을 듣고서는 아마 그는 정말 정신이 혼미하였을 것입니다. 피가 거꾸로 솟는 듯하고 뼈마디가 부서지는 것 같고 마음이 촛농처럼 녹아내리는 경험을 하였을 것입니다. 그러고는 이렇게 절규하였는지도 모릅니다. "아니 하나님, 이렇게 바치라고 할 걸 왜 주셨습니까? 도대체 왜 저에게 이런 명령을 내리십니까? 하나님, 도대체 왜 이러십니까?"

그러나 이제 아브라함은 옛날의 아브라함이 아니었습니다. 불가능한 중에도 아들을 주신 그 하나님의 전능하심을 체험한 다음에 아브라함은 완전히 변화되었습니다. 그 옛날에는 하나님의 약속을 믿지도 못하였고 믿는다고 하면서도 곁길로 나갔고 인간적인 편법도 저질렀으며 그야말로 정말 믿음 없는 연약한 모습이었습니다. 그러나 하나님께서 약속하시고 도무지 불가능한 상황에서도 약속의 아들을 주신 것을 체험하고서는 이제 아브라함은 진실로 믿음의 사람으로 변화되어 있었던 것입니다.

그래서 아브라함은 혼미한 중에서도 정신을 차리고 여기에는 무슨 하나님의 뜻이 있을 것으로 생각하면서 마침내 하나님의 명령을 실행에 옮기기로 작정하였습니다. 다음 날, 아브라함은 아침 일찍 일어나 나귀에 안장을 지우고 두 종과 그의 아들 이삭을 데리고, 번제에 쓸 나무를 쪼개 가지고 하나님께서 일러주신 곳으로 나아갔습니다. 혹시라도 아내 사라와 이 일을 의논하면 울고불고 난리가 나고 도무지 명령을 실행하지 못할 것 같아서인지 아브라함은 그 아내 사라와는 이 일을 전혀 의논하지 않은 것 같습니다.

그야말로 결연한 의지를 다지고 여기에는 뭔가 하나님의 뜻이 있을 것이라 확신하면서 아브라함은 그 먼 길을 떠나 하나님께서 지시하신 모리아 땅으로 나아갔습니다. 그런데 어떻게 보면 우리 하나님은 참 짓궂으신 분이 아니신가 생각합니다. 지금 아들을 번제로 바치라는 명령 중에 하나님은 사흘 길을 걸어가서 이삭을 바치라고 명령하신 것입니다. 생각해 보십시오. 그냥 바치라고 말씀하셨으면 결연한 의지가 생겼을 때 곧바로 동네 뒷산에 올라가서 그 일을 재빨리 실행에 옮겨버리면 되지 않겠습니까? 그런데 하나님께서 일러주신 그 땅은 동네 뒷산이 아니라 무려 3일 길을 걸어가야만 하는 아주 먼 곳이었습니다.

3일 동안 그 먼 곳을 찾아가는 아브라함의 마음속에 얼마나 만감이 교차하였을까요? 오만 가지 생각이 들었을 것입니다. 그러나 그런 중에서도 아브라함은 하나님을 굳게 신뢰하였습니다. 여기에는 무슨 하나님의 뜻이 분명히 있을 것으로 생각하였습니다. 그러니까 이제 아브라함은 그 옛날의 아브라함이 아니었습니다. 아들을 통하여 약속과 성취를 체험한 아브라함은 믿음의 사람으로 변화되어 있었던 것입니다.

마침내 제3일에 아브라함은 하나님께서 지시하신 땅에 도착하였고 종들에게는 산 아래에서 기다리라고 하였습니다. 그러고는 번제 나무를 가져다가 아들 이삭에게 지우고 자기는 불과 칼을 손에 들고 함께 모리아 산으로 올라갔습니다.

그런데 산을 오르는 중에 앞서가던 이삭이 갑자기 몸을 돌이켜 아버지 아브라함에게 이렇게 질문하였습니다. "아버지, 불과 나무는 있거니와 번제할 어린 양은 어디 있나이까?" 그 말을 들은 아브라함은 소스라치게 놀랐을 것입니다. 피가 거꾸로 흘렀을 것입니다. 자기 자신도 마음을 굳게 다잡고 말없이 모리아산을 올라가고 있는데 사랑스러운 아들의 입에서 이런 질문이 터져 나온 것입니다.

그 순간에 아브라함은 자기가 알고 그랬는지 자기도 모르는 순간에 그랬는지 아들 이삭에게 이렇게 대답하였습니다. "내 아들아, 번제할 어린 양은 하나님이 자기를 위하여 친히 준비하시리라." 이 말은 아브라함이 이해할 수 없는 명령 앞에서도 끝까지 하나님을 신뢰하고 있음을 보여주는 말입니다. 지금 나의 모든 삶은 하나님의 선하신 뜻 가운데 놓여 있음을 확신하는 가운데 이러한 대답이 터져 나온 것입니다.

이렇게 끝까지 하나님을 신뢰하며 하나님의 산에 도착한 아브라함은 그곳에 제단을 쌓고 나무를 벌여 놓고 이제 그 아들 이삭을 결박하여 제단 나무 위에 올려놓았습니다. 그리고 하나님이 말씀하신 대로 손을 내밀어 아들을 잡아 제물로 바치려 하였습니다. 이것은 이해할 수 없는 명령 앞에서도 온전히 순종하려는 아브라함의 결연한 모습이었습니다.

바로 그 급박한 순간에 하나님의 사자가 하늘로부터 나타나 그를 두 번씩이나 불렀습니다.

"아브라함아, 아브라함아." 그리고 이렇게 말씀하셨습니다.

"그 아이에게 네 손을 대지 말라. 그에게 아무 일도 하지 말라. 네가 네 아들 네 독자까지도 내게 아끼지 아니하였으니 내가 이제야 네가 하나님을 경외하는 줄을 아노라"(창 22:12).

'통과' 였습니다. 하나님의 시험에 합격한 것입니다. 아브라함의 지극한 순종에 하나님까지도 감동하셨습니다. 생각해 보십시오. 이삭이 죽으면 하나님의 약속도 사라지고 마는 것입니다. 하나님은 네 몸에서 태어날 자가 너의 상속자가 될 것이라고 말씀하셨는데 이삭을 죽이시면 이 모든 약속은 다 수포로 돌아가는 것입니다. 그래서 하나님의 약속을 부여잡고 끝까지 하나님의 약속을 신뢰한 아브라함에게 하나님은 이삭을 다시 돌려주신 것입니다.

이렇게 시험을 통과한 아브라함이 눈을 들어 살펴보았을 때 한 숫양이 있었고 뿔이 수풀에 걸려 있었습니다. 아브라함은 그 숫양을 가져다가 이삭을 대신하여 번제를 드렸습니다. 그리고 그 땅의 이름을 '여호와 이레' 라고 불렀습니다. '여호와 이레' 는 '하나님께서 준비하신다' 는 뜻입니다.

오늘 말씀은 우리에게 하나님은 '여호와 이레' 의 하나님이신 것을 분명히 알려주고 있습니다. 준비하시는 하나님, 우리에게 좋은 것을 주시고 날마다 선한 길로 우리를 인도하시는 여호와 이레의 하나님, 그분이 바로 지금 우리가 믿고 있는 하나님이십니다. 아브라함이 들었던 명령처럼 그 명령이 때때로 이해할 수 없는 명령이라 할지라도 하나님은 우리를 위해 준비하시며 결국에는 모든 것을 합력하여 선을 이루어주시는 것입니다.

유대인의 어떤 경전에서는 하나님의 '이해할 수 없는 명령'에 대하여 이런 이야기를 통해 설명하고 있습니다. 어느 날 모세가 하나님의 뜻을 집행하는 한 천사를 따라 동행하게 되었습니다. 천사는 자기와 동행하기 힘들 것이라 하면서 모세에게 따라오지 말라고 하였지만 모세는 인내하며 잠잠히 지켜보겠다고 약속하고는 따라나섰습니다.

얼마 후에 배를 탔는데 뱃사공이 참 친절하였습니다. 그런데 갑자기 천사가 배 밑바닥에 구멍을 내는 것이었습니다. 배는 가라앉았고 사람들은 겨우 살았지만 모세는 이 행동을 도무지 이해할 수 없었습니다. 그래서 크게 항의하였지만 천사는 아무 말도 하지 않았습니다.

또 가다가 이번에는 선하게 생긴 한 청년과 마주치게 되었습니다. 그런데 천사는 다짜고짜 그를 죽이고 말았습니다. 너무나 황당한 모세가 천사에게 따졌습니다. 그러자 천사는 "그러니 당신은 나와 함께 갈 수 없다고 하지 않았습니까?" 하며 오히려 모세를 책망하였습니다. 이 말에 모세는 꾹 참고 다시 따라가기로 하였습니다.

이번에는 어느 마을에 들어갔는데 그 마을은 나그네를 대접하지 않는 아주 인색한 마을이었습니다. 그런데 그 천사가 이번에는 그 마을의 허물어져 가던 담을 보고서는 요청도 하기 전에 그것을 고쳐주는 것이었습니다. 참을 수 없었던 모세는 "도무지 당신과 함께 갈 수 없습니다. 지금까지 일들은 도대체 어떻게 된 일입니까?" 따져 물었습니다.

그때 비로소 천사는 모세에게 그동안의 일에 대해 상세하게 설명해 주었습니다. "첫 번째, 배에 구멍을 내었던 이유는 바로 뒤에서 해적들이 나타나 배뿐만 아니라 그 사공의 목숨까지 빼앗으려 하였기에 미리 배에 구멍을 내어 그것을 막은 것입니다. 두 번째, 소년을 죽인 이유는 그 소년이 다른 사람을 해치려는 마음을 먹고 있어서 지금 그를 데려가는 것이 그에게나 다른 사람에게도 더 좋았기 때문입니다. 세 번째, 악한 마을 사람들의 담을 고쳐준 이유는 그 담 밑에 보물이 숨겨져 있었기 때문입니다. 그 보물은 후에 가난한 고아 소년들의 몫이었기에 내가 담을 세워 줌으로써 악인들이 그 보물을 발견하지 못하도록 한 것입니다."

우리는 하나님 뜻을 다 알지 못합니다. 이 세상의 모순투성이 일들을 바라보면서 우리는 참으로 의아할 때가 한두 번이 아닙니다. 그러나 거기에는 우리가 다 알지 못하는 하나님의 뜻이 숨어 있습니다. 나중에 천국에 가면 얼굴과 얼굴을 맞대고 보는 것처럼 우리가 확실하게 하나님의 뜻을 알게 될 것입니다. 그러므로 지금 우리에게 필요한 것은 '여호와 이레' 이 표현처럼 하나님께서 준비하시고 예비하신다는 사실을 기억하고 오늘 아브라함처럼 끝까지 묵묵히 순종하는 것입니다.

이 모습은 바로 우리 예수님에게서 극대화되었습니다. 예수님은 십자가에 죽기까지 복종하고 희생하셨습니다. 예수님이라고 십자가가 고통스럽지 않았던 것이 아닙니다. 그러나 우리 예수님은 오직 하늘 아버지의 사랑을 확신하고 십자가에 죽기까지 온전히 순종하셨습니다. 그런데 그 순종의 결과가 어떻게 되었습니까? 예수님 자신도 살아나시고 죽어가는 우리까지도 살려내셨습니다. 바로 이것이 십자가의 역설입니다. 낮아지면 높아지고 버리면 얻게 되며 죽으면 살게 되는 것입니다. 주님께서 보여주신 이 역설적인 신앙을 완전히 체험하고 주님과 함께 최후 승리를 꼭 얻으시기를 간절히 바랍니다.

이제 이 한 가지를 꼭 기억하시면 좋겠습니다. 참된 복은 이삭에게서 나오는 것이 아니라 하나님한테서 나오는 것입니다. 아브라함에게 가장 귀한 것은 이삭입니다. 그러나 아브라함이 자기 손에 있는 것만 움켜잡고 있었다면 아브라함은 중동의 한 이름 없는 늙은이로 일생을 마쳤을 것입니다. 그러나 그가 하나님을 붙잡았을 때 그는 하늘의 별과 같이 위대한 인생이 되었습니다. 그 자손들은 바닷가의 모래처럼 셀 수 없을 정도로 번성하였습니다.

하나님을 붙잡으십시오. 세상의 그 어떤 것이 아니라 하나님을 붙잡고 그 하나님을 신뢰하고 그 하나님께 끝까지 순종하시기 바랍니다. 과거는 '에벤에셀'입니다. 이 말은 하나님께서 여기까지 우리를 도와주셨다는 것입니다. 이것은 사실입니다. 그리고 현재는 '임마누엘'입니다. 하나님은 바로 지금 여기에 우리와 항상 함께하십니다. 그리고 미래는 '여호와 이레'입니다. 오늘 말씀처럼 하나님은 우리의 삶을 다 준비하시고 섭리해 주십니다.

하나님이 우리의 과거와 현재와 미래를 다 책임져주신다는 사실을 분명히 기억하여 순종하시고, 지금 이 시대가 아무리 힘들고 어려워도 용기백배하게 살아가시며, 그래서 날마다 승리하는 성도들이 되시기를 간절히 바랍니다.

012
성경153올람

아버지가 부르던
이름으로 불렀더라

파란만장했던 아브라함의 이야기는 지난 주일로 끝을 맺고 오늘은 두 번째 족장인 그 아들 이삭의 이야기를 통해 함께 말씀의 은혜를 나누고자 합니다.

하나님은 구속사의 첫 인물로 아브라함을 선택하셨는데 아브라함을 부르시며 두 가지 약속 즉 땅에 관한 약속과 후손에 관한 약속을 허락해 주셨습니다. 후손에 관한 약속은 아브라함의 계속된 실패에도 불구하고 하나님께서 약속의 아들 이삭을 주심으로 비로소 성취되기 시작하였습니다.

땅에 관한 약속의 성취는 창세기 23장에서 시작되고 있습니다. 아브라함은 그 아내 사라가 127세로 죽자 크게 슬퍼하며 매장지로 헷 족속의 땅을 구입하였습니다. 그때 헷 족속은 그저 그 땅을 주겠다고 했지만 아브라함은 충분한 대가, 정가를 지불하고 막벨라 굴을 구입하였습니다. 바로 이것이 아브라함이 가나안 땅에서 처음으로 자기 땅을 소유하게 된 아주 중요한 상징적인 사건입니다.

　이렇게 하나님의 약속이 성취되는 것을 체험하고 아브라함은 175세를 일기로 죽음을 맞이하였습니다. 그 뒤로 그 아들 이삭이 가문의 족장이 되었습니다. 이삭의 이야기를 시작하면서 오늘 본문 12~14절을 보시면 이삭이 거부가 되었다고 말씀하고 있습니다.

　　"이삭이 그 땅에서 농사하여 그 해에 백 배나 얻었고 여호와께서 복을 주시므로 그 사람이 창대하고 왕성하여 마침내 거부가 되어 양과 소가 떼를 이루고 종이 심히 많으므로"(창 26:12-14).

　그러니까 이삭이 하나님의 약속을 믿고 그 땅에서 농사하였는데 첫째로 백배나 얻었고, 둘째로 창대하였고, 셋째로 왕성하였으며, 넷째로 거부가 되었고, 다섯째로 양과 소 떼를 이루었고, 여섯째로 종이 심히 많게 되었다는 것입니다. 어떻습니까? 여러분도 이런 복 좀 받고 싶지 않으십니까? 그런데 이삭이 이렇게 큰 복을 누리게 된 데에는 아주 중요한 이유가 있었습니다.

　오늘 본문 12절을 보세요. "이삭이 그 땅에서 농사하여 그 해에 백 배나 얻었고 여호와께서 복을 주시므로"(창 26:12). 여기서 먼저 가장 중요한 부분은 '그 땅에서 농사하여'라는 부분입니다. 이 표현은 아주 중요한 뜻을 지니고 있습니다. 이 표현이 왜 중요한가 하는 것을 알아보기 위하여 우리는 조금 더 앞으로 가서 1절부터 살펴볼 필요가 있습니다. 가나안 땅에는 가끔 큰 흉년이 들었습니다. 아주 극심한 흉년이라서 이런 때가 되면 사람들은 곡식을 사러 애굽으로 내려가기도 하고 혹은 아예 애굽으로 이주하기도 하였습니다.

　그런데 하나님께서 이삭에게 나타나 말씀하시기를 '애굽으로 내려가지 말고 내가 너에게 지시하는 땅, 바로 이 땅 가나안에' 거주하라고 말씀하셨습니다. 그렇게 하면 '내가 너와 함께 있어서 너에게 복을 주고 그뿐만 아니라 내가 이 모든 땅을 너와 네 자손에게 줄 것'이라고 분명히 약속해 주셨습니다. 그리고 이어서 또 말씀하시기를 '너의 아버지 아브라함에게 맹세한 것을 이루어서 네 자손이 하늘의 별과 같이 번성하게 될 것이고 네 자손으로 말미암아 천하 만민이 복을 얻게 될 것'이라고 하는 아주 놀라운 약속을 말씀해 주셨습니다.

그런데 이와 같은 복을 받을 수 있으려면 조건이 하나 있는데, 그것은 "이 땅에 유하라" 하는 것이었습니다. 이것은 애굽으로 내려가지 말라는 것입니다. 여기서 애굽으로 내려가지 말라는 것은 비록 이 땅에 흉년이 들었을지라도 여호와 하나님만 믿으라는 것입니다. 그래서 이삭은 하나님의 약속을 믿고 그 땅에 거주하여 농사를 지은 것입니다. 그랬더니 그 결과가 어떻게 되었습니까? 이삭은 하나님께서 복을 주시므로 백배나 얻었고 창대하였으며 왕성하였고 거부가 되었습니다. 양과 소가 떼를 이루었으며 종이 심히 많게 되었습니다.

이처럼 하나님은 우리에게 복을 내리는 분이시고 우리가 그 하나님의 약속을 믿고 행할 때 그 복이 바로 우리의 복이 된다는 사실을 믿으시기 바랍니다. 다시 분명하게 말씀드리면 이삭의 복과 형통은 전적으로 이삭이 하나님의 약속에 충실했기 때문입니다. 하나님만 믿고 의지했기 때문입니다. 하나님께 순종했기 때문입니다.

이제 바로 이 대목에서 우리는 구속사의 도도한 흐름에 대하여 한 가지 중요한 신앙 정신을 체득해야 합니다. 그것은 하나님께서 아브라함에게 주신 땅에 관한 약속, 후손에 관한 약속이 이제 그 아들 이삭에게로 승계되고 있다는 사실입니다. 이것을 우리는 아주 중요하게 인식해야 합니다. 하나님은 약속하고 성취하시는 분인데 그 약속이 승계된다고 하는 것은 하나님의 성취도 승계된다는 뜻이고 바로 이 과정에서 이삭이 큰 복을 받게 된 것입니다.

지금 우리가 열심히 실천하고 있는 〈성경153올람〉 운동도 결국은 우리가 올람, 옛적 길에 올라서서 자자손손 대대로 약속과 성취를 계승하여 복 받는 명품 가문을 이루자는 것입니다. 진실로 여러분의 가정이 약속과 성취, 바로 이 신앙 정신을 잘 승계하여서 이 과정에서 풍성한 복을 다 받아 누리고 자자손손 대대로 명품 가문을 꼭 이루시기를 간절히 바랍니다.

그런데 인간사에서 완벽한 것은 있을 수가 없는지 참으로 안타깝게도 이러한 이삭의 형통과 축복은 주위 사람들의 큰 질투와 시기를 불러왔습니다. 이삭이 창성하고 번성하게 된 그 땅은 본래 블레셋 사람들이 거하는 '그랄' 땅이었습니다. 그러니까 자연 블레셋 왕 아비멜렉을 비롯하여 그 땅의 수많은 사람에게 이삭은 아주 큰 미움과 시기를 받게 되었던 것입니다.

아마도 그 미움과 시기 속에는 자신들보다 강성해지는 이삭을 견제하려고 하는 어떤 두려움도 깔려 있었던 것 같습니다. 그러니까 막연히 자기보다 잘 되니까 배가 아픈 정도가 아니라 이 사람이 더욱 강성해지면 우리를 공격해 올 것이라는 큰 두려움 속에서 그들은 이삭을 견제하였던 것입니다.

이러한 블레셋 사람들의 두려움과 견제가 결국 한 가지 아주 많이 잘못된 행동으로 나타났는데 그 내용이 14~15절에 이렇게 나타나 있습니다. "양과 소가 떼를 이루고 종이 심히 많으므로 블레셋 사람이 그를 시기하여 그 아버지 아브라함 때에 그 아버지의 종들이 판 모든 우물을 막고 흙으로 메웠더라"(창 26:14-15). 그러니까 이삭이 거부가 되고 창성하는 모습을 지켜본 블레셋 사람들은 마음속에 큰 두려움을 느끼고 이삭을 견제하였는데 그 견제가 바로 우물을 메우는 일로 나타난 것입니다.

그러면 여기서 오늘 본문을 잘 이해하기 위하여 우리는 잠깐 이 '우물'에 대해 생각해 보고 넘어가야 하겠습니다. 고대사회에 우물은 결정적으로 아주 중요한 것입니다. 특히 가나안 땅의 유목민에게 있어서 이 우물은 정말 생명과도 같은 것이었습니다. 우물을 둘러싼 싸움은 비일비재했고 분쟁을 통하여 우물의 소유권이 양도되기도 하였습니다. 그리고 우물의 위치와 이름 그리고 그곳으로 가는 길에 관한 정보는 자자손손 대대로 소중히 기억되어 전해졌습니다.

그러므로 지금 블레셋 사람들이 이렇게도 중요한 우물을 흙으로 막고 메워버렸다는 것은 아주 심각한 도전행위였고 결국 이것은 정식으로 전쟁을 선포하는 것과 같은 것이었습니다. 우리나라는 어디를 가나 1m만 파면 물이 나오잖아요? 그러나 가나안 땅은 결코 그런 땅이 아닙니다. 그곳에서의 물은 기름보다 더 중요한 것이고 살고 죽는 생명이 걸려 있는 문제였습니다. 이렇게 생명과도 같은 우물을 막아버렸으니까 이것은 싸우자는 이야기가 아닐 수 없고 일종의 전쟁을 선포하는 것이나 다름이 없었습니다.

그런데 놀랍게도 이삭은 이런 상황에서도 그들과 싸우지 않았습니다. 그냥 그곳을 떠나갔습니다. 그들과 맞닥뜨려 싸우지 아니하고 그냥 그곳을 떠나간 것입니다. 그래서 다른 곳으로 옮겨가서 다시 또 우물을 팠습니다. 그런데 너무나 어이없게도 그 블레셋 사람들이 또다시 찾아와서 "이 물은 우리의 것이라"고 억지를 부렸습니다. 이제 이만하면 이삭이 폭발할 것 같지 않습니까? 이때 우리가 흔히 하는 말이 있습니다. "와! 이제 더 이상은 못 참겠다. 참을 만큼 참았다. 그래, 한번 붙어보자. 너 죽고 나 죽자." 그런데 놀랍게도 이삭은 그렇게 하지 않았습니다. 이삭은 그 상황에서 또다시 다른 곳으로 옮겨가서 다시 우물을 팠습니다.

그래서 결과적으로 이삭은 우물을 4번이나 파게 되었습니다. 메우면 다시 파고 분쟁이 있으면 피하여 다른 곳으로 가서 또 우물을 팠습니다. 그동안 이삭이 이렇게 네 번씩이나 옮겨서 팠던 우물들의 이름을 살펴보면 이렇습니다. 첫 번째 우물의 이름은 '에섹' 이었습니다. 이 말은 '싸우다, 다투다' 라는 뜻입니다. 두 번째 우물의 이름은 '싯나' 였습니다. 이 말은 '비난, 고발, 대적함' 이라는 뜻입니다. 세 번째 우물의 이름은 '르호봇' 이었습니다. 이 말은 '넓어짐' 이라는 뜻입니다. 이 세 번째 우물을 팠을 때 비로소 분쟁이 없어졌다는 것입니다. 그리고 마지막 네 번째로 브엘세바로 옮겨 가서 다시 우물을 팠는데 그 우물의 이름은 '세바' 였습니다. 이 말은 '맹세' 라는 뜻이 있습니다.

오늘 이삭이 보여주는 이러한 삶의 모습은 우리에게 참으로 크나큰 도전을 던져주고 있습니다. 이삭은 우리에게 온유함과 겸손함의 대단한 모습을 보여주고 있습니다. 이삭은 싸우지 않았습니다. 분쟁하지 않았습니다. 불평불만도 하지 않았습니다. 상황은 정말 싸울 만하고 정말 분쟁할 만하고 원망과 불평을 내뱉을 만하지만 이삭은 오히려 그 싸움과 분쟁을 피하고 어떤 불평도 원망도 하지 않고 다른 곳에 가서 새롭게 시작하였습니다.

이삭이 우유부단해서 이렇게 반응하는 것이 아닙니다. 힘이 없어서 굴욕적인 삶을 사는 것이 아닙니다. 생각이 없어서 바보 같은 인생을 사는 것이 아닙니다. 24절을 보십시오. 여기에 이삭이 그렇게 온유하게 살아갈 수 있었던 근거가 잘 나타나 있는데 이 구절은 이삭이 세 번째 우물을 파고 다시 브엘세바로 옮겼을 때의 상황입니다.

"그 밤에 여호와께서 그에게 나타나 이르시되 나는 네 아버지 아브라
함의 하나님이니 두려워하지 말라. 내 종 아브라함을 위하여 내가 너
와 함께 있어 네게 복을 주어 네 자손이 번성하게 하리라 하신지라"
(창 26:24).

이 한 구절에서 우리는 하나님의 약속을 네 가지나 발견할 수가 있습
니다. "첫째, 두려워하지 말라. 둘째, 내가 너와 함께 있겠다. 셋째, 네게
복을 주겠다. 넷째, 네 자손이 번성하게 하겠다"는 것입니다.

그러니까 각박한 세상에서 대립과 싸움의 방법이 아니라 양보와 온유
함의 정신으로 살아갈 수 있었던 것은 이삭이 바로 이러한 '하나님의 약
속'을 믿었기 때문입니다. 그래서 이삭은 이러한 하나님의 약속을 부여
잡고 하나님께서 자기를 책임져주시며, 결국은 선하신 뜻대로 섭리해 주
실 줄로 믿고 이렇게도 온유한 삶을 살아갈 수가 있었던 것입니다. 오늘
날 이러한 인생의 태도는 너무나 중요합니다. 여러분도 하나님의 약속을
꼭 부여잡고 그 약속대로 하나님께서 모든 것을 다 섭리해 주실 줄로 믿
고 온유함으로 살아가시기 바랍니다.

그러면 오직 하나님의 약속을 부여잡고 온유하게 살았던 이삭이 결국
에 어떤 결과를 맞이하는지 보겠습니다. 끝까지 참고 견디며 우물을 네
번씩이나 파게 되어도 결코 싸우지 않았던 온유와 겸손의 사람 이삭에게
어느 날 한 인물이 찾아왔습니다. 그는 아비멜렉이었습니다. 아비멜렉은
이름이 아니라 블레셋 왕의 공식 직함인데 이삭을 내쫓았던 블레셋 왕이
먼저 이삭을 찾아온 것입니다. 아비멜렉은 여호와 하나님께 복을 받은
이삭이 자신을 공격해올까 봐 오히려 두려워하여 화친을 맺자고 요청하
러 찾아온 것이었습니다. 본래 계약이나 조약은 대등한 상대끼리 체결하
는 것입니다. 지금 블레셋 왕이 화친을 요청한 것은 이와 대등한 위치로

하나님께서 이삭을 높이 세워 주신 것을 의미하는 것입니다. 이것은 하나님께서 온유한 이삭을 높이 세워 주시고 승리하게 하신 것을 나타내고 있는 것입니다.

우리도 이렇게 살아야 합니다. 악을 악으로 갚지 않고 하나님을 신뢰하며 끝까지 인내하고 온유와 겸손을 잃지 않으면 하나님께서 그런 사람을 높이 세워 주십니다. 결국은 온유한 사람이 승리합니다. 하나님은 온유한 사람을 높이 세워 주시고 크신 복을 허락해 주시는 것입니다.

우리 신체 기관 가운데 입이 있습니다. 입속에는 이가 있고 혀가 있습니다. 이는 음식물을 잘게 부수는 역할을 하고 혀는 음식물을 골고루 섞는 역할을 합니다. 그런데 이와 혀가 각자의 사명을 감당할 때에 때때로 이 두 기관이 충돌할 때가 있습니다. 그러니까 혀가 음식물을 막 섞는데 이가 성급한 나머지 혀를 깨물 때가 있는 것입니다. 이런 경험을 하게 되면 얼마나 아픕니까? 아주 눈물이 찔끔 납니다. 이런 현상은 아주 일방적입니다. 허구한 날 부드러운 혀는 딱딱하고 강한 이에게 맨날 당하기만 하는 것입니다.

그러나 나중에 노년이 되면 이 둘 사이에 역전이 일어납니다. 그 딱딱한 이는 몽땅 다 빠져버리고 말지만 나이 들었다고 혀가 빠지는 사람은 없습니다. 부드러운 혀가 강하고 딱딱한 이를 이기고 끝까지 살아남습니다. 너무 강하면 부러지는 것이고 결국은 부드러운 것이 끝까지 살아남고 승리한다는 사실을 잘 알려주는 것입니다.

사실 우리 삶 속에서 우물을 네 번씩이나 판 이삭처럼 그렇게 살아가는 것은 무척 힘든 일입니다. 지난 주간에도 제가 사는 아파트에 늦은 밤에 뽕짝 음악을 크게 틀어놓고 고성방가하는 사람 때문에 무척 열이 났습니다. 여러분도 마찬가지일 것입니다. 화나는 일도 많고 짜증 나고 신경질 나고 분노가 치미는 일도 무척이나 많을 것입니다. 그런데 화나고 짜증 나는 일이 우리 인생 가운데 많다고 할지라도 인생 전체를 두고 볼 때 매사에 그런 식으로 반응해서는 안 된다는 것을 잘 알아야 합니다. 화내고 짜증 내고 분노하는 것이 내 정신건강에도 안 좋고 문제해결에도 안 좋고 내 인생 전체를 두고 볼 때 결코 하나도 유익한 것이 없기 때문입니다.

그래서 제가 이 시간 이삭의 온유함을 오늘날 현대적으로 바꾸어 적용할 만한 아주 중요한 단어를 하나 알려드리고자 합니다. '디그너티'(Dignity), '의연함'(毅然)이라고 하는 단어입니다. 온유함은 다름이 아니라 의연함입니다. 오늘날 의연하지 않고 살아갈 수가 없습니다. 다툼과 분쟁이 가득하고 아픔과 절망이 가득한 이 세상에서 오직 하나님 약속을 부여잡고 의연하지 아니하면 도무지 살아갈 수가 없는 것입니다.

오늘 이삭의 사건은 우물 사건입니다. 이삭이 우물을 통해 얻고자 했던 것은 다름 아니라 바로 '물'입니다. 그런데 이삭이 취했던 그 온유함의 모습은 그가 지금 얻고자 하는 이 '물'의 이미지와 너무나 잘 맞아떨어지고 있습니다. 단적으로 말하면 오늘 이삭의 삶은 그가 우물을 통해서 얻고자 했던 바로 그 '물'처럼 사는 것이었습니다. 이렇게 물처럼 사는 것이 바로 의연함입니다. 그리고 가장 훌륭한 신앙의 경지는 물처럼 사는 모습입니다.

물은 온갖 것을 섬기며 그 무엇과도 겨루지 않습니다. 물은 모두가 싫어하는 낮은 곳을 향해 그저 묵묵히 흐를 뿐입니다. 물은 막히면 돌아갑니다. 물은 모든 그릇에 담기는 융통성을 지니고 있습니다. 물은 모든 것을 씻어냅니다. 세상에 물보다 더 부드러운 것이 없지만 단단하고 힘센 것을 물리치는데 물보다 더 적합한 것이 없습니다. 이처럼 물은 가장 의연한 삶의 방식을 알려주고 있습니다.

바로 이 물과 같은 모습, 온유함와 의연함의 극치를 보여주신 분이 바로 우리 예수님, 부활의 주님이십니다. 주님은 "수고하고 무거운 짐 진 자들아, 다 내게로 오라. 그리고 나의 멍에를 메고 나의 온유함을 배우라"(마 11:28) 말씀하셨습니다. 우리 주님은 십자가의 모든 고난을 오직 온유함과 의연함으로 이기시고 최후 부활의 승리를 얻으신 분입니다. 온유한 이삭처럼, 그리고 물이 가진 속성처럼 무엇보다 부활의 주님 약속을 꼭 기억하여서 날마다 온유함으로, 의연함으로 최후 승리를 얻는 여러분 되시기를 간절히 바랍니다.

내가 너를 떠나지
아니하리라

그동안 우리는 하나님께서 구속사를 위해 부르신 첫 인물 아브라함의 이야기를 통해 많은 은혜를 나누었습니다. 그리고 지난 주일은 아브라함에게 주신 약속의 아들 이삭에 관한 이야기를 통해서 또 많은 은혜를 나누었습니다. 특별히 이삭은 무엇보다 온유한 사람이었고 하나님은 온유한 이삭에게 큰 복을 내리시고 그를 높이 세워 주셨습니다.

하나님은 이삭에게도 귀한 아들들을 허락해 주셨는데 큰아들은 에서였고 둘째 아들은 야곱이었습니다. 그런데 이삭이 나이 많아 늙었을 때 큰아들 에서를 불러 이런 지시를 내렸습니다. "내가 이제 늙어 언제 죽을는지 알지 못하니 너는 내가 즐기는 별미를 만들어 가지고 와서 내가 그것을 먹고 마음껏 너에게 축복하게 하라"(창 27:2-4). 그런데 이 말을 할 때 곁에서 이삭의 아내 리브가가 듣고서는 몰래 둘째 아들 야곱을 불러서 이렇게 말하였습니다. "지금 아버지가 에서에게 마지막 축복을 하려고 한다. 염소 고기로 별미를 만들어줄 테니까 이것을 가지고 아버지에게로 가서 네가 아버지의 마지막 축복을 받도록 하라"(창 27:6-10).

구약시대 아버지는 자녀에 대한 축복권을 갖고 있었고 특별히 아버지가 죽을 때 마지막으로 기원하는 축복은 반드시 이루어진다고 믿었습니다. 그래서 어머니의 지시로 둘째 아들 야곱은 형 에서가 사냥하러 나간 사이에 어머니가 만들어준 염소 고기 별미를 가지고 아버지 이삭에게로 나아갔습니다. 혹시 눈이 어두운 아버지가 의심하지 않도록 야곱은 자기 몸에다가 염소 새끼 가죽과 털을 붙였습니다. 이삭이 아들과 몇 마디 대화를 나눌 때 야곱의 목소리로 들렸지만 몸을 만져보니 털이 있어서 더 이상 의심하지 않았습니다. 그래서 아버지 이삭은 그 별미를 맛있게 먹고서는 지금 앞에 앉은 이가 장자 에서인 줄로 알고 실상은 둘째 아들 야곱에게 마지막으로 마음껏 축복하였습니다.

이렇게 이삭이 둘째 아들 야곱에게 마음껏 축복한 후에 에서가 뒤늦게 와서는 아버지께로 가서 이 별미를 잡수시고 마음껏 축복해달라고 하였을 때 이삭은 깜짝 놀랐습니다. 아버지 이삭뿐만 아니라 첫째 아들 에서는 더더욱 깜짝 놀랐고, 결국 두 사람은 조금 전에 축복을 가로챈 사람이 바로 야곱인 것을 알게 되었습니다.

이런 중에 에서는 자신도 아버지의 축복을 받아야 하겠기에 아버지에게 부탁하기를 아버지가 빌 복이 하나만은 아닐 테니까 자기에게도 축복해 달라고 울면서 부탁하였습니다. 그런데 안타깝게도 아버지 이삭은 더 이상 빌어줄 복이 없다고 말하면서 "너는 칼을 믿고 생활하겠고 너는 네 아우를 섬길 것"이라고 축복 아닌 축복을 할 수밖에 없었습니다.

이제 잠깐 멈추어 서서 우리는 에서의 삶을 좀 살펴보고 넘어가야겠습니다. 에서는 동생 야곱이 자기 축복을 가로챘다는 것을 알게 되었을 때 아버지와 함께 깜짝 놀라면서 아버지 이삭에게 이렇게 말하였습니다.

"그가 나를 속임이 이것이 두 번째니이다. 전에는 나의 장자의 명분을 빼앗고 이제는 내 복을 빼앗았나이다"(창 27:36).

실제로 전에 이 두 형제에게 이런 일이 있었습니다. 그때 에서는 익숙한 사냥꾼이었고 야곱은 조용한 사람이라 주로 장막에 거주하였습니다. 하루는 에서가 들에 나가 사냥을 하고 돌아왔는데 심히 피곤하고 배가 무척이나 고팠습니다. 마침 그때 야곱이 붉은 죽을 쑤고 있었는데 그것을 보고서는 에서가 야곱에게 그 죽을 좀 달라고 요청하였습니다. 그런데 이때 아주 약삭빠른 야곱은 죽을 줄 테니까 형의 장자 명분을 팔라고 요청하였습니다. 에서는 "지금 내가 배가 고파 죽게 되었는데 이 장자의 명분이 내게 무엇이 유익하리요"(창 25:32). 이러면서 붉은 죽 한 그릇에 자기의 장자 명분을 팔아버리고 말았습니다.

지금까지 에서의 삶의 모습을 가만히 살펴보면 그는 귀한 것을 귀한 것으로 여길 줄 모르는 사람이었습니다. 고대사회에서 '장자권'은 너무나 중요한 권한이었습니다. 그런데 에서는 이렇게도 중요한 장자권을 그냥 붉은 죽 한 그릇에 팔아버린 것입니다.

그래서 에서처럼 귀한 것을 귀한 것으로 여길 줄 모르는 현상을 가리켜서 '이소 신드롬'(Esau Syndrome)이라고 부릅니다. 여기서 '이소'는 '에서'의 영어식 발음입니다. 그래서 에서처럼 귀한 것을 귀한 것으로 여길 줄 모르고 눈앞의 안일과 쾌락을 위해 꿈과 희망을 버리는 경향을 가리켜서 '이소 신드롬'이라고 부르는 것입니다.

바로 이 대목에서 저는 여러분에게 간절히 말씀드립니다. 우리 〈성경 153올람〉운동은 사실은 가치관 문제로부터 출발했는데요. 오늘 우리는 정말 이 가치관을 꼭 배워야 합니다. 귀한 것은 귀한 것으로 여길 줄 알아야 합니다. 소중한 것은 소중한 것으로 생각할 줄 알아야 합니다. 아름다운 것은 아름답게 지켜낼 줄 알아야 합니다.

우리 인생은 한 번밖에 없습니다. 귀한 것을 귀한 것으로 여길 줄 모르면 그런 인생은 결코 아름다운 삶을 살아갈 수 없습니다. 진정 귀한 것은 귀한 것으로 여길 줄 알아야 합니다. 이뿐만이 아닙니다. 오늘 본문의 사건이 있기 전에 에서는 이방인의 딸들과 결혼하였는데 이 일이 아버지 이삭과 어머니 리브가에게 큰 근심이 되었습니다. 이를 본 에서는 배다른 할아버지 이스마엘에게 가서 그 이스마엘의 딸들을 아내로 맞아들이기까지 하였습니다.

이 대목에서 우리는 한 가지를 참 가슴 아파해야 하고 우리 마음에 정말 중요하게 기억해야 합니다. 에서는 이삭의 장자로 태어났지만 여러 가지 일탈로 말미암아 구속사의 본류에서 벗어나고야 말았습니다. 더군다나 귀한 것을 귀한 것으로 여길 줄 모르는 얕은 인생의 태도로 말미암아 구속사의 아웃사이더가 되고 말았습니다. 간절히 바라기는 여러분은 절대로 믿음의 길에서 벗어나지 마시고 또 귀한 것을 귀한 것으로 여길 줄 알아서 구속사의 주인공으로 살아갈 수 있기를 간절히 바랍니다.

이렇게 장자의 명분에다가 아버지의 축복까지 가로챈 야곱은 형 에서의 보복이 무척 두려웠습니다. 아마 에서는 기회만 있으면 동생 야곱을 죽이려고 하였던 것 같은데 결국 이 상황을 지켜보던 어머니 리브가가 야곱에게 빨리 집을 떠나서 외삼촌 라반이 있는 하란 땅으로 가서 피신하라고 일러주었습니다.

그래서 야곱은 정든 고향 브엘세바를 떠나 외삼촌이 있는 하란을 향해 먼 길을 떠났습니다. 브엘세바에서 하란 땅 밧단아람까지는 880km나 되는 아주 먼 길입니다. 그야말로 쫓겨나다시피 고향을 떠난 야곱은 급히 집을 떠나오느라 겨우 지팡이 하나만 가지고 나와서 지금은 이렇게 정처 없는 나그네의 길을 걸어가고 있는 것입니다. 고대사회에서 고향을 떠난다는 것은 대단한 모험입니다. 낯선 곳에서 어떤 위험이 기다리고 있는지도 모르고 강도의 습격을 받아 목숨이 위태로울 수도 있는 것입니다.

그 먼 나그넷길을 걸어가던 야곱은 이제 한 곳에 이르러서 그곳에 유숙하려고 한 돌을 취하여 베게 삼고 하늘을 이불 삼아 잠을 청하였습니다. 그 '한 곳'은 19절에서 '루스'라고 알려주고 있는데 이 '루스'는 예루살렘 북쪽 에브라임 산 근처에 있고 브엘세바로부터는 약 85km쯤 떨어져 있는 곳입니다. 그러므로 야곱이 하루 만에 이곳에 도착한 것은 아닌 것 같습니다. 보통 사람이 하루에 한 20km 정도를 걸을 수 있다고 한다면 야곱은 집을 떠난 후에 며칠째가 되는 어느 날, 이 루스에서 야영을 하게 된 것입니다. 그런데 바로 이곳은 하나님께서 특별히 야곱을 위해 예정해 놓으신 곳이었습니다.

야곱이 형 에서의 보복을 피해서, 그리고 새로운 인생의 반려자를 맞이하기 위해서 아버지의 집을 떠나올 때 그때 야곱의 나이는 이미 77세였고 황급히 빠져나오느라 야곱은 오직 지팡이 하나만 가지고 집을 나왔습니다. 그리고 지금은 늦은 밤이 되어서 지치고 허기진 몸으로 한 곳에 이르렀는데 바로 그곳 루스에서 야곱은 드디어 인생의 대전환점을 맞이하게 되었습니다. 하나님은 특별히 바로 그곳에서 야곱을 만나주시기 위해 준비하셨고 야곱은 바로 거기에서 하나님을 체험하고 그때부터 완전히 새로운 인생을 살게 되었습니다.

이렇게 하나님은 야곱을 만나주시고 이제 야곱에게 너무나 귀한 약속의 말씀을 주시는데 오늘 본문에 그 귀한 약속의 말씀이 기록되어 있습니다. 하나님께서 주신 약속의 말씀은 모두 5가지의 내용으로 나타나는데 마침 이 약속이 5개니까 여러분의 손가락에 하나하나 새기면서 정말 큰 은혜가 되시기 바랍니다.

1. 첫 번째 약속

첫 번째 약속은 "나는 여호와니 너의 조부 아브라함의 하나님이요 이삭의 하나님이라"(창 28:13) 하는 말씀입니다. 이 말씀을 통하여 하나님은 야곱에게 하나님이 어떤 하나님인지 알려주십니다. 이 표현은 아브라함과 이삭은 죽었지만 그들과 맺은 언약은 하나님이 끝까지 수행하겠다고 하는 하나님의 분명한 의지를 나타내주는 표현입니다. 그뿐만 아니라 이 약속은 야곱이 아브라함과 이삭을 이은 언약의 계승자임을 알려주시고 이 언약이 앞으로도 계속해서 이어질 것을 나타내고 있는 것입니다.

그리고 또 한 가지, 이 표현은 언약의 말씀 가운데서 '살아계신 하나님'을 드러내는 아주 특별한 표현입니다. 그래서 "나는 아브라함의 하나님이요. 이삭의 하나님이라" 하는 이 표현 다음에 '나는 너 야곱의 하나님이 되겠다'라고 말씀해 주신 것입니다. 그래서 이 표현은 나중에 이스라엘 사람이라면 모두가 다 알고 있는 관용구적인 표현이 되었는데 이 표현은 '살아계신 하나님'을 드러내는 아주 중요한 표현이 된 것입니다.

우리가 믿는 하나님은 아브라함의 하나님, 이삭의 하나님, 야곱의 하나님이십니다. 그리고 그 하나님은 살아계셔서 지금은 나의 하나님이 되신다는 사실을 분명히 기억하시고 살아계신 하나님을 분명히 믿고 신뢰하여 용기백배하게 살아가시기 바랍니다.

2. 두 번째 약속

두 번째 약속은 "네가 누워 있는 땅을 내가 너와 네 자손에게 주리니 네 자손이 땅의 티끌같이 되어 네가 서쪽과 동쪽과 북쪽과 남쪽으로 퍼져나갈지며"(창 28:13-14)라는 말씀입니다. 이제 이 내용은 너무나 익숙합니다. 지금 이 두 가지 약속은 구속사를 시작하자마자 성경 속에서 줄기차게 반복되고 있습니다. 하나님이 아브라함에게 허락하신 2가지 약속은 첫째는 땅에 관한 약속이고 두 번째는 후손에 관한 약속인데 이 약속은 아브라함으로부터 시작하여서 이삭을 거쳐 지금 야곱에게까지 이어지고 있는 것입니다.

하나님은 이렇게 분명히 약속하시고 그 약속하신 것을 반드시 이루시는 하나님이십니다. 그러므로 오늘날 우리도 이러한 하나님의 약속을 붙들고 살아야 합니다. 우리는 아무것이나 무턱대고 믿는 것이 아니라 살아계신 하나님의 분명한 약속을 믿는 것입니다. 바로 이 약속을 굳게 붙들고 확신에 가득 찬 인생을 살아가시기를 바랍니다.

3. 세 번째 약속

그다음에 세 번째 약속은 "땅의 모든 족속이 너와 네 자손으로 말미암아 복을 받으리라"(창 28:14)라는 말씀입니다. 이 약속도 하나님께서 아브라함에게 허락하셨던 이름하여 '복 그 자체'의 약속입니다. 전에는 이것을 '복의 근원'으로 번역한 바가 있습니다. 그래서 '복 그 자체'가 되게 하시겠다는 말씀은 말 그대로 복이 흘러넘쳐서 그것을 나누어주는 사람이 될 것이라 하는 것입니다. 이름하여서 '축복의 통로'가 되는 복입니다.

복을 나눠 주고 그 복의 통로가 될 정도라면 그 사람 자체는 얼마나 놀랍고 풍성한 복을 누리게 되겠습니까? 여러분의 인생도 이렇게 복 그 자체가 되고 복의 근원이 되며 축복의 통로가 되어 그 복을 세상에 나누어주는 정말 귀한 인생을 꼭 살아가시기 바랍니다.

4. 네 번째 약속

그다음에 네 번째 약속은 "내가 너와 함께 있어 네가 어디로 가든지 너를 지키며 너를 이끌어 이 땅으로 돌아오게 할지라"(창 28:15)는 말씀입니다. 지금 미래가 불투명한 인생길을 걸어가는 야곱에게 하나님이 항상 함께하겠고 하나님이 지켜줄 것이며 무엇보다 야곱을 다시 이 땅으로 돌아오게 할 것이라는 약속입니다. 그러므로 이 약속은 결국 한마디로 말하면 '회복의 약속'입니다. 지금은 비록 형 에서의 낯을 피하여 멀리 도망가고 있지만 때가 되면 하나님은 반드시 야곱을 이 땅으로 돌아오게 해주실 것이라고 하는 회복의 약속입니다.

이렇게 우리가 믿는 하나님은 '회복의 하나님'이십니다. 하나님은 우리가 어떤 고난 속에 있어도 우리를 분명히 회복시켜 주시는 하나님이십니다. 지금은 우리가 기가 막힌 웅덩이에 빠져 있어도 하나님은 우리를 회복시켜 주실 것입니다. 지금 우리가 심각한 고난 가운데 있어도, 지금 우리가 연약한 질병 가운데 있어도, 지금 우리가 우울감에 빠져 있어도 하나님은 반드시 우리를 회복시켜 주실 줄로 믿으시기 바랍니다.

5. 다섯 번째 약속

다섯 번째 약속은 "내가 네게 허락한 것을 다 이루기까지 너를 떠나지 아니하리라"(창 28:15) 하는 말씀입니다. 이 약속은 한마디로 말하면 '임마누엘'의 약속입니다. 하나님이 야곱과 반드시 함께하겠다는 것입니다. 아! 정말 이 말씀을 듣고 야곱이 얼마나 기뻤을까요? 얼마나 용기백배했을까요? 어쩌면 신앙 중에 가장 실제적이고 가장 구체적인 약속은 바로 이 임마누엘의 약속이 아닌가 생각합니다.

하나님은 하늘에만 계신 분이 아닙니다. 하나님은 지금 우리가 살아가는 바로 지금 여기 우리의 삶의 현장에 반드시 우리와 함께하시는 분입니다. 바로 이것만 우리가 확신할 수 있다면 이기지 못할 고난이 없고 물리치지 못할 아픔이 없는 것입니다. 그래서 임마누엘의 신앙은 가장 현실적이고 가장 구체적인 신앙인 것입니다. 진실로 임마누엘의 신앙으로 가슴 든든해져서 이 세상을 의연하게 살아가는 성도 여러분 꼭 되시기 바랍니다.

사실 오늘 우리가 살펴본 야곱은 그렇게 성품이 훌륭한 사람은 아닙니다. 형을 속이기도 하고 축복을 가로채기도 하는 그야말로 속물 같은 인생입니다. 그런데 인간적 차원만이 아니라 신앙적인 차원에서 야곱을 바라봐야 하는데 중요한 것은 야곱은 하나님의 것을 나의 것으로 삼으려고 하는 '거룩한 욕심'이 있었다는 사실입니다.

조금 전에 말씀드린 대로 야곱의 형 에서는 귀한 것을 귀한 것으로 여길 줄 모르는 사람이었습니다. 물질과 쾌락에 눈이 어두워 오직 세상에 대한 욕심으로만 살았던 사람이었습니다. 그러나 비록 성품이 훌륭하지는 못해도 야곱에게는 하나님의 것을 나의 것으로 삼으려고 하는 거룩한 욕심이 있었습니다. 오늘 말씀에서는 이것이 제일 중요합니다.

그래서 이렇게 '거룩한 욕심'이 있었던 야곱을 하나님은 만나주시고 그 귀한 약속 5가지를 허락해 주신 것입니다. 그래서 야곱은 첫째는 살아계신 하나님, 둘째는 약속하시고 성취하시는 하나님, 셋째는 복 주시는 하나님, 넷째는 회복하시는 하나님, 다섯째는 함께하시는 하나님을 체험하였습니다. 이 체험 후에 야곱은 16절에서 이런 고백을 하고 있습니다. "여호와께서 과연 여기 계시거늘 내가 알지 못하였도다."

바로 이 구절에 대해서 토저(A. W. Tozer) 목사님은 야곱의 인식 부족을 언급하며 "그것이 야곱의 문제였고 바로 지금 우리의 문제입니다. 성도들이 하나님께서 여기 계신다는 것을 안다면 얼마나 달라지겠습니까?"라고 말한 바가 있습니다. 그렇습니다. 야곱의 고백처럼 하나님이 과연 여기 우리와 함께 계시는데 우리가 알지 못한 것은 아닙니까? 그랬다면 이제는 야곱처럼 우리도 하나님을 다시 만나고 체험하여서 진정으로 하나님이 여기 계신 것을 분명히 알아야 합니다.

하나님은 살아계십니다. 하나님은 약속하시고 성취하십니다. 하나님은 우리에게 복을 주십니다. 하나님은 우리를 회복시켜 주십니다. 하나님은 우리와 함께하십니다. 이렇게 5가지의 모습으로 하나님을 체험한 후에 야곱은 그 땅 루스를 '하나님의 집'이라는 뜻을 가진 '벧엘'이라고 바꿔 불렀습니다.

그 후로 야곱은 평생 이 벧엘의 경험을 기억하고 살았는데 야곱에게 있어서 벧엘은 영적인 고향이고 하나님을 만난 첫사랑의 장소이며, 그리고 문제가 있을 때는 꼭 벧엘로 올라갔습니다. 이제 여러분도 여러분의 벧엘에서 하나님을 꼭 체험하고 하나님이 과연 여기 나와 함께하심을 분명히 알아차리며 날마다 승리하는 성도 여러분 되시길 간절히 바랍니다.

014
성경153올람

이스라엘이라
부를 것이니라

지금 우리는 아브라함, 이삭에 이어서 세 번째 족장 야곱의 이야기를 통해 말씀의 은혜를 나누고 있습니다. 지난 주일은 야곱이 형 에서를 속여서 위장 축복을 받아낸 후에 에서의 보복을 피해서 고향 땅을 떠나 하란 땅 밧단아람으로 도피하는 과정에 있었던 이야기를 나누었습니다. 그때 하나님은 벧엘에서 야곱을 만나주시고 5가지의 중요한 약속을 주셨는데 야곱은 여기 계신 하나님을 분명히 체험하고 그 벧엘의 경험으로 새로운 삶을 살아갈 수 있었습니다.

그런데 이제 오늘 말씀은 그렇게 도피하였던 하란 땅 밧단아람에서부터 야곱이 이제 다시 고향으로 돌아오는 길에 있었던 이야기를 살펴보면서 함께 은혜를 나누고자 합니다. 야곱은 갔다가 금방 돌아온 것이 아니라 그 밧단아람 외삼촌 라반의 집에서 무려 20년이나 머물다가 돌아왔습니다. 창세기 28장과 32장 사이에 세월이 무려 20년이 지나간 것입니다.

그래서 오늘 본문의 말씀을 잘 이해하기 위해서는 지난 20년 동안 밧단아람에서 어떤 일이 있었는지를 알아 두어야 하겠기에 먼저 그 내용을 잠깐 살펴보고자 합니다.

야곱이 형 에서를 피하여 먼 길을 걸어간 후에 마침내 밧단아람에 도착하였을 때 먼저 우물가에서 외삼촌 라반의 딸 라헬을 만나게 되었고 이어서 외삼촌 라반을 만났습니다. 그들은 아주 반갑게 소개와 인사를 하고 그 뒤로 한 달쯤 지났을 때 외삼촌 라반은 야곱이 비록 자기 생질이지만 자기 집에서 일하는 동안에 품삯을 주겠다고 약속하였습니다. 그때 야곱은 자기가 외삼촌을 위하여 7년 동안 열심히 일할 테니까 외삼촌의 둘째 딸 라헬을 달라고 요청하였습니다. 언니 레아가 있었지만 야곱은 곱고 아리따운 라헬을 마음에 두고 외삼촌에게 이런 요청을 하였던 것입니다.

그렇게 약조하고 마침내 7년이 지났는데 7년이 되는 날 아주 성대한 결혼 잔치를 하고 그다음 날 아침에 보니 자기 곁에 있는 사람은 라헬이 아니라 언니 레아였습니다. 그래서 야곱이 라반에게 왜 속였냐고 따졌더니 외삼촌 라반이 하는 말이 언니보다 아우를 먼저 주는 것은 자기네 지방에서는 하는 일이 아니라고 하였습니다. 그러면서 7일을 채운 후에 라헬을 줄 테니까 자기를 위해 또 다시 7년을 섬기라고 하였습니다. 에서를 속이고 아버지를 속였던 야곱이 이번에는 여우 같은 라반에게 아주 크게 속은 것입니다.

그래서 또 7년이 지나 모두 14년이 지나면서 하나님은 야곱에게 귀한 자녀들을 주셨는데 이 내용은 후손에 관한 약속이 성취되는 일이어서 조금 상세하게 설명하겠습니다. 가장 먼저 하나님은 레아를 통해 르우벤, 시므온, 레위, 유다를 주셨습니다. 그리고 라헬의 여종 빌하를 통하여 단과 납달리를, 그 후 레아의 여종 실바를 통하여 갓과 아셀을 주셨습니다. 그 후에 레아가 다시 잇사갈과 스불론을 낳았고 이어서 딸 디나를 얻게 되었습니다. 그리고 나중에 느지막이 라헬이 마침내 임신하여 아들을 낳

있는데 그가 바로 요셉이었습니다. 이렇게 해서 야곱에게 11명의 아들과 1명의 딸이 태어났습니다.

이렇게 아내와 자녀들을 얻었지만 야곱이 가만히 생각해 보니까 자기 재산은 없고 야곱 덕에 라반만 자꾸 부자가 되는 것이었습니다. 그래서 야곱은 꾀를 내어서 외삼촌 라반과 약조하고 이제부터는 양 떼의 아롱진 것, 점 있는 것, 검은 것만 자기 것으로 하겠다고 하고 그 뒤로 야곱이 아주 놀라운 기지를 발휘하여서 야곱의 재산이 무척 많게 되었습니다.

이렇게 되니까 외삼촌 라반의 아들들, 그러니까 사촌들이 야곱을 시기하고 또 외삼촌 라반도 안색이 변하여서 야곱을 전과 같이 대하지 아니하였습니다. 결국 야곱은 이제는 밧단아람을 떠날 때가 되었다고 생각하고 아내들에게 말했는데 무엇보다 하나님의 사자가 나타나서 이곳을 떠나 고향으로 돌아가라고 말씀하셨습니다.

야곱의 번성이 탐심 많은 라반의 감정을 자극해서 서로 관계가 불편하게 된 것도 있었지만 야곱이 귀향을 결심하게 된 궁극적인 요인은 하나님의 명령이었습니다. 20년 전에 벧엘에서 나타나셨던 그 하나님께서 지금 다시 야곱에게 나타나셔서 고향으로 돌아가라고 지시하신 것입니다. 이것은 하나님께서 정하신 때가 되어서 야곱에게 삶의 전환을 촉구하신 것이었고 야곱은 그냥 그렇게 살 사람이 아니라 하나님의 약속을 이어받고 그것을 성취할 하나님의 사람이라는 것을 알려주신 것이었습니다.

이런 하나님의 뜻을 따라서 야곱은 라반이 양털 깎는 기간에 그 일에 몰두하고 있을 때 자기의 모든 가족과 재산을 챙겨서 밧단아람을 도망쳐 나왔습니다. 라반은 뒤늦게 야곱이 도망간 것을 알고 7일 동안의 거리를 추격해 왔고 가장 먼저 라반은 야곱에게 가정수호신 드라빔 훔친 것을 추궁하였는데 이때 라헬은 기지를 발휘하여 그것을 자기 낙타 안장 아래 깔고 앉아 위기를 모면하였습니다. 결국 라반은 야곱의 항변을 듣고 자신이

졌음을 깨닫게 되었고 그 후 라반과 야곱은 상호 불가침 조약을 맺은 후에 마침내 야곱은 라반의 손에서 빠져나올 수 있게 되었습니다.

이렇게 해서 야곱은 마침내 귀향길에 오르게 되었는데 지금 이 형국이 마냥 기쁘기만 한 것은 아니었습니다. 여우 같은 라반의 손아귀에서 벗어났지만 이제는 호랑이 같은 에서와 부딪혀야만 합니다. 야곱의 형 에서는 장자권의 문제로 20년 동안 복수의 칼을 갈면서 야곱의 생명을 노리고 있었고 지금 귀향길에서 야곱은 불안하고 답답하기 그지없었던 것입니다.

그래서 야곱은 고향 땅이 가까워짐에 따라 형 에서의 상황을 살펴보고자 하여 사자들을 앞서서 보냈습니다. 그런데 그들이 가지고 온 소식은 아주 절망적이었습니다. 에서가 야곱의 소식을 어떻게 들었는지 지금 400명의 군사를 거느리고 야곱을 만나기 위해 오고 있다는 소식이었습니다. 이 소식을 들은 야곱은 심히 두렵고 답답하여 견딜 수가 없었습니다. 20년이 지났지만 형 에서의 노여움은 사라지지 않았고 지금 큰 군사를 거느리고 다가오고 있는 것입니다.

그러나 그냥 이대로 당할 수만은 없어서 야곱은 또다시 정신을 차리고 온갖 꾀와 기지를 다 동원하였습니다. 먼저는 호칭에 지극한 정성을 쏟았는데 형의 호의를 얻기 위해서 형 에서를 '나의 주인님'이라고 불렀고 자기 자신은 '당신의 종'이라고 지칭하였습니다. 그리고 혹시라도 형 에서가 자신의 떼를 치면 모두가 다 한꺼번에 당하지 않게 하려고 자기와 함께한 모든 동행자와 가축들을 두 떼로 나누었습니다. 그리고 야곱은 형 에서를 위하여 아주 푸짐한 예물까지 준비하였습니다. 염소와 양, 그리고 소와 나귀와 낙타까지 무려 550마리에 이르는 엄청난 선물을 앞서 보내주었습니다.

야곱은 이러한 인간적인 노력 외에 무엇보다 하나님께 아주 간절한 마음으로 기도하였습니다. 그 기도의 내용이 32장 9절부터 기록되어 있는데 이것이 참 중요한 내용입니다.

먼저 첫째로 야곱은 이렇게 부르며 기도하고 있습니다.

"내 조부 아브라함의 하나님, 내 아버지 이삭의 하나님 여호와여."

이러한 호칭은 하나님은 지금도 살아 계셔서 나를 인도하실 것이라고 하는 살아계신 하나님께 대한 확실한 고백입니다. 다시 말하면 조상 적부터 약속하신 하나님은 지금도 살아계셔서 그 약속을 반드시 시행하실 것이라 하는 확신입니다.

둘째로 야곱은 이전의 하나님 약속을 다시 떠올리고 있습니다.

"주께서 전에 내게 명하시기를 네 고향, 네 족속에게로 돌아가라 내가 네게 은혜를 베풀리라 하셨나이다"(창 32:9).

야곱은 20년 전에 고향 땅을 떠나 밧단아람으로 향할 때 그 정처 없는 나그넷길에 벧엘에서 만나주셨던 하나님의 신실한 약속을 잊지 않고 지금 기억하고 있는 것입니다. 그때 하나님은 "네가 어디로 가든지 너를 지키며 너를 이끌어 이 땅으로 돌아오게 할지라. 내가 네게 허락한 것을 다 이루기까지 너를 떠나지 아니하리라 하신지라"(창 28:15) 말씀하셨습니다. 우리의 신앙 가운데 이렇게 하나님의 약속을 떠올려 보는 신앙, 이것은 정말 대단히 중요한 것입니다.

셋째로 야곱은 그동안의 하나님 은총에 감사하고 있습니다.

"나는 주께서 주의 종에게 베푸신 모든 은총과 모든 진실하심을 조금도 감당할 수 없사오나 내가 내 지팡이만 가지고 이 요단을 건넜더니 지금은 두 떼나 이루었나이다"(창 32:10).

이것은 지난날 야곱의 간사하고 교활한 모습과는 아주 대조적인 고백입니다. 야곱은 지금 그 모든 것을 자기가 다 이루었다고 말하지 않으며 그 모든 것이 다 하나님의 은총이라고 겸허하게 고백하고 있습니다.

넷째로 이제 야곱은 간절한 간구를 하나님께 올려드리고 있습니다.

"내가 주께 간구하오니 내 형의 손에서, 에서의 손에서 나를 건져내시옵소서. 내가 그를 두려워함은 그가 와서 나와 내 처자들을 칠까 겁이 나기 때문이니이다"(창 32:11).

인생은 참 겁나고 두려울 때가 많은데 야곱은 자기 상황을 솔직히 아뢰며 하나님의 도우심을 구하고 있는 것입니다.

마지막 다섯 번째로 야곱은 하나님의 약속을 떠올리며 확신에 찬 모습으로 기도를 마감하고 있습니다.

"주께서 말씀하시기를 내가 반드시 네게 은혜를 베풀어 네 씨로 바다의 셀 수 없는 모래와 같이 많게 하리라 하셨나이다"(창 32:12).

이렇게 야곱은 또다시 아브라함으로부터 승계된 하나님의 약속을 꼭 붙들고 기도하고 있습니다. 정말 이렇게 하나님의 약속을 붙들고 기도하는 것이 최고의 기도입니다.

이렇듯 야곱은 하나님께 간절히 기도하였고 밤에 일어나서 모든 가족과 소유를 먼저 얍복 시내 건너편으로 다 보냈습니다. 그러고는 아주 깊은 고독 속에서 자기 자신만 홀로 얍복 나루터에 남아 있었습니다. 이처럼 우리는 인생을 살아가면서 혼자 남을 때가 분명히 있습니다. 가장 중요한 인생의 결정 앞에서 혼자 고뇌하며 깊은 한숨을 쉴 때가 분명히 있는 것입니다. 바로 이런 의미에서 어쩌면 인생은 혼자 사는 것인지도 모릅니다. 하지만 바로 이런 순간에 우리는 오히려 초월적으로 역사하시는 하나님을 경험할 수 있게 되는 것입니다.

얍복 나루터에 홀로 남은 야곱은 갑자기 나타난 어떤 사람과 날이 새도록 씨름하게 됩니다. 여기서 씨름하였다는 것은 단순히 육체적 힘겨루기를 했다는 것이 아닙니다. 여기서 씨름은 야곱이 생명을 걸고 기도했다는 것을 의미합니다. 이것은 마치 실제로 씨름하듯이 밤새 매달리고 울부짖으며 기도하는 야곱의 처절하고도 필사적인 간구의 모습을 보여주는 표현입니다. 야곱은 자신에게 도움을 줄 그 '어떤 사람'을 필사적으로 붙잡고 그 밤에 영과 혼과 육을 다 쏟아서 아주 결사적으로 매달려 생명을 걸고 기도하였던 것입니다.

이렇게 밤새도록 씨름하다가 그 사람은 자기가 야곱을 이기지 못함을 보고 야곱의 허벅지 관절을 쳐서 위골시켰습니다. 여기 나오는 '허벅지 관절'을 '환도뼈'라고도 했는데 옛날에 병사들이 칼을 차는 부분이었기 때문에 칼 '도'자를 써서 환도뼈라고 불렀습니다. 이 뼈는 몸의 중심 부분에 위치에 있고 또 힘과 생명의 근원이라고 보았기 때문에 구약시대에 중요한 맹세는 이 환도뼈 사이에 손을 넣고 실행하였습니다.

그러면 하나님께서 야곱과 씨름하던 중에 허벅지 관절을 쳐서 꺾었다는 것은 무슨 뜻일까요? 그것은 지금까지 자신의 힘과 머리만 믿고 살아온 야곱을 완전히 꺾어놓았다는 것입니다. 이것은 하나님께서 인간의 무력함과 연약성을 철저히 일깨워주신 것이고 야곱의 자기중심적인 생각과 인간적 능력의 근원을 철저히 파괴시켜 놓았다는 것을 의미하는 것입니다. 이후로는 야곱이 더는 자기 생각과 능력을 의지하지 않고 오직 전능하신 하나님만을 믿고 의지하게 하려고 하나님은 환도뼈를 쳐서 위골시킨 것입니다.

그런데 야곱은 끝까지 그분을 놓지 않았습니다. 그분은 이제 날이 새니까 자기로 가게 하라고 하였지만 야곱은 그분을 놓지 않고 이제는 이렇게 말하였습니다. 지금 이 말은 우리가 야곱의 일생 전체에서 가장 중요한 말로 기억해야 하는데 그 말씀은 26절 말씀입니다. "당신이 내게 축복하지 아니하면 가게 하지 아니하겠나이다."

이것은 그야말로 야곱 삶의 공식이라고 할 수 있습니다. 야곱은 오직 이 공식, 하나님의 것을 나의 것으로 삼으려고 하는 거룩한 욕심에 사무쳐서 살았던 사람입니다. 야곱의 이 모습은 오늘날 우리에게 아주 큰 도전을 주고 있습니다. 우리가 과연 무엇을 목적 삼고 살아야 하는지에 대해서 아주 중요한 가치관을 가르쳐주고 있습니다.

사실 야곱은 그렇게 윤리적인 인물이 아닙니다. 아니 오히려 아주 파렴치하고 꾀가 많아 아주 약삭빠르기까지 한, 그야말로 속물근성이 가득한 사람이었습니다. 태어날 때부터 형의 발꿈치를 잡고 태어나서 이름도 야곱이었습니다. 그 후로 형 에서의 장자의 명문을 붉은 죽 한 그릇에 사 버렸습니다. 아버지를 속여 위장 축복까지 받아냈습니다. 여우 같은 외삼촌 라반도 이겨버릴 정도로 꾀가 많았습니다.

20년이 지난 후에 고향으로 돌아올 때 사자 같은 형 에서와 화해하는 장면도 정말 기가 막힙니다. 얼마나 꾀가 많고 능수능란한지, 얼마나 집착이 강하고 욕심이 많은지, 어쩌면 성경 인물 가운데서 우리가 가장 많이 닮은 사람이 있다면 야곱이 아닐까 생각합니다.

그런데 이런 야곱을 하나님은 정말로 사랑해 주셨습니다. 밧단아람의 여우 같은 외삼촌에게서 탈출해 올 때 하나님이 그 라반에게 뭐라고 말씀하신 줄 아십니까? 라반은 격노하면서 무려 7일 동안을 달려서 야곱을 맹렬히 추격해 왔습니다. 아마도 살기등등해서 만나기만 하면 야곱을 죽여 버릴 것이라고 작정하고 추격을 한 것 같습니다. 그런데 이렇게 살기등등해서 추격하는 라반에게 하나님은 직접 나타나셔서 이렇게 말씀하셨습니다. "너는 삼가 야곱에게 선악 간에 말하지 말라"(창 31:24). 영어 성경에 보니 "Be careful not to say anything to Jacob, either good or bad"라고 쓰였습니다. 이 말씀은 야곱이 잘했든 못했든 너는 가타부타 아무것도 야곱에게 말하지 말라는 뜻입니다.

저는 이 구절을 읽다가 영적 질투심이 막 일어났습니다. 아니 어찌 하나님은 이렇게 야곱을 두둔하시는가? 그렇게 신실한 인물도 아닌데 왜 하나님은 이토록 야곱을 사랑하시는가? 왜 그런 줄 아십니까? 야곱은 그렇게 윤리적인 인물도 아닌데 왜 하나님이 이토록 사랑하시는지? 왜 하나님께서 이토록 두둔하시는지? 무엇보다 야곱은 정말 속물 같은 사람인데 왜 하나님께서 그토록 큰 복을 내려주시는지 아시겠습니까?

그 이유는 조금 전에 말씀드린 야곱 인생의 공식 구절에 다 나와 있습니다. "당신이 내게 축복하지 아니하면 가게 하지 아니하겠나이다." 바로 이것입니다. 야곱에게는 진실로 하나님의 것을 나의 것으로 삼으려고 하는 거룩한 욕심이 있었습니다. 하나님께 대한 절대 갈망이 있었습니다. 그는 진실로 하나님께 사무쳐 있었습니다. 이것이 하나님의 지극한 편애를 불러온 것입니다.

야곱의 인생 공식을 여러분의 인생 공식으로 삼으시기 바랍니다. "당신이 내게 축복하지 아니하면 가게 하지 아니하겠나이다." 이것은 하나님의 것을 나의 것으로 삼으려고 하는 거룩한 욕심입니다. 이것은 하나님을 향한 뜨거운 갈망입니다. 하나님을 간절히 사모하는 절대 신앙입니다. 이것은 하나님께 붙잡히는 것이고 하나님께 사무치는 것이고 내 마음을 하나님께 고정하는 것입니다.

하나님은 이제 이런 야곱의 이름을 바꾸어주셨습니다. '속이는 자' 란 뜻의 야곱에서 '하나님과 겨루어 이긴 자' 란 뜻의 이스라엘로 그 이름을 바꾸어주셨습니다. 여기서 야곱이 하나님과 겨루어 이겼다는 것은 하나님께서 야곱을 인정해 주셨다는 것입니다. 자기중심적인 야곱이 하나님 중심적인 이스라엘로 변하였다는 것을 말합니다.

그리고 이것은 야곱이 하나님의 약속을 이어받고 그 약속을 물려주어야만 하는 한 공동체의 실질적인 조상이 되었다는 것입니다. 그래서 야곱의 새 이름 '이스라엘' 은 이제 모든 악으로부터의 구원과 승리를 의미하는 너무나 귀한 영적 공동체의 새 이름이 된 것입니다.

이렇게 새 이름을 얻게 된 야곱은 그곳의 이름을 '브니엘' 이라 불렀습니다. 브니엘은 '하나님의 얼굴' 이란 뜻입니다. '내가 이곳에서 하나님을 뵈었다' 는 신앙고백입니다. 야곱의 브니엘 경험을 여러분의 경험으로 삼으시기 바랍니다. 여러분도 야곱처럼 하나님의 얼굴을 뵙고 여러분의 존재를 바꾸시면 얼마나 좋을까 생각합니다.

오늘 야곱의 인생 공식을 여러분의 인생 공식으로 꼭 삼으시기 바랍니다. "당신이 내게 축복하지 아니하면 가게 하지 아니하겠나이다." 하나님의 것을 나의 것으로 삼으려는 거룩한 욕심으로 이 세상 가운데서 믿음으로 온전히 승리하시기를 간절히 바랍니다.

015

네가 꾼 꿈이 무엇이냐

아브라함과 이삭과 야곱에 이어서 오늘은 그 네 번째 인물인 요셉의 이야기를 통해 말씀의 은혜를 나누고자 합니다. 족장들의 역사는 한 마디로 하나님이 주신 약속의 실현 과정을 보여주는 것입니다. 그래서 땅에 관한 약속과 후손에 관한 약속이 성취되는 것을 보여주는 것이 바로 족장사입니다. 그런데 큰 흐름은 하나님의 약속 실현 과정을 보여주는 것이지만 각각의 족장에게는 아주 독특한 신앙의 면면이 있어서 우리는 그것까지도 함께 배워야 합니다.

가장 먼저 아브라함에게는 '믿음' 이 제일 중요합니다. 불가능한 중에도 하나님의 약속을 믿었고 이 믿음으로 의롭게 되어서 그는 믿음의 조상이 되었습니다. 그다음에 이삭에게는 '온유' 가 참 중요합니다. 하나님의 약속을 신실히 믿었던 그는 네 번씩이나 우물을 팔 정도로 참 온유하고 의연한 삶을 살았습니다. 그다음에 야곱에게는 '축복' 이 참 중요합니다. 벧엘의 경험과 브니엘의 경험을 통해 그는 하나님의 것을 나의 것으로 삼으려는 축복의 인생 공식을 가지고 살았습니다.

이제 오늘은 족장사의 네 번째 인물 요셉의 이야기 속으로 들어왔는데 요셉에게 가장 중요한 특이점은 무엇일까요? 네, 그것은 한마디로 '꿈'이라고 할 수 있습니다. 오늘 본문에서 우리는 꿈꾸는 어린 요셉을 발견할 수 있습니다. 요셉은 17세의 소년으로서 형들과 함께 양을 쳤는데 그때부터, 그러니까 열일곱 살 때부터 꿈을 꾸기 시작하였습니다.

오늘 우리가 읽었던 본문에만 이 이 '꿈'이라고 하는 단어가 무려 7번이나 등장하고 있는데 상황을 따라가며 이 단어를 한번 찾아보겠습니다.

첫째, 먼저 5절에 "요셉이 꿈을 꾸고" 이렇게 기록하고 있습니다. 그런데 이 꿈을 자기 형들에게 말하였을 때 요셉은 큰 미움을 받았습니다.

둘째, 바로 6절로 넘어가서 요셉이 형들에게 말하기를 "내가 꾼 꿈을 들으시오" 하면서 7절에서 자기 꿈을 설명하였습니다. "우리가 밭에서 곡식 단을 묶더니 내 단은 일어서고 당신들의 단은 내 단을 둘러서서 절하더이다." 이런 이야기를 듣고 좋아할 형들은 없겠죠. 그래서 요셉의 형들이 "네가 참으로 우리의 왕이 되겠느냐? 참으로 우리를 다스리게 되겠느냐?" 이렇게 말하였습니다.

셋째, 이 사실에 대하여 8절에서 "그의 꿈과 그의 말로 말미암아 그를 더욱 미워하더니"라고 이렇게 기록하고 있습니다. 그러니까 요셉은 꿈 때문에 미움받고 꿈 때문에 고난 당하고 있습니다.

넷째, 그런데 9절로 넘어가서 보면 "요셉이 다시 꿈을 꾸고" 이렇게 기록하고 있는데 이것이 정말 중요합니다. 이것은 바로 '좌절되지 않는 꿈'입니다. 꿈꾸는 일 때문에 미움받고 고난 당할 수 있습니다. 그러나 이런 때에 그 꿈이 좌절되지 않도록 하는 것이 너무 중요한 것입니다.

다섯째, 그래서 요셉은 다시 꿈을 꾸었는데 9절에서 그 꿈 이야기를 형들에게 전하고 있습니다. "내가 또 꿈을 꾼즉 해와 달과 열한 별이 내게 절하더이다.”

여섯째, 이렇게 두 번째 꿈을 꾼 후에 10절에서는 “그가 그의 꿈을 아버지와 형들에게 말하매”라고 이렇게 기록하고 있습니다. 요셉은 자기의 꿈 이야기를 열심히 전한 것 같습니다.

일곱째, 아마도 요셉은 형들에게만이 아니라 아버지에게도 꿈 이야기를 한 것 같은데 이 이야기를 전해 들은 아버지 야곱은 형제간의 우애를 위해서 요셉을 꾸짖었습니다. “네가 꾼 꿈이 무엇이냐. 나와 네 어머니와 네 형들이 참으로 가서 땅에 엎드려 네게 절하겠느냐.”

참으로 대단하지 않습니까? 오늘 본문은 이렇게 온통 요셉의 꿈 이야기로 가득 차 있습니다. 요셉은 17세의 소년으로서 꿈을 꾸었고 그 꿈 때문에 미움과 시기를 받았지만 그는 또다시 꿈을 꾸었습니다. 그리고 그 꿈을 다른 사람에게 알리고 자기 꿈을 선포하였습니다.

그리고 오늘 본문을 지나서 19절 말씀을 보면 그 형들이 들판에 있었을 때 요셉이 오는 것을 보고 그들은 이렇게 요셉을 부르고 있습니다. “꿈꾸는 자가 오는도다.” 네, 이것을 보면 이제 요셉은 사람들에게 ‘꿈꾸는 자’ 라는 별명으로 불리게 된 것 같습니다. 성경 속에 요셉이 처음 등장하는 37장의 내용을 살펴 보니 요셉은 온통 꿈꾸는 사람으로 등장하고 있습니다. 요셉은 한 마디로 ‘꿈의 사람’ 이었습니다.

처음에 요셉은 잠들어 있는 중에 꿈을 꾸었습니다. 그 꿈은 너무나 생생하고 강렬해서 깨어있는 중에도 그의 삶을 이끌어가는 원동력이 되었습니다. 그 꿈은 축복과 소망의 꿈이었습니다. 그것은 실현 가능성이 전혀 없어 보이는 꿈이었지만 요셉은 결코 그 꿈을 잊지 않았고 의심하지도 않고 절대 버리지도 않았습니다. 무자비한 형제들과 악랄한 적들에 의해서 견딜 수 없이 혹독한 고통과 부당한 핍박이 몰려올 때도 그 꿈은 요셉에게 높고도 거룩한 목표를 제시해 주었습니다. 요셉의 생애에 있어서 꿈은 요셉을 이끌어가는 가장 큰 힘이 되었던 것입니다.

그래서 요셉의 꿈은 목표를 향해 꾸준히 나아갈 힘을 주었고 하나님이 언제나 그와 함께 계시며 어떻게 해서든지 그 꿈을 성취할 수 있도록 일하고 계신다는 확신으로 그를 충만케 만들어주었던 것입니다. 그러므로 요셉이 요셉 된 것은 바로 그의 꿈 때문이었습니다. 요셉의 꿈은 비전이 되었고 그 비전이 또한 요셉의 삶을 이끌어 갔던 것입니다.

이제 좀 더 구체적으로 요셉에게 꿈이란 도대체 어떤 것이었는지, 그리고 꿈이 요셉의 삶에서 어떤 역할을 감당하였는지를 자세히 살펴보도록 하겠습니다. 저는 신학 공부를 할 때 요셉의 삶에 깊이 심취하여 그의 삶을 깊이 묵상한 적이 있었습니다. 요셉의 삶에서 과연 이 꿈이 어떤 역할을 감당하였는지 깊이 묵상하는 가운데 저는 제 나름대로 아주 의미 깊은 네 가지의 신앙 정신을 발견하였습니다. 그 네 가지는 이름하여 꿈이 우리 인생에 끼치는 '네 가지 꿈의 기능'이라 말할 수 있는데, 오늘은 이것을 살펴보며 함께 은혜 나누고자 합니다.

1. 꿈은 요셉의 삶에서 현실적인 모든 고난과 아픔을 이길 수 있게 해주었습니다.

가끔 우리는 요셉이란 인물은 나와는 별로 상관없는 인물처럼 여깁니다. 요셉은 너무 선하기만 하고 결점은 전혀 없는 인물로 성경에 나오기 때문입니다. 사실 성경을 읽다 보면 아브라함도, 모세도, 다윗도, 그리고 베드로나 바울도 큰 실수 내지는 인간적인 약점이 있는 것을 발견하게 됩니다. 그래서 우리는 위대한 믿음의 선배들을 대하면서도 한편 우리와 똑같은 성정을 가지고 똑같은 실수를 하는 사람임을 발견하면서 어딘지 모르게 공감을 얻게 되고, 그래서 나도 최선을 다하면 이러한 믿음의 선배들처럼 살아갈 수 있다고 다짐하게 되는 것입니다.

그런데 요셉의 삶을 가만히 들여다보면 그는 한 점의 실수도, 한 점의 결점도 없는 사람인 것을 발견하게 됩니다. 그래서 이런 모습을 바라보면서 요셉은 뭔가 우리와는 다른 세상의 사람이구나 하는 생각이 드는 것입니다. 그래서 요셉의 꿈은 성취되었지만 우리의 꿈은 산산조각이 나지 않을까? 그토록 선하기만 한 요셉의 이야기가 그렇게 선하지 못한 우리에게 무슨 도움이 되겠는가? 나와는 상관없는 이야기가 아닌가? 이런 생각을 하게 되는 것입니다.

그러나 그것은 오해입니다. 그것은 성경을 입체적으로 읽지 않은 결과입니다. 그런 생각을 불식시키는 몇 가지 증거를 찾아보겠습니다. 오늘 본문에서 요셉은 17세의 소년으로 등장합니다. 그런데 요셉이 17세가 되기까지 지내왔던 어린 시절은 그렇게 행복하지도, 아름답지도 않은 가정 분위기였습니다. 창세기 29장부터 죽 읽어보면 야곱의 가정은 아주 복잡한 가정임을 알 수 있습니다. 이상적인 가정과는 거리가 먼 아주 복잡한 문제가 얽혀있는 가정이었습니다.

아버지 야곱은 레아와 라헬의 두 자매간인 아내가 있었고 이들의 여종들인 실바와 빌하도 아내로 취하고 있었습니다. 이처럼 한 아버지에 여러 어머니, 그리고 배다른 형제자매들이 함께 살았습니다. 거기다가 배다른 할아버지들까지 합하면 이는 그야말로 뒤죽박죽의 가정이고, 그래서 이 가족들은 그렇게 우애가 좋은 가정은 결코 아니었습니다. 성경에 나타난 그 가족들의 모습을 찾아보면 이기심, 갈등, 편애, 질투, 미움, 복수, 강간, 근친상간, 사기, 심지어 대량 학살까지도 서슴지 않는, 참으로 충격적인 가정이었습니다. 오늘날도 참 안타까운 가정의 모습을 자주 바라봅니다만 야곱의 가정은 오늘날 파괴된 가정들이 가지고 있는 그 모든 문제점을 다 모아서 함께 가지고 있었던 것입니다.

그런데 이러한 질식할 만한 가정 풍토 속에서 요셉이 질식하지 아니하고 삶을 포기하지도 아니하고 그 고난과 아픔을 다 이겨낼 수 있었던 것은 오직 그의 꿈 때문이었습니다. 어린 시절의 어려움도, 형들의 미움과 시기도, 외로운 타향살이도, 모함을 받고 감옥에 갇히는 상황 속에서도 그 모든 고난과 아픔을 묵묵히 이겨낼 수 있었던 것은 바로 그가 한시도 잊지 않았던 그의 꿈 때문이었습니다.

꿈이 요셉을 살린 것입니다. 꿈이 요셉을 요셉 되게 한 것입니다. 다시 말하면 요셉은 꿈을 꾸었기에 결코 좌절하지 않고 위대한 인생을 살 수 있었던 것입니다. 그러므로 현재 상황을 이길 힘은 바로 꿈을 꾸는 일에서 온다는 사실을 꼭 기억하기 바랍니다. 꿈을 꾸는 사람은 이루고자 하는 꿈이 있기에 현재의 어떠한 고난과 아픔도 다 이겨나갈 수가 있게 됩니다. 여러분도 꼭 꿈을 꾸시기 바랍니다. 꿈을 꾸면 어떤 고난과 어려움도 다 극복할 수 있게 됩니다. 꿈을 꾸지 않으면 우리는 쉽게 좌절하고 쉽게 포기합니다. 여러분은 진실로 꿈을 꾸는 사람이 되어 현실의 고난과 아픔을 다 이겨내고 날마다 승리하길 간절히 바랍니다.

2. 꿈은 요셉이 오늘 이 자리에서 성실과 최선을 다하는 삶을 살게 하였습니다.

요셉은 정말 성실한 사람이었습니다. 그리고 끝까지 성실한 사람이었습니다. 심지어 그는 감옥 안에서도 성실하였습니다. 그는 정말 자기 삶에 최선을 다하는 사람이었습니다. 이것은 정말 쉽지 않은 일입니다. 요셉이 이렇게도 성실하게 최선을 다한 것은 다름이 아니라 바로 그의 꿈 때문이었습니다. 꿈이 요셉에게 정말 성실하고 최선을 다하는 삶을 살게 만든 것입니다. 장차 이루려고 하는 꿈이 있었기 때문에 그 꿈을 위해 그는 정말 성실과 최선을 다하였던 것입니다.

이것은 우리 인생에서도 대단히 중요한 삶의 정신입니다. 꿈을 꾸면 나태하지 않습니다. 꿈을 꾸면 쓸데없는 일에 매달리지 않습니다. 꿈이 없는 사람은 사시사철이 노는 계절입니다. 공부를 생각해 보아도 봄은 나른해서 공부가 안되고 여름은 더워서 공부가 안되고 가을은 심란해서 공부가 안되고 겨울은 추워서 공부할 수가 없습니다. 그러나 꿈을 꾸는 사람에게는 그렇지 않습니다. 봄은 희망에 넘쳐서 공부하고 여름은 너무 더워서 놀기보다는 공부가 훨씬 재미있고 가을은 책 읽기에 딱 좋은 계절이고 겨울은 밖에 나가면 추우니까 공부하기에 아주 제격입니다.

꿈이 있는 사람은 함부로 자기 몸을 자리에 누이지 않습니다. 꿈을 꾸는 사람은 시간을 함부로 낭비하지 않습니다. 꿈이 있는 사람은 헛된 일에 부요하지 않습니다. 꿈꾸는 사람은 쓸데없는 일에 매달리지 않습니다. 꿈이 있는 사람은 자기 삶을 절대로 낭비하지 않습니다. 꿈이 있는 사람은 성실하고 최선을 다하는 삶을 살아갑니다. 내일의 꿈을 이루기 위해 바로 오늘 최선을 다하고 성실하게 살아가는 것입니다. 여러분도 꿈을 꿈으로 정말 성실과 최선을 다하여 살아가시는 성도가 되시기를 간절히 바랍니다.

3. 요셉은 꿈을 꾸었기 때문에 거룩하고 성결하고 깨끗한 삶을 살 수 있었습니다.

요셉은 나중에 애굽으로 팔려 가서 친위대장 보디발의 집에 있게 되는데 보디발은 성실한 요셉을 가정 총무로 삼았습니다. 그런데 이 보디발의 아내가 아주 음탕한 여자였습니다. 모든 것을 다 가졌지만 만족하지 못하고 젊은 요셉을 유혹하였습니다. 이때 요셉이 어떻게 하였습니까? 창세기 39장 8절 이하에서 요셉은 이렇게 말하고 있습니다. "내 주인이 집안의 모든 일을 내 손에 위탁하고 아무것도 금하지 아니하였어도 금한 것은 당신뿐이니 당신은 그분의 아내가 아닙니까? 그런즉 내가 어찌하여 이 큰 악을 행하여 하나님께 죄를 짓겠습니까?" 하면서 그 유혹을 단호히 거절하였습니다.

이쯤 말하였으면 물러나야 하는데 보디발의 아내는 그러지 않았습니다. 날마다 동침하자고 요셉을 물고 늘어졌습니다. 여인이 날마다 요셉에게 청하였지만 요셉이 듣지 아니하여 동침하지 아니할뿐더러 함께 있지도 않았습니다. 요셉은 어떻게 해서 이렇게 그 모든 유혹을 물리치고 자기의 성결함을 지켜낼 수 있었을까요? 하나님이 주신 성결한 꿈이 있었기 때문입니다.

요셉은 잘못된 유혹은 단호히 거절하였습니다. 모함을 받으면서도 요셉은 아닌 것은 아니라고 잘라 말하였습니다. 요셉이 그 모든 유혹을 이길 수 있었던 것은 그가 성결한 꿈을 꾸고 있었기 때문입니다. 현재의 쾌락을 이길 힘은 꿈을 꿈으로서만 가능한 것입니다. 하나님이 우리에게 주신 꿈은 그 자체가 거룩한 꿈이기 때문에 이 꿈을 꾸는 사람은 반드시 성결하게 살아가는 것입니다.

그런데 꿈은 꿈이되 거룩하지 못한 꿈도 있는데 그런 꿈을 우리는 야망이라고 부릅니다. 그런 꿈은 오히려 그 사람을 망치게 합니다. 야망은 반드시 망하게 되어 있습니다. 그러므로 여러분은 꿈을 꾸시되 꼭 하나님이 주신 거룩한 꿈을 꾸시고 그 거룩한 꿈으로 말미암아 날마다 진실되고 성결한 삶을 꼭 살아갈 수 있기를 간절히 바랍니다.

4. 요셉의 꿈은 자신의 출세를 뛰어넘어 공동체의 사회적 상상력을 갖게 하였습니다.

요셉은 고난의 시절을 살면서도 어린 시절의 그 꿈을 한시도 잊지 않았습니다. 곡식단이 자기에게 절하던 꿈, 해와 달과 열한 별이 자기에게 절하던 그 꿈을 절대로 잊지 않았습니다. 이것은 하나님이 나를 들어서 사용하시며 우리 민족의 역사를 새롭게 하실 것이라는 사실을 깊이 자각한 것입니다. 그래서 이렇게 진정한 꿈은 나를 뛰어넘어 내가 속한 공동체를 위하여 놀라운 사회적 상상력을 갖게 만드는 것입니다. 여러분도 꿈을 통하여 사회적 상상력을 분명히 가져서 여러분뿐만 아니라 내가 속한 공동체를 살려내는 성도들이 꼭 되시기 바랍니다.

저는 꿈 이야기를 하면 마음속에 강력하게 떠오르는 인물이 있습니다. 1963년 3월 8일, 미국의 워싱턴 인권 대행진 때 새까만 흑인 한 사람이 군중들 앞에서 이런 연설을 하였습니다.

"오늘도 내일도 곤란은 첩첩이 쌓여 있습니다. 그러나 나는 꿈을 꿉니다(I Have a Dream). 언젠가는 미시시피주까지도 자유와 정의의 오아시스로 변하리라고. 나는 꿈을 꿉니다(I Have a Dream). 나의 삼 남매가 피부색이 아니라 인격의 내용으로 판단되는 나라에 살게 될 것이라고. 나는 꿈을 꿉니다(I Have a Dream). 남쪽 알리바마 주에서도 검고 또 흰 아이들의 손이 정답게 뭉쳐지리라고. 이 꿈만 버리지 않는다면 우리는 절망의 동산에서 희망의 반석을 캐내고 이 꿈만 놓치지 않는다면 미국 내에 꽉 차 있는 불협화음을 형제 사랑의 아름다운 심포니로 변화시킬 수가 있을 것입니다."

이 연설의 제목이 바로 "I have a Dream, 나에게는 꿈이 있습니다"

이고 이 유명한 연설을 한 사람이 바로 미국의 인권운동가 마틴 루터 킹 목사님입니다. 바로 이러한 마틴 루터 킹 목사님의 사회적 상상력은 지금도 미국 사회를 도도히 흐르는 정신적 물결이 되었고 그 꿈이 결국은 위대한 나라를 이루게 한 것입니다.

하나님께서는 우리에게 각자 놀라운 꿈을 주셨습니다. 모든 꿈은 서로 다르지만 하나님 안에서 우리는 모두 꿈꾸는 사람입니다. 그런데 지금 여러분의 꿈은 어디에 있습니까? 혹시 어디로 다 사라져 버린 것은 아닙니까? 지금의 내 모습을 그저 팔자소관으로 돌리면서 그냥 그렇게 사는 것은 아닙니까? 꿈을 꾸며 살아야 합니다. 꿈꾸지 아니하면 평생을 자기 행위에 대해서 합리화만 하다가 그저 있으나 마나 한 안타까운 인생으로 끝을 맺게 되는 것입니다.

제가 참 좋아하는 표현이 하나 있습니다. "너는 생각한 대로 살라. 그렇지 않으면 산 대로 생각하게 된다." 산 대로 생각하며 그저 합리화만 하는 인생을 살지 마시고 진실로 생각한 대로 살아서 꿈을 꾸고 꿈을 이루며 목적 있는 삶을 살아가는 성도가 꼭 되시기를 바랍니다.

오늘 본문에는 참 인상적인 장면이 한 가지 등장하고 있습니다. "그의 형들은 시기하되 그의 아버지는 그 말을 간직해 두었더라"(창 37:11). 이 구절은 꿈꾸는 사람이 있는가 하면 그 꿈을 이해하고 그 꿈을 세워 주는 사람도 있다는 것입니다. 사실은 아버지 야곱도 꿈의 사람이었습니다. 그래서 그 아들의 꿈을 기억하고 마음에 잘 간직해 두었던 것입니다.

여러분의 가정이 꿈의 가정이 될 수 있기를 바랍니다. 한 사람이 꿈을 꾸면 가족들은 그 꿈을 세워 주고 밀어주는, 진실로 그런 꿈의 가정이 꼭 될 수 있기를 바랍니다. 꿈꾸는 사람을 시기하고 넘어뜨리려고 하지 말고 오히려 꿈을 강화해 주고 북돋아 주며 꿈을 서로 나누는 꿈의 공동체가 꼭 되시기를 바랍니다.

꿈꾸는 사람만이 하나님의 영광을 보며 꿈을 꾸는 사람만이 하나님의 역사를 이룹니다. 하나님은 우리에게 꿈을 주시고 그 꿈을 도와주시며 결국에는 그 꿈을 이루게 하시는 우리의 주님이십니다. 그러므로 여러분은 꿈을 꾸시기 바랍니다. 우리가 가만히 있으면 하나님도 가만히 계십니다. 우리가 꿈을 꾸고 꿈대로 살고 꿈을 향해 나아가면 하나님은 반드시 함께하셔서 그 꿈을 이루어주시는 것입니다.

우리의 꿈이 다 거창할 필요는 없습니다. 세계를 살리는 꿈만이 아니라 한 사람을 살리는 꿈도 너무나 소중한 것입니다. 소박한 꿈도 다 하나님이 주시는 것입니다. 그러므로 맹목적인 꿈, 나의 야망을 드러내는 꿈이 아니라 하나님이 주시는 꿈, 크든 작든 하나님이 주시는 거룩한 꿈을 꾸면서 여러분의 인생을 살아가시기 바랍니다.

오늘 저는 요셉의 꿈 이야기를 통해 꿈이 가지는 네 가지 기능에 대해 말씀을 드렸습니다. 꼭 기억하시면 좋겠습니다. 첫째로 꿈을 꿈으로 현실의 고난을 다 이겨내고, 둘째로 꿈을 꿈으로 성실과 최선을 다하며, 셋째로 꿈을 꿈으로 성결하고 진실된 삶을 살아가고, 넷째로 꿈을 꿈으로 놀라운 사회적 상상력으로 아름다운 세상을 만들어나가는 여러분 되시길 간절히 바랍니다.

016

범사에 형통하게
하심을 보았더라

지금 우리는 아브라함, 이삭, 야곱을 거쳐서 요셉의 이야기 속으로 들어와 있는데 한 마디로 요셉은 꿈의 사람입니다. 요셉은 열일곱 살 때부터 꿈을 꾸기 시작하였는데 그 꿈은 너무나 생생하고 강렬해서 생시에도 요셉의 삶을 이끌어가는 힘과 원동력이 되었습니다. 그 꿈은 전혀 실현 가능성이 없어 보이는 꿈이었지만 요셉은 결코 그 꿈을 잊지도 않았고 의심하지도 않았고 절대 버리지도 않았습니다.

그래서 요셉은 꿈을 붙들고 모든 고난을 다 이겨내고 가는 곳마다 성실하였고 자신을 거룩하게 지켜나갔습니다. 고향 땅에서 정처 없이 팔려와 애굽까지 내려왔으면 자신의 신세를 한탄하고 절망 가운데 살아갈 법도 한데 요셉은 결코 좌절하지 않았습니다. 그 이유는 무엇입니까? 네, 그것은 바로 꿈 때문이었습니다. 요셉은 열일곱 살 때 꾸었던 그 꿈들을 끝까지 붙들고 날마다 성실하게 최선을 다하는 삶을 살아갔던 것입니다.

요셉은 꿈 때문에 형들의 시기를 받아 결국 애굽으로 팔려갔습니다.

애굽 왕 바로의 친위대장 보디발은 애굽으로 팔려 온 요셉을 사서 자기 집으로 데려갔습니다. 그런데 요셉은 그 집에서도 얼마나 성실하였던지 보디발이 요셉을 자기 집의 가정총무로 삼았습니다. 그러고는 보디발이 자기 소유 전부를 요셉의 손에 다 위탁하고 요셉이 그 모든 것을 다 주관하게 하였습니다. 이렇게 요셉이 가정총무로서 그 모든 역할을 잘 감당하니까 하나님께서 요셉을 위하여 보디발의 집에 큰 복을 내려주셨고 그 집은 크게 번창하게 되었습니다.

이렇게 참 아름다운 역사를 이루며 잘 살아갔는데 그 집의 주인 보디발의 아내 되는 여인은 아주 음심이 가득한 사람이었습니다. 요셉이 용모가 빼어나고 아름다워서 그랬는지 보디발의 아내는 젊은 요셉에게 눈짓을 보내고 자기와 동침하자고 요셉을 유혹하였습니다. 하지만 요셉은 그 유혹을 이렇게 말하며 단호히 거절하였습니다. "내 주인이 집안의 모든 일을 내 손에 위탁하고 아무것도 금하지 아니하였어도 금한 것은 당신뿐이니 당신은 그분의 아내가 아닙니까? 그런즉 내가 어찌하여 이 큰 악을 행하여 하나님께 죄를 짓겠습니까?"(창 39:8-9 참조).

이쯤 말하였으면 물러나야 하는데 그런데 보디발의 아내는 그렇지가 않았습니다. 10절에 보니까 날마다 동침하자고 요청하였습니다. 그러나 요셉은 절대로 그 유혹에 넘어가지 않았고 함께 있지도 않았습니다. 하나님이 주신 거룩한 꿈이 있었기 때문에 요셉은 그 꿈을 가지고 모든 유혹을 이겨내었던 것입니다.

그런데 이 여인도 정말 성적으로 집요한 여인 같습니다. 7절에서 처음 동침하자 요청하였고, 10절에서는 날마다 요청하였으며, 이제 11절에서는 그것을 행동으로 옮기고 있습니다. 하루는 요셉이 일하기 위해 그 집에 들어갔는데 마침 그때 집 안에 사람이 하나도 없는 틈을 이용해서 갑자기 그 여인은 요셉의 옷을 잡고 동침하자고 졸랐습니다. 그러나 요셉은 그것을 뿌리치고 그 집에서 뛰쳐나왔는데 그 과정에서 겉옷이 벗겨지고 요셉은 그냥 그것을 버려두고 급히 밖으로 나갈 수밖에 없었습니다.

그런데 이렇게 자기 뜻을 이루지 못하자 그 여인은 갑자기 태도가 돌변하여서 이제는 요셉을 모함하기 시작하였습니다. 자기 집의 사람들을 불러서 "저 히브리 사람이 나를 희롱하고 나와 동침하자고 하여서 내가 소리를 질렀더니 그가 자기 옷을 버려두고 도망하였다"고 요셉을 모함하였습니다. 그리고 자기 주인이 돌아왔을 때도 똑같이 "당신이 데려온 저 히브리 종이 나를 희롱하려 하여서 내가 소리를 질렀더니 그가 옷을 버려두고 도망하였다"고 재차 모함하였습니다. 이 말을 들은 보디발은 자기 아내의 말만 믿고서는 심히 노하였고 결국 요셉을 왕의 죄수들을 가두는 감옥에 가두고 말았습니다.

이 일련의 과정이 창세기 39장에 기록되어 있는데 이 창세기 39장에는 요셉의 삶에 있어 너무나 귀한 표현이 등장하고 있습니다. 한 번도 아니고 무려 네 번씩이나 등장하고 있습니다. 가장 먼저는 창세기 39장 2절 말씀입니다. 이 2절의 상황은 모함을 받기 전의 상황입니다.

"여호와께서 요셉과 함께하시므로 그가 형통한 자가 되어 그의 주인 애굽 사람의 집에 있으니"(창 39:2).

여기 이 구절에 정말 천금과 같은 표현이 등장하고 있습니다. "여호와께서 요셉과 함께하심으로!" 네, 이 표현은 요셉의 삶에 있어서 가장 중요한 표현입니다. 그리고 이렇게 하나님께서 요셉과 함께하신 그 결과는 "그가 형통한 자"가 되었다는 것입니다. 그래서 이 두 가지 내용을 함께 이어서 우리 마음속에 되뇌어 보면 하나님께서 요셉과 함께하심으로 요셉이 형통한 자가 되었다는 말씀입니다.

그다음에 두 번째로 3절 말씀을 보겠습니다. 이 구절 역시 모함받기 직전의 상황입니다.

"그의 주인이 여호와께서 그와 함께하심을 보며 또 여호와께서 그의 범사에 형통하게 하심을 보았더라"(창 39:3).

이 구절은 이제 요셉 당사자뿐만 아니라 요셉의 주인도 여호와께서 요셉과 함께하시고 또 여호와께서 요셉의 범사에 형통하게 하시는 것을 보았다는 것입니다. 정말 이것도 대단한 모습이 아닐 수 없습니다.

그다음에 셋째로 21절로 넘어가 보겠습니다. 이제 이 구절은 요셉이 모함을 받아 왕의 죄수를 가두는 감옥에 갇히게 된 그 상황에서 주신 말씀입니다.

"여호와께서 요셉과 함께하시고 그에게 인자를 더하사 간수장에게 은혜를 받게 하시매"(창 39:21).

여기 또 나왔습니다. "여호와께서 요셉과 함께하시고" 그리고 그렇게 하나님께서 함께하신 그 결과가 무엇입니까? "그에게 인자를 더하사 간수장에게 은혜를 받게 하시매" 그러니까 하나님께서 역사하셔서 간수장이 요셉에게 은혜를 베풀게 하셨다는 것입니다. 그 결과 간수장은 옥중 죄수를 다 요셉의 손에 맡겼고 감옥 안의 그 제반 사무를 요셉이 다 처리하게 하였습니다.

그다음에 마지막 네 번째로 23절 말씀입니다.

"간수장은 그의 손에 맡긴 것을 무엇이든지 살펴보지 아니하였으니

이는 여호와께서 요셉과 함께하심이라. 여호와께서 그를 범사에 형통하게 하셨더라"(창 39:23).

이 구절은 창세기 39장의 총 결론입니다. 하나님께서 요셉과 함께하심으로 다른 사람에게도 은혜를 입게 하셨고 그 결과 요셉은 범사에, 모든 일에 형통하게 되었습니다. 정말 참으로 놀랍지 않습니까? 성경에 똑같은 표현이 계속 나오면 그것은 그만큼 중요하다는 뜻입니다.

감옥 안에서도 성실하였고 결코 꿈을 잃지 않았던 요셉은 감옥에 함께 갇혀 있던 술 맡은 관원장, 떡 굽는 관원장의 꿈을 해석해 줌으로써 애굽 왕 바로 앞에 설 기회를 얻었습니다. 그 후에는 애굽 왕 바로의 꿈까지 해석해 줌으로써 요셉은 그 바로의 꿈을 실행에 옮길 가장 적합한 사람으로 인정되어서 마침내 요셉은 애굽의 총리가 되었습니다.

요셉은 열일곱 살 때 꿈을 꾸었습니다. 형들의 곡식단이 자기에게 절하는 꿈을 꾸었습니다. 그리고 해와 달과 열한 별이 자기에게 절하는 꿈을 꾸었습니다. 이 꿈은 밤에 잠을 잘 때 꾸었던 꿈이었지만 너무나 강렬하고 생생하여서 낮에 깨어있을 때도 그 꿈은 요셉을 이끌어가는 원동력과 비전이 되었습니다.

그렇게 생생한 꿈을 가슴에 안고 요셉은 현실의 모든 고통을 다 이겨나갔고 그 꿈을 마음에 품고 모든 일에 성실과 최선을 다하였으며 그 꿈은 하나님이 주신 거룩한 꿈이었으므로 자신의 삶도 거룩하고 성결하게 지켜나갔습니다. 그리고 그 꿈은 요셉 자신만의 출세를 뛰어넘어 하나님의 구속사를 이루는 민족의 꿈이 되었고 마침내 애굽의 모든 것을 다스리는 총리가 된 것입니다.

이렇게 요셉을 요셉 되게 한 것은 그가 한시도 잊지 않았던 꿈 때문이었습니다. 여기서 참으로 중요한 것은 그 꿈은 개꿈도 돼지꿈도 아닌 하나님께서 주신 꿈이라는 것입니다. 꿈을 주시며 그 꿈을 이루게 하시는 하나님은 이제 39장에 와서 아주 분명하게 말씀해 주시는데 그것도 네 번씩이나 "하나님이 요셉과 함께하심으로 요셉이 형통한 자가 되었다"고 말씀하고 계시는 것입니다. 이 신앙 정신은 진정으로 우리가 기억해야 할 너무나 중요한 말씀이 아닐 수 없습니다. "하나님께서 함께하심으로 형통하게 되었더라."

그런데 여기서 말씀하시는 형통이란 아무 일도 없이, 아무 문제도 없이 그저 편안한 삶을 말하는 게 아닙니다. 요셉이 아무 일이 없었습니까? 요셉이 아무 문제가 없었습니까? 아니죠. 여러분의 삶을 보세요. 아무런 문제가 없습니까? 아닙니다. 그런 삶은 존재할 수가 없습니다. 우리가 살아가는 모든 인생은 온통 다 문제투성이입니다. 이게 인생입니다.

그렇다면 이 39장에서 말씀하시는 "형통하게 되었다"는 것이 도대체 무슨 뜻입니까? 여기서 말씀하시는 형통은 하나님께서 함께하심으로 나타나는 결과를 말하는 것입니다. 여전히 문제가 많지만 하나님이 함께하심으로 그것을 극복할 수 있게 되는 것을 말하는 것입니다. 참으로 힘들고 어렵지만 하나님이 함께하심으로 용기가 생겨 그 모든 것을 이겨나가는 것을 말하는 것입니다. 참 인생이 고독하고 쓸쓸하지만 하나님이 함께하심으로 내가 절대로 혼자가 아님을 깨닫게 되는 것을 말하는 것입니다.

지난 주일에 야곱 이야기를 할 때 야곱의 인생 공식은 "당신이 내게 축복하지 아니하면 가게 하지 아니하겠나이다"라는 것이라고 말씀드렸습니다. 그런데 오늘 요셉의 인생 공식은 바로 이것입니다. "하나님께서 함께하심으로 형통하게 되었더라." 이 인생 공식을 여러분의 인생 공식으로 삼으시기 바랍니다. 진실로 하나님께서 함께하셔야 우리 인생이 형통할 수 있습니다. 하나님께서 함께하셔야 우리 인생이 가장 귀하고 아름다운 인생이 될 수 있는 것입니다.

그래서 우리가 인생을 살아갈 때 하나님께서 나와 함께하심을 분명히 믿고 살아가는 것은 너무나 중요합니다. 이 신앙은 가장 원초적인 신앙입니다. 모든 신앙의 양태들 가운데 가장 실제적이고 구체적인 신앙이라고 할 수 있습니다.

하나님이 나와 함께하신다는 믿음이 왜 중요한가 하면 하나님이 나와 함께하신다고 믿으면 첫째로 내 안에 아주 깊은 '신뢰감'이 생깁니다. 이 신뢰감은 어떤 상황에서도 하나님이 나와 분명히 함께하시고 결국에는 나를 책임져주실 것이라고 하는 신뢰감인데 이것은 우리 인생에 너무너무 중요한 것입니다. 둘째로 이 신뢰감은 우리에게 마음의 지극한 '평안함'을 가져다줍니다. 그래서 하나님께 다 맡겨드리고 하나님께서 알아서 해주실 것이라고 믿게 되니 우리 내면에는 아주 놀라운 주님의 절대 평안이 임하게 되는 것입니다. 셋째로 이 절대 평안이 우리 가운데 임하게 되면 아주 놀라운 '용기'가 생겨납니다. 하나님이 나와 함께하시니까 다시 일어설 수 있는 용기가 생기고 하나님이 나와 함께하시니까 고난을 헤쳐나가는 담대함이 내 속에서 불일듯하게 일어나는 것입니다.

"하나님께서 함께하심으로 형통하게 되었더라." 이 요셉의 인생 공식을 여러분의 인생 공식으로 삼으시고 이 확신 때문에 신뢰감, 평안함, 용기를 얻어서 날마다 승리하는 성도 여러분 꼭 되시기를 바랍니다.

어느 날 밤 한 그리스도인이 꿈을 꾸었습니다. 그 꿈은 주님과 함께 해변을 걷고 있는 꿈이었습니다. 그 꿈속에서 하늘 저편에 자신의 인생의 장면들이 번쩍이며 비치기 시작하였습니다. 한 장면씩 지나갈 때마다 그는 모래 위에 난 두 쌍의 발자국을 보았습니다. 그 발자국들은 하나는 자기 것이었고 다른 하나는 주님의 것이었습니다.

인생의 마지막 장면이 비췄을 때 그는 모래 위의 발자국을 뒤돌아보았습니다. 그런데 그는 자기가 걸어온 길에 발자국이 하나밖에 없는 때가 많다는 사실을 알게 되었습니다. 그때는 자기 인생에 있어 가장 힘들고 어렵고 눈물을 많이 흘리던 때라는 것을 알게 되었습니다.

그 사실이 몹시 마음에 걸려 그는 주님께 물었습니다.

"주님, 주님께서는 제가 주님을 따르기로 결심하고 나면 항상 저와 함께하겠다고 말씀하셨습니다. 그런데 지금 보니까 제 삶의 가장 어려운 시기에는 하나의 발자국밖에 없습니다. 주님, 제가 주님을 가장 필요로 했던 그 시기에 주님께서는 왜 저를 버리셨는지 모르겠습니다."

그때 주님께서 대답하셨습니다.

"아니다. 나의 소중하고 소중한 아들아, 나는 너를 사랑하기 때문에 너를 버리지 않는다. 너의 시련과 고난의 시절에 하나의 발자국만 보이는 것은 내가 너를 업고 걸었기 때문이다"(메어리 스티븐슨).

너무나 감동적인 이야기가 아닙니까? 그러니까 내가 가장 힘들었던 때의 그 발자국은 내 발자국이 아니라 주님의 발자국이었던 것입니다.

예전에 TV의 예능 프로그램 중에 아버지가 집에서 아이를 양육하는 〈슈퍼맨이 돌아왔다〉라는 프로그램이 있었는데 아이들의 천진난만한 모습이 참 재미가 있습니다. 그런데 그 프로그램에서 아버지 샘 해밍턴이 두 아들 윌리엄과 밴틀리에게 하루는 너희끼리만 슈퍼마켓에 갔다 오라고 심부름을 시켰습니다. 그렇게 심부름을 시켜놓고서는 아버지가 그 아이들 모르게 뒤에서 따라가는 모습을 보았습니다.

그 모습을 보면서 저는 조금 전에 말씀드린 '모래 위의 발자국' 예화가 아주 강력하게 떠올랐습니다. 하나님은 우리가 인생을 살아갈 때 그냥 내버려 두시는 것이 절대 아니고 날마다 우리와 함께하시는 것입니다. 이것을 분명히 믿으시기 바랍니다. 하나님은 우리와 함께하십니다. 그리고 또 한 가지 하나님이 함께하심으로 비로소 우리는 형통한 삶을 살아갈 수 있게 된다는 것을 믿으시기 바랍니다. 그래서 하나님이 우리와 함께하신다는 것을 분명히 믿게 되면 하나님께 대한 무한한 '신뢰감' 이 생기는 것입니다. 하나님이 나와 함께하신다고 믿게 되면 그다음에는 하나님이 다 알아서 하실 것이라고 하는 '절대 평안' 이 생깁니다. 그리고 하나님이 나와 함께하시는 것을 믿게 되면 세상이 감당치 못하는 놀라운 '용기' 가 생겨나는 것입니다.

지금 요셉은 아버지의 각별한 사랑을 받던 아들이었는데, 채색옷만 입던 아들이었는데 목에 사슬을 감고 손과 발이 묶인 채 애굽으로 팔려가 비참한 노예가 되고 말았습니다. 신세가 달라져도 이렇게 달라질 수 있단 말입니까? 심지어 지금은 억울한 누명을 쓰고 감옥에까지 갇히게 되었습니다. 그런데 창세기 39장은 놀라운 이야기를 전해주고 있습니다. "하나님이 요셉과 함께하심으로 요셉이 형통한 자가 되었더라."

바로 이것입니다. 이것이 바로 요셉의 인생 공식이었습니다. 요셉은 하나님이 함께하심으로 형통하였습니다. 이것은 오늘 우리에게도 너무나 중요한 것입니다. 정말 우리도 평생 인생 공식으로 삼아야 할 너무나 중요한 신앙 정신입니다. "하나님이 나와 함께하심으로 내가 평생에 형통한 자가 되었더라." "하나님이 우리 가정과 함께하심으로 우리 가정이 평생에 형통한 가정이 되었더라." 진실로 여러분도 요셉처럼 하나님이 함께하심을 분명히 믿으시고 신뢰와 평안과 용기를 가지고 날마다 승리하는 성도가 되시기를 간절히 바랍니다.

017

성경153올람

나를 이리로 보낸 이는 하나님이시라

오늘은 요셉 이야기를 마감함과 동시에 또 창세기를 마감하는 주일입니다. 그러면 창세기를 한번 정리해 볼까요? 창세기는 1장부터 11장까지를 '원역사'라고 부르는데, 그중에서 1~2장은 세상과 인간의 창조와 그기원에 대해 알려주고 있습니다. 그리고 3~11장까지는 인간의 타락과 죄악의 고질적인 증가에 대해 보여주고 있는데 이렇게 타락한 인간의 역사는 결국은 실패한 역사로 끝을 맺고 말았습니다.

그 후에 창세기 12장에 와서 하나님은 인간을 구원하실 것을 작정하시고 새롭게 '구속사'를 시작하십니다. 구속사를 위해 처음으로 선택한 인물이 바로 아브라함이고 그 뒤로 이삭, 야곱, 요셉에 관한 이야기를 그동안 우리가 함께 읽어왔습니다.

창세기 12장부터 진행되는 구속사 중 특별히 12~50장까지를 우리는 '족장사'라고 부르고 있습니다. 이 족장사는 하나님의 약속이 어떻게 이루어지는지 하나님 약속의 실현 과정을 보여주고 있습니다. 하나님께서 아브라함에게 하신 두 가지 약속, 땅에 관한 약속과 후손에 관한 약속이 세대를 흘러가며 어떻게 실현되고 있는지에 대해 잘 알려주고 있는 것입니다. 전체적으로 봐서는 '약속의 실현 과정'인데, 또 한편 네 사람의 족장들 각 개인의 면면을 살펴보면 우리는 아주 중요한 신앙 정신을 배울 수가 있는 것입니다.

먼저 아브라함에게는 '믿음'이 참 중요하고 이삭에게는 '온유'가 참 중요하며, 그리고 야곱에게는 '축복'이 가장 중요합니다. 그리고 지금 우리가 살펴보고 있는 요셉은 '꿈'이 참 중요합니다. 하나님 주신 거룩한 꿈을 가지고 요셉은 현실의 고난을 다 이겨내고 성실과 최선을 다하고 거룩하고 성결하게 살아가며 사회적 상상력으로 하나님의 뜻을 이루고 있습니다.

이제 오늘의 말씀은 요셉의 이야기를 마감하는 내용인 동시에 족장사를 마감하는 이야기이고 또 창세기를 마감하는 아주 중요한 내용입니다. 요셉은 꿈으로 말미암아 형들의 시기를 받아 애굽으로 팔려 가게 되었고 그 꿈으로 말미암아 크나큰 고난과 고통을 받았지만 그런데도 한 시도 그 꿈을 잊지 않았습니다. 애굽으로 팔려 가서도 그 꿈을 붙들고 성실과 최선을 다하였고 그 결과 보디발의 집 가정총무가 되었습니다. 거기서 요셉은 보디발의 아내의 유혹을 뿌리치다가 모함을 받아 왕의 죄수를 가두는 감옥에 갇히게 되었습니다.

그러나 이 모든 일련의 과정에서도 너무나 중요한 사실 한 가지는 "하나님께서 요셉과 함께하심으로 요셉은 범사에 형통하였다"(창 39:23)는 사실입니다. 요셉은 바로 이 인생 공식을 가지고 감옥 안에서도 성실하였고 그 결과 감옥의 간수장은 모든 일을 요셉의 손에 다 맡겨 처리하게 하였습니다.

이런 중에 바로왕의 술 맡은 관원장과 떡 맡은 관원장이 애굽 왕에게 범죄하여 그 감옥 안으로 들어오게 되었습니다. 이 두 사람이 밤에 꿈을 꾸었는데 각자가 꾼 꿈이 무슨 뜻인지를 몰라 크게 근심하였습니다. 이 모습을 보고 요셉은 하나님의 지혜로 그들의 꿈을 해석해 주었습니다. 과연 요셉이 해석해 준 대로 술 맡은 관원장은 사흘 만에 전직을 회복하게 되었고 떡 맡은 관원장은 사흘 만에 그만 바로에 의해서 처형을 당하고 말았습니다.

이 모든 과정은 다 하나님께서 요셉과 함께하심으로 요셉이 형통하게 되는 과정들인데 이제 그 뒤로는 더욱더 본격적으로 하나님께서 섭리하기 시작하셨습니다. 요셉이 꿈을 해석해 주어서 한 사람은 전직을 회복하고 한 사람은 처형을 당한 뒤로 2년이 흘렀습니다. 이제는 애굽의 바로왕이 꿈을 꾸었습니다. 그가 나일 강가에 서 있는데 먼저 아름답고 살진 일곱 암소가 강가에서 올라와 풀을 뜯어 먹었습니다. 그리고 이어서 흉하고 파리한 일곱 암소가 또 강가에서 올라와서 그들과 함께 있다가 갑자기 그 흉하고 파리한 소들이 아름답고 살진 일곱 암소를 잡아먹는 꿈을 꾸었습니다.

이어서 바로왕은 또 꿈을 꾸었는데 이번에는 한 줄기에 무성하고 충실한 일곱 이삭이 나오고 잠시 뒤에 가늘고 마른 일곱 이삭이 나왔습니다. 그런데 또 갑자기 가늘고 마른 일곱 이삭이 무성하고 충실한 일곱 이삭을 삼켜버리는 꿈을 꾸었습니다.

이런 꿈들을 꾸고 그 꿈 때문에 바로왕이 크게 번민하였는데 애굽의 점술가와 현인들을 다 불러 모아서 그 꿈을 해석해 보라고 하였지만 아무도 해석하는 자가 없었습니다. 바로 이때 술 맡은 관원장은 2년 전에 자기의 꿈을 해석해 준 요셉이 비로소 생각났고 바로왕에게 요셉을 천거하게 되었습니다.

이렇게 해서 마침내 바로 앞에 서게 된 요셉은 자기가 믿는 하나님께서 왕의 꿈을 편안하게 해석해 주실 것이라고 말하면서 바로의 꿈을 경청하였습니다. 이렇게 바로의 꿈 이야기를 전해 들은 요셉은 아주 명쾌하게 그 꿈을 해석해 주었는데 지금 왕이 꾼 꿈은 두 가지이지만 사실 그 꿈들은 하나의 꿈이라고 알려주었습니다.

일곱 좋은 암소와 일곱 좋은 이삭은 7년 동안 풍년이 든다는 것이고 흉한 일곱 소와 동풍에 말라 속이 빈 일곱 이삭은 7년 동안 흉년이 든다는 것임을 알려주었습니다. 이어서 요셉은 그 해결책까지 제시해 주었는데 지금 상황이 이러하니까 왕께서는 명철하고 지혜 있는 사람을 택하여서 이 모든 것을 잘 대비하라고 일러주었습니다.

이렇게 아무도 해석하지 못하는 자신의 꿈에 대하여 아주 명쾌하게 해석해 주고 또 해결책까지 제시해 주는 요셉을 보고 바로왕의 마음은 크게 감동된 것 같습니다. 바로왕은 이렇게 하나님의 영에 감동된 사람을 우리가 어찌 찾을 수 있겠는가 말하면서 요셉을 애굽의 총리대신으로 삼았습니다.

하나님은 요셉이 17세가 되었을 때 꿈을 꾸게 하셨는데 이 꿈은 밤에 잠을 잘 때 꾸었지만 그 꿈은 너무나 강렬하여 생시에도 요셉을 이끌어가는 비전이 되었습니다. 이렇게 17세 때 꿈을 꾸었는데 13년 뒤 요셉의 나이 30세가 되었을 때 하나님께서 함께하심으로 마침내 그 꿈대로 요셉은 애굽의 총리대신이 되었습니다. 꿈은 이루어집니다. 하나님께서 주신 꿈은 결코 소멸되지 않습니다. 우리가 그 꿈을 잃어버리지만 않는다면 하나님은 반드시 그 꿈을 이루어주시는 것입니다.

이런 내용이 창세기 41장까지 기록되어 있고 이제 42장부터는 또 다른 장면이 소개되고 있는데 이제 그다음 이야기는 제가 축약해서 아주 간단하게 말씀드리겠습니다.

가나안 땅에도 기근이 찾아와서 애굽에 곡식이 있다는 소식을 듣고 야곱은 베냐민을 뺀 열 명의 아들들을 곡식을 사러 애굽으로 보냈습니다. 그 뒤에 요셉은 곡식을 사러 애굽에 온 사람들 틈에 자기 형들이 있음을 발견하고 자기 신분을 숨기고는 그들을 향하여 정탐꾼이라고 말하며 형들을 시험하였습니다. 이때 형들은 자신들의 가족사를 밝히면서 자기들은 정탐꾼이 아님을 주장하였습니다. 이에 요셉은 너희 중에 한 사람은 여기 감옥에 갇혀 있고 나머지는 급히 가서 막내를 데리고 오면 내가 너희는 정탐꾼이 아님을 믿고 너희를 살려주겠다고 말하였습니다.

이런 모든 과정에서 형들은 요셉이 통역 없이도 들을 수 있다는 것을 모르고 자기들끼리 하는 말로써 그 옛날 요셉을 팔아넘긴 것에 대해 깊은 통회를 하기도 하였습니다. 이렇게 해서 시므온이 대신 감옥에 갇혀 있기로 하고 나머지 아홉 형제는 다시 가나안땅으로 돌아가서 아버지에게 애굽에서 있었던 이야기를 자세히 전하였습니다.

그 이야기를 전해 듣고 아버지 야곱은 매우 놀랐지만 결국 베냐민을 데리고 다시 애굽으로 가게 되었습니다. 그런데 이런 여러 과정에서 요셉의 형들은 돈 자루 시험도 통과하고 은잔의 시험도 통과하면서 요셉이 보기에 많은 부분에 참 아름다운 모습으로 변해 있었습니다.

이런 모습을 보고 마침내 요셉은 다른 애굽인들을 그 현장에서 다 물리고 아주 크게 울면서 형들에게 비로소 자기 신분을 밝혔습니다. 요셉이 신분을 밝히니까 이제 그 형들은 너무나 매우 놀라서 아무 말도 하지 못할 정도로 얼어붙었고 아주 크게 당황하였습니다. 그들은 13년 전에 자기들이 팔아넘긴 요셉이 지금 애굽의 총리대신이 되어 있는 것을 보고 너무나 놀랐고 이어서 이제 자기들은 꼼짝없이 죽었다고 생각하면서 요셉의 보복이 두려워서 크게 당황하며 얼어붙었던 것입니다.

이렇게 아주 크게 놀라고 당황하는 형들에게 이제 요셉은 영적으로 아주 중요한 말을 하고 있습니다. 5절부터 보시기 바랍니다.

"당신들이 나를 이 곳에 팔았다고 해서 근심하지 마소서 한탄하지 마소서. 하나님이 생명을 구원하시려고 나를 당신들보다 먼저 보내셨나이다"(창 45:5).

"하나님이 큰 구원으로 당신들의 생명을 보존하고 당신들의 후손을 세상에 두시려고 나를 당신들보다 먼저 보내셨나니 그런즉 나를 이리로 보낸 이는 당신들이 아니요 하나님이시라. 하나님이 나를 바로에게 아버지로 삼으시고 그 온 집의 주로 삼으시며 애굽 온 땅의 통치자로 삼으셨나이다"(창 45:7-8).

이 구절들을 읽어보면 요셉이 지금 마음속에 떠올리고 있는 어떤 한 개념을 발견할 수 있습니다. 그게 무엇인 것 같습니까? 네 지금 요셉이 생각하고 있는 그 중요한 한 개념은 바로 하나님의 '섭리'입니다. 형들이 요셉을 미워하여서 애굽 상인에게 팔았지만 그것을 크게 보면 하나님의 섭리 가운데 있었던 일이라는 것입니다.

그래서 하나님이 큰 구원으로 우리 가족들을 보존하시려고 섭리 가운데 자기를 먼저 여기로 보내신 것이고 이런 의미에서 자기를 여기로 보내신 분은 형님들이 아니고 하나님이라고 말하고 있는 것입니다. 그뿐만 아니라 그동안 숱한 우여곡절을 겪게 하시면서도 결국에는 자기를 애굽의 총리가 되게 하신 것도 하나님께서 섭리 가운데 인도하신 결과라는 것입니다.

지금 요셉이 말하고 있는 이 신앙 정신을 꼭 여러분의 것으로 삼으시기 바랍니다. 요셉을 섭리하신 하나님은 지금 우리의 삶도 섭리하고 계심을 분명히 믿으시기 바랍니다. 이 세상의 모든 일은 우연히 일어나는 것 같지만 하나님께서 다 관여하시고 하나님께서 그 선하신 목적에 따라 우리를 인도하시고 보존하시고 통치하시는 것입니다.

그러므로 우리가 살아가면서 여러 가지 일에 대하여 너무 일희일비하지 말고 오직 선하신 하나님의 섭리에 우리 인생을 맡기며 살아가는 태도가 참 너무나 중요한 것입니다. 그렇게 하나님의 섭리에 우리 인생을 맡겨드릴 때 마음도 평안해지고 모든 일에 의연할 수가 있고 그 결과로 아주 힘 있고 능력 있는 삶을 살아갈 수 있게 되는 것입니다. 바로 그러한 믿음으로, 그러한 인생의 태도로 살아가면 나중에 지내놓고 보면 하나님께서 섭리 중에 모든 것을 다 합력하여 선을 이루신 것을 우리가 알게 되는 것입니다.

라 퐁텐(Jean de La Fontaine)의 우화에 나오는 아주 의미 깊은 이야기를 하나 들려드리고자 합니다.

어느 날 농사를 짓던 농부가 호박을 바라보면서 이런 생각을 하였습니다. '아니 하나님은 왜 이렇게 연약한 줄기에 이렇게도 큰 호박을 달아줬을까?' 정말 그렇지 않습니까? 그리고 이어서 농부는 또 이런 생각을 하였습니다. '아니 하나님은 왜 이렇게도 굵은 큰 상수리나무에는 참으로 보잘것없는 도토리를 달아주셨을까?' 정말 좀 이상한 것 같습니다.

며칠 뒤에 농부가 상수리나무 아래에서 낮잠을 자는데 무언가 이마에 떨어져서 잠이 깼습니다. 도토리였습니다. 순간 농부는 큰 깨달음을 얻었습니다. "휴, 호박이면 큰일 날 뻔했네."

모든 우주 만물도 하나님께서 다 섭리해 놓으셨고 모든 인간의 생사화복도 다 섭리하고 계시고 이 시간 여러분 한 사람 한 사람의 모든 인생도 반드시 선한 길로 섭리하고 계심을 분명히 믿으시기 바랍니다.

몇 년 전 구미교회 사역 20년과 내 인생 나이 60년을 맞이하면서 이 시간이 저에게는 나름대로 참 의미 있는 시간이어서 '이제 나는 지금 이후로는 어떤 삶을 살아가야 할까?' 아주 깊이 고민해 보았습니다. 우리가 감당하고 있는 〈성경153올람〉 운동도 바로 이런 고민의 결과라고 말씀드릴 수가 있습니다. 이제 딱 목회가 10년이 남았는데 이 시간을 어떻게 목회할까 깊이 고민하던 끝에 〈성경153올람〉 운동이 탄생한 것입니다.

그런데 이렇게 〈성경153올람〉 운동이 하나님이 보시기에 참 좋은 운동이었는지 이 운동을 전개하면서 이번에는 반대로 이 운동이 저에게 아주 큰 영향을 끼치게 되었습니다. 지나간 몇 달 동안 여러분에게 간절한 마음으로 선포한 족장들의 인생 공식, 이것이 너무 중요하다는 생각이 들어서 저는 이제부터 이 4가지를 나의 인생 공식으로 삼고 나머지 인생을 살기로 작정하였습니다.

이제 지금 이후로 제가 20년을 살지 30년을 살지 모르겠습니다만 저는 이제 저의 나머지 인생을 족장들의 4가지 인생 공식을 따라 살기로 마음 깊이 작정한 것입니다.

첫 번째로 나는 나의 나머지 인생을 아브라함을 따라서 참된 '믿음의 삶'을 살고자 합니다. 아브라함은 정말 불가능한 가운데서도 하나님을 믿었고 이 믿음을 하나님께서 그의 의로 여겨주셔서 결국 믿음의 조상이 되었습니다. 바로 이런 아브라함의 모습을 본받아서 저도 환갑 이후에 정말 참믿음으로 나머지 인생을 살고자 합니다. 목사라서 그냥 믿는 척하는 것이 아니라 정말 오직 하나님께 소망을 두고 하나님 앞에 서 있는 단독자로서 참믿음의 삶을 살아가고자 하는 것입니다.

두 번째로 나는 나머지 인생을 살아갈 때 이삭을 본받아 하나님께 대한 깊은 신뢰감으로 '의연한 삶'을 살고자 합니다. 이삭은 오직 하나님의 약속을 부여잡고 그 하나님을 깊이 신뢰하면서 우물 분쟁이 났을 때 네 번씩이나 옮겨가며 우물을 팔 정도로 참 온유하고 의연한 삶을 살아갔습니다. 바로 이 모습을 본받아서 이제부터는 모든 것을 다 하나님께 맡기고 의연하게 살아가려고 합니다. 제가 참 소심하고 걱정도 많이 하는 편입니다. 하지만 이제부터는 그런 걱정 그만하렵니다. 일희일비하지 않고 모든 것 하나님께 맡기고 정말 의연하게 살아가고자 합니다.

세 번째로 나는 나머지 인생을 살아갈 때 야곱처럼 하나님의 것을 내 것으로 삼는 '거룩한 열정의 삶'을 살고자 합니다. 야곱은 자기 인생의 사닥다리를 하나님께 걸치고 부질없는 세상 욕심이 아니라 오직 하나님의 축복을 바라며 살아서 결국은 이스라엘이 되었습니다. 바로 이 모습을 본받아서 저도 내 인생의 사닥다리를 하나님께 걸치고 살아가고자 합니다. 지나가는 것, 부질없는 것에 내 인생을 걸지 말고, 지나치게 좋은 명품, 명예, 자랑, 이런 것들에 내 인생을 걸지 말고 오직 하나님께 소망을 두고 살아가고자 합니다.

저는 몇 년 전 코로나 시기에 제 나름대로 훈련을 많이 했습니다. 이 시기 동안 어떤 욕심 같은 것이 많이 빠져나가는 것을 경험하였습니다. 그래서 세상 욕심이 아니라 오직 하나님께 연결되어서 하나님 안에 사는 즐거움으로 살고자 하는 것입니다.

네 번째로 나는 이제 나머지 인생을 살아갈 때 요셉처럼 하나님이 주시는 대로 '꿈꾸는 삶'을 살고자 합니다. 요셉은 밤에 잠을 잘 때 하나님이 주신 꿈을 꾸었지만 나중에는 그 꿈이 요셉의 삶을 움직이는 비전이되었고 결국은 그 꿈을 통해 자기가 속한 공동체를 살려내었습니다. 바로 이런 모습을 본받아서 저도 나머지 인생을 꿈이 가득한 삶으로 채우고자 합니다.

그리고 정말 본질적인 목회에 최선을 다할 것이고 〈성경153올람〉 운동에 생명을 걸 것입니다. 그리고 저는 70세 은퇴 이후에도 감당할 노후 사역의 꿈까지 만들어 놓고 있습니다. 이걸 생각하면 지금부터 가슴이 뜁니다. 저는 죽을 때까지 하나님의 꿈을 꾸며 살 것입니다.

이제 오늘 우리는 〈성경153올람〉 운동을 감당하는 중에 마침내 창세기를 마감합니다. 창세기를 마감하면서 오늘 우리는 요셉의 고백을 통하여 모든 것은 다 하나님께서 섭리하신다는 사실을 깨달았습니다. 이 하나님의 섭리를 확실히 믿고 아브라함처럼 믿음의 삶을, 이삭처럼 의연한 삶을, 야곱처럼 거룩한 열정의 삶을, 요셉처럼 성결한 꿈을 꾸며 살아가시기를 간절히 바랍니다. 그래서 한 번밖에 없는 너무나 귀한 인생을 족장들의 인생 공식을 따라 날마다 승리하는 삶을 살아가시기를 간절히 바랍니다.

"내가 내려가서 그들을 애굽인의 손에서 건져내고 그들을 그 땅에서 인도하여 아름답고 광대한 땅, 젖과 꿀이 흐르는 땅 곧 가나안 족속, 헷 족속, 아모리 족속, 브리스 족속, 히위 족속, 여부스 족속의 지방에 데려가려 하노라"(출 3:7-8).

PART 3

출애굽

018

성경153올람

네 발에서 신을 벗으라

지난주까지 창세기를 다 마치고 이제 출애굽기 말씀으로 넘어왔습니다. 창세기를 '시작의 책'이라고 한다면 출애굽기는 '해방의 책'이라고 할 수 있습니다. 앞으로 몇 주 동안 우리는 하나님께서 이스라엘 민족을 해방시키시고, 그들을 시내산으로 불러 모으시고, 그곳에서 계약을 체결하시며, 하나님의 백성으로 삼아주시는 너무 중요한 말씀을 함께 상고하고자 합니다.

사실 창세기와 출애굽기 사이에는 430년이라고 하는 긴 시간적 간격이 있습니다. 이에 대해서 창세기 46장 1~4절에서 이렇게 말씀하고 있습니다. "이스라엘이 모든 소유를 이끌고 떠나 브엘세바에 이르러 그의 아버지 이삭의 하나님께 희생 제사를 드리니"(창 46:1). 이 말씀은 아버지 야곱이 요셉의 이야기를 전해 듣고 너무 기뻐서 기운이 소생하고 죽기 전에 가서 요셉을 볼 것이라고 다짐하면서 출발하는 장면입니다.

그런데 야곱은 "과연 지금 내가 애굽으로 내려가야 하나?" 이런 고민을 많이 한 것 같습니다. 왜냐하면 아버지 이삭 때 애굽행은 하나의 금기 사항이었기 때문입니다. 그래서 이 1절 말씀은 야곱이 모든 소유를 이끌고 살고 있던 헤브론을 떠나서 브엘세바까지는 왔는데 그곳에서 애굽으로 내려가는 일에 대해 많이 고민하는 장면입니다.

그런데 그날 밤에 하나님께서 이상 중에 야곱에게 나타나셔서 아주 중요한 말씀을 하셨습니다.

"그 밤에 하나님이 이상 중에 이스라엘에게 나타나 이르시되 야곱아 야곱아 하시는지라. 야곱이 이르되 내가 여기 있나이다 하매 하나님 이 이르시되 나는 하나님이라. 네 아버지의 하나님이니 애굽으로 내 려가기를 두려워하지 말라. 내가 거기서 너로 큰 민족을 이루게 하리 라. 내가 너와 함께 애굽으로 내려가겠고 반드시 너를 인도하여 다시 올라올 것이며 요셉이 그의 손으로 네 눈을 감기리라 하셨더라"(창 46:2-4).

이 구절은 야곱이 애굽으로 내려가야 하나 고민하면서 헤브론에서 브엘세바까지 나아갔을 때 하나님이 나타나셔서 4가지의 말씀을 주신 것을 기록하고 있습니다. "애굽으로 내려가기를 두려워하지 말라." "내가 거기서 너로 큰 민족을 이루게 하리라." "내가 너와 함께 애굽으로 내려 가겠고 너와 함께 올라올 것이다." "너는 거기서 죽을 것이다." 지금 이 말씀은 족장사에 있어서는 마지막으로 하나님께서 현현하신 모습이고 족장들을 통해 내려온 하나님의 신실한 약속을 마지막으로 들려주시는 너무나 귀한 말씀입니다.

그래서 야곱은 그제야 용기를 가지고 자기의 70인 온 가족을 다 이끌고 애굽으로 내려가게 되었습니다. 야곱은 13년 만에 만난 요셉과 눈물의 상봉을 하면서 하나님의 크신 은혜를 찬양하였으며 그 이후로는 바로 왕이 마련해준 고센 땅에서 새로운 삶을 시작하였습니다.

이렇게 야곱의 70인 가족이 애굽으로 내려간 후에 무려 430년의 세월이 흐르게 되는데 그동안 이스라엘 민족에게는 이러저러한 우여곡절이 참 많았습니다. 먼저는 시간이 흘러감에 따라 야곱이 먼저 세상을 떠나게 되었습니다. 야곱은 147세에 열두 아들에게 마음껏 축복하고 마침내 하나님의 부르심을 받았습니다. 그리고 또 시간이 흘러 요셉도 110세를 일기로 하나님의 부르심을 받아 꿈을 꾸며 꿈을 이루며 살았던 파란만장한 삶을 마감하였습니다.

이렇게 해서 요셉과 그의 모든 형제와 그 시대 사람들은 다 죽었지만 이스라엘 자손은 생육하고 번성하여 온 땅에 충만하게 되었습니다. 그 후로 요셉을 알지 못하는 새 왕이 일어나서 애굽을 다스렸는데 이스라엘 민족이 번성하고 강해지는 것을 보고 몹시 두려워하였습니다. 그래서 새 왕은 감독들을 세워서 이스라엘 민족에게 무거운 짐을 지워 괴롭게 하고 국고성 비돔과 라암셋을 건축하는 일을 위해 이스라엘 백성을 노예로 삼아버리고 말았습니다. 그러나 놀라운 사실은 이런 중에도 하나님의 은혜로 이스라엘 백성은 학대를 받으면 받을수록 더욱더 번성하였다는 것입니다.

상황이 이렇게 되자 애굽 왕은 히브리 산파들에게 명령하여서 이스라엘 민족 가운데 아들이 태어나면 죽이고 딸들이 태어나면 살려두라고 엄히 명하였습니다. 그렇지만 히브리 산파들은 하나님을 두려워하여 애굽 왕의 명령을 어기고 남자 아기들을 살려두었습니다. 일이 자꾸 이렇게 되자 이제 애굽 왕은 모든 백성에게 명령하기를 히브리 민족의 아들이 태어나면 나일강에 던지고 딸이거든 살려두라고 엄히 명하였습니다.

바로 이런 시대에 이스라엘 레위 가족 중의 한 사람이 레위 여자에게 장가들어서 아들을 낳게 되었는데 그 생긴 것을 보고 석 달 동안 그 아들을 숨겼습니다. 애굽인들의 감시가 철저하여 이제 더 이상 숨길 수가 없게 되었을 때 갈대 상자를 가져다가 역청과 나뭇진을 칠하고 아이를 거기 담아서 나일강에 띄워 보냈습니다.

그런데 하나님의 섭리가 있었습니다. 애굽 왕 바로의 딸이 목욕하러 나일강으로 내려왔다가 갈대 사이에 있는 상자를 보고 열어보니 히브리 사람의 아기였습니다. 이 광경을 숨어서 지켜보던 그 아기의 누이가 바로의 딸에게 다가가 "내가 당신을 위해 히브리 여인 중에서 유모를 불러다가 이 아기에게 젖을 먹이게 하리이까" 하고 물었습니다.

이 모든 과정에 하나님께서 섭리하셨습니다. 바로왕의 공주는 히브리 아기를 보고 불쌍히 여기는 마음이 있었기에 그 아기의 누이가 히브리 유모를 추천하며 물었을 때 그렇게 하라고 대답하였습니다. 바로 이때 그 아기의 누이는 자기의 어머니, 그러니까 실제로 그 아기의 어머니가 되는 생모 요게벳을 추천하였고 요게벳은 자기 젖을 먹여 친아들을 키우게 되었습니다.

바로의 딸은 나일강에서 갈대 상자에 들어 있던 그 아기를 물에서 건져내었다 하여 '모세' 라고 이름 지어주었습니다. 놀라운 사실은 이 모든 과정을 하나님이 다 섭리하셨다는 것입니다. 모세는 신분상 애굽 왕 바로의 공주의 아들이 되었고 내용상 오히려 자기 친모의 젖을 먹고 자라나게 되었습니다. 이 모든 것은 그야말로 다 하나님의 섭리였습니다.

이렇게 모세가 애굽 왕궁에서 왕자의 신분으로 잘 자라나서 이제 그의 나이 40세가 되었습니다. 모세는 지금 자기가 애굽 왕자의 신분이지만 실제로 자신은 히브리 민족임을 알고 있었던 것 같습니다. 자기를 키웠던 유모가 실제로는 친모인 것을 알게 되었고, 그래서 모세의 마음속에는 자기 동족을 생각하는 마음이 생겨났고 아울러 어머니로부터 여호와 하나님 신앙도 배우게 된 것 같습니다.

이렇게 성장한 모세가 그의 나이 40이 되었을 때 이제 그는 히브리 사람과 애굽인 사이에서 자기의 정체성을 분명히 해야 할 때가 이르렀음을 직감하게 되었습니다. 하루는 자기 종족 형제들이 어떻게 지내는지 궁금하여서 나가 보았는데 자기 종족들이 아주 심한 노동을 하고 있었고 애굽 감독관이 히브리 사람을 심하게 매질하는 것을 보게 되었습니다. 그 순간 모세는 좌우를 살펴 사람이 없는 것을 확인하고는 동족을 사랑하는 마음으로 의협심을 발휘하여 그 애굽 사람을 쳐 죽이고 모래 속에 감추었습니다.

그다음 날 모세가 자기 종족에게로 나가서 보니까 이번에는 동족끼리 두 사람이 싸우고 있었습니다. 그래서 모세가 개입해서 문제를 해결하려 하였습니다. 그랬더니 그 사람이 소리치면서 "누가 너를 우리 재판관으로 삼았느냐. 네가 애굽 사람을 죽인 것처럼 나도 죽이려고 하느냐?" 이렇게 말하면서 대들었습니다. 이렇게 되어서 일이 탄로가 나고 말았고 모세는 바로가 자신을 죽이려고 찾는 것을 알고는 곧바로 바로의 낯을 피하여 아주 먼 미디안 광야까지 도망갈 수밖에 없었습니다.

우리는 이 대목에서 한 가지 중요한 교훈을 발견할 수 있습니다. 지금 모세는 자기가 히브리 민족이라는 자의식을 가지고 나름대로 최선을 다했습니다. 모세가 자기 종족을 핍박하는 애굽인을 쳐 죽여서 모래 속에 감춘 행동은, 사실은 애굽의 왕자로서 누릴 수 있는 수많은 영광을 다 포기하고 자기 민족의 아픔에 동참하는 참으로 의로운 행동이라고 말할 수 있을 것입니다.

그러나 의로운 동기에도 불구하고 그의 살인 행위는 도덕적으로 신앙적으로 결코 용인될 수는 없는 것이었습니다. 왜냐하면 모세의 이 행동은 하나님의 권위나 인정에서 나온 것이 아니라 자신의 혈기와 의분을 갖고 행한 우발적 행동이기 때문입니다.

이것은 우리가 하나님의 일을 할 때 혹은 믿음의 삶을 살아갈 때 참 중요하게 생각해야 할 주제입니다. 좋은 일, 의로운 일이라고 깊이 숙고하지 않고 하나님께 묻지도 않고 자기 마음대로 행하는 것은 치명적인 실패를 가져올 수 있다는 사실을 잘 알아야 합니다. 아무리 좋은 의도라고 할지라도 그 일을 행할 때는 하나님의 뜻을 묻고 하나님의 인도하심을 따르는 신앙적 자세가 우리에게 필요한 것입니다.

바로 이것이 우리가 잘난 체하면 안 되는 이유입니다. 자의적으로 판단해서도 안 되고 내 주장을 너무 내세워도 안 되며 내가 하나님 보다 앞장서서도 안 되는 것입니다. 모든 것이 가하나 모든 것이 다 유익한 것은 아닙니다. 바로 이 사실을 분명히 기억하여 여러분은 절대로 잘난 체하지 말고 오직 하나님의 뜻을 따라 사역하시기 바랍니다.

결국 모세는 인간적 의협심으로 감당한 일이 발각되어서 이 일로 말미암아 저 멀리 미디안 광야까지 도피하였고 거기서 인고의 시간 40년을 보내게 되었습니다. 그러니까 모세는 하나님의 선민으로서의 자의식은 있었지만 인간적인 감정과 혈기로 동족을 위하다가 실패하고야 말았고, 그래서 또 다른 인내와 자숙과 훈련의 시간 40년의 세월이 더 필요했던 것입니다. 그렇게 미디안 광야로 도피하여서 인고의 시간을 보내던 중에 모세는 미디안 제사장의 가문과 연결되었고 그 집안의 딸 십보라와 결혼하여 아들을 낳기도 하였습니다.

그로부터 또 상당한 시간이 흘러서 모세를 핍박했던 애굽 왕은 죽었고 이스라엘 자손은 고된 노동으로 말미암아 탄식하며 하나님께 부르짖었습니다. 이와 같은 이스라엘 백성의 고통의 소리를 하나님께서 들으셨는데 이에 대하여 출애굽기는 이렇게 기록하고 있습니다.

> "하나님이 그들의 고통 소리를 들으시고 하나님이 아브라함과 이삭과 야곱에게 세운 그의 언약을 기억하사 하나님이 이스라엘 자손을 돌보셨고 하나님이 그들을 기억하셨더라"(출 2:24-25).

먼저 이 구절에서 하나님은 우리의 고통 소리를 들으신다고 분명히 말씀하고 계십니다. 이것은 정말 너무나 중요한 말씀입니다. 여러분도 하나님이 나의 고통의 소리를 분명히 들으신다는 것을 꼭 기억하고 살아가시기 바랍니다. 그다음에 이어지는 또 한 가지 중요한 표현은 하나님은 그 옛날 맺어주신 아브라함과 이삭과 야곱에게 세운 그 언약을 기억하신다고 말씀하십니다. 그래서 하나님은 이스라엘 자손을 돌보셨고 그들을 반드시 기억하셨다고 말씀하십니다. 이 말씀도 참 너무 중요한 말씀입니다. 하나님은 우리를 기억하시는 하나님이십니다. 하나님은 우리를 잊지 아니하시고 우리를 반드시 기억해주시는 분입니다.

그래서 이렇게 이스라엘 백성의 고통의 소리를 들으시고 이스라엘 백성을 기억하시는 하나님은 그들을 구원해 내시고자 이제 80세가 된 모세를 부르셨습니다. 이렇게 모세를 불러 소명하시고 이스라엘 백성을 구원해 낼 사명을 허락해 주시는 장면이 바로 오늘의 본문 말씀입니다.

하루는 모세가 장인 이드로의 양 떼를 치는 중에 광야 서쪽으로 이동하였는데 하나님의 산 호렙에 이르게 되었습니다. 이 호렙산은 우리가 익히 알고 있는 시내산과 같은 산입니다. 그곳에 떨기나무가 있었는데 하나님의 사자가 떨기나무 가운데로부터 나오는 불꽃 안에서 그에게 나타나셨습니다. 너무나 신기하게도 떨기나무에 불이 붙어 있었지만 그 떨기나무가 사라지지 않았습니다. 모세는 그 신기한 광경을 보고서는 "내가 돌이켜 가서 이 큰 광경을 보리라. 떨기나무가 어찌하여 타지 아니하는고" 하면서 불붙는 떨기나무 가까이 다가갔습니다.

여기서 '불꽃'은 그 끝이 날카로운 창날처럼 타오르는 화염을 말하는 것인데 흔히 성경에서 불꽃은 죄악을 정결하게 하는 하나님의 심판을 상징하고 있습니다. 여기에서 여호와의 사자가 불꽃 가운데 임한 것은 억압과 고통 속에서 신음하고 있는 히브리 민족에게는 연단과 구원의 상징이고 애굽 민족에게는 소멸하는 불로써 하나님의 심판을 상징하고 있는 것입니다. 여러분도 하나님은 악한 자를 반드시 심판하시고 하나님의 사람을 반드시 구원해 주시는 분이심을 분명히 기억하고 용기백배하게 살아가시기 바랍니다.

이렇게 신기한 광경을 목도한 모세가 불붙는 떨기나무 가까이 다가갔을 때 하나님이 그 가운데서 모세를 부르시며 이렇게 말씀하셨습니다.

"하나님이 이르시되 이리로 가까이 오지 말라. 네가 선 곳은 거룩한 땅이니 네 발에서 신을 벗으라"(출 3:5).

여기서 신을 벗는 행위는 거룩하신 하나님 앞에 부르심을 받은 자가 죄악 된 모습을 다 떨쳐버리고 거룩한 소명자로 우뚝 서야 한다는 것을 의미하고 있습니다. 타락한 인간은 죄악 된 모습 그대로는 하나님 앞에 설 수가 없고 더구나 하나님의 종으로 쓰임 받기 위해서는 반드시 죄악과 단절되어야 함을 알려주신 것입니다.

이것은 오늘날 우리도 마찬가지입니다. 우리가 하나님의 사람으로 살아가기 위해서는 늘 죄를 멀리하고 거룩한 모습으로 하나님과 교제해야 합니다. 하나님의 부르심을 받아 하나님의 일을 감당하는 사람은 그 맡은 사명 이전에 무엇보다 먼저 하나님 앞에서 거룩함으로 자기 자신을 잘 지켜내야 합니다. 우리는 이 시대 하나님의 부르심을 받은 사람들이고 또 이 모양 저 모양으로 하나님의 일을 감당하는 사람입니다. 하나님께서 우리에게 가장 먼저 바라시는 것이 바로 '거룩'임을 기억하고 성결하게 자기 자신을 잘 지켜내는 성도들이 꼭 되시기를 간절히 바랍니다.

이렇게 모세를 부르신 하나님은 이제 이스라엘 백성을 위하여 무슨일을 하실는지 알려주고 계시는데요. 바로 그 내용이 오늘 본문에 잘 나타나 있습니다.

"여호와께서 이르시되 내가 애굽에 있는 내 백성의 고통을 분명히 보고 그들이 그들의 감독자로 말미암아 부르짖음을 듣고 그 근심을 알고 내가 내려가서 그들을 애굽인의 손에서 건져내고 그들을 그 땅에서 인도하여 아름답고 광대한 땅, 젖과 꿀이 흐르는 땅 곧 가나안 족속, 헷 족속, 아모리 족속, 브리스 족속, 히위 족속, 여부스 족속의 지방에 데려가려 하노라"(출 3:7-8).

이 구절에 하나님의 행동을 묘사하는 동사가 무려 7개나 나오는데 그것을 찾아보면 너무나 큰 은혜가 됩니다. 첫째로 내 백성의 고통을 분명히 보고, 둘째로 부르짖음을 듣고, 셋째로 그 근심을 알고, 넷째로 내가 내려가서, 다섯째로 그들을 애굽인의 손에서 건져내고, 여섯째로 그들을 그 땅에서 인도하여, 일곱째로 젖과 꿀이 흐르는 땅으로 데려가려 하노라 말씀하십니다. 이 7가지의 동사는 하나님이 우리를 얼마나 사랑하시는지, 그리고 우리를 구원하기를 얼마나 즐겨하시는지를 아주 분명하게 보여주고 있습니다.

이제 이 말씀을 통하여 우리는 분명히 알게 되었습니다. 하나님께서 하시려는 일이 분명히 있는데 그것은 바로 '내 백성을 구원하는 일'입니다. 하나님은 이 일을 모세를 통하여 이루시려고 지금 모세를 부르고 계시는 것입니다.

고든 맥도날드(Gordon MacDonald) 목사님이 쓴 명저 가운데 「내면 세계의 질서와 영적 성장」이라는 책이 있는데 이 책에서는 현대를 살아가는 모든 사람의 삶의 형태를 두 가지 유형으로 나누고 있습니다.

첫째 유형은 '충동에 이끌리는 삶'인데 그냥 하루하루 충동적으로 본능적으로 감정을 따라 살아가는 삶입니다. 그러면서 욕심을 따라 상처받고 상처 주고, 그래서 하나뿐인 인생을 전쟁터로 만들어가는 참으로 안타까운 삶입니다. 둘째 유형은 '소명에 이끌리는 삶'인데 이 삶은 인생의 목적이 분명하고 무엇을 하며 살아야 할지를 분명히 알기 때문에 하나님의 섭리를 믿고 옹골찬 믿음으로 흔들림 없이 진정으로 보람 있게 살아가는 너무나 멋진 인생입니다.

오늘 우리는 하나님이 진정으로 바라시는 것이 무엇인지를 알았습니다. 그것은 바로 '내 백성'을 구원하는 일입니다. 모세처럼 소명 의식과 사명감을 가지고 소명에 이끌리는 삶을 살아서 생명을 구원하며 진정으로 하나님을 기쁘시게 하는 성도들이 꼭 되시기를 바랍니다.

019

여호와 앞에 대대로
지킬 것이니라

지금 우리는 출애굽기 말씀 속으로 들어와서 해방하시는 하나님의 놀라운 역사를 살펴보며 함께 은혜를 나누고 있습니다.

모세의 일생은 정확하게 40년-40년-40년 이렇게 구분되는데 처음 40년 동안 모세는 애굽의 왕궁에서 자라며 세상의 모든 학문에 능통한 자가 되었습니다. 그의 나이 40이 되었을 때 어설픈 의협심으로 동족을 위하다가 애굽 사람을 쳐 죽였고 나중에 이 일이 발각되어서 미디안 광야로 도피하였습니다. 이것은 인간적인 의협심으로, 준비되지 않은 모습으로 나섰다가 결국 실패할 수밖에 없었던 모습을 보여주고 있습니다.

그 광야에서 모세는 무려 40년을 보냈습니다. 그것은 아주 매우 어려운 인고와 자숙과 훈련의 시간이었습니다. 그 세월이 지나고 모세의 나이 80이 되었을 때 마침내 하나님은 호렙산 떨기나무 불꽃 가운데서 모세를 부르시며 이렇게 말씀하셨습니다. "네가 선 곳은 거룩한 땅이니 네 발에서 신을 벗으라"(출 3:5). 이것은 거룩하신 하나님의 일을 감당하기 위해서는 모세가 거룩한 모습으로 하나님 앞에 서야 함을 말씀하신 것입니다.

그러나 모세는 이러한 하나님의 부르심을 거절하였습니다. 출애굽기 3~4장에 나타나 있는 모세의 소명 장면을 살펴보면 모세는 무려 5번씩이나 거절합니다.

첫째는 "내가 누구이기에 바로에게 갑니까?" 하고 거절하였는데 이때 하나님은 "내가 반드시 너와 함께 있을 것이라"고 약속해 주셨습니다. 두 번째는 "내가 이스라엘 백성에게 가서 하나님의 뜻을 전하면 그들이 내게 '그분의 이름이 무엇이냐' 물을 텐데 제가 뭐라고 대답을 해야 합니까?" 질문하였고, 하나님은 "나는 스스로 있는 자이다(I am who I am). 스스로 있는 자가 나를 너희에게 보내셨다고 말하면 된다"라고 알려주셨습니다. 그래도 모세는 자기 뜻을 굽히지 아니하며 세 번째로 "하나님, 제가 가서 하나님의 말씀을 전하여도 그들은 '하나님께서 네게 나타나지 아니하였다' 고 말할 것입니다"라고 핑계를 댔는데 이때 하나님은 지팡이가 뱀으로 변하고 손에 나병이 발하였다가 사라지는 기적을 보여주시면서 모세를 확신시켜 주셨습니다.

이제 이만하면 모세가 자기 고집을 꺾고 하나님의 부르심에 순종해야 하는데 모세는 네 번째로 "하나님 나는 본래 말을 잘하지 못하는 자입니다"라고 이렇게 변명하였습니다. 이때 하나님은 "내가 사람의 입을 지었다. 내가 너의 입과 함께하겠다"고 분명히 말씀해 주셨습니다. 그런데 모세도 참 어지간합니다. 하나님의 이 말씀을 듣고도 모세는 또다시 "오 주여, 보낼 만한 자를 보내소서"라고 말하였습니다. 이제 하나님은 노를 발하시면서 "너희 형 아론이 있지 아니하냐. 나는 너에게 말한 것을 너는 네 형 아론에게 말하고 그가 너를 대신하여 말하면 된다"고 말씀하시며 "너는 이 지팡이를 손에 잡고 이적을 행하라"고 분명히 말씀해 주셨습니다.

우리는 한편 모세의 이러한 회피와 변명을 어느 정도 이해할 수 있습니다. 그 옛날, 40년 전 그때 인간적인 의협심으로 나섰다가 철저한 실패를 맛보았거든요. 그런 과거의 경험과 더불어 지금 모세는 아무리 생각해 봐도 자기는 너무 부족하고 미천한 사람인데 도무지 이 일을 할 수 없을 것만 같아서 이렇게 자꾸 변명했던 것입니다.

그러나 하나님께서 부르시면 해야 합니다. 어떤 핑계, 어떤 변명도 하나님 앞에서는 통하지 않습니다. 하나님께서 하라 하시면 해야 하고 하나님께서 보내시면 가야 하며 하나님께서 맡기시면 감당해야 합니다. 그리고 하나님은 사명을 맡겨주신 다음에 절대로 방관만 하시는 것이 아니라 아주 철저하게 함께하신다는 사실을 우리가 분명히 알아야 하는 것입니다.

마침내 모세는 하나님의 말씀에 순종하기로 결단하였습니다. 그래서 이스라엘 백성을 해방시키고자 하시는 하나님의 뜻을 따라 애굽 왕 바로를 찾아갔습니다. 바로 왕을 찾아간 모세는 담대히 이렇게 전하였습니다. 그 첫 대면이 이렇게 기록되어 있습니다.

"그 후에 모세와 아론이 바로에게 가서 이르되 이스라엘의 하나님 여호와께서 이렇게 말씀하시기를 내 백성을 보내라. 그러면 그들이 광야에서 내 앞에 절기를 지킬 것이니라 하셨나이다"(출 5:1).

이 표현을 잘 기억해 두시기 바랍니다. "내 백성을 보내라." 영어로 말하면 "Let my people go", 내 백성을 가게 하라는 것입니다. 하나님은 지금 이스라엘 민족을 '내 백성'이라고 부르고 계십니다. 이것은 하나님께서 그 옛날 아브라함에게 주셨던 바로 그 약속인데요. 하나님은 그 약속을 한시도 잊지 아니하시고 기억하고 계셨습니다. 그래서 하나님은 자기 백성 이스라엘이 압제 받는 것, 자기 백성이 고통 중에 울부짖고 있는 것을 다 들으시고 '내 백성'을 가게 하라고 지금 말씀하고 계십니다. 지금 우리가 하나님의 백성입니다. '내 백성을 보내라' 말씀하시는 하나님은 지금 우리도 고통 중에서 구원하시고 악한 세상에서 구원하실 줄로 분명히 믿으시기 바랍니다.

그런데 애굽 왕 바로는 모세가 전하는 하나님의 말씀을 듣지 않았습니다. 그는 마음이 아주 완악한 자였습니다. 그래서 그는 아주 거친 말로 이렇게 말하였습니다. "바로가 이르되 여호와가 누구이기에 내가 그의 목소리를 듣고 이스라엘을 보내겠느냐. 나는 여호와를 알지 못하니 이스라엘을 보내지 아니하리라"(출 5:2).

사실 인간적으로 생각해 봐도 수십만, 아니 수백만 명의 노예가 떠나가겠다는데 이것을 순순히 내줄 왕은 없을 것입니다. 그것은 애굽에게는 아주 큰 손실이었습니다. 그래서 애굽 왕 바로는 모세가 전한 하나님의 명령을 강하게 거부하면서 가서 노역이나 열심히 하라고 핀잔을 주었습니다.

지금 하나님은 자기 백성을 해방하라고 말씀하고 계시고 애굽 왕 바로는 이스라엘 백성을 해방하지 않겠다고 거부하고 있습니다. 그렇다면 이제는 싸움만이 있을 뿐입니다. 하나님은 순종하지 않는 바로에게 모세를 통하여 10가지의 재앙을 내리셨습니다.

첫째 재앙은 애굽의 나일강이 다 '피'로 변하고 악취가 나는 재앙이었습니다.

둘째 재앙은 나일강에서 올라온 '개구리'가 온 집안에 가득하게 되는 재앙이었습니다.

셋째 재앙은 땅의 티끌이 다 '이'가 되어 사람과 가축의 몸에 들어가는 재앙이었습니다.

넷째 재앙은 '파리' 떼가 날아와 애굽 사람의 집집에 가득하게 되는 재앙이었습니다.

다섯째 재앙은 '돌림병'이 생겨서 가축들이 다 죽는 재앙이었습니다.

여섯째 재앙은 재가 티끌이 되어 애굽 온 땅의 사람과 짐승에게 붙어 '악성 종기'가 생기는 재앙이었습니다.

일곱째 재앙은 지금까지 본 적이 없는 '우박'이 하늘에서 떨어지는 재앙이었습니다.

여덟째 재앙은 하늘이 새카맣게 '메뚜기'가 날아와 모든 것을 갉아 먹는 재앙이었습니다.

아홉 번째 재앙은 '흑암'의 재앙인데 온 세상이 캄캄하여져서 도무지 아무것도 볼 수 없는 재앙이었습니다.

그런데 이렇게 심각한 재앙을 내리는데도 애굽 왕 바로는 그 마음이 참으로 더욱더 완악하여졌습니다. 재앙이 임할 때는 자기 뜻을 돌이키는 듯하다가도 그 재앙이 물러가면 이내 마음이 다시 완악하여져서 이스라엘 백성들을 붙잡아 두고 절대로 해방하지 아니하였습니다.

우리는 믿음의 삶을 살아가면서 절대로 완악하여지면 안 됩니다. 마음이 완악해지면 교만하게 되고 교만하게 되면 결국 하나님과 싸울 수밖에 없습니다. 어떤 인간도 하나님과 싸우면 망할 수밖에 없는 것입니다. 정말 우리는 삼가 조심해야 합니다.

바로는 그 마음이 완악해도 보통 완악한 것이 아니었습니다. 그러나 이제 때가 왔습니다. 하나님은 마지막 재앙을 준비하셨는데 그 마지막 열 번째 재앙은 애굽의 모든 장자가 다 죽어 나가는 참으로 무서운 재앙이었습니다. 이제 하나님께서 밤중에 애굽 가운데로 들어가시면 애굽 땅에 있는 모든 처음 난 것은 왕위에 앉아 있는 바로의 장자로부터 맷돌 뒤에 있는 몸종의 장자까지, 심지어 가축의 처음 난 것까지 다 죽게 되는 무서운 재앙이었습니다. 자기 백성을 보내라고 말씀하시는 하나님의 명령을 거부하고 마음이 완악해질 대로 완악해진 애굽 왕에게 이제 하나님은 마지막으로 '죽음'의 재앙을 준비하고 계신 것입니다.

그런데 이렇게 애굽에 내릴 죽음의 재앙을 준비하시는 중에도 하나님은 이스라엘 백성을 깊이 생각하셨습니다. 그리고 모세를 통해 이렇게 말씀해 주셨습니다.

> "그러나 이스라엘 자손에게는 사람에게나 짐승에게나 개 한 마리도 그 혀를 움직이지 아니하리니 여호와께서 애굽 사람과 이스라엘 사이를 구별하는 줄을 너희가 알리라 하셨나니"(출 11:7).

여기서 개 한 마리도 그 혀를 움직이지 아니한다고 말씀하십니다. 개는 아주 민감한 동물인데요. 애굽은 장자의 죽음으로 난리가 나겠지만, 이스라엘 자손은 개도 그 혀를 움직이지 않을 정도로 지극히 평안할 것임을 말씀하신 것입니다. 하나님이 우리와 함께하시면 마치 아무 일도 없는 것처럼 지극히 평안한 마음을 우리에게 주시는 것입니다.

하나님은 이렇게 말씀하시고 이제 그 죽음의 재앙을 피할 수 있는 한 가지 방법까지 알려주셨는데요. 그것이 바로 오늘 본문에 등장하는 '유월절의 방법'입니다. 우선 하나님은 이달, 그러니까 1월 10일에 가정마다 어린 양을 준비하라고 말씀하셨습니다. 어린 양은 흠 없고 일 년 된 수컷으로 준비하라고 말씀하셨습니다. 그 어린 양을 나흘 동안 잘 간직했다가 1월 14일 해질 때에 일제히 이스라엘 회중이 그 양을 잡고 그 양의 피를 집 좌우 문설주와 인방에 바르라고 명령하셨습니다. 그리고 그 밤에는 그 고기를 불에 구워서 누룩을 넣지 않은 무교병, 쓴 나물과 함께 먹되 그것들을 아침까지 남겨두지 말라고 말씀하셨습니다. 그리고 그것을 먹을 때는 허리에 띠를 띠고 발에 신을 신고 손에 지팡이를 잡고 급히 먹으라고 말씀하셨습니다.

이것이 바로 첫 번 유월절에 하나님께서 주신 명령인데 여기서 발효되지 않은 무교병은 이제 하나님이 명령만 하시면 떠나가야 하는 아주 급한 상황을 말해주는 것입니다. 그리고 쓴 나물은 애굽 땅, 그 고통의 땅에서 겪어야만 했던 쓰디쓴 인생의 고난을 분명히 기억하라는 뜻이었습니다.

이제 하나님의 때가 다가왔습니다. 이스라엘 백성들은 하나님께서 말씀해 주신 대로 모든 준비를 다 마쳤고 하나님의 역사하심을 기다리고 있었습니다. 그날 밤에, 놀랍게도 죽음의 사자가 애굽 전역을 돌아다니며 애굽 땅에서 처음 난 것들을 다 죽음으로 치셨습니다. 왕위에 앉은 바로의 장자로부터 옥에 갇힌 사람의 장자까지 심지어 가축의 처음 난 것까지 다 죽음으로 치셨습니다.

그러나 이렇게 무서운 재앙 중에서도 이스라엘 백성의 집에서는 결코 그런 일이 일어나지 않았습니다. 이것은 하나님께서 미리 알려주신 유월절의 방법 때문이었습니다. 어린 양을 잡아 그 피를 집 좌우 문설주와 인방에 발라 두었더니 그날 밤에 어린양의 피가 있는 이스라엘의 집은 어떤 죽음의 재앙도 내리지 않고 그냥 넘어갔습니다. 그래서 이렇게 죽음의 재앙이 그냥 넘어갔다고 해서 '유월절', 영어로는 'Passover' 라고 부르는 것입니다.

여기서 우리는 아주 중요한 사실 한 가지를 발견할 수 있습니다. 이스라엘이 구원받은 것은 유월절 어린 양의 '피' 때문입니다. 그 피를 보고 죽음의 재앙이 넘어간 것입니다. 이것은 이스라엘 백성들이 죽지 않고 구원받게 된 것은 자신들의 노력이나 의로움이나 행위로 말미암은 것이 아니라는 사실을 분명히 말해줍니다. 다만 유월절 어린양의 피를 발라

놓았기 때문에 그 피를 보고 죽음의 재앙이 그냥 넘어간 것이고 그 결과 이스라엘은 죽지 아니하고 생명을 얻고 구원을 받게 된 것입니다.

이 사실은 오늘 우리에게 하나님의 구원 사건은 바로 은혜의 사건임을 잘 알려줍니다. 하나님의 구원은 우리에게 은혜로 부딪혀 오는 것입니다. 우리가 받는 구원은 우리가 잘나서 얻는 것이 아닙니다. 우리의 노력으로 얻어지는 것이 아닙니다. 하나님의 구원 역사는 오직 하나님의 은혜로 말미암는 것입니다. 구원에 관한 한 우리가 할 수 있는 것은 아무것도 없습니다. 구원은 오직 하나님의 은혜로 말미암는 것입니다.

이 유월절 사건은 이스라엘의 출애굽 후에도 계속 지켜졌는데요. 광야 생활을 할 때나 가나안 땅을 정복한 다음에도 변함없이 지켜졌습니다. 그래서 이 유월절 사건은 이스라엘의 여러 절기 가운데서 가장 중요한 절기가 되었고 이 절기가 광야 생활 중에 제사 제도로 발전하였던 것입니다. 성막에서 드려졌던 제사는 하나님이 이스라엘의 죄를 용서해 주시고 그들을 구원하시기 위한 하나의 방편이었습니다. 죄는 반드시 죗값을 치러야 하는데 죗값으로 이스라엘 백성을 죽일 수가 없어서 하나님께서 임시방편으로 구원의 방법을 허락해 주신 것이 바로 제사 제도인 것입니다.

제사는 제사장이 제물 위에 손을 얹고 기도하는 것부터 시작하는데 이 기도는 바로 죄를 전가하는 기도였습니다. 그래서 이스라엘 백성의 죄가 이 제물에게로 전가되고 제사장은 그 제물을 대신 죽임으로써 백성의 죄가 사해졌음을 선포하였습니다.

바로 이러한 전통을 따라서 우리에게 오셔서 우리의 죗값을 대신 치러주시고 우리 죄를 완전히 사해주신 사건이 바로 예수님의 십자가 사건입니다. 예수님의 십자가 사건은 우리의 죗값을 따라 우리가 죽어야 하는데 예수님이 대신 십자가에 달리셔서 우리의 죗값을 위하여 대신 죽어주신 대속의 사건입니다.

그래서 세례요한은 예수님을 '유월절 어린 양'이라고 불렀던 것입니다. "보라 세상 죄를 지고 가는 하나님의 어린 양이로다"(요 1:29). 그렇습니다. 예수님은 유월절 어린 양이 되셔서 죽음의 재앙이, 사망의 공포가 우리를 엄습하지 못하도록 그 피를 통하여 우리를 구원해 주신 것입니다. 마치 첫 번 유월절에 죽음의 사자가 어린 양의 피를 보고 그냥 넘어간 것처럼 우리의 모든 죄악으로 우리가 죽어야 하는데, 예수님께서 대신 속죄의 피를 흘려주심으로 우리는 그저 하나님의 구원을 얻게 된 것입니다. 얼마나 감사합니까? 얼마나 감격스럽습니까? 예수님의 피 때문에 우리가 산 것입니다.

열 번째 재앙으로 이제 바로는 더 이상 버틸 수가 없었고 마침내 이스라엘은 애굽을 탈출할 수 있게 되었습니다. 그 과정에서 하나님은 노예 생활의 대가를 받게 하셔서 애굽 사람에게 은금 패물과 의복을 구하게 하시고 마침내 이스라엘은 430년 만에 출애굽하게 되었습니다. 출애굽 후에 이와 같은 놀라운 하나님의 은혜를 오고 오는 세대에 이스라엘이 절대로 잊지 않게 하려고 하나님은 이 유월절을 대대로 지킬 것을 분명하게 명령하셨습니다.

사실 출애굽의 과정에서 하나님은 이스라엘 백성들이 사흘 길쯤 광야로 나가 거기서 하나님을 섬길 것이라고 한두 번이 아니라 아주 여러 번 말씀해 주셨습니다. 그래서 출애굽의 목적은 'from what', '무엇으로부터의' 자유가 아니라 'for what', '무엇을 위한' 자유입니다. 그러니까 출애굽을 통하여 하나님의 은혜를 경험한 사람들은 그 은혜를 반드시 기억하여서 하나님을 잘 섬기고 하나님을 진정으로 예배하는 것이 바로 출애굽의 목적입니다. 바로 이런 이유로 하나님은 오늘 본문 42절 말씀에서 이 유월절을 이스라엘 자손들이 대대로 지켜야 한다는 것을 분명히 말씀해 주신 것입니다.

출애굽은 은혜의 사건입니다. 유월절도 다름 아닌 은혜의 사건입니다. 특히 유월절은 넘어가는 은혜입니다. 죗값을 치르지 않고 그냥 넘어가게 해주신 은혜입니다. 그리고 유월절의 은혜는 구별하신 은혜입니다. 똑같은 죄인이지만 특별히 구별하여서 구원해 주신 은혜입니다. 오늘 우리는 예수님을 통해 바로 이 유월절의 은혜를 경험한 것이고, 그러므로 이제부터 우리도 예수님의 십자가 은혜를 절대로 잊지 말고 대대에 전하며 살아야 합니다.

은혜 아니면 살아갈 수가 없습니다. 은혜 아니면 우리가 구원받을 수 없습니다. 정말 모든 것이 다 은혜입니다. 간절히 바라기는 사랑하는 성도 여러분의 삶과 가정과 일터 속에 하나님의 은혜가 충만히 임하시기를 바랍니다. 넘어가는 은혜, 구별하여 구원해 주시는 은혜, 아무 일도 없게 해주시는 은혜가 여러분 속에 충만하시기를 간절히 바랍니다.

그리고 하나님께서 그러한 은혜를 허락해 주실 때에 여러분은 그 은혜 보답하는 삶을 꼭 살아가시기 바랍니다. 오직 성령의 도우심으로 하나님의 은혜를 알고 은혜에 감사하고 은혜에 보답하는 삶을 꼭 살아가시기를 간절히 바랍니다.

020

성경153올람

너희를 위하여 행하시는
구원을 보라

이스라엘 백성들은 하나님이 허락해 주신 유월절의 은혜로 출애굽을 하여서 광야 길로 진행하며 하나님이 주신 젖과 꿀이 흐르는 땅을 향해 힘찬 발걸음을 시작하였습니다. 이제는 자유민이 되었고 특별히 하나님께서 허락해 주시는 땅, 젖과 꿀이 흐르는 땅을 향해 나아가게 되었으니 이것이 이스라엘 백성들에게 얼마나 큰 기쁨과 소망이었겠습니까?

특별히 하나님은 이스라엘 백성들이 광야 길에 들어서자마자 낮에는 구름기둥으로, 밤에는 불기둥으로 그들을 지키시고 보호해 주셨습니다. 광야 길은 낮에는 기온이 너무 올라가 걸을 수가 없고 밤에는 기온이 뚝 떨어져 추워서 견디기가 힘든 곳입니다. 그래서 사랑 많으신 하나님께서는 이스라엘 백성들이 광야 길로 들어서자마자 낮에는 구름기둥으로, 밤에는 불기둥으로 그들을 지키시고 보호해 주셨던 것입니다.

그런데 이렇게 기쁨과 희망의 여정을 시작한 후로 얼마 되지 않은 시점에 이스라엘 백성들은 건널 수 없는 바다, 홍해를 맞닥뜨리게 되었습니다. 이제 광야를 지나 가나안 땅에 들어가려고 하면 반드시 이 홍해를 건너야 하는데 수많은 이스라엘 백성이 일제히 이 바다를 건넌다는 것은 결코 쉬운 일이 아니었습니다. 이렇게 행진을 가로막는 홍해만 해도 너무나 힘들고 어려운 상황인데 갑자기 뒤에서는 애굽 군대가 맹렬하게 추격해 왔습니다.

이스라엘의 출애굽 후에 애굽 왕 바로의 마음은 지극히 완악하여졌고 '우리가 어찌 이같이 하여 이스라엘을 우리를 섬김에서 놓아 보내었는가' 하며 크게 후회하였습니다. 그래서 바로왕은 선발된 병거 육백 대와 모든 병거를 총동원하여서 이스라엘을 맹렬히 추격해 왔던 것입니다.

지금 상황은 정말 얼마나 어려운 상황입니까? 앞에는 더 이상 나아갈 수 없는 큰 바다가 가로놓여 있고 뒤에는 살기등등한 애굽 군대가 추격해 오고 있는 것입니다. 그야말로 이 상황은 앞으로 나아갈 수도 없고 뒤로 물러설 수도 없는 진퇴양난의 상황입니다. 또 다른 말로 하면 어느 쪽으로도 나아갈 수 없이 고립되어 그냥 사방팔방이 꽉꽉 조여 오는 사면초가의 상황이라고 말할 수 있는 것입니다.

이런 상황을 맞닥뜨리면서 이제 이스라엘 백성들은 심히 두려워하며 온갖 불평을 다 쏟아놓기 시작하였습니다. 그들은 이런 말로 불평하고 있습니다. 11절을 보시기 바랍니다.

"그들이 또 모세에게 이르되 애굽에 매장지가 없어서 당신이 우리를 이끌어 내어 이 광야에서 죽게 하느냐. 어찌하여 당신이 우리를 애굽에서 이끌어 내어 우리에게 이같이 하느냐"(출 14:11).

지금 이스라엘 백성의 불평불만은 "차라리 애굽에서 그냥 지내도록 내버려 둘 것이지 왜 우리를 이렇게 끌어내서 이 광야에서 죽게 하느냐"

하는 것입니다. 나아가서 이제 이런 불평과 원망까지 하고 있습니다. 12
절 말씀을 보시기 바랍니다.

> "우리가 애굽에서 당신에게 이른 말이 이것이 아니냐. 이르기를 우리
> 를 내버려두라 우리가 애굽 사람을 섬길 것이라 하지 아니하더냐. 애
> 굽 사람을 섬기는 것이 광야에서 죽는 것보다 낫겠노라"(출 14:12).

이 구절은 차라리 애굽 사람을 섬기는 것이 더 낫지 도대체 이게 뭐
냐, 왜 우리를 애굽에서 이끌어 내어 광야에서 죽게 만드느냐 하는 불평
불만입니다. 출애굽은 신앙적으로 너무나 귀한 것인데 그 출애굽의 의미
를 평가절하고 하나님의 은혜까지 완전히 무시하면서 그들은 지금 불평
불만하고 있는 것입니다.

이렇게 여러 가지로 생각해 볼 때 지금 이스라엘 백성들의 상황은 참
으로 심각한 상황이 아닐 수 없습니다. 앞에는 더 이상 나아갈 수 없는 건
너지 못할 바다, 홍해가 가로 놓여 있습니다. 뒤에는 살기등등한 애굽 군
대가 맹렬히 추격해 오고 있습니다. 상황이 이렇다 보니까 이스라엘 백성
들은 지금 크게 두려워하고 있고 정말 두려워서 그랬는지 그들은 지금 극
심한 불평불만에 휩싸여 있습니다. 그야말로 아주 총체적 난국입니다.

오늘날 우리도 인생을 살아가면서 지금 이스라엘이 경험하고 있는 바
와 같이 진퇴양난, 사면초가의 상황을 맞닥뜨릴 때가 있습니다. 앞으로
나아가지도 못하고 뒤로 돌아가지도 못하는 때가 분명히 있습니다. 사방
팔방 꽉꽉 조여 와서 숨도 제대로 쉬지 못하는 때가 분명히 있는 것입니
다. 어떤 때는 정말 해도 해도 너무 안 되는 때가 있습니다. 도무지 어찌
해야 할지 알지 못할 때도 참 많습니다. 머리가 하얘지고 정신이 혼미해
지는 때가 있는 것입니다.

또 어떤 때는 원치 않는 질병이 찾아와서 우리를 괴롭히고 사업의 실패로 낙담하게 되는 때도 있습니다. 혹은 자녀의 문제로, 관계의 실패로 고통 가운데 빠져들기도 합니다. 이렇게 인생을 살아가면서 참 힘들고 어려운 상황에 빠지게 되면 우리 가슴은 갈기갈기 찢어지고 눈물이 앞을 가리고 살 소망이 끊어지는 경험을 하게 됩니다. 정말 인생은 살면 살수록 힘든 것이 분명한 것 같습니다.

그런데 이렇게 힘들고 어려운 상황이 몰려와도 아무리 인생이 힘들어도 우리는 절대 낙심하거나 절망할 필요가 없습니다. 왜냐하면 모든 것에 능하시고 우리를 너무나 사랑하시는 우리 하나님이 계시기 때문입니다. 하나님은 그 어려움 가운데서 우리를 반드시 구원해 주시고 살려주시기 때문입니다.

오늘 본문에서도 이스라엘 백성이 진퇴양난, 사면초가의 상황에 빠졌을 때 하나님은 즉시 개입하셔서 이스라엘 백성들을 구원하시는 모습을 보여주십니다. 우리는 하나님께서 이스라엘 백성들을 어떻게 도와주시고 어떻게 그들을 구원하시는지를 오늘 본문을 통하여 잘 익혀 둘 필요가 있습니다. 이것을 잘 익혀두어야만 우리도 인생 가운데 진퇴양난, 사면초가에 빠질 때 바로 그 하나님의 방법으로 모든 것을 헤쳐 나갈 수가 있게 되기 때문입니다.

그러면 하나님께서 지금 이 상황에서 어떻게 역사하시는지 살펴보겠습니다. 가장 먼저 하나님은 상황을 제어하시면서 악한 자가 범접하지 못하도록 역사하셨습니다. 진퇴양난, 사면초가의 상황이 벌어졌을 때 하나님께서는 가장 먼저 이스라엘 진 앞에 가던 하나님의 사자를 그들의 뒤로 옮겨가게 하시고 이어서 구름기둥도 앞에서 뒤로 옮겨가게 하셨습니다.

이렇게 옮겨가니까 구름기둥이 이스라엘 진영과 애굽 진영 사이에 머물러 서게 됩니다. 그러니까 지금 이스라엘과 애굽의 두 진영 사이에 구름기둥이 서게 된 것입니다. 그 결과 애굽의 진영에는 구름과 흑암이 가득하고 이쪽 이스라엘 진영은 밤이 대낮처럼 환하였습니다. 이렇게 되니까 애굽의 군대가 밤새도록 이스라엘 진영으로 전혀 넘어오지 못하게 되었습니다. 하나님께서 살기등등한 애굽 군대가 이스라엘로 넘어오지 못하도록 먼저 이와 같은 조처를 통해서 이스라엘을 지키시고 보호하신 것입니다.

이것은 우리의 삶의 현장에서도 마찬가지입니다. 하나님께서는 택한 백성을 먼저 보호해 주십니다. 때때로 우리가 환난과 어려움을 당하게 되면 하나님은 먼저 우리가 다치지 않도록 사랑의 울타리로 막아주십니다. 악한 자가 넘보지 못하도록 그 원수들로부터 우리를 지키시고 보호해 주시는 것입니다.

이렇게 하나님께서 당신의 백성들을 보호해 주시는 것에 대해서 시편 기자는 하나님께서 우리를 눈동자와 같이, 암탉이 병아리를 그 날개 아래 보호하는 것처럼 우리를 지켜주신다고 말씀하십니다(시 17:8). 눈앞에 다른 이물질이 어른거리거나 벌레가 날아들면 정말 순간적으로 눈꺼풀이 내려오지 않습니까? 이것은 완전 자동입니다. 그렇게 해서 눈동자를 보호하는 것입니다. 이와 똑같은 모습으로 하나님을 우리의 모든 삶의 현장에서 정말 눈동자와 같이 우리를 지키시고 섭리하시고 인도하시고 보호하시는 것입니다.

시골 어느 닭장에서 불이 났습니다. 갑자기 불이 나서 도피하지 못한 닭들이 많이 타죽었습니다. 그래서 양계장 주인이 안타까운 마음으로 타죽은 암탉을 치웠더니 그 순간 병아리들이 그 품속에서 우르르 기어 나오더라는 이야기가 있습니다. 암탉은 자기는 불에 타 죽으면서도 자기의 새끼들을 품속에 품고 보호했던 것입니다.

그렇습니다. 암탉이 병아리를 그 날개 아래 품듯이 하나님은 철저하게 우리를 보호해 주시는 것입니다. 그래서 우리가 어떤 위험한 일을 만나게 되면 하나님은 우선 다른 어떤 것보다 먼저 우리를 그 악한 것으로부터 보호해 주신다는 사실을 분명히 믿으시기 바랍니다.

이렇게 구름기둥으로 우선 이스라엘을 보호하신 하나님은 마침내 이스라엘이 홍해를 건너게 해주셨습니다. 먼저 하나님은 모세에게 지팡이를 들고 손을 바다로 내밀게 하셨습니다. 그 순간 하나님은 강한 바람을 일으켜서 밤새도록 동풍이 불게 하셨습니다. 그렇게 불어온 바람의 힘으로 홍해는 갈라지고 물은 좌우의 벽처럼 되었습니다. 마침내 바다는 마른 땅 같이 되었고 이스라엘 백성은 바다를 육지같이 건너게 되었습니다.

하나님의 역사는 여기에서 멈추지 않았습니다. 하나님은 이스라엘 백성은 홍해를 마른 땅 같이 건너게 하셨지만 뒤쫓는 애굽 군대는 바다에 수장시키셨습니다. 이스라엘 백성이 홍해 바다를 마른 땅같이 건너가니까 뒤따르던 애굽 사람들과 바로의 말들, 병거와 마병들이 다 이스라엘을 추격하여 바다 가운데로 뛰어들었습니다. 그때 하나님은 불과 구름기둥 가운데서 애굽 군대를 어지럽게 하셨고 그들은 병거 바퀴가 빠지고 뒤엉켜서 도무지 앞뒤로 진행하지를 못하였습니다. 이때 하나님께서 다시 모세의 손을 들어 바다를 향하여 내밀게 하시니까 그 순간 바다의 힘이 회복되었고 그 결과 애굽의 군대는 모두 다 홍해에 수장되고 말았습니다.

오늘 하나님께서 구름기둥과 불기둥으로 이스라엘을 보호하시고 마침내 홍해를 건너게 하신 것은 이스라엘 전체 역사 가운데서 가장 중요한 승리의 순간입니다. 그런데 오늘 본문 13~14절에서는 어떻게 해서 이런 승리를 거두게 되었는지 아주 중요한 신앙 원리를 알려주고 있습니다.

"모세가 백성에게 이르되 너희는 두려워하지 말고 가만히 서서 여호와께서 오늘 너희를 위하여 행하시는 구원을 보라. 너희가 오늘 본 애굽 사람을 영원히 다시 보지 아니하리라. 여호와께서 너희를 위하여 싸우시리니 너희는 가만히 있을지니라"(출 14:13-14).

지금 이 말씀은 하나님의 '거룩한 전쟁'(Holy War)의 개념을 알려주고 있는데요. 여기에는 영적인 싸움에서 승리할 수 있는 4가지의 방법이 소개되고 있습니다.

1) 두려워하지 말라.

이 말씀에 의하면, 거룩한 전쟁의 첫 번째 단계는 두려워하지 말라는 것입니다. "너희는 두려워하지 말고." 사실 지금은 정말 두려워할 수밖에 없는 상황입니다. 앞에는 건너지 못할 바다 홍해가 가로막혀 있고 뒤에는 살기등등한 애굽의 군대가 추격해 오는 상황입니다. 그래서 너희는 "두려워하지 말라"는 것은 너희는 홍해를 보지 말고 애굽의 군대도 보지 말고 너희는 하나님을 보고 하나님을 전폭적으로 신뢰하라는 것입니다. 그래서 아무것도 두려워하지 말고 오직 하나님만을 신뢰하는 것이 바로 거룩한 전쟁의 첫 번째 내용입니다. 여러분은 두려워하지 말고 하나님을 깊이 신뢰할 수 있기를 바랍니다.

2) 가만히 있으라.

두 번째 단계는 '가만히 있으라'는 것입니다. "가만히 서서." 여기서 가만히 있으라는 것은 아무것도 하지 말라는 뜻이 아니라 인생의 주도권을 하나님께 드리라는 것입니다. 하나님께서 그 선하신 뜻을 따라 내 인생을 주장하실 수 있도록 내 인생의 주인 자리를 내어드리라 하는 것입니다. 사실 하나님께서 일하실 때는 우리가 가만히 있어야 하고 또 가만히 있을 수밖에 없습니다. 하나님께서 홍해를 가르시는데 이 일에 사람이 할 수 있는 일이 뭐가 있겠습니까?

그러므로 오늘날 우리 인생도 정말 기적 같은 승리의 삶을 살아가려고 하면 하나님께서 내 주인이 되셔서 하나님께서 이끌어 가시는 그런 인생이 되게 해야 합니다. 이것은 그리스도인의 삶에 있어 대단히 중요한 것입니다.

3) 하나님의 구원을 보라.

이제 거룩한 전쟁의 세 번째 단계는 '하나님의 구원을 보라' 는 것입니다. 13절에 이렇게 나와 있습니다. "여호와께서 오늘 너희를 위하여 행하시는 구원을 보라." 여기서 구원이란 최후의 승리를 말하는 것입니다. 이스라엘을 가로막는 홍해의 문제도, 뒤에서 추격해 오는 애굽 군대의 문제도 해결되리라는 것입니다. 그러므로 하나님께서 그렇게 행하실 것이니까, 하나님께서 택한 백성들을 온전히 구원하실 것이니까 하나님께서 허락하시는 바로 그 구원을 바라보아야 한다는 것입니다.

이것은 다름이 아니라 우리가 인생을 살아갈 때 '선취적인 신앙' 이 필요하다는 것입니다. 선취적인 신앙이란 하나님께서 분명히 역사하실 것이고 그래서 장차 우리는 반드시 승리하게 될 것을 미리 확신하는 신앙입니다. 최후의 승리는 우리의 것입니다. 우리는 이기게 되어 있습니다. 마지막에 우리는 반드시 웃음 짓게 될 것이고 반드시 합력하여 선을 이루게 될 것을 믿으시기 바랍니다.

4) 하나님이 우리를 위하여 직접 싸우시리라.

거룩한 전쟁의 네 번째 단계는 '하나님이 우리를 위하여 직접 싸우신다' 는 것입니다. 14절에 나와 있습니다. "여호와께서 너희를 위하여 싸우시리니 너희는 가만히 있을지니라." 놀랍게도 하나님은 우리를 너무나 사랑하셔서 우리를 위하여 대신 싸워주시는 분입니다. 세상에 하나님을 대적할 만한 존재가 어디 있겠습니까? 그래서 하나님이 우리를 위하여 대신 싸워주시면 우리는 반드시 승리하게 되어 있는 것입니다. 나의 원수는 하나님의 원수입니다. 하나님은 분명히 우리 편이 되시는 분입니다. 이와 같은 사실을 분명히 믿으시고 하나님이 대신 싸워주시니까 진정으로 용기백배하게 살아가시기 바랍니다.

어떻습니까? 이 '거룩한 전쟁'의 개념이 오늘을 사는 우리에게 얼마나 큰 위로와 소망과 용기가 됩니까? 먼저, 너희는 두려워하지 말고, 둘째, 가만히 서서, 셋째, 여호와께서 오늘 너희를 위하여 행하시는 구원을 보며, 넷째, 여호와께서 너희를 위하여 대신 싸우실 것이다! 이것이 바로 이스라엘이 홍해를 건너는 방법이었습니다. 하나님께서 대신 싸워주시는 이 거룩한 전쟁의 방법으로 이스라엘은 결국에 승리하게 된 것입니다.

우리 인생길 앞에는 건너지 못할 깊은 바다, 무시무시한 바다가 앞에 가로놓여 있습니다. 그리고 우리 뒤에는 호시탐탐 우리를 노리는 악한 자들이 많습니다. 그러나 내 인생에 다가오는 이런저런 고난에 대해서 너무 두려워하지 마시기 바랍니다. 내 인생을 가로막는 바다에 너무 주눅 들지 말고 나를 괴롭히는 악한 자들을 너무 겁내지 마시기 바랍니다.

가만히 살펴보면 고난의 파도가 밀려올 때 그 파도에 휩쓸리는 사람이 있는가 하면 그 파도를 타는 사람도 있습니다. 이것은 고난 그 자체가 문제가 아니라 그 고난에 대처하는 우리의 태도가 문제라는 점을 잘 알려줍니다. 결국 모든 것은 나의 태도에 달렸습니다. 그래서 인생에는 고난이 있다는 점을 인정하고 그 고난을 겸허하게 받아들이며 그 고난에 도전해 보고, 무엇보다 우리 하나님의 도우심을 빌리기만 한다면 우리는 얼마든지 진퇴양난, 사면초가의 상황도 이겨나갈 수 있습니다.

그래서 앞에는 홍해 바다, 뒤에는 애굽 군대, 이렇게 고난이 밀려오고 사방팔방이 조여올 때, 이런 때에 아주 중요한 신앙적 태도는 눈을 들어 하늘을 바라보는 것입니다. 이것 한 가지를 꼭 기억하시기 바랍니다. 문이 다 닫혀 버리고 사방팔방 조여 오는 절체절명의 위기 중에도 하늘문은 한 번도 닫혀 본 적이 없다는 것을 알아야 합니다. 그래서 우리가 간절히 기도하고 하나님의 도우심을 구하기만 하면 하나님은 하늘 문을 여시고 우리의 기도를 들으시고 귀한 것으로 채워주시며 우리를 구원해 주시는 것입니다.

특별히 우리가 눈을 들어 하늘 문을 바라보며 하나님의 도우심을 간절히 구하면 하나님은 '거룩한 전쟁'의 방법으로 반드시 우리를 구원해 주시는 것입니다. 아무것도 두려워하지 말고, 가만히 서서, 하나님께서 행하시는 구원을 바라보고, 하나님께서 대신 싸워주시는 것을 분명히 확신하며 살아가시기 바랍니다. 오늘 홍해 도하 사건을 통하여 하나님의 거룩한 전쟁의 개념을 확실히 익혀서 날마다 온전히 승리의 삶을 살아가는 성도 여러분 되시기를 간절히 바랍니다.

이것이 무엇이냐

하나님의 은혜로 홍해를 마른 땅 같이 건넌 이스라엘 백성들은 이제 본격적으로 광야 길을 진행하였습니다. 홍해 도하 사건 후에 가장 먼저 들어간 광야는 '수르' 광야인데(출 15:22), 이곳 수르 광야에 있는 마라에서 하나님은 쓴물을 단물로 바꿔주시면서 "여호와 라파, 나는 너희를 치료하는 여호와"(출 15:26)라고 하나님 자신을 계시해 주셨습니다.

그 후에 그곳을 떠나 또 행진을 계속하여 이제 이스라엘 백성들은 두 번째 광야인 '신' 광야로 들어가게 되었습니다(출 16:1). 이스라엘 백성들이 광야 길을 진행할 때 가장 큰 문제는 먹고 마시는 생존의 문제였습니다. 광야는 그야말로 광야입니다. 날씨는 뜨겁고 먹을 것은 찾아볼 수가 없고 게다가 지치고 목마르고 정말 너무나 힘들고 어려운 곳이 바로 광야입니다.

그래서 그런지 신 광야에 이르렀을 때 그들 속에는 아주 큰 불평과 원망이 생겨나기 시작하였습니다. 온 이스라엘 회중은 모세와 아론을 원망하면서 이렇게 말하였습니다.

"이스라엘 자손이 그들에게 이르되 우리가 애굽 땅에서 고기 가마 곁에 앉아 있던 때와 떡을 배불리 먹던 때에 여호와의 손에 죽었더라면 좋았을 것을 너희가 이 광야로 우리를 인도해 내어 이 온 회중이 주려 죽게 하는도다"(출 16:3).

이 원망은 차라리 애굽에 있다가 죽는 것이 낫지 왜 우리를 이 광야에까지 끌어내 이곳에서 죽게 만드느냐 하는 원망입니다. 참 너무나 심각한 불평과 원망입니다. 출애굽 당시에 애굽의 모든 장자가 죽어 나갈 그때 우리도 함께 죽이지 그랬냐는 원망인데 이것은 하나님의 놀라운 구원의 은혜를 아주 많이 욕되게 표현하는 정말 악한 모습이 아닐 수 없습니다.

출애굽을 시작으로 오늘 신 광야에 이르기까지 하나님께서 얼마나 놀라운 기적으로 크신 은혜를 베풀어주셨는지 이루 말로 다 할 수가 없습니다. 출애굽 하자마자 하나님은 그들을 낮에는 구름기둥으로 밤에는 불기둥으로 보호해 주셨습니다. 뜨거운 사막이었지만 그늘에만 들어가면 행진할 만하였고 밤이 되면 갑자기 기온이 뚝 떨어지는데 하나님은 불기둥으로 그들을 따뜻하게 보호해 주셨습니다. 구름기둥과 불기둥은 단순히 환경만 좋게 만들어 주신 것이 아닙니다. 이것은 하나님께서 그들의 발걸음을 인도하신다는 은혜의 구체적인 표식이었습니다.

더 놀라운 사건은 그다음에 일어났습니다. 출애굽 한 지 얼마 되지 아니하였을 때 그들은 건너지 못할 바다, 홍해를 맞닥뜨리게 되었습니다. 설상가상으로 뒤에는 애굽 군대가 맹렬하게 추격해 왔습니다. 바로 이런 순간에 하나님은 바닷물을 갈라지게 하시고 이스라엘 백성이 그 바다를 마른 땅같이 건너게 하시며 애굽의 군대는 홍해 바다에 수장시키셨습니다. 이것은 정말 기적 중의 기적, 참으로 놀라운 하나님의 은혜였습니다.

그 후에 수르 광야에 들어와서 이번에는 목마르다고 불평과 원망을 늘어놓았습니다. 이때 하나님은 마라의 쓴물을 단물로 바꾸어주셨고 곧바로 그들을 인도하여 물 샘 열둘과 종려나무 칠십 주가 있는 큰 오아시스, 엘림으로 인도하셨습니다.

이처럼 그동안 이스라엘 백성이 경험하였던 기적은 참으로 부인할 수 없는 놀라운 은혜였습니다. 이 기적들은 그야말로 하나님께서 온전히 지켜주실 것이라 하는 확신을 갖기에 아주 충분하였습니다. 이처럼 크고도 놀라운 하나님의 은혜의 기적을 체험했다면 바로 지금은 불평과 원망이 아니라 하나님께 도와달라고 기도하는 것이 정말 마땅하지 않습니까?

그런데 오늘 본문에 보시면 그들은 하나님을 지극히 원망하고 불평하였으며 그뿐만 아니라 그동안 베푸셨던 하나님의 은총에 대하여 비아냥거리고 차라리 우리를 죽이지 그랬냐며 아주 악한 불신을 드러내고 있습니다. 그런데 바로 이런 때에도 참으로 놀랍게 하나님은 그들의 불평과 원망을 들어주시고 오히려 그들에게 또 다시 놀라운 은혜를 베풀어주셨습니다. 원망하는 그들을 가차 없이 처단해도 아무 말할 수 없을 정도인데 하나님은 이렇게 원망과 불평의 순간에도 그들을 받아주시고 또 다시 그들에게 은혜를 베푸셨습니다.

여기에서 우리는 한 가지 분명히 깨달을 수 있는데 그것은 은혜가 곧 기적이란 사실입니다. 지금 하나님은 도무지 은혜를 베풀 수 없는 상황에서도 은혜를 베풀고 계십니다. 그러므로 은혜가 기적입니다. 지금까지는 기적이 은혜였지만 이번에는 은혜가 기적입니다. 도무지 은혜 베풀 수 없는 대상에게도 하나님은 이렇게 기적 같은 은혜를 베풀어주고 계시는 것입니다. 진실로 우리는 이러한 하나님의 은혜 때문에 오늘 여기까지 살아온 것입니다. 오늘 이 시간 하나님의 은혜를 자각하고 감사할 줄 아는 여러분들 꼭 되시기를 바랍니다.

원망과 불평이 가득한 백성들에게 은혜를 베푸시기 위해 이제 하나님은 모세에게 나타나셔서 이렇게 말씀하셨습니다.

"그 때에 여호와께서 모세에게 이르시되 보라 내가 너희를 위하여 하늘에서 양식을 비같이 내리리니 백성이 나가서 일용할 것을 날마다 거둘 것이라. 이같이 하여 그들이 내 율법을 준행하나 아니하나 내가 시험하리라. 여섯째 날에는 그들이 그 거둔 것을 준비할지니 날마다 거두던 것의 갑절이 되리라"(출 16:4).

우리가 믿는 하나님은 이런 하나님이십니다. 그렇게 원망과 불평이 가득한 백성들에게 하나님은 여전히 은혜를 베풀어주시는데 그것은 바로 '양식'에 대한 약속이었습니다. 모세는 이렇게 놀라운 은혜를 베푸시는 하나님의 뜻을 이제 백성들에게 이렇게 알려주었습니다.

"모세가 또 이르되 여호와께서 저녁에는 너희에게 고기를 주어 먹이시고 아침에는 떡으로 배불리시리니 이는 여호와께서 자기를 향하여 너희가 원망하는 그 말을 들으셨음이라. 우리가 누구냐 너희의 원망은 우리를 향하여 함이 아니요, 여호와를 향하여 함이로다"(출 16:8).

이렇게 은혜 베푸시기로 작정하신 하나님은 마침내 이스라엘 백성들에게 기적 같은 은혜를 베푸셨는데 이로써 이스라엘 진영에는 놀라운 은혜의 역사가 벌어졌습니다. 그 놀라운 일은 바로 양식의 축복이었습니다. 저녁에는 메추라기가 와서 진에 쫙 덮었습니다. 여기서 메추라기는 두말할 필요 없이 이스라엘 백성들에게 임한 고기의 양식이었습니다. 그래서 저녁에 메추라기 고기를 거둬들이고 그들은 그것을 배불리 먹었습니다.

그리고 아침에는 이슬이 진 사면에 내렸는데 그 이슬이 마른 후에 광야 지면에 작고 둥글고 서리같이 보이는 세미한 것이 있었습니다. 가까이 가서 보니까 그것은 깟씨 같기도 하고 맛은 꿀 섞은 과자 같기도 하였습니다. 이스라엘 백성들은 너무 놀라워서 서로 마주 보며 이렇게 외쳤습니다. "이것이 무엇이냐?" 이 소리는 하나님의 은혜에 대한 뒤늦은 깨달음의 탄성이었습니다. "이것이 무엇이냐?"

이렇게 놀라는 백성들을 보고 모세는 이것이 바로 여호와께서 너희에게 주어 먹게 하신 양식이라고 알려주었습니다. 그래서 이스라엘 백성들은 하나님이 백성에게 이 양식을 주셨다 하는 것을 뒤늦게야 깨닫고 그 양식의 이름을 '만나'(מָן הוּא)라고 불렀습니다. '만나'는 '이것이 무엇이냐?' 하는 뜻입니다.

그 뒤로 만나는 이스라엘 백성들이 광야 생활을 하는 동안 날마다 그들의 진영에 내렸습니다. 아무것도 생산할 수 없는 광야에서 이스라엘 백성들은 하나님이 내려주신 만나로써 생명의 삶을 이어간 것입니다. 그러니까 그 힘들고 어려운 광야 길을 진행할 때 만나가 그들의 생명 양식이 된 것입니다. 만나는 하나님의 놀라운 은혜와 생명의 양식이었습니다.

이렇게 이스라엘 백성들을 그 힘들고 어려운 광야 길에서 만나로서 먹여주신 하나님께서는 오늘날 우리도 똑같이 먹여주신다는 사실을 기억하시기 바랍니다. 그 힘든 광야 길에서 가나안에 들어가기까지 40년 동안 하늘에서 만나를 내려주신 것처럼 우리 삶이 다하는 그날까지 하나님은 끊임없는 은혜를 베풀어주셔서 우리가 생명의 삶을 살게 하신다는 사실을 꼭 기억해야 하시기 바랍니다.

진실로 하나님은 날마다 만나와 같은 은혜를 베푸셔서 우리를 여기까지 인도하셨고 앞으로도 우리가 저 천국에 들어가기까지 우리에게 놀라운 생명의 은혜를 날마다 베푸신다는 사실을 절대 잊지 말아야 합니다. 하나님께서 우리에게 베풀어주시는 수많은 은혜 중에서 은혜의 최고봉, 은혜 중의 은혜가 무엇인 줄 아시겠습니까? 네 그것은 바로 '예수님의 은혜' 입니다. 하나님께서는 예수님을 우리 가운데 보내주셔서 누구든지 예수님을 믿기만 하면 구원을 받게 해주셨습니다. 이것은 세상 모든 만민에게 들려진 구원의 가장 기쁜 소식, 복음입니다.

이렇게 우리 가운데 오신 예수님은 오늘 만나와 연관하여서 요한복음 6장에서 많은 말씀을 하셨습니다. 표적을 구하는 유대인들이 구약의 만나에 대해 언급하였을 때 예수님은 그 만나에 대해 하나님께서 하늘에서 내려서 세상에 생명을 주려 한 것이라고 분명히 말씀하셨습니다. 그리고 이어서 예수님은 구약의 만나와 예수님 자신을 동일시하면서 너무나 유명한 이 말씀을 하셨습니다. "예수께서 이르시되 나는 생명의 떡이니 내게 오는 자는 결코 주리지 아니할 터이요 나를 믿는 자는 영원히 목마르지 아니하리라"(요 6:35).

예수님의 말씀을 듣고 유대인들이 "아니 이 예수의 부모를 우리가 아는데 어떻게 자기를 하늘에서 내려온 떡이라고 하느냐?" 수군거렸을 때에 예수님은 다시 분명히 말씀하셨습니다.

"진실로 진실로 너희에게 이르노니 믿는 자는 영생을 가졌나니 내가 곧 생명의 떡이니라"(요 6:47-48).
"나는 하늘에서 내려온 살아 있는 떡이니 사람이 이 떡을 먹으면 영생하리라. 내가 줄 떡은 곧 세상의 생명을 위한 내 살이니라 하시니라"(요 6:51).

저는 〈성경153올람〉 운동을 하면서 오늘 같은 말씀을 접하게 되면 너무너무 감사하지 않을 수 없습니다. 구약과 신약의 이렇게 기가 막히게 맞아떨어지는 영적 흐름을 발견하게 되면 막 전율이 흐르지 않습니까? 지난 주일 구약의 유월절은 죽음이 넘어간 사건인데 신약에서 예수님이 바로 유월절 어린양이시고 예수님을 믿을 때 우리는 죽음을 면하고 생명을 얻게 되는 것을 알았습니다. 오늘 말씀에서도 하나님은 출애굽 한 이스라엘 백성들을 아무것도 없는 광야에서 하늘의 양식을 내려서 먹여주셨는데 이것은 너무나 놀라운 생명의 은혜가 아닙니까? 그런데 예수님은 구약의 만나 사건으로 분명히 말씀하고 계십니다. "내가 곧 생명의 떡이다." "이 떡을 먹으면 영생한다." "내가 줄 떡은 세상의 생명을 위한 내 살이다."

하나님은 하늘에서 양식을 비같이 내려주셔서 이스라엘 백성들을 아무것도 없는 죽을 수밖에 없는 광야에서 온전히 살려주셨습니다. 이와 마찬가지로 예수님은 하늘에서 내려온 떡입니다. 이제 우리는 예수님을 먹고 마심으로 생명의 삶을 살아갑니다. 더욱 놀라운 사실은 생명의 떡이신 예수님을 먹고 마심으로써 이제 우리는 영원히 사는 존재가 된 것입니다.

이것이 얼마나 놀라운 은혜입니까? 이것이 얼마나 기가 막힌 은혜의 사실입니까? 바로 이 은혜의 사실을 마음 깊이 깨닫고 이제부터 더욱더 예수님을 잘 믿어서 날마다 온전히 생명의 삶을 살아가는 성도 여러분 꼭 되시기를 간절히 바랍니다.

우리는 이와 같은 놀라운 하나님의 은혜를 경험한 사람들인데, 그렇다면 이제부터 우리의 삶은 과연 어떠한 삶이 되어야 할까요? 만나는 하늘의 양식이자 은혜의 양식이며 광야에 차려주신 생명의 식탁입니다. 이 만나를 처음 경험하였을 때 이스라엘 백성들은 "이것이 무엇이냐?" 탄성을 질렀습니다. 그래서 이 탄성이 바로 그 양식의 이름이 되었고, 그래서 우리는 지금 그 하늘의 양식, 은혜의 양식을 가리켜서 '만나'라고 부르고 있는 것입니다. 그러니까 '만나'라고 하는 이 양식의 이름은 다름이 아니라 '이것이 무엇이냐?'는 뜻을 가진 것입니다.

이 대목에서 참 중요한 것은 하나님께서 우리에게 은혜를 베풀어주실 때 우리의 태도가 이래야 한다는 것입니다. 하나님께서 은혜를 베풀어주시는데 그저 덤덤한 모습으로 혹은 당연한 것으로 여겨서는 절대로 안 되는 것입니다.

TV 프로그램 중에 제가 가끔 보는 방송이 있는데 〈옥탑방의 문제아들〉입니다. 패널들이 둘러앉아 문제를 푸는 프로그램인데, 재미도 있고 유익하기도 한 프로그램입니다. 거기에 나왔던 문제인데 여러분도 한번 풀어 보시기 바랍니다. "미국의 한 여학생의 대학 졸업 사진이 공개되면서 전 세계 어머니들의 가슴을 울렸는데요. 사진 속 여학생의 어머니는 어려운 가정환경 속에서도 딸만은 제대로 공부시키겠다는 일념으로 건물 청소부 일을 하며 학비를 마련했다고 합니다. 졸업식 날, 딸은 어머니의 헌신에 감사하는 마음으로 특별한 이벤트를 준비했는데요. 졸업식 날 어머니를 울린 딸의 행동은 무엇이었을까요?"

네, 정답은 그 딸이 졸업 가운 안에 엄마의 청소부 작업복을 입었다는 것입니다. 그 여학생의 어머니는 판매원, 노인 간병인에 이어서 10년간 건물의 청소부로 일하면서 딸의 공부를 위해 모든 뒷바라지를 다 했다고 하는데요. 졸업식에서 자신의 청소 작업복을 입고 있는 딸의 모습을 본 어머니는 딸을 껴안은 채 한참 동안 눈물을 흘렸다고 합니다.

이날 딸은 인터뷰에서 이런 말을 하였습니다. "엄마는 가족을 위해 헌신했고 존경받을 자격이 있는 분입니다. 내가 얼마나 어머니를 자랑스럽게 생각하는지 보여주고 싶었습니다." 참 얼마나 감동을 주는 이야기입니까? 자기 엄마가 청소부라고 부끄러워하는 못된 것들도 얼마든지 있는데 그 딸은 자기를 위해 희생한 엄마의 은혜를 아는 딸이었습니다.

이 태도가 너무 중요한 것입니다. 여러분은 하나님께서 우리에게 얼마나 큰 은혜를 베풀어주셨는지 그 은혜를 알고 그 은혜에 감사하고 있습니까? 진실로 우리가 이만큼 사는 것은, 진실로 우리가 이만큼 누리고 있는 것은 오직 하나님의 은혜 때문입니다. 그저 하나님이 우리를 사랑해 주셔서 눈동자와 같이 보호해 주시고 우리에게 먹을 것, 입을 것을 주시고 우리가 이만큼 살아가도록 은혜를 베풀어주신 것입니다.

무엇보다 죄로 인해 죽을 수밖에 없는 우리가 구원을 받아 생명을 얻고 저 천국에까지 들어갈 수 있게 된 것은 처음부터 끝까지 오직 하나님의 은혜인 것입니다. 당연한 것이 어디 있습니까? 도대체 우연이 어디 있습니까? '당연' 없습니다. '우연' 없습니다. 모든 것이 다 우리를 너무나 사랑하시는 하나님 은혜의 결과입니다.

그러므로 하나님께서 우리에게 은혜를 베푸실 때 우리는 이렇게 반응해야 합니다. "이것이 무엇입니까?" "하나님, 이렇게 또 은혜를 베푸시는군요. 이것이 무엇입니까? 어쩌면 저를 이렇게도 사랑해 주십니까? 아버지 하나님 이것이 무엇입니까? 정말 감사합니다. 감사합니다." 바로 이 모습이 너무나 중요합니다. 이것이 바로 믿음의 삶을 살아갈 때 우리가 반드시 갖추어야 하는 가장 중요한 삶의 태도가 되어야 합니다.

바로 이런 태도가 우리 믿음의 삶에 있어서 너무 중요하여서 제가 이런 태도에 대하여 이름을 붙여보았습니다. 그것은 바로 '은혜 발견의 나날들'입니다. 이것이 무엇이냐?, 은혜 발견의 나날들, 하나님의 은혜에 대한 경이로운 반응들, 바로 이것이 그리스도인 된 우리가 살아가는 삶의 모습이어야 하는 것입니다.

　은혜는 모든 사람에게 주어지지만, 그러나 그 은혜를 발견하고 감사하는 사람은 따로 있습니다. 절대로 하나님의 은혜를 멸시하는 사람이 되지 마시기를 바랍니다. 아니 오히려 "이것이 무엇이냐?" 감사 감격하며 그 은혜 발견의 나날들을 살아가시기를 바랍니다.

　이렇게 은혜 발견의 나날들을 살아가면 여러분의 인생이 신이 날 것입니다. 여러분의 인생 가운데 기쁨이 넘쳐날 것입니다. 여러분의 인생에 소망이 가득하게 될 것입니다. 그뿐만이 아닙니다. 이렇게 은혜 발견의 나날들을 살아가면 이런 인생에 기적이 찾아오는 것이고 그래서 이런 사람들은 날마다 기적 같은 인생을 살아가게 되는 것입니다.

　하나님은 우리에게 만나의 은혜를 베푸시고 예수님은 우리에게 생명의 떡을 허락해 주셨습니다. 이 은혜는 기가 막힌 은혜, 기적 같은 은혜, 갚을 수 없는 은혜, 우리를 살리는 생명의 은혜입니다. 바로 이 은혜를 오늘 우리가 입고 있음을 분명히 기억하시고 하나님의 은혜에 대하여 이것이 무엇이냐 탄성을 발하며 날마다 감사하며 생명의 삶을 살아가는 성도 여러분 되시기를 간절히 바랍니다.

022

모세가 손을 들면
이스라엘이 이기니라

'인포데믹스'(Infodemics)라는 말이 있습니다. 이 말은 '정보, infor-mation'과 '전염병'을 뜻하는 'epidemics'가 합쳐져서 만들어진 신조어입니다. 그러니까 인포데믹스는 부정확하고 맞지도 않는 정보가 인터넷이나 휴대전화로 전염병처럼 빠르게 퍼져나가서 개인의 사생활은 물론 정치, 경제에까지 매우 잘못된 영향을 끼치는 '정보전염병'을 말합니다.

지금 첨단 과학기술 시대에 누구나 휴대폰을 다 갖고 있잖아요? 그런데 이것 때문에 인포데믹스, 거짓 뉴스, 음모론 등이 더 활개 치고 있는 것 같습니다. 그러니까 카톡이나 SNS 같은 것들이 사람 간의 소통이나 공유에 최적화되어 있지만, 그런데 이것이 또한 루머와 거짓 뉴스, 인포데믹스를 전파하는 데도 최적화되어 있다는 것입니다. 바로 이런 의미에서 어떤 권위 있는 사람이 이런 말을 했다는 표현에 속지 마시고, 그것이 얼마든지 거짓 내용일 수도 있다는 점을 아시고, 그 내용을 다른 사람에게 무분별하게 막 퍼나르는 일은 우리가 반드시 자제해야 합니다.

그런데 참으로 안타까운 것은 신앙 안에서도 인포데믹스가 있어서 신앙이 사람을 살리는 게 아니라 사람을 죽이는 일까지도 서슴없이 행해지고 있다는 사실입니다. 몇 년 전, 인도에서는 소를 신성시해서 소똥을 온몸에 바르면 코로나에게 걸리지 않는다는 인포데믹스가 퍼져 인도 사람들이 온몸에 소똥을 바르고 경배하는 어처구니없는 모습을 보였습니다.

이러한 현상은 우리 한국 교회 안에서도 일어났습니다. 소금을 많이 먹으면 코로나에 안 걸린다고 어떤 개척교회에서는 분무기로 교인들 입에 소금물을 뿌렸는데 오히려 집단감염이 발생하는 어처구니없는 일도 있었습니다. 이렇게 아무런 근거 없이 무작위로 퍼져나가는 인포데믹스에 현혹당하면 내 가치관도 잘못될 수 있고 심지어 생명의 위협까지 받게 되니까 우리는 정말 삼가 조심해야 합니다.

바로 이런 의미에서 지금 우리 교회가 〈성경153올람〉 운동을 통하여 올바르고 정확한 기독교 가치관을 체득하고 있는 것은 너무나 중요하고 귀한 일이 아닐 수 없습니다. 아무쪼록 우리 교회가 감당하고 있는 〈성경153올람〉 운동이 참 여러 면에서 우리를 살리고, 우리가 올람, 옛적 길을 걸어가게 만들어서 결국 우리를 살리는 운동인 줄로 아시고 끝까지 이 운동에 기쁨으로 잘 동참하시기 바랍니다.

지금 우리는 출애굽기 말씀 속에서 해방하시고 구원하시는 하나님의 역사를 살펴보며 함께 은혜를 나누고 있습니다. 우리 인생에는 날마다 싸움이 있습니다. 그것은 삶의 싸움일 수도 있고 영적인 싸움일 수도 있습니다. 지금도 우리는 끊임없이 우리를 괴롭히는 질병과 싸우고 있고 첩첩산중과 같은 수많은 문제와 싸우고 있으며 갑자기 일어나는 사건 사고들과 싸우고 있습니다. 그리고 싸움 중에 가장 힘든 싸움은 사람과의 싸움인데 나를 괴롭히는 악한 자들과 우리는 끊임없이 싸우고 있습니다.

그리고 그 외에도 아니 이런 것들보다 더 근본적인 싸움이 있는데 그 것은 바로 악한 마귀 사탄과의 영적인 싸움입니다. 우는 사자와 같이 달 려들어서 우리를 넘어뜨리고 믿음의 길을 방해하는 악한 영들과 우리는 날마다 싸우고 있습니다.

지금 우리가 열심히 〈성경153올람〉 운동을 전개하고 있습니다만 창 세기는 인류 역사의 시작을 알려주고 있고 마지막 요한계시록은 인류 역 사의 종말에 대해 알려주고 있습니다. 창세기부터 요한계시록까지 이 모 든 성경의 역사는 사실은 한 마디로 '영적 전쟁사'라고 말할 수 있습니 다. 창세기에서 인류의 조상 아담은 영적 전쟁에서 패하고야 말았고 그 결과 에덴에서 쫓겨날 수밖에 없었습니다. 그리고 창세기 이후 모든 성 경의 역사는 영적 싸움에서 승리하는 사람들과 영적 싸움에서 실패하는 사람들의 이야기가 반복적으로 기록되어 있습니다. 그러다가 마지막 책 요한계시록에서는 영적 전쟁에서 이긴 사람들에게 주님께서 허락하시는 놀라운 복이 나타나고 있는데 주님은 요한계시록 21장 7절에서 "이기는 자는 이것들을 상속으로 받으리라. 나는 그의 하나님이 되고 그는 내 아 들이 되리라"고 분명히 말씀하고 계십니다.

이렇게 본다면 오늘날 우리가 살아가는 모든 삶의 여정은 물론이고 특별히 우리가 예수님을 믿는 이 신앙 생활 자체가 다름 아닌 영적 싸움, 영적 전투라고 할 수 있습니다. 그러니까 오늘날 우리의 예수 믿음이 한 가한 정신 수양이나 재미 삼아 하는 교회 생활 정도가 아니라 정말 우리 는 반드시 이겨야 하는 영적 싸움, 영적 전투를 하는 것입니다.

그렇다면 우리는 수많은 영적 싸움을 하는 사람들인데 바로 이러한 싸움들에서 과연 어떻게 하면 온전히 승리할 수가 있겠습니까? 이제 오 늘 본문의 말씀이 우리가 이 영적 싸움에서 어떻게 승리할 수 있는지 그 승리의 비결, 승리의 영적 방법을 분명하게 알려주고 있습니다.

오늘 본문에서 이스라엘 백성들은 출애굽 후에 수르 광야, 신 광야를 거쳐서 이제 '르비딤'이란 곳에 도착하였습니다. 그런데 바로 이곳에서 이스라엘 백성들은 지금까지와는 전혀 다른 정말 절체절명의 위기를 만나게 되었습니다. 그것은 출애굽한 뒤에 이제 처음으로 다른 족속, 그러니까 전쟁을 해야만 하는 대적을 만나게 되었다는 사실입니다.

그동안 출애굽 하여 광야 생활을 하는 동안에 이런저런 어려움이 많았지만 그것은 다 환경적인 어려움이었습니다. 마실 물이 없다든지 먹을 양식이 없다든지 너무 덥거나 너무 춥거나 모두 광야에서 경험할 수 있는 결핍의 어려움이었고, 그리고 참 감사하게도 그때마다 하나님은 이스라엘을 도와주셔서 그 모든 결핍을 다 해결해 주셨습니다.

그런데 지금 '르비딤'이란 곳에 도착해서는 이제 '아말렉'이라고 하는 무시무시한 대적을 만나게 된 것입니다. 그동안 이스라엘은 애굽에서 종살이만 하였지 한 번도 군사훈련을 받아본 적도 없고 전투 경험도 전혀 없는 사람들이었습니다. 그러나 이제 그들 앞에는 싸워야만 하는 대적이 나타난 것입니다. 그래서 어쩔 수 없이 이제 이스라엘은 아말렉과 전쟁을 치러야만 하는 절체절명의 위기를 만나게 된 것입니다. 그러니까 지금은 그냥 환경적인 어려움이 아니라 반드시 싸워서 이겨야만 하는, 이기지 못하면 멸절할 수밖에 없는 아주 무시무시한 전쟁의 위협을 맞닥뜨리게 된 것입니다.

그런데 과연 모세는 모세였습니다. 그는 바로 이 싸움에서 이기는 방법을 확실히 알고 있었습니다. 모세는 먼저 여호수아에게 사람들을 택하여 나가서 아말렉과 용감하게 싸우라고 선포하였습니다. 그리고 이어서 여호수아에게 "나는 하나님의 지팡이를 손에 잡고 산꼭대기에 서리라"고 말하였습니다. 지금 모세의 이 말이 무슨 말인지 아시겠습니까? "너는 전쟁터에 나가 힘써 싸우고 나는 너희들을 위하여 하나님의 도우심을 구하겠다"는 것입니다. 그래서 이 명령을 따라 여호수아는 용기백배하여서 전쟁터에 나가 아말렉과 힘써 싸우고 모세는 아론과 훌을 데리고 산꼭대기에 올라섰습니다.

모세가 올라선 산꼭대기, 그 높은 곳은 아래쪽으로 전쟁터가 훤히 보이는 곳이었습니다. 이제 모세는 손을 높이 들었습니다. 아 그랬더니 놀랍게도 이스라엘이 이겼습니다. 그런데 반대로 모세의 손이 피곤하여서 아래로 내려가자 이번에는 아말렉이 이스라엘을 이기게 되었습니다. 이 모습을 보고 아론과 훌이 모세 밑에 돌을 가져다가 모세를 앉게 하고 한 사람은 이쪽에서, 한 사람은 저쪽에서 모세의 손을 높이 붙들어 올렸습니다. 이렇게 하여서 해가 지도록 모세의 손이 내려오지 아니하였고 그 결과 여호수아는 칼날로 아말렉을 물리치고 결국에 이스라엘은 완전히 승리할 수 있게 되었습니다.

이제 우리는 오늘 말씀을 통해 정말 중요한 가치관을 하나 더 배우게 되었습니다. 그것은 우리가 전쟁할 때는 손을 들어야 한다는 것입니다. 하나님 앞에서 손을 드는 것, 바로 이것이 우리의 모든 인생의 싸움, 특별히 영적 싸움에서 승리할 수 있는 가장 중요한 방법이라는 것입니다. 그렇다면 우리가 두 팔을 높이 올리고 손을 드는 것은 과연 무엇을 의미하는 것일까요? 여기에는 한 3가지 정도의 아주 중요한 영적 의미가 포함되어 있습니다.

1. 기도의 손

첫째로 손을 드는 것은 다름이 아니라 바로 하늘 아버지께 '기도'하는 것입니다. 하나님은 근본적으로 우리가 승리하기를 바라시는 분입니다. 그런데 하나님께서 우리가 승리하게 만들어 주실 때 그 과정에서 너무나 중요한 것이 한 가지 있는데 그것이 바로 우리가 기도해야 한다는 것입니다. 오늘 아말렉과의 전투에서도 모세가 손을 들었다는 것은 바로 하나님께 기도했다는 뜻이고 우리에게 승리를 주시는 하나님께 도움을 구하며 간절히 호소했다는 것입니다.

그러니까 우리가 삶 속에서 승리하는 것과 기도하는 것은 아주 밀접한 연관이 있다는 사실입니다. 하나님이 우리 승리의 원천이신데 하나님은 그토록 우리에게 승리를 주시기를 원하시는데 그 승리는 다름이 아니라 바로 기도를 통해서 우리에게 주신다는 사실입니다. 그러므로 여러분도 기도함으로써 모든 싸움에서 꼭 승리할 수 있기를 간절히 바랍니다. 기도해야 마음의 평안을 얻을 수 있습니다. 기도해야 용기가 생기는 것입니다. 기도해야 문제가 해결되는 것입니다. 기도해야 악한 대적을 물리칠 수 있습니다. 기도해야 승리할 수 있는 것입니다.

역사상 가장 큰 군사작전은 노르망디상륙작전(Invasion of Normandy)으로 알려져 있습니다. 무려 100만 명의 병력과 9천 척의 선박, 17만 대의 차량, 702척의 전함이 사용되었다고 하니 어마어마한 규모입니다. 2차 세계 대전 말 연합군은 미 사령관 아이젠하워 장군의 지휘 아래 독일과의 전쟁을 종결시킬 대대적인 작전을 구상하였습니다. 그것은 유럽의 중심지이자 프랑스 해안 지방 노르망디에 극비의 상륙작전을 전개하는 것이었습니다. 그런데 연합군의 작전 계획을 염탐한 독일은 노르망디를 사수하고자 더욱더 경계를 강화하였습니다. 1944년 6월 6일 새벽 마침내 노르망디 작전이 개시되었습니다. 성공하면 히틀러의 패망과 아울러 미국과 자유 진영의 승리로 2차 세계대전이 끝나는 정말 중대한 작전이었습니다.

이때 노르망디 작전의 총지휘자는 미국의 루즈벨트 대통령이었는데 그는 그 중대한 시간에 작전실에 들어가 지휘를 한 것이 아니라 기도실에 들어가 하나님께 기도하기 시작하였습니다. 무려 8시간 동안 기도하였습니다. 시시각각으로 부하들이 상황 보고를 하기 위해 만나기를 청하였지만 그는 그것을 거절하고 오직 하나님만 바라보고 기도하였습니다. 그것은 그가 오직 하나님만이 승리의 열쇠를 가지신 분으로 분명히 믿었기 때문입니다.

그렇게 8시간 동안 기도하는 중에 자신의 지혜와 지도력만 믿었던 죄를 회개하고 오직 하나님의 도우심을 간절히 간구하였는데 그가 8시간 만에 기도실에서 나왔을 때 노르망디 작전이 기적적으로 성공했다는 전보를 받았습니다. 하나님은 믿음의 기도를 들으시고 놀라운 승리를 허락해 주신 것입니다.

우리 인생은 싸움의 연속이며 수많은 전쟁이 우리 앞에 드러나 있습니다. 여러분도 승리를 원한다면 기도하시기 바랍니다. 먼저 개인적으로 시간을 정해놓고 기도하세요. 그리고 운전할 때나 길을 갈 때도 하나님을 의식하고 기도하세요. 모세의 팔이 내려갈 때 아론과 훌이 그 팔을 함께 올려주었다는 것은 합심 기도를 말합니다. 가정에서 함께 기도하시고 새벽기도회에 나와 합심으로 기도하시기 바랍니다. 하나님께서 반드시 우리의 기도를 들어주시는 것입니다.

2. 의지의 손

둘째로 모세가 손을 들었다는 것은 다름이 아니라 오직 하나님만을 의지해야 한다는 것을 말하고 있습니다. 지금 이 전쟁에서 모세의 손이 올라가면 이스라엘이 이기고 모세의 손이 내려가면 아말렉이 이기는 이 모습을 통해 하나님께서 아주 강력한 교훈을 전해주시는 것 같습니다. 그것은 앞으로도 광야 생활을 계속해 나갈 때 가나안 정복에 이르기까지, 너희는 오직 나 여호와를 의뢰해야만 모든 삶 속에서 온전히 승리할 수 있다는 사실을 분명하게 교훈해 주신 것입니다. 손을 드는 것이 승리의 열쇠라는 것입니다.

이것은 우리도 마찬가집니다. 삶 속에서 우리가 승리할 수 있는 유일한 방법은 하나님께 손을 들고 하나님을 의지하는 것입니다. 그렇다면 이렇게 우리가 하나님을 의지한다는 것, 이것은 과연 무엇을 의미하는 것일까요? 신앙은 곧 의지하는 것인데 이렇게 하나님을 의지한다는 것에 대해 아주 기가 막힌 명문장이 있습니다. 잘 한번 들어보시기 바랍니다.

"그를 의지한다는 것은 내가 나로부터 자유로울 수 있는 것, 나의 약함 나의 부족함 나의 어리석음 내가 너무나 잘 알고 있는 나의 문제가 더 이상 문제가 되지 않는 것, 그가 행하실 것을 믿고 그를 의지하기에 더 이상 '내가 할 수 있을까?' 하는 멈춰버린 고민이 아닌 '내가 무엇을 하길 원하실까?' 라는 그의 목적을 바라보게 되는 것, 그를 의지한다는 것은 내가 믿는 것들을 내려놓을 수 있는 것, 나의 지식 나의 능력 나의 경험 내가 너무나 믿고 의지하던 나의 것들이 더 이상 나를 이끌어 가지 않는 것, 그가 행하실 것을 믿고 그를 의지하기에 더 이상 '내가 어떻게 하면 잘할 수 있을까?' 성취를 위한 고민이 아닌 '무엇을 이루시길 원하실까?' 그의 중심을 바라보게 되는 것" 등 정말 아름다운 정의가 아닐 수 없습니다.

의지한다는 것은 신앙 생활의 핵심입니다. 어린아이처럼 하나님을 굳게 신뢰하고 하나님께 다 맡기는 것입니다. 이렇게 하나님께 손을 들고 하나님을 의지하고 하나님께 맡기기만 하면 하나님은 반드시 여러분을 도와주시고 반드시 승리하게 만들어 주실 것입니다.

3. 영광의 손

셋째로 모세가 손을 높이 들었다는 것은 오직 하나님께 모든 영광을 돌려야 한다는 것입니다. 모세는 아말렉과의 전쟁에서 승리한 후에 곧바로 제단을 쌓고 그곳의 이름을 '여호와 닛시' 라고 불렀습니다. '여호와 닛시' 는 '여호와는 나의 깃발', 즉 '승리' 라는 뜻입니다. 여기서 모세가 제단을 쌓았다는 것은 아말렉과의 전쟁에서 승리하게 해주신 하나님께 감사의 제사를 드렸다는 것입니다.

그리고 그 제단을 '여호와 닛시' 라고 불렀다는 것은 하나님께서 당신의 백성을 승리하게 해주셨다는 것을 기억하고 모든 영광과 감사를 하나님께 올려드렸다는 것입니다. 하나님은 우리에게 승리를 주시는 분입니다. 그때 우리는 손을 들고 하나님께 영광 돌릴 줄 알아야 합니다. 내가 잘해서, 내가 똑똑해서 승리한 것이 아니라 진실로 하나님이 승리하게 해주신 줄로 알고 그 하나님께 두 손 들고 영광과 감사를 올려드릴 줄 알아야 합니다.

오늘 본문에서 이스라엘이 출애굽 후 처음으로 전투를 한 아말렉 족속은 에서의 손자인 아말렉의 후예들입니다. 그런데 오늘 하나님께서는 14절에서 "내가 아말렉을 없이하여 천하에서 기억도 못 하게 하리라"고 말씀하셨습니다. 신명기 25장 17절 이하에 의하면 아말렉 족속은 더위와 장기간의 여행에 지쳐서 낙오된 이스라엘 백성들의 후미를 공격했던 아주 야비하고 잔인한 족속이었습니다. 그래서 하나님은 "내가 아말렉과 더불어 대대로 싸우리라"고 분명히 말씀하신 것입니다.

오늘날도 참 야비하고 잔인한 아말렉과 같은 원수들이 우리를 괴롭히고 우리에게 싸움을 걸어오고 있습니다. 그렇다면 이런 싸움에서 우리는 어떻게 해야 승리할 수 있겠습니까? 네, 오늘 모세처럼 하나님께 손을 들어야 합니다. 아말렉이 이스라엘의 원수임과 동시에 하나님의 원수인 것처럼 오늘날 우리의 원수는 하나님의 원수입니다. 그러므로 우리가 하나님께 손을 들면 하나님께서 그 원수를 다 물리쳐 주시는 것입니다.

오늘 〈성경153올람〉 운동 스물두 번째 시간을 통해 우리는 또 하나의 중요한 가치관을 배웠습니다. 무엇입니까? 네, 인생의 싸움에서 '손을 들면 이긴다'는 것입니다. 우리의 원수는 하나님의 원수입니다. 그러므로 손을 들고 하나님께 기도하고 손을 들고 하나님의 의지하며 손을 들고 하나님께 영광 올려드릴 줄 알아야 합니다. 진실로 모든 인생의 싸움에서 영적 전쟁에서 기도의 손, 의지의 손, 영광의 손을 들고 날마다 승리하시기를 간절히 바랍니다.

023

성경153올람

제사장 나라가 되리라

　성경은 의미의 책입니다. 성경은 단순히 어떤 문자가 아니라 대단히 깊은 의미를 내포하고 있는 의미의 책입니다. 성경에 나오는 개별적인 사건들 하나하나가 다 아주 깊은 신앙적 의미를 내포하고 있기에 우리는 성경을 읽을 때나 설교 말씀을 들을 때에 그 의미를 잘 붙잡아야 합니다. 그래서 우리는 글자로 읽는 성경이 아니라 의미로 읽는 성경이 되게 해야 하고 문자로 읽는 성경이 아니라 뜻으로 읽는 성경이 되게 해야 합니다.

　성경의 개별적인 사건들은 그냥 다 따로따로 존재하는 것이 아니라 전체로서 하나로 묶여 있습니다. 그래서 우리는 성경을 읽으면서 각각의 사건들의 의미도 잘 파악해야 하지만, 또 전체로서 이 성경이 어떤 의미의 흐름을 이어가고 있는지 그것도 잘 파악해야 합니다. 우리나라 속담에 이런 말이 있죠? "구슬이 서 말이라도 꿰어야 보배다." 그렇습니다. 각각의 구슬도 중요하지만 이것을 전체로 잘 꿰어야 더 값어치 있는 목걸이가 되는 것입니다.

그래서 지금 우리는 〈성경153올람〉 운동을 통하여 창세기 말씀부터 요한계시록 말씀까지 전체로서 성경의 큰 흐름을 따라 올람, 옛적 길을 함께 걸어가고 있는 것입니다. 정말 이 운동은 우리의 평생에 한 번 있을까 말까 한 너무나 중요한 신앙 운동이니까 이 운동을 통해서 성경의 큰 흐름을 잘 파악하시고 그 의미를 잘 붙잡아서 진실로 하나님의 가치관으로 나머지 인생을 잘 살아가시기 바랍니다.

우리가 이렇게 성경의 큰 흐름을 읽어나가는 중에 어느 순간에는 아주 높고 큰 봉우리를 만날 때가 있습니다. 사실 지금 우리가 살펴보고 있는 성경의 153개 주제는 우리가 꼭 올라서야 할 중요한 봉우리들이라고 말할 수가 있습니다. 그런데 오늘 우리는 아주 역사적인 순간을 맞이하고 있다고 할 수 있는데 오늘 우리는 구약성경에서 가장 높은 봉우리, 구약신학의 최고봉에 올라서려고 하는 것입니다. 그 최고봉은 바로 '시내산 계약' 입니다. 그렇다면 왜 시내산 계약을 구약신학의 최고봉이라고 할까요? 우리는 먼저 이것을 잘 이해할 필요가 있습니다.

지금 마음으로 여러분 앞에 아주 높은 산봉우리를 하나 그려보시기 바랍니다. 그리고 그 산 가운데에다가 '시내산' 이렇게 적어 놓으시기 바랍니다. 그다음에 시내산 이전의 이야기들, 그러니까 창조, 타락, 족장들의 이야기, 430년 애굽에서의 종살이, 출애굽, 홍해 도하, 광야길을 거쳐 시내산에 도착하게 되기까지의 모든 역사는 사실 시내산에 오르기 위한 역사입니다. 그리고 그다음에 시내산 사건 이후에 이어지는 모든 역사, 그러니까 광야 생활, 가나안 정복, 사사시대, 왕정시대, 그 모든 역사는 사실은 다시 시내산으로 돌아가자는 이야기입니다.

왜 이렇게 말할 수 있는가 하면 하나님께서 이스라엘을 먼저 은혜로 구원해 주신 다음에 이제 그들을 시내산에 불러 모으시고 거기서 계약을 체결해 주셨기 때문입니다. 그리고 시내산 그 이후의 역사는 하나님과 이스라엘 백성들이 체결한 계약을 이스라엘이 파기하고 율법을 버리고 죄를 짓고 멸망에 이르고 말았기 때문에 하나님과 맺었던 그 아름다운 시내산 계약 관계로 다시 돌아가야 한다는 이야기입니다. 그러니까 위대한 왕, 지혜자, 예언자, 이 모든 하나님 사람들의 메시지는 다시 시내산으로 돌아가자, 그 계약 관계로 다시 돌아가자, 그래야 우리가 살 수 있다고 선포한 것입니다. 그래서 시내산 이전의 모든 역사는 시내산에 오르기 위한 역사이고 시내산 이후의 모든 역사는 다시 시내산으로 돌아가자는 이야기이기 때문에, 바로 이런 의미에서 시내산 계약은 구약신학의 최고봉이 되는 것입니다.

그다음에는 이 '계약'이라고 하는 말이 왜 이렇게도 중요한지 우리가 잘 이해해야 합니다. Covenant, 계약이라고 하는 이 말은 언약이라고 표현하기도 하는데 쌍방 간에 두 당사자가 어떤 사안에 대해서 아주 굳은 약속을 하는 것을 계약이라고 합니다. 구약성경에 나오는 계약은 크게 두 가지 종류로 나눌 수가 있는데, 첫째는 위-아래, 종적인 계약입니다. 이 계약은 이스라엘 백성이 잘났든지 못났든지 잘하든지 못하든지 간에 하나님께서 일방적으로 맺어주시는 계약이기 때문에 이 계약을 '은혜 계약'이라고 부르기도 합니다. 예를 들면 그동안 우리가 살펴보았던 다시는 홍수로 사람을 심판하지 않겠다는 노아 계약, 믿음의 조상으로 불러주신 아브라함 계약, 또 앞으로 공부할 다윗 계약, 이 모두가 다 종적인 계약, 은혜 계약입니다.

그다음에 구약성경에 나오는 두 번째 계약은 옆으로, 횡적인 계약입니다. 이 계약은 종적인 계약과는 달리 계약 당사자 쌍방 간에 책임과 의무를 다해야만 하는 계약입니다. 그래서 이렇게 계약한 대로 책임과 의무를 성실히 수행해야 하는 계약이기 때문에 이 횡적인 계약을 다른 말로는 '쌍무계약'이라고 부르기도 합니다. 오늘 구약신학의 최고봉이라고 할 수 있는 이 시내산 계약이 바로 횡적인 계약, 쌍무계약의 대표적인 계약이라고 할 수 있습니다.

왜 시내산 계약을 구약신학의 최고봉이라고 하는지, 그리고 계약이란 말이 무엇을 의미하는지를 알았으면 이제 그다음 단계는 '율법'에 대해 잘 이해해야 합니다. 계약은 다른 말로 언약이라고도 하는데 그 언약의 핵심 내용이 바로 하나님께서 이스라엘 백성에게 주신 '율법'입니다.

그동안 우리는 흘러가고 이동하는 큰 역사의 흐름 속에서 하나님의 사건들을 매 주일 쭉 상고해 왔습니다. 지금은 이스라엘이 시내산에 머물러 있는데 이곳에 약 1년 머물러 있는 동안 시내산에서 하나님은 이스라엘 백성들에게 3가지를 허락해 주셨습니다.

하나님은 시내산에서 이스라엘 백성들에게 가장 먼저 첫째로 율법을 주시고, 둘째로 성막을 주시고, 셋째로 제사 제도를 허락해 주셨습니다. 두 번째 성막 이야기와 세 번째 제사 이야기는 다음에 살펴볼 것이고 오늘은 이 첫 번째 율법에 대해서 잘 이해해야 합니다.

그러면 이 대목에서 여러분에게 질문을 하나 드립니다. 출애굽이 먼저입니까? 시내산이 먼저입니까? 네, 당연히 출애굽이 먼저입니다. 출애굽 해서 홍해를 건너고 그다음에 수르 광야, 신 광야를 거쳐서 지금 시내산에 도착했으니까 출애굽이 시내산보다 먼저 있었던 사건입니다. 여기서 출애굽이 시내산보다 먼저라고 하는 것은 우리 구속사에 있어서 지금 우리가 살펴보고 있는 성경의 도도한 흐름 가운데서 너무나 중요한 사실입니다.

출애굽이 무엇입니까? 네 출애굽은 바로 은혜의 사건입니다. 출애굽 하는 데 이스라엘은 한 것이 없습니다. 그리고 이스라엘이 잘났든지 못났든지 이런 거 상관없이 그저 하나님께서 은혜로 이스라엘 백성을 구원해 주신 것입니다. 그리고 그다음에 이어지는 모든 역사, 홍해 도하 사건, 구름기둥과 불기둥, 쓴물을 단물로 바꿔주신 사건, 광야에서 만나를 내려주신 사건, 르비딤에서 아말렉 군대를 물리친 사건, 이 모든 것이 다 무엇입니까? 네, 이 모든 것은 다 하나님의 은혜의 사건입니다. 잘 기억하세요. 다 은혜입니다.

이제 시내산에 와서는 하나님께서 이스라엘 백성들을 불러 모으시고 그들에게 '율법'을 허락해 주고 계십니다. 율법은 계약 관계에 있어서 핵심적인 내용이고 이 율법의 핵심이 바로 십계명입니다. 그래서 오늘 본문 19장에 이어서 곧바로 20장에서 하나님은 십계명을 선포해 주십니다.

그래서 이제는 뭔가 분위기가 달라졌습니다. 우선 급하니까 하나님이 이스라엘 백성들을 은혜로 구원해 내시고 은혜로 여기까지 인도해 오셨지만 이제 시내산에서 계약을 체결한 다음에는 이스라엘 백성들이 율법을 지켜야 하는 것입니다. 바로 이것이 계약의 핵심입니다. 계약을 맺었다는 것은 언약을 체결했다는 것이고 언약의 핵심은 바로 율법이며 이스라엘 백성들은 우리가 그것을 잘 준행하겠다고 하나님 앞에서 약속한 것입니다.

이제 이 대목에서 우리는 또다시 거꾸로 생각을 해보아야 합니다. 그렇다면 이스라엘 백성들이 율법을 잘 지키면 구원받는 것인가요? 율법은 이것을 잘 지켜서 구원받으라고 주신 것일까요? 네 그런 것이 결코 아닙니다. 하나님께서 율법을 허락해 주신 것은 이것을 잘 지키면 내가 너희들을 구원해 주겠다 하는 의미로 주신 것이 아니라 구원은 이미 허락해 주신 것입니다. 출애굽이 먼저니까요? 그래서 구원은 이미 허락해 주신 것이고 이제 하나님이 시내산에 그들을 불러 모아 계약을 체결하시며 이렇게 하나님의 백성이 되었으니까 하나님의 백성답게 살라는 의미로 율법을 허락해 주신 것입니다.

이것이 구약 율법의 참된 정신입니다. 율법은 구원의 조건으로 주신 것이 아니라 하나님의 백성이 되었으니까 하나님의 백성답게 살라고 주신 것입니다. 물론 나중에 율법을 잘 지키지 않고 언약을 파기하고 죄를 지어서 멸망에 이르기는 하였지만, 그러나 애초에 하나님께서 율법을 주신 것은 하나님의 백성답게 살라고 주신 것입니다.

그러므로 이렇게 바로 이 율법의 본래 정신을 잘 이해하게 되면 우리는 바로 이 율법이 하나님의 황홀한 은혜인 것을 깨닫게 되는 것입니다. 생각해 보세요. 하나님이 뭐가 답답해서 이스라엘 백성들과 계약을 체결하시겠습니까? 그러니까 계약 행위 자체가 바로 하나님의 은혜이고 율법을 주신 것 자체가 하나님의 황홀한 은혜가 아닐 수 없는 것입니다.

나중에 신약에 와서, 특히 바울이 율법과 믿음을 날카롭게 대조하면서 율법을 지킴으로가 아니라 믿음으로 구원받는다고 강조한 것은 사실 유대인의 율법주의를 비판한 것입니다. 그러나 구약시대 시내산의 현장에서는 율법도 은혜로 주신 것이고 하나님께서 이스라엘 백성들이 나의 백성이 되었으니까 나의 백성답게 살라고 주신 황홀한 은혜인 것입니다.

그래서 이렇게 은혜와 율법의 관계를 잘 이해해야만 행위를 잘 지켜서 구원받겠다고 하는 율법주의에 빠지지 않고 정말 은혜의 방법으로 예수님을 믿을 수 있게 되는 것입니다. 여러분은 율법적으로 신앙 생활 하지 마시고 은혜에 감격하여 은혜받은 자답게 살아가는 은혜의 신앙 생활을 하시기 바랍니다.

지금까지 왜 시내산 계약을 구약신학의 최고봉이라 하는지, 계약이란 도대체 무엇인지, 그리고 계약의 중심 내용인 율법은 무엇인지에 대해 살펴보았습니다. 이렇게 중요한 내용을 많이 살펴보았는데 정말 중요한 시내산 계약의 핵심 개념이 한 가지 더 남아 있습니다. 시내산 계약의 핵심은 율법을 주셨다는 그것 자체가 아니라 더 근본적으로 하나님과 이스라엘 백성들이 새로운 관계 속으로 들어왔다는 것이 핵심입니다. 그래서 "나는 너희들의 하나님이 되고, 너희들은 내 백성이 되리라"고 이렇게 하나님과의 관계 속으로 들어와서 너희들은 이제 하나님의 백성이 되었으니까 하나님의 백성답게 살라고 하는 것이 시내산 계약의 핵심 정신이 되는 것입니다.

이렇게 시내산 계약의 핵심 정신을 분명히 이해하게 되면 그다음에 이제 오늘 본문이 말씀하시는 바가 무엇인지를 우리가 아주 분명하게 깨닫게 됩니다. 먼저 1절 보면 애굽을 떠난 지 3개월이 되던 날 그들이 시내산에 도착하였다고 말씀하고 있죠? 이것은 3개월이 걸렸다는 것이 아니라 3개월째가 되는 첫째 날에 도착했다는 것이니까 출애굽한 지 딱 두 달 만에 시내산에 도착한 것입니다. 그다음에 3절에서는 이스라엘 백성들은 시내산 아래에 있고 모세 혼자 하나님의 부르심을 받아 시내산 꼭대기에 올라가서 시내산 계약에 대한 하나님의 말씀을 들었습니다. 그 말씀 중에 하나님은 4절에서 "내가 애굽 사람에게 어떻게 행하였음과 내가 어떻게 너희를 업어 내게로 인도하였음을 너희가 보았다"고 말씀하시는데 이것은 '은혜'를 말하는 것입니다. 그래서 그동안 하나님이 오직 은혜로 백성들을 여기까지 인도하였다 말씀하시는 것입니다.

그리고 그다음에 4~5절 말씀이 시내산 계약의 서언(序言)이자 시내산 계약의 가장 중요한 핵심 정신입니다. 먼저 하나님은 이렇게 말씀하십니다. "세계가 다 내게 속하였나니." 이것은 하나님께서 세계 모든 만민, 모든 인류를 구원하시고자 하는 뜻을 갖고 계심을 알려주시는 것입니다. 그다음 말씀은 "너희가 내 말을 잘 듣고 내 언약을 지키면"인데, 여기에 '언약'이라는 표현이 나옵니다. 그래서 이 말씀은 이제 너희 이스라엘 백성은 나와 함께 계약을 맺자는 말씀입니다.

그리고 이어서 이렇게 계약 백성이 되면 정말 중요한 것이 있는데 그것에 대해 하나님께서 3가지를 말씀하고 계십니다. 첫째로 너희는 모든 민족 중에서 내 소유가 되겠고, 둘째로 너희가 내게 대하여 제사장 나라가 되며, 셋째로 거룩한 백성이 되리라고 말씀해 주셨습니다. 이렇게 하나님께서 언약 백성의 세 가지 모습을 말씀해 주셨는데 여러분은 이 말씀으로 너무너무 강렬한 은혜도 받으시고 분명한 사명도 발견하시면 좋겠습니다.

첫째로 "너희는 내 소유가 되겠고."

이 말씀은 하나님과 강한 '유대'를 말하는 것입니다. 여기 나오는 '소유'란 원래 그 주인이 가장 아끼고 가장 소중히 여기는 귀중품, 보석, 걸작품을 말하는 것입니다. 그러므로 지금 우리도 '하나님의 소유'니까 우리는 하나님이 특별하게 관리하시고 타인이 함부로 범할 수 없도록 지켜주시는 고귀한 존재인 것을 알아야 합니다.

둘째로 "제사장 나라가 되며."

이 말씀은 하나님께서 특별히 허락해 주시는 '사명'을 말하는 것입니다. 여기 나오는 '제사장'이란 존재는 하나님과 사람들 간에 중보의 역할을 감당하는 중재자를 말합니다. 그러므로 제사장 나라가 된다고 하는 것은 하나님께서 이스라엘을 선민으로 불러주셔서 하나님 구원의 뜻을 온 세상에 선포하는 사명을 허락해 주셨다는 것입니다. 바로 이와 같은 사명이 오늘 우리에게도 주어진 줄로 믿고 여러분 한 사람 한 사람이 중보자의 역할을 잘 감당하시고 우리나라가 제사장 나라가 될 수 있도록 기도하시기 바랍니다.

셋째로 "거룩한 백성이 되리라."

이 말씀은 하나님의 사람이 반드시 가져야 할 '성결'을 말하는 것입니다. 우리는 하나님의 거룩한 백성이 되어야 합니다. 하나님은 거룩하신 분이시기 때문에 하나님과 관계하는 모든 사람 역시 거룩해야 합니다. 그래서 우리도 하나님과 관계하는 하나님의 사람들이기 때문에 내 삶을 살아갈 때나 하나님의 일들을 감당할 때나 진실로 성결하게 자신을 잘 지켜나가야 합니다. 이제 오늘 시내산 계약에서 분명히 기억하시기 바랍니다. 우리는 하나님의 소유이고 제사장 나라이며 거룩한 백성입니다.

얼마 전 유행하던 유머 중에 이런 퀴즈가 있습니다. "버스 한 대가 교통사고를 내서 그 안에 타고 있던 많은 승객이 죽었는데 그들 중 가장 억울하게 죽은 사람은 누구일까요?" 가장 억울하게 죽은 첫 번째 사람은 96번 버스를 타려다가 69번 버스를 96번으로 착각하고 탄 사람이라고 합니다(무지). 두 번째로 억울한 사람은 버스가 출발할 때 놓칠까 봐 급하게 달려와서 간신히 버스를 탄 사람이라고 합니다(맹목). 세 번째로 억울한 사람은 졸다가 내려야 할 곳에서 못 내리고 한 정거장 더 가다가 죽은 사람이라고 합니다(나태).

참 웃픈 이야기입니다. 그런데 이 이야기는 그냥 웃어넘길 수가 없는 참 중요한 인생의 의미를 내포하고 있습니다. 우리도 지금 인생이라는 버스를 타고 있는데, 나중에 정말 억울하게 죽는 사람이 되지 않으려고 하면 정말 바로 지금 여기에서 내 인생을 깊이 고민해 보아야 합니다. 무지하게 인생의 버스를 잘못 올라타도 안 되고 아무런 생각 없이 맹목적으로 내 인생을 달려서도 안 되며 졸면서 나태하게 허무한 인생을 살아서도 안 되는 것입니다.

정말 내 인생이 억울하지 않게 하려면 진실로 하나님을 붙드는 길밖에는 없습니다. 가장 먼저는 하나님의 은혜를 붙들어야 합니다. 하나님은 은혜로 나를 구원하셨고 모든 것은 다 은혜로부터 출발하였으며 우리는 은혜 없이는 살아갈 수가 없음을 알아야 합니다. 그리고 은혜의 하나님은 나와 계약을 맺어주시고 나에게 하나님의 자녀답게 살도록 율법과 계명을 주신 것을 알아야 합니다. 율법은 하나님의 황홀한 은혜입니다.

그리고 하나님이 나를 소유로 삼아주시고 제사장의 사명을 허락해 주시며 거룩한 자로 부르셨음을 분명히 알아야 합니다. 이것은 우리가 가지고 있는 세 가지의 특별한 신분입니다. 그래서 바로 이와 같은 하나님의 거룩한 뜻에 나를 맞추어서 하나님의 구속사의 주인공으로 살아갈 때 바로 그때 우리는 절대로 억울하지 않은 인생을 살게 되는 것입니다.

한 번밖에 없는 귀한 인생인데 우리는 절대로 억울한 인생을 살아가서는 안 되겠습니다. 구약신학의 최고봉, 시내산 계약의 핵심을 잘 깨우쳐서 절대 억울하지 않은, 구속사의 주인공으로 살아가시기를 간절히 바랍니다.

024

여호와의 영광이
성막에 충만하였더라

시내산 계약은 구약신학의 최고봉입니다. 그런데 이렇게 중요한 시내산 계약의 핵심은 하나님께서 이스라엘 백성들을 새로운 '관계' 속으로 불러주신 것이라 할 수 있습니다. 우선 급하니까 하나님께서 이스라엘 백성들을 출애굽을 통해 구원해 놓으시고 이제 하나님께서 정하신 곳, 시내산에 그들을 불러 모으시고 새로운 관계로 그들을 초청하신 것입니다.

그래서 이제부터 이스라엘 백성은 하나님의 백성이 될 것이고 하나님은 이스라엘의 하나님이 되시는 것입니다. 이스라엘은 하나님의 소유이고 제사장 나라가 될 것이며 거룩한 백성이 될 것이라고 하나님은 이 '관계'에 대해 아주 분명하게 말씀해 주셨습니다.

이렇게 관계 설정이 제일 중요하고 이 관계 속에서 하나님은 시내산에서 이스라엘 백성에게 3가지를 주셨는데, 바로 율법과 성막과 제사 제도입니다. 지난주는 율법에 대해 잘 살펴보았습니다. 이제 오늘은 성막에 대해서, 그리고 다음 주는 제사에 대해 살펴볼 것입니다.

성경이 이 성막을 얼마나 중요하게 취급하고 있는지 깜짝 놀랄 만한데요. 무려 50장을 할애하고 있습니다. 출애굽기에 13장, 레위기에 18장, 민수기에 13장, 신명기에 2장, 신약에 와서 히브리서에 4장, 그래서 성경 전체에 성막과 관련된 내용이 무려 50장에 이르고 있습니다.

그렇게 중요하고 거창한 천지창조에 관한 내용이 겨우 11장에 불과합니다. 믿음의 조상 아브라함에 관한 내용도 겨우 14장에 불과합니다. 그래서 성경에서 단일 주제로 제일 많이 설명하고 있는 주제가 바로 성막에 관한 이야기입니다. 성경이 왜 이렇게도 성막을 중요하게 취급하고 있는지 이제 그 이유와 의미를 살펴보면서 은혜를 나누고자 합니다.

하나님께서 이스라엘과 시내산 계약을 체결하시는 모든 과정을 가만히 살펴보면 그 모든 절차와 과정들이 오늘날 우리의 '결혼식' 과 많이 닮았습니다. 우선 출애굽기 19장은 첫 만남을 이루는 장면입니다. 하나님께서 이스라엘 백성들을 시내산에 불러 모으시고 공식적으로 그들과 더불어 '첫 만남' 을 가졌습니다. 이것은 두 남녀가 만나 '첫선' 을 보는 장면하고 닮았습니다. 그다음에 20장에 십계명이 나오고 23장까지 언약의 내용에 대해서 '언약서 낭독' 하는 장면이 이어지는데 이것은 두 사람이 만나서 '결혼 약속' 하는 모습과 닮았습니다. 그리고 24장에서 마침내 '계약 체결' 하는 모습이 나오는데 이 장면은 그동안 사랑을 고백하고 미래를 약속한 후에 마침내 '결혼식' 을 하는 모습과 닮았습니다. 이렇게 신랑 신부가 결혼식을 마쳤으면 그다음에는 어떻게 하죠? 네 이제 '신혼집' 을 구해서 평생을 함께 삽니다. 여기에 신혼집에 해당하는 것이 바로 '성막' 입니다.

어떻습니까? 이런 관계의 개념으로 설명을 해보니까 성막이 정말 중요하죠? 이제 오늘은 출애굽기를 마감하는 주일인데 오늘은 이 성막 이야기를 통해 큰 은혜 받으시기 바랍니다.

성막을 잘 이해하려면 성막의 크기, 규모, 식양 등을 알아야 하기에 성경의 복잡한 내용을 요약해서 9개 항목으로 설명하겠습니다.

1) 울타리

이 성막의 전체 규모가 어느 정도가 되는지 성막의 울타리부터 설명을 하겠습니다. 보통 구약의 길이를 재는 치수는 '규빗'인데, 1규빗은 장정 팔꿈치에서 손가락 끝까지를 말하고 있습니다. 그래서 대략 45cm 정도로 환산하는데 이렇게 하면 환산할 때 좀 복잡해지니 그냥 50cm로 환산하면 편합니다. 그래서 성막의 바깥 울타리는 길이가 100규빗, 폭이 50규빗입니다. 이것을 미터법으로 환산하면 길이가 50m, 폭이 25m 정도 된다고 보시면 되겠습니다. 국제축구연맹이 정하고 있는 축구장의 크기가 길이 105m, 폭이 68m입니다. 그러니까 대략 성막 바깥 울타리 크기는 축구장 4분의 1 정도에 해당한다고 보시면 되겠습니다.

이 정도 크기의 공간에 길이 쪽으로 20개, 너비 쪽으로 10개의 놋기둥을 2.5m 높이로 둘러 세웠습니다. 이렇게 놋기둥으로 골격을 삼고 그 기둥을 따라 세마포 휘장을 휘둘러서 전체 울타리를 완성하였습니다. 이 울타리는 바깥세상과 하나님의 거룩한 처소를 구분하는 의미가 있는 것이고, 아무나 함부로 하나님의 거룩과 영광을 훼손치 못하도록 그것을 지켜내는 기능을 감당합니다.

2) 출입문

바깥에서 성막 안으로 들어가기 위해서 이 울타리에 출입문을 만들었는데 이 출입문은 딱 하나뿐이고 반드시 동쪽을 향하여 설치하라고 말씀하셨습니다. 여기에서 성막의 문이 하나라고 하는 것은 하나님께 나아가 구원을 얻는 방법이 오직 하나밖에 없다는 것을 의미하고 있고, 그래서 이것은 결국 우리가 오직 예수 그리스도를 통해서만 구원받을 수 있음을 선포하고 있는 것입니다. 예수님은 요한복음 10장 9절에서 "내가 문이니 누구든지 나로 말미암아 들어가면 구원을 받고 또는 들어가며 나오며 꼴을 얻으리라"고 말씀하셨는데 진정으로 우리가 하나님의 구원으로 들어가는 문은 예수님밖에 없음을 믿으시기 바랍니다.

3) 번제단

이제 이 동쪽 출입문에서 우리가 함께 성막을 향해 들어가는 방향으로 계속 진행하며 설명해 드리면 동쪽 문을 통해서 들어가면 가장 먼저 번제단이 있습니다. 이 번제단은 가로세로 5규빗 씩이니까 2.5m 정도의 정사각형 크기가 되겠고 높이는 3규빗, 1.5m 정도가 되겠습니다. 이 번제단은 조각목으로 만들어서 그 전체를 놋으로 둘러싸고 그 높이의 중간 쯤에 놋으로 그물처럼 생긴 철망을 만들어서 그 위에서 동물을 잡아 하나님께 제사를 드렸던 것입니다.

이렇게 번제단의 가장 중요한 기능은 동물을 잡아 하나님께 피의 제사를 드리는 제단입니다. 제사를 드릴 때에는 어떤 제사이든지 먼저 제사장은 그 제물의 머리에 손을 얹고 기도하게 되어 있는데 이 기도는 죄를 전가하는 기도입니다. 이 기도 후에 짐승을 잡아 죽이고 피를 받아 바르고 뿌리면서 백성들의 죄가 사하여졌음을 선포하는 것이니까 결국 이 번제단의 핵심 개념은 '죄사함' 이라고 할 수 있습니다.

그래서 이 번제단은 우리 예수님의 십자가 희생 제사를 강력하게 증거하고 있습니다. 예수님은 우리에게 오셔서 온 인류의 죄를 짊어지시고 십자가 위에서 희생제물이 되어 죽으심으로 우리의 모든 죄를 다 대속해 주신 것입니다. 바로 이 대속의 은혜가 우리를 살린 줄로 믿고 그 은총에 감사 감격하며 믿음의 삶을 잘 살아가시기 바랍니다.

4) 물두멍

번제단을 지나 성막 쪽으로 더 다가가면 성막 안으로 들어가기 전에 물두멍이 나타납니다. 물두멍은 놋으로 만들었는데 이것은 제사장이 성소 봉사의 직무를 수행하기 전에 손과 발을 씻고, 또 제물을 씻기도 하면서 정결의식을 행하는 곳입니다. 특이한 점은 다른 성막 기구들과는 달리 이 물두멍은 유일하게 그것의 크기나 물의 양을 기록하지 않았습니다.

물두멍의 크기나 물의 양을 기록하지 않았다는 것은 그만큼 씻어야할 일이 많았다는 것을 암시합니다. 그래서 물두멍은 우리 하나님의 무한한 '용서'를 상징합니다. 하나님께서 예수님을 통해 우리 죄를 사해주신 그 용서가 한이 없고 과거와 현재와 미래의 죄까지 다 용서해 주신 그 은혜가 무궁무진하다는 것을 우리가 알아야 합니다. 그러므로 우리는 이제부터 하나님의 놀라운 용서의 은혜를 체험한 사람으로서 우리도 다른 사람을 용서하며 하나님의 마음을 품고 살아야 합니다.

또 한 가지 물두멍은 놋으로 만들었는데 이 놋을 회막 문에서 수종 드는 여인들의 거울로 만들었다고 기록하고 있습니다. 그러니까 이스라엘 여인들이 출애굽 할 때 가지고 나왔던 놋 거울을 물두멍 만드는 데에 바친 것입니다. 그 거울이 전에는 멋을 내거나 허영과 욕심과 교만을 드러내는 도구였다면 이제는 그것을 하나님께 바쳐서 자신을 정결하게 하는 성결의 도구, 물두멍으로 만든 것입니다. 우리도 물두멍의 교훈을 마음 깊이 기억하여서 늘 영적 거울에 자신을 비춤으로써 성결하게 살아가는 성도가 되어야 하겠습니다. 이 시대 하나님께서 우리에게 가장 바라시는 것은 우리가 자신을 성결하게 잘 지켜내는 것입니다.

5) 성막

이제 성막인 텐트 안으로 들어가게 되는데 성막은 성소로 들어가서 지성소까지 이어지게 되어 있습니다. 먼저 전체 성막, 텐트의 크기는 길이 30규빗, 폭 10규빗인데 환산하면 길이 15m, 폭 5m가 됩니다. 10m까진 성소가 되고 그 뒤 5m는 지성소가 됩니다. 그러니 성소는 10m, 5m의 직사각형 공간이고 지성소는 5m, 5m의 정사각형 공간이 되는 것입니다. 이 성막 텐트는 널판으로 벽을 만들고 그 위에 4겹의 덮개를 덮어서 완성하는데 첫 번째는 청색, 자색, 홍색실로 휘장을 짜서 덮었고, 두 번째는 염소 털로 짠 덮개를 덮었습니다. 세 번째는 숫양 가죽으로 만든 덮개를 덮었고, 네 번째 맨 위에는 해달의 가죽으로 짠 덮개를 덮었습니다. 이 덮개들은 겹겹이 우리 위에 임하시는 하나님의 은혜를 상징하고 있습니다.

6) 성소

그러면 이제 성소 안으로 들어가 보겠습니다. 성소 휘장문을 열고 성소 안으로 들어가면 3가지 기구가 있는데, 먼저 왼편으로 일곱 가지가 뻗어 있는 등잔대가 있습니다. 등잔대는 한 달란트(34kg, 100근)의 금을 쳐서 만드는데 가운데에 중심 줄기가 있고 좌우로 3개씩 6개의 가지를 만들어 모두 7개의 등잔이 있습니다. 각각의 등잔대는 순결한 감람유 기름을 두게 하였고 이것은 말 그대로 성소 안을 환하게 비추는 기구이며 저녁부터 아침까지 항상 불을 밝혀 놓게 하였습니다.

이 등잔대와 마찬가지로 예수님은 요한복음 12장 46절에서 "나는 빛으로 세상에 왔나니 무릇 나를 믿는 자로 어둠에 거하지 않게 하려 함이로라"고 말씀하셨습니다. 성막의 등잔이 어두운 주위를 환히 비추는 것처럼 예수님은 진리의 빛으로 이 세상에 오셔서 어두운 세상을 환히 비춰주시며 우리를 생명의 길로 인도해 주셨습니다. 이제 여러분도 예수님처럼 성소의 등잔대처럼 날마다 어두운 세상을 환하게 비추는 빛의 사명을 잘 감당하시기 바랍니다.

7) 진설병상

성소 안에서 오른쪽을 보면 12덩이 떡이 놓여 있는 진설병상이 있습니다. 진설병상은 떡을 차려놓는 상인데 길이는 2규빗, 너비는 1규빗, 높이는 1규빗 반이니까 환산하면 길이 1m, 폭 50cm, 높이는 75cm 정도가되는 밥상처럼 생긴 탁자입니다. 이 진설병상 역시 조각목으로 만들고그 위를 순금으로 싸게 되어 있습니다. 이 상 위에 12덩이의 떡을 올려놓는데 이것은 이스라엘 12지파를 상징하고 있습니다.

사람이 살기 위해서는 먹어야 합니다. 먹는 행위는 곧 생명입니다. 그래서 요한복음 6장 35절 말씀에 "예수께서 이르시되 나는 생명의 떡이니내게 오는 자는 결코 주리지 아니할 터이요 나를 믿는 자는 영원히 목마르지 아니하리라"고 말씀하셨습니다. 떡은 생명을 유지할 수 있는 일용할 양식에 대한 대표적 단어입니다. 우리는 예수님을 먹고 마셔야만 날마다 영적 생명의 삶을 살아갈 수 있습니다. 우리는 날마다 하나님의 말씀을 양식으로 삼아 매일매일 묵상하고 그 가운데 기록한 대로 다 지켜행하면서 날마다 생명의 삶을 살아가야 합니다.

8) 분향단

성소 안에서 앞쪽 정면을 바라보면 지성소 휘장 쪽으로 아침저녁 향을 피우는 분향단이 있습니다. 분향단의 크기는 길이가 1규빗, 너비가 1규빗으로 네모반듯하게 하였고 높이는 2규빗으로 하였습니다. 환산하면가로세로 50cm, 높이는 1m 정도의 단인데 이 분향단 역시 조각목으로만들었고 순금으로 쌌습니다. 분향단은 말 그대로 성소에서 향을 피우는기구입니다. 매일 아침저녁으로 향을 피우게 되어 있었습니다. 향을 피우면 향의 연기, 향연이 하늘로 올라갑니다. 그래서 향연은 성경에서 항상 하늘로 올라가는 우리의 기도를 상징하고 있습니다.

시편 141편 2절에서 "나의 기도가 주의 앞에 분향함과 같이 되며" 그 랬고 요한계시록 5장 8절에서도 "이 향은 성도들의 기도들이라"고 직접 말씀하고 있습니다. 하나님 임재의 장소인 성막에서 향연이 하늘로 올라 가는 것처럼 우리가 성전에서 하나님께 기도하면 우리의 기도가 하나님 께 반드시 상달되는 것을 믿으시기 바랍니다. 그리고 성소에서 매일 아 침저녁으로 향을 피워야 하는데 이처럼 우리의 기도는 잠시라도 중단할 수 없는 영적 호흡이란 것도 잘 기억해야 합니다. 이 사실들을 기억하고 날마다 기도 생활에 최선을 다하는 성도들이 되시기 바랍니다.

9) 지성소

이제 성막에서 가장 중요한 장소인 지성소가 남아 있는데 지성소 안에 는 단 하나, 언약궤만 놓여 있습니다. 언약궤는 증거궤, 법궤라고도 하는 데 그 크기는 길이가 2.5규빗, 폭이 1.5규빗, 높이가 1,5규빗인데 환산하 면 길이 125cm, 폭 75cm, 높이 75cm의 큰 상자가 되는 것입니다. 이 언 약궤 역시 조각목으로 만들고 순금을 입혔는데 성경에는 이 언약궤 설명 이 가장 먼저 나오고 있습니다. 이것은 언약궤가 성소 기물들 가운데 가 장 중요하다는 뜻입니다. 이 언약궤 안에는 십계명을 기록한 두 돌판과 아론의 싹난 지팡이, 만나가 들어간 항아리가 놓여 있습니다.

1년에 한 번 대속죄일이 되면 대제사장은 이스라엘 백성 전체의 죄를 씻기 위해 휘장 안 지성소로 들어갔습니다. 세마포 옷을 입고 번제단에 서 취한 속죄 제사의 피를 가지고 지성소로 들어가서 속죄소 위에 한 번 뿌리고 그 앞에 7번 뿌렸습니다. 이렇게 번제단에서 죽은 흠 없는 생축의 피가 속죄소에 뿌려짐으로 이스라엘 백성의 죄가 사해졌던 것입니다. 이 로써 이스라엘은 죄사함을 받게 되었고 율법에서 해방되었으며 하나님 과 화목하게 되었던 것입니다.

여기서 언약궤의 위 뚜껑이 참 중요한데 이 부분을 가리켜 속죄소(贖罪所) 혹은 시은소(施恩所)라고 불렀습니다. 이렇게 부른 것은 바로 이곳이 하나님께서 이스라엘 백성의 모든 죄를 용서해 주시는 곳이었고, 그리고 하나님께서 속죄의 은혜를 베푸시는 장소였기 때문입니다.

생각해 보십시오. 만일 이스라엘 백성에게 언약궤의 사역만 있고 속죄소의 사역이 없었다면 이 성막은 정말 소름 끼치는 무서운 심판의 장소가 되고 말았을 것입니다. 언약궤 안에 들어있는 율법판은 범죄한 이스라엘 백성에게 죽음을 요구합니다. 율법판은 죄를 드러내어 정죄합니다. 그러나 바로 그 언약궤 위, 속죄소 시은소에서 하나님은 우리의 연약함을 불쌍히 여기시고 지극한 은혜를 베푸셔서 우리의 모든 죄를 다 용서해 주시는 것입니다. 바로 이런 이유로 하나님은 언약궤 위를 속죄소로 덮게 하신 것입니다.

바로 이것이 하나님이 우리 가운데 보내사 우리의 모든 죄를 다 사해주신 우리 예수님의 그 크신 은혜를 너무나 잘 드러내고 있습니다. 죄는 반드시 죗값을 치러야 합니다. 그런데 우리가 우리의 죗값을 다 치르게 되면 우리는 정말 죽을 수밖에 없습니다. 그러나 하나님은 예수님을 우리 가운데 보내사 우리가 치러야 할 죗값을 예수님이 대신 치르게 하심으로, 예수님을 십자가에 달아 죽게 하심으로 우리의 죄를 다 사해주신 것입니다.

언약궤 위 속죄소 시은소에서 하나님이 이스라엘 백성들의 모든 죄를 사해주신 것처럼 예수님께서 십자가에서 우리의 모든 죄를 다 대속해주신 줄로 분명히 믿고 감사 감격하며 구원받은 자답게 꼭 살아가시기를 간절히 바랍니다.

이렇게 9개의 성막 기물에 관해 설명을 다 드렸는데 여기서 한 가지 참 중요한 것은 이 성막 기물들이 대부분 다 조각목으로 만들어졌다는 사실입니다. 조각목은 히브리말로 싯딤나무라고 하는데 아카시아과에 속한 나무입니다. 싯딤나무는 단단하고 내구력이 강한 나무로서 광야의 혹독한 역경 가운데서 잘 자라나는 나무입니다.

그런데 이런 장점과는 달리 싯딤나무는 키가 작고 줄기가 가늘고 옹이도 많아서 좋은 목재로는 쓸 수가 없고 그저 화목으로만 쓸 수밖에 없는 보잘것없는 나무입니다. 놀라운 사실은 성막의 기물 대부분이 다 이 조각목인 싯딤나무로 만들어졌고 심지어 가장 귀한 성물인 언약궤마저도 조각목으로 만들어졌다는 사실입니다. 이 사실은 우리 역시 참 부족하고 보잘것없는 존재이지만 우리 하나님의 손에 들리기만 하면 하나님의 영광을 드러내는 아름다운 도구가 될 수 있음을 보여주고 있습니다.

성막의 대부분 기물은 조각목으로 만들고 그 위를 놋 혹은 순금으로 둘러싸서 사용하였습니다. 그래서 참 보잘것없고 연약한 우리이지만 하나님이 변치 않는 사랑과 찬란한 영광으로 우리를 덧입혀 주시면 우리는 얼마든지 하나님께 쓰임 받는 존재가 될 수 있는 것입니다. 있는 모습 그대로 주님께 드리십시오. 하나님께서 우리를 참으로 귀하게 사용하시고 진실로 금과 같이 찬란히 빛나는 영광으로 우리를 반드시 빛나게 하실 것입니다.

이렇게 하나님이 직접 명령하셔서 짓게 만드신 성막은 전체적으로 볼 때 3가지의 중요한 의미를 지니고 있습니다.

첫째로 성막은 '하나님의 임재'의 장소입니다. 하늘의 하나님께서 우리 가운데 구체적으로 임재하시는 장소입니다. 본문 34절에서 이렇게 말씀하고 있습니다. "구름이 회막에 덮이고 여호와의 영광이 성막에 충만하매", 계속해서 35절 후반절에서도 "여호와의 영광이 성막에 충만함이었으며"라고 말씀하고 있습니다. 성막은 하나님 임재의 장소입니다.

둘째로 성막은 다른 말로 회막이라고 부르기도 하는데 이 이름은 하나님이 성막에서 우리를 만나주시는 '하나님과의 교제'의 장소라는 것을 알려줍니다. 하나님은 바로 이 성막에서 이스라엘 백성들을 만나주시고 무엇보다 그들의 모든 죄를 다 사해주시고 정말 지극히 아름다운 교제를 이 성막에서 허락해 주신 것입니다.

셋째로 성막은 이스라엘 백성들이 광야에서 진행할 때 '하나님의 인도하심'을 강력하게 나타내고 있습니다. 오늘 본문 36~37절에서 성막의 구름이 떠오르면 이스라엘 백성들이 열심히 행진하였고 구름이 떠오르지 아니하면 몇 날 며칠이라도 그대로 머물러 있었다고 말씀하고 있습니다. 그리고 마지막 38절에서는 성막 위의 구름이 낮에는 구름기둥으로 밤에는 불기둥으로 이스라엘 백성들을 인도하였고 이 모습을 그들이 똑똑히 보았다고 기록하고 있습니다.

성막은 이렇게 하나님 임재의 장소이고 하나님 교제의 장소이며 하나님 인도의 장소입니다. 이것은 우리가 광야 길과 똑같은 인생길을 지나갈 때 하나님의 은혜가 늘 우리 머리 위에 머물러 있어야 하고 하나님과 늘 가까이 교제해야 하며 하나님의 인도하심을 따라 살아가야 함을 분명히 말씀하고 있습니다.

그래서 이스라엘 백성들은 광야에 진을 칠 때 이 성막을 항상 중앙에 놓이게 하였고 행진할 때도 이 성막을 중심으로 모든 행진을 감당하였습니다. 이제부터 여러분도 하나님의 임재를 사모하고 하나님과 지속해서 교제하며 하나님의 인도하심을 따라 살아서 날마다 온전한 믿음의 길을 걸어가며 꼭 승리하시기를 간절히 바랍니다.

"내가 내려가서 그들을 애굽인의 손에서 건져내고 그들을 그 땅에서 인도하여 아름답고 광대한 땅, 젖과 꿀이 흐르는 땅 곧 가나안 족속, 헷 족속, 아모리 족속, 브리스 족속, 히위 족속, 여부스 족속의 지방에 데려가려 하노라"(출 3:7-8).

PART 4

광야시대

025

속죄한즉
사함을 받으리라

오늘 우리는 창세기, 출애굽기를 지나 성경의 3번째 책인 레위기 말씀 속으로 들어왔습니다. 이 레위기 말씀에는 참 안타까운 별칭이 붙어 있는데 알고 계십니까? 네, 사람들은 레위기를 '성경의 고비사막', '성경 읽기의 암초' 이렇게 부르고 있습니다. 이것은 성경에서 가장 지루하고 가장 이해하기 어려운 책이라 읽어내는 것이 무척 힘들어서 붙여진 별칭입니다.

그런데 정말 레위기는 '성경의 고비사막'일까요? '성경 읽기의 암초'일까요? 절대로 그렇지 않습니다. 우리가 여행할 때 우리 마음속에 꼭 간직해야 할 아주 중요한 경구가 있습니다. 그것은 "아는 만큼 보인다." 하는 것입니다. 터키를 여행하는데 돌무더기밖에 없습니다. 모르면 돌이 왜 여기에 이렇게 쌓여 있나 하며 그냥 지나가겠지만 알면 그곳에서 우리는 초대교회의 흔적을 발견하고는 큰 은혜를 받게 되는 것입니다. 비시디아 안디옥을 갔는데 모르면 여기에 왜 이런 돌짝 길이 있나 하고 그냥 밟고 지나가겠지만 알면 아 이 길이 그 옛날 바울이 전도 여행길에 올랐던 길이구나 하는 것을 깨닫고는 아주 깊은 감동으로 그 길을 걸어가게 되는 것입니다.

지금 우리는 〈성경153올람〉 운동을 통하여 성경으로의 여행을 감당하고 있습니다. 이 여행길에서도 마찬가지입니다. 아는 만큼 보이는 것입니다. 그래서 레위기 말씀은 '성경의 고비사막'이나 '성경 읽기의 암초'가 아니라 예수님의 사역과 가장 깊이 연관 있는 너무나 은혜로운 말씀입니다.

이스라엘 백성들은 하나님의 은혜로 출애굽하여 두 달 만에 시내산에 도착하였습니다. 거기서 1년여 머무는 동안 하나님은 이스라엘 백성들과 계약을 체결해 주셨습니다. 이렇게 계약을 체결하시면서 하나님은 이스라엘 백성들에게 3가지를 허락해 주셨는데, 첫째는 계약 관계의 핵심 내용인 율법을 허락해 주셨습니다. 둘째는 이렇게 만남을 이루고 계약을 체결했으니까 하나님은 이스라엘 백성들 가운데 머무신다는 의미로 성막을 만들라고 말씀하셨습니다. 그리고 셋째는 하나님께서 이 성막 안으로 이스라엘 백성들을 불러주시고 이 성막 안에서 날마다 이루어질 속죄의 방법으로 제사 제도를 허락해 주셨습니다.

성막은 한마디로 하나님 임재의 장소라고 말할 수 있습니다. 아무것도 없는 광야에서 하나님이 우리와 함께하신다는 성막이 이스라엘 진영 한가운데 딱 있으니까 이 성막을 바라보고 백성들이 얼마나 큰 위로와 용기를 얻었겠습니까?

이렇게 성막까지 완성하고 난 다음에 하나님은 이제 그 성막 안에서 행해야 할 일들에 대해 말씀해 주셨는데 그 말씀이 바로 오늘 우리가 함께 읽기 시작한 레위기 말씀입니다. 그러므로 레위기 말씀은 이스라엘이 하나님과 이제 특별한 관계를 맺게 되었는데 그 특별한 관계를 어떻게 유지해 나갈 것인가 하는 것에 대해 알려주시는 말씀입니다.

그래서 하나님과 아름다운 관계 속에서 참된 교제를 이룰 수 있도록 하나님께서 레위기 말씀을 통해 알려주시는 방법은 바로 5제사 7절기로 요약할 수가 있습니다.

레위기 말씀에는 수많은 의식과 절차가 기록되어 있습니다만 그중에 가장 중요한 것은 '5제사 7절기' 입니다. 5제사는 이스라엘이 하나님께 드리는 제사로서 번제, 소제, 화목제, 속죄제, 속건제 등 이렇게 5가지입니다. 7절기는 이스라엘이 생활 속에서 지켜야 할 절기들로서 유월절, 무교절, 초실절, 칠칠절, 나팔절, 대속죄일, 초막절 등 이렇게 7가지입니다.

레위기 말씀에는 이 외에도 제사장 관련법, 정결법, 일상 생활 관련법, 서원법 등 수많은 법이 있지만 레위기의 핵심은 바로 이 5제사 7절기라고 할 수 있는 것입니다. 먼저 5제사에 대해 말씀드립니다.

1) 번제

첫째는 '번제' (레 1:1-17)입니다. 번제는 히브리말로는 '올라' 라고 하는데 이 말은 '올라간다' 라는 뜻입니다. 영어로는 'Burnt Offering' 이라고 합니다. 번제(燔祭)라고 말할 때 이 '번' 자가 '태울 번' 자인데 불에 태워진 제물의 연기가 향기가 되어서 하나님께 올라간다는 뜻으로 이렇게 이름 붙여진 것입니다. 이 번제는 동물을 잡아 그 피를 단 사면에 뿌리고 모든 제물을 불살라 드리는 제사인데 하나님께 대한 전적인 충성과 헌신을 다짐할 때 드리는 제사였습니다.

2) 소제

둘째는 '소제' (레 2:1-16)입니다. 소제는 히브리말로 '민하' 라고 하는데 이 말은 '선물', '헌물'이란 뜻이 있습니다. 영어로는 'Grain Offering'이라고 합니다. 소제(素祭)라고 말할 때 이 '소' 자는 '흴 소' 자인데 아마 곡식 가루가 희기에 '소제'라고 번역한 것 같습니다. 이 소제는 유일하게 곡식으로 드리는 제사인데 주로 번제와 화목제와 함께 불살라 드렸고 이 제사는 하나님께 대한 순수한 희생과 봉사를 다짐하며 드리는 제사였습니다.

3) 화목제

셋째는 '화목제'(레 3:1-17)입니다. 화목제는 히브리말로 '쉘라밈'이라고 하는데 이 말은 '보답', '응답'이란 뜻이 있습니다. 영어로는 'Peace Offering', 'Fellowship Offering'이라고 합니다. 이 화목제는 동물을 잡아 피를 단 사면에 뿌리고 제물을 태워드리는 제사인데 그 의미는 말 그대로 하나님과의 화목, 하나님과의 친밀한 관계 회복을 위해 드리는 제사였습니다.

4) 속죄제

넷째는 '속죄제'(레 4:1-5:13)입니다. 속죄제는 히브리말로 '하타트'라고 하는데 이 말은 '범법', '죄악'이란 뜻이 있습니다. 영어로는 'Sin Offering'이라고 합니다. 이 속죄제 역시 동물을 잡아 피를 단 사면에 뿌리고 제물은 태워드리는 제사입니다. 속죄제는 하나님이 명령하신 율법을 범하고 죄를 지었을 때 그 죄에 대해 속죄하며 드리는 제사였습니다.

5) 속건제

다섯째는 '속건제'(레 5:14-6:7)입니다. 속건제는 히브리말로 '아샴'이라고 하는데 이 말은 '죄과', '과오'라는 뜻이 있습니다. 영어로는

'Trespass Offering' 혹은 'Guilt Offering' 이라고 합니다. 속건제(贖愆祭)라고 말할 때 이 '건' 자는 '허물 건' 자인데, 그래서 부지불식간에 범한 잘못, 생활 중에 범한 죄, 자기 의무를 게을리해서 남에게 해를 입힌 경우, 특히 하나님의 성물을 범한 죄 등에 대해 용서를 구하며 드리는 제사였습니다. 이 속건제는 동물을 잡아 피를 뿌리고 태워드리면서 드리는 제사였는데, 특별히 이 속건제는 배상의 의미까지 포함하고 있는 제사였습니다.

이렇게 하나님께서 명령하신 제사는 5가지입니다. 그런데 레위기 말씀을 읽다 보면 이 외에 또 다른 제사 이름이 자주 등장하는데 그것은 제사의 종류가 아니라 제사의 방법입니다. 그래서 참조로 알아 두시면 앞으로 헷갈리지 않으실 텐데, 제사를 드리는 방법에는 모두 4가지 방법이 있습니다.

첫째는 '화제'(火祭)인데 '불 화' 자를 써서 이것은 불로 태워서 드리는 제사입니다. 둘째는 '요제'(搖祭)인데 '흔들 요' 자를 써서 이것은 제물을 흔들어서 드리는 제사입니다. 셋째는 '거제'(擧祭)인데 '들 거' 자를 써서 제물을 높이 들어 올려 드리는 제사입니다. 넷째는 '전제'(奠祭)인데 포도주나 독주를 다른 제물과 함께 부어 드리는 제사입니다.

그리고 그다음에 하나님은 5제사와 더불어 여러 절기를 지킬 것을 명령하셨습니다. 레위기에 등장하는 여러 절기 중에서 가장 중요한 절기는 7절기입니다.

1) 유월절
첫 번째 절기는 '유월절'(逾越節, 페사흐)입니다. 유월절은 7절기 중에서도 가장 중요한 절기인데 애굽의 종살이에서 구출되었음을 기념하는 절기입니다. 하나님께서 애굽의 장자를 죽이실 때 이스라엘 백성의 집은 어린양의 피로 인해 사망이 넘어갔는데 바로 이것을 기억하며 하나님의 은혜와 구원에 감사하는 절기였습니다.

2) 무교절

두 번째 절기는 '무교절'(無酵節, 맛차)입니다. 무교절은 가운데 '교'자가 '누룩 교'(酵) 자인데, 발효되지 않는 떡을 먹음으로써 7일 동안 지키는 절기입니다. 이것은 출애굽 할 때의 황급한 상황을 재현하고 애굽에서 겪었던 혹독한 고난과 괴로움을 떠올리며, 하나님의 구원의 은총을 기억하는 절기였습니다.

3) 초실절

세 번째 절기는 '초실절'(初實節, 바쿠림)입니다. 초실절은 무교절 기간에 안식일이 지난 다음 날 행해지는 첫 곡식 단을 드리는 절기입니다. 이 절기는 모든 필요의 공급이 하나님한테서 온다는 것을 기억하고 첫 열매를 갖고 하나님께 감사하는 절기였습니다.

4) 칠칠절

네 번째 절기는 '칠칠절'(七七節, 하그 쑤부아)입니다. 칠칠절은 초실절로부터 일곱 안식일이 지난 다음 날, 7×7=49일이 지나고, 그러니까 50일째 되는 날 지키는 절기여서 '오순절'(五旬節)이라 하기도 하고 맥추절로 부르기도 합니다. 이때 이스라엘은 노동을 금하고 성회로 모여서 첫 소산을 바치며 하나님께 추수 감사하는 절기였습니다.

5) 나팔절

다섯 번째 절기는 '나팔절'(新年節, 로쉬 하사나)입니다. 나팔절은 7월 1일에 드려졌는데 이것은 종교력이고 민간력으로는 이날이 바로 새해 첫날인 1월 1일입니다. 그래서 이날, 성회를 공포하고 노동을 금하고 특별히 이날은 나팔을 불어서 신년이 왔음을 선포하였습니다.

6) 대속죄일

여섯 번째 절기는 '대속죄일'(大贖罪日, 욤 키푸르)입니다. 대속죄일은 7월 10일, 민간력으로는 1월 10일에 이스라엘이 가장 거룩한 마음으로 지키는 절기입니다. 대제사장이 일 년에 딱 한 차례, 대속죄일에 이스라엘 백성들의 모든 죄를 가지고 지성소까지 들어가 하나님께 속죄함을 받는 절기였습니다. 이날 백성들은 자신을 스스로 괴롭게 하며 오직 하나님의 용서와 자비를 구하였습니다.

7) 초막절

일곱 번째 절기는 '초막절'(草幕節, 하그 쑤카)입니다. 초막절은 7월 15일부터 7일 동안 집을 떠나 나뭇가지를 엮어 초막을 짓고 이곳에서 생활하며 지키는 절기입니다. 이것은 출애굽 이후에 광야에서 지냈던 장막 생활을 기억하며 하나님의 인도와 보호하심에 감사하는 절기였습니다. 한편 초막절은 토지의 소산을 수확할 수 있도록 도와주신 것을 감사하기도 하였는데, 그래서 이 초막절을 '장막절'(帳幕節) 혹은 '수장절'(收藏節)이라고 부르기도 하였습니다.

사실 레위기 말씀은 대부분 다 이런 말씀들입니다. 5제사 7절기, 정결법, 제사장 관련법, 일상 생활 관련법, 서원법 등 수많은 법이 레위기에 기록되어 있습니다. 우리가 성경을 읽을 때 사건 중심의 책을 읽으면 참 재미있고 의미가 쏙쏙 들어오는데 레위기 말씀에는 사건이라고는 10장에 나답과 아비후가 다른 불을 드리다가 여호와 앞에서 죽임을 당하는 사건 정도밖에 없습니다. 그러니까 레위기 말씀은 전체적으로 너무 재미없는 것이 사실입니다.

그러나 유대인들은 자녀가 다섯 살이 되면 모세오경 중에서 레위기를 가장 먼저 가르칩니다. 왜냐하면 레위기가 유대인들의 가장 기초적인 예배와 생활 규범이기 때문입니다. 그뿐만 아니라 레위기야말로 신약성경을 이해하기 위한 시청각 교재라고 할 수가 있고 레위기야말로 우리 예수님의 십자가 사건을 가장 정확하게 예표하고 있는 책이라 할 수 있습니다. 레위기가 이렇게도 중요한 책이고 그중에서 핵심은 5제사 7절기라는 사실을 기억하시고, 이제 오늘 본문으로 들어가 보겠습니다. 오늘 본문은 속죄제에 관한 설명입니다.

속죄제는 하나님이 명령하신 율법을 범하고 죄를 지었을 때 그 죄에 대해 속죄하며 드리는 제사인데 제사 중에서 가장 중요한 제사입니다. 속죄제를 드리는 방법은 이렇습니다. 4단계로 드리게 되는데 가장 먼저 흠 없는 제물을 준비해야 합니다(3절). 두 번째 단계는 제사장이 그 제물의 머리에 손을 얹고 기도합니다. 이것은 죄를 전가하는 기도입니다(4절). 세 번째 단계는 죄를 덮어쓴 그 제물을 잡아 죽이는 것입니다. 그 제물은 속죄 제물이 된 것입니다. 넷째 단계는 죽임당한 제물의 피를 제사장이 성소의 휘장 앞에 일곱 번 뿌리고 분향단 뿔에 바르고 나머지 피는 번제단 밑에 쏟아붓습니다. 이렇게 함으로써 율법을 범한 제사장은 죽임당한 속죄제물 때문에 사함을 받게 되는 것입니다.

제사의 종류 가운데 번제, 소제, 화목제는 다 자원제이지만 방금 설명한 속죄제는 의무제입니다. 이것도 대단히 중요한 개념입니다. 충성과 헌신의 의미로 드리는 번제, 봉사와 감사의 의미로 드리는 소제, 하나님과의 화목을 위해 드리는 화목제, 이런 제사들은 다 자원제이지만 속죄제는 반드시 하나님께 드려야 하는 의무제입니다. 그래서 오늘 본문은 제사장의 속죄제를 설명하고 이어서 이스라엘 온 회중, 족장, 평민에 이르기까지 모든 이스라엘 백성들이 반드시 드려야 하는 의무제로 설명하고 있습니다.

이렇게 신분에 따라 모든 사람이 다 속죄제를 드려야 하는데 어떤 신분이든지 모든 속죄제의 공통점은 그 제물을 끌고 온 당사자가 제물의 머리에 손을 얹고 기도하는 것입니다. 그러고는 제사장이 그 제물을 잡아 죽이고 그 제물의 피를 제단에 뿌림으로써 죄 사함을 선포하였던 것입니다. 제사 중에서 속죄제는 자원제가 아니라 의무제라고 하는 이 사실이 굉장히 중요하게 부딪혀 오지 않습니까? 네, 모든 죄는 반드시 죗값을 치러야 합니다. 이렇게 죄의 문제는 반드시 해결해야 했기 때문에 평민은 물론 제사장까지도 자신의 속죄제를 의무적으로 드려야 했던 것입니다.

그런데 사실 구약의 제사는 아무리 행해도 불완전한 제사였고 죄를 지을 때마다 드려야 했기 때문에 이 죄의 문제를 완전하게 해결하기 위해 예수님이 우리에게 오신 것입니다. 예수님은 자신을 완전하고 영원한 속죄 제물로 삼아 십자가에 달려 죽으심으로 모든 인류의 모든 죄를 단번에 완전하게 해결해 주신 것입니다. 이렇게 예수님의 희생으로 말미암아 우리의 모든 죄는 완전히 사함을 받고 우리는 마음껏 하나님께 나아가 하나님과 교제하며 이제는 저 천국에까지 이르는 존재가 된 것입니다.

이렇게 레위기 말씀을 충분히 설명해 드리니까 레위기 말씀이 정말 중요하죠? 그야말로 신약의 우리 예수님의 사역을 가장 잘 예표하는 말씀이 레위기입니다. 레위기 말씀은 레위인들에 관한 기록이라고 해서 우리말로는 레위기라고 부릅니다만, 이 레위기를 히브리말로는 '와이크라'라고 부릅니다. 이 말을 직역하면, '그리고 그가 부르셨다'(and He called)라는 뜻입니다. 히브리어 원문 성경은 그 책에 맨 처음 나오는 단어가 그 책의 제목이 되는데 이런 관례를 뛰어넘어서 이 '와이크라'는 레위기를 너무나 잘 설명하고 있습니다.

'그리고 그가 부르셨다' 여기서 '그리고'는 무슨 뜻일까요? 네, 출애굽기를 생각하면 됩니다. 하나님이 계약을 체결하시고 율법을 주시고 성막을 주시고 그다음에 '그리고'입니다. 그리고 그가 부르셨는데, 그러니까 하나님께서 이 성막으로 이스라엘 백성들을 부르시고 마침내 5제사 7절기에 대해 말씀해 주셨는데 이것이 레위기 말씀입니다.

그렇다면 '와이크라', 하나님께서 이스라엘 백성들을 부르시고 5제사 7절기를 지키라고 말씀하셨는데, 그렇다면 이 부르심은 결국 무엇을 의미하고 있는 것입니까? 네, 하나님께서 계약을 체결하시고 율법을 주시고 성막을 주시며 와이크라, 이스라엘 백성을 불러주셔서 5제사 7절기를 허락해 주신 것은 우리가 서로 교제하자는 말씀입니다.

그러니까 '제사'는 죄가 하나님과의 교제를 방해하니까 이스라엘 백성들이 모든 죄에 대하여 사함을 받고 하나님과 진정으로 교제하도록 하기 위한 제도입니다. 그리고 '절기'는 이스라엘이 그동안 하나님께서 베푸신 모든 은총의 순간들을 기억하게 만들어서 앞으로도 계속 하나님만 의지하고 하나님과 계속 교제하게 만드는 제도입니다.

그렇습니다. 제사도 그렇고 절기도 그렇고 이 제사와 절기는 하나님께서 우리를 만나주시기 위하여 우리에게 허락해 주신 너무나 귀한 '교제의 의식'이었던 것입니다. 이렇게 하나님과 교제하며 친밀한 관계를 맺고 그 교제 가운데서 하나님의 뜻을 깨닫고 하나님의 구원을 세상 가운데 전파하는 것이 선민 이스라엘 백성들의 사명이었던 것입니다.

이렇게 오늘 레위기 말씀을 집중해서 살펴보니 정말 레위기 말씀은 천금과 같은 말씀이 아닐 수 없습니다. 하나님께서 창조하신 인간은 하나님과 교제해야만 살 수 있습니다. 하나님과의 교제가 단절되면 죽을 수밖에 없고, 결국은 지옥 가는 것입니다. 오늘날 영적 가치관이 무너지고 세속적 관심만 늘어나는 이 시대에 여러분은 〈성경153올람〉 운동을 통하여 하나님과 깊은 교제 속으로 들어가시면 얼마나 좋을까 생각합니다.

한 총각이 한 처녀를 미칠 듯이 사랑하였습니다. 더 이상 참을 수 없어서 그는 연인의 집을 찾아가 문을 두드렸습니다. 그러고는 처녀에게 자기를 방 안에 들여보내 달라고 간청하였습니다. 그때 처녀가 물었습니다. "당신은 누구신가요?" 그는 곧바로 이렇게 대답하였습니다. "나에요"(It's me). 그러자 방 안에서 처녀는 이렇게 대답하였습니다. "이 방은 너무 좁아요. 한 사람밖에 들어올 수가 없답니다. 가세요!" 그 후에 그는 슬픔을 잊기 위해 온 세상을 떠돌아다녔습니다. 그는 처녀가 왜 자기를 거절했는지 알 수가 없었습니다. 그 처녀도 자기를 사랑하는 것이 분명한데 문을 열어주지 않은 것에 대하여 깊이 고민하였습니다.

몇 년을 떠돌아다니다가 마침내 그는 한 가지 깊은 깨달음을 얻었습니다. 그는 다시 찾아가 처녀의 방문을 두드렸습니다. 그 옛날처럼 방안에서는 똑같은 질문이 들려왔습니다. "누구세요?" 그때 그는 확신하고 이렇게 대답하였습니다. "당신입니다"(It's you). 그러자 방문이 열리고 연인이 뛰쳐나와 그를 껴안았습니다. "어서 오세요. 당신을 오랫동안 기다렸어요."

이 이야기는 탈무드에 나오기도 하고 초대교회 고난 중에 주고받았던 이야기로 알려져 있기도 하고 앤서니 드 멜로, 정호승 시인도 자주 인용하였던 이야기입니다. 이 이야기는 우리가 신앙의 세계에 입문하는 순간 하나님과 나 사이의 관계가 어떻게 변하는지를 잘 설명하고 있습니다. 셰익스피어는 자신의 작품 「불사조와 산비둘기」에서 이런 표현을 한 적이 있습니다. "Number there in love was slain", "사랑 안에서 숫자는 죽임을 당하였다"는 것입니다.

그렇습니다. 신앙은 하나님과 하나가 되는 것입니다. 신앙에 있어 가장 중요한 것은 하나님과의 친밀한 교제입니다. 레위기의 5제사는 죄에 대하여 사함을 받고 하나님과 친밀한 교제를 나누라는 것입니다. 7절기는 하나님의 은혜를 반드시 기억하고 하나님과 친밀한 교제를 나누라는 것입니다.

여러분도 예배와 묵상을 통해 하나님과 친밀한 교제를 나누시고 그 크신 하나님의 은혜를 반드시 기억하고 날마다 감사하며 하나님과 친밀한 교제를 나누시기 바랍니다. 그래서 그 친밀한 교제로 말미암아 날마다 생명의 삶을 살아가시고 기쁨과 소망 가운데 날마다 승리하시기를 간절히 바랍니다.

026

성경153올람

너희는 거룩하라

하나님께서 이 시대에 우리에게 가장 바라시는 것은 무엇일까요? 질문을 한 가지 더 드립니다. 이 시대 하나님의 교회가 회복되는 가장 중요한 방법은 무엇일까요? 네, 그것은 바로 '거룩'입니다. 거룩은 하나님께서 오늘날 우리 그리스도인들에게 가장 많이 원하고 바라시는 덕목입니다. 그뿐만 아니라 거룩은 오늘날 교회가 잃어버린 영광을 회복하고 다시 거룩한 공동체로 나아가는 가장 중요한 덕목입니다.

레위기 말씀은 바로 이 '거룩'이 우리의 삶 속에서 얼마나 중요한가 하는 것에 대해서 잘 알려주시는 말씀입니다. 한 마디로 레위기는 바로 '거룩의 책'이라고 할 수 있습니다. 헬라어 번역성경인 70인역(LXX)에서 이 책의 제목을 '류이티콘'(Leuitikon)이라고 불렀는데 이 말은 '레위인에게 속한 것'이란 뜻입니다. 바로 이 말에서 우리말 성경 제목 '레위기'(Leviticus)가 유래하였습니다.

그런데 히브리어 원문 성경은 그 책에 제일 먼저 나오는 단어가 그 책의 제목이 되는데 이 관례를 따라서 원문 성경 레위기의 책 제목은 '와이크라'라고 되어 있습니다. 이 '와이크라'라고 하는 말은 '그리고 그가 부르셨다'(and He called)는 뜻인데 우리는 바로 이 명칭에서 성경 레위기의 핵심 내용이 무엇인지를 잘 깨달을 수 있습니다.

그러면 '와이크라'에서 '그리고' 이 말은 무슨 의미가 있을까요? 본래 '그리고'는 어떤 서술 후에 부연설명을 하거나 단계적으로 논리가 발전할 때 사용하는 접속사입니다. 그러므로 이 말은 이미 앞에 어떤 서술이 전제되어 있다는 것을 알려주는 표현입니다. 그러면 앞에 어떤 서술이 전제되어 있다는 것입니까? 그것이 바로 '출애굽기' 말씀입니다. 출애굽기 말씀은 하나님께서 이스라엘 백성들을 애굽에서 불러내셔서 당신의 백성으로 삼아주신 이야기입니다.

하나님은 이스라엘 백성을 애굽에서 탈출하게 하시고 또 홍해를 건너는 큰 기적을 베풀어주셔서 딱 두 달 만에 이스라엘 백성들을 시내산으로 인도하셨습니다. 그 시내산에서 하나님은 이스라엘 백성과 더불어 계약을 체결하셨습니다. 여기서 계약을 체결했다고 하는 것은 이제 이스라엘이 하나님의 백성, 선민이 되었다는 것입니다.

그래서 이렇게 계약을 체결하시면서 시내산에 1년 머물러 있는 동안에 하나님은 3가지를 허락해 주셨는데, 첫째는 이제 너희는 하나님의 백성이 되었으니까 하나님의 백성답게 살라는 의미로 '율법'을 허락해 주셨습니다. 그리고 둘째는 이제부터 너희는 나와 관계하는 백성, 선민이 되었으니까 나는 너희들 가운데 거하겠다는 의미로 그러니까 하나님 임재의 상징으로 '성막'을 허락해 주셨습니다. 그리고 셋째로 그 성막 안에서 행할 아주 중요한 일을 알려주셨는데 그것이 바로 5제사이고, 이어서 생활 속에서 절대로 하나님의 은혜를 잊지 말라고 7절기를 허락해 주셨습니다.

그래서 바로 이 5제사 7절기가 기록된 책이 레위기 말씀이고, 결국이 5제사 7절기는 이스라엘 백성들이 하나님과 교제하는 가장 중요한 방법들이었습니다. 레위기의 책 이름 '와이크라'는 '그리고 그가 부르셨다'는 뜻인데 하나님은 이렇게 이스라엘 백성들을 부르시고 그들과 교제하기를 그토록 원하셨다는 것입니다.

그런데 이렇게 이스라엘 백성들이 하나님과 교제할 때 아주 중요한 덕목이 요구되는데 그것이 바로 거룩함입니다. 그래서 레위기 말씀은 겉모양으로 보면 '5제사 7절기'가 핵심인데 그 모든 내용의 속 개념은 아주 철저하게 '거룩'에 대해서 말씀하고 계시는 것입니다. 그래서 레위기 말씀을 찬찬히 읽어보면 하나님께서 이 거룩에 대해서 얼마나 많이 말씀하시는지를 알 수가 있습니다.

"나는 여호와 너희의 하나님이라. 내가 거룩하니 너희도 몸을 구별하여 거룩하게 하고 땅에 기는 길짐승으로 말미암아 스스로 더럽히지 말라. 나는 너희의 하나님이 되려고 너희를 애굽 땅에서 인도하여 낸 여호와라. 내가 거룩하니 너희도 거룩할지어다"(레 11:44-45).
"너희는 스스로 깨끗하게 하여 거룩할지어다. 나는 너희의 하나님 여호와이니라. 너희는 내 규례를 지켜 행하라. 나는 너희를 거룩하게 하는 여호와이니라"(레 20:7-8).
"너희는 나에게 거룩할지어다. 이는 나 여호와가 거룩하고 내가 또 너희를 나의 소유로 삼으려고 너희를 만민 중에서 구별하였음이니라"(레 20:26).
"그들은 내 명령을 지킬 것이니라. 그것을 속되게 하면 그로 말미암아 죄를 짓고 그 가운데에서 죽을까 하노라. 나는 그들을 거룩하게 하는 여호와이니라"(레 22:9).

"너희는 내 성호를 속되게 하지 말라. 나는 이스라엘 자손 중에서 거룩하게 함을 받을 것이니라. 나는 너희를 거룩하게 하는 여호와요 너희의 하나님이 되려고 너희를 애굽 땅에서 인도하여 낸 자니 나는 여호와이니라"(레 22:32-33).

이렇게 레위기 말씀 안에는 거룩에 관한 말씀이 너무나 많은데 특별히 오늘 본문 말씀이 거룩에 대해서 가장 분명하게 말씀하고 계십니다. 오늘 본문 2절을 보시기 바랍니다. "너는 이스라엘 자손의 온 회중에게 말하여 이르라. 너희는 거룩하라. 이는 나 여호와 너희 하나님이 거룩함이니라"(레 19:2).

여기 나오는 '너희는 거룩하라'는 이 명령은 이제부터 이스라엘이 하나님의 백성으로 살아갈 때 가장 중요한 삶의 대명제라고 할 수 있습니다. 이스라엘은 하나님의 뜻을 온 천하에 선포하기 위하여 특별히 성별된 민족이므로 하나님의 거룩하신 성품을 따라 이스라엘도 반드시 거룩해야 하기 때문입니다. 그래서 하나님은 '내가 거룩하니까 너희도 거룩하라'고 아주 분명하게 너무나 자주 말씀하신 것입니다.

이렇게 레위기에 그토록 많이 등장하는 '거룩하다'는 말은 히브리 말로는 '카도쉬'라고 합니다. 카도쉬는 '나누다', '구분하다', '구별하다'라는 뜻이 있습니다. 그래서 거룩은 일체의 부정과 오염, 죄악으로부터 철저하게 구별된 상태를 말하는 것입니다. 그러므로 구별되어야 한다는 이 말은 이스라엘이 종 되었던 땅에서 가졌던 종의 모습은 다 벗어버리고 시내산 계약을 통해 하나님의 자녀가 되었으니까 이제는 종이 아니라 반드시 하나님의 자녀답게 거룩한 삶을 살아야 한다는 것입니다.

결국 구별된다는 말은 세상의 세속적인 삶을 살아서는 안 된다는 것입니다. 세상의 속되고 부정한 것에서 벗어나 자신을 성별하여 정결한 삶을 살아야 한다는 것입니다. 이제는 하나님께서 세속으로부터 불러내셔서 하나님 백성 삼아주셨으니까 하나님의 백성다운 삶이 필요하다는 것입니다. 그러니까 이제는 신분이 달라졌으니까 달라진 신분을 따라 살아야 하는데 그것이 바로 거룩이라 하는 것입니다.

앞서 읽어드린 레위기 여러 성경 구절에서 하나님은 이 거룩에 대해 말씀하실 때 "내가 거룩하니 너희도 거룩하라"고 이 말씀을 여러 번 하셨습니다. 사람은 자기가 믿는 존재를 닮게 되어 있습니다. 그래서 우리 그리스도인들은 우리 삶의 주인이라고 믿고 있는 그 하나님의 모습을 반드시 닮고 본받아야 합니다. 하나님은 거룩하신 분이니까 그 하나님을 믿는 우리도 반드시 거룩해야 한다는 것이 오늘 레위기서 말씀이 우리에게 촉구하시는 가장 중요한 신앙 정신입니다.

그러면 우리가 어떻게 거룩한 삶을 살아갈 수 있는지에 대해서 함께 살펴보고자 합니다. 이를 위해서 이제 우리는 오늘 본문의 말씀으로 다시 돌아가야 합니다. "너희 각 사람은 부모를 경외하고 나의 안식일을 지키라 나는 너희의 하나님 여호와이니라"(레 19:2).

참 귀하고 놀라운 말씀입니다. 2절에서 너희는 거룩하라고 거룩의 당위를 말씀하신 다음에 이제 3절에서는 어떻게 거룩할 수 있는지 그 방법을 알려주고 있습니다. 그런데 먼저 "너희 각 사람은 부모를 경외하고" 이렇게 말씀하시는데 이것은 무엇을 의미하고 있는 것입니까? 네, 십계명 중에서 제5계명을 말씀하시는 것입니다. 십계명 안에 참 여러 계명이 많은데 왜 특별히 제5계명을 콕 집어서 이렇게 말씀하시는 것일까요? 그 이유는 5계명부터 10계명까지 인간관계 속에서 하나님의 뜻을 받들어 거룩하게 살기 위해서는 무엇보다 먼저 부모를 잘 공경하는 것이 가장 중요하기 때문입니다. 그래서 부모를 잘 공경하고 그 말씀을 잘 청종하여서 가정에서 행해지는 신앙교육을 철저히 익히면 나머지 계명도 잘 지켜서 결국 거룩하게 살아갈 수 있게 되는 것입니다.

바로 이런 의미에서 지금 우리 교회가 진행하고 있는 〈성경153올람〉 운동은 너무너무 중요한 것입니다. 〈성경153올람〉 운동의 두 기둥은 첫째는 말씀 선포이며 둘째는 가정예배라고 누누이 말씀드렸습니다. 그래서 말씀 선포를 잘 듣고 그다음에 가정에서 부모가 신앙교육의 주체가 되어서 가정예배를 통해 하나님 말씀을 잘 가르치는 이것이 오늘 말씀과 크게 맞닿아 있는 것입니다. 오늘 말씀을 통해 우리는 다시 한번 깨달았습니다. 하나님께서 말씀하시는 거룩의 방편이 부모를 경외하는 것인데 바로 이것이 〈성경153올람〉 운동의 핵심 정신입니다.

그다음에 3절에서 또 한 가지를 더 말씀하고 있습니다. "나의 안식일을 지키라." 이것은 십계명 중에서 제4계명에 대해서 말씀하신 것입니다. 그런데 이것에 대해서도 똑같은 질문을 할 수밖에 없습니다. 십계명 안에 참 여러 계명이 있는데 왜 특별히 제4계명인 안식일 계명을 콕 집어서 이렇게 말씀하시는 것일까요?

십계명 가운데 그릇과 같은 계명이 둘 있습니다. 1계명부터 4계명까지 하나님과의 관계에 관한 계명들을 담는 그릇 계명은 제4계명이고, 5계명부터 10계명까지 인간관계의 계명들을 담는 그릇 계명은 제5계명입니다. 오늘 본문은 그 두 가지 그릇 계명을 정확하게 언급하고 있습니다. 이제 하나님과의 관계를 아름답게 하는 계명들을 잘 지키기 위해서 하나님은 3절에서 "나의 안식일을 지키라" 말씀하신 것입니다. 그렇습니다. 제4계명, 안식일을 잘 지켜서 매 주일 하나님 전에 나와서 예배를 잘 드리는 사람은 하나님 외에 다른 신을 섬기지도 않고 우상을 만들지도 않으며 하나님의 이름을 망령되이 부르지도 않게 되는 것입니다.

그다음에 4절 말씀으로 넘어가 볼까요? 우리가 거룩하게 살아갈 수 있는 세 번째 방편이 소개되고 있습니다.

"너희는 헛된 것들에게로 향하지 말며 너희를 위하여 신상들을 부어 만들지 말라. 나는 너희의 하나님 여호와이니라"(레 19:4).

아, 이 말씀도 제가 설교 준비를 하는 중에 얼마나 가슴을 울리며 부딪혀 오는지 정말 제가 큰 은혜를 받은 말씀입니다. "너희는 헛된 것들에게로 향하지 말며." 이 말씀처럼 우리가 정말 거룩하게 살아가려고 하면 헛된 것들을 추구하지 말아야 합니다. 정말 그렇습니다. 우리가 헛된 것을 추구하면 절대로 거룩하게 살아갈 수가 없게 되는 것입니다. 지나치게 물질을 추구하면 물질의 노예가 되어 거룩하게 살 수가 없습니다. 지나치게 쾌락을 추구하면 쾌락에 빠져서 절대로 거룩하게 살아갈 수가 없습니다. 지나치게 명예와 자랑에 빠지면 결코 초연히 거룩을 지킬 수가 없는 것입니다.

그래서 각 사람이 지나치게 추구하는 바로 그것이 그 사람의 우상인데요. 여기 4절에서는 신상을 만들지 말라고 말씀하시지만 요즘 우리에게 있어서는 내가 하나님을 잊어버리고 지나치게 추구하는 그것이 바로 나의 우상이 되는 것입니다. 그러므로 고민해 보시기 바랍니다. 내가 정말 밤낮없이 추구하고 내가 온종일 생각하는 그것이 무엇입니까? 혹시 지금 4절 말씀이 경고하고 있는 대로 여러분은 헛된 것들만을 추구하며 줄기차게 달려가고 있는 것은 아닙니까? 바로 그것을 그만두어야만 우리는 거룩할 수 있습니다. 헛된 것을 내려놓고 헛되지 않은 하나님의 것들을 붙들 때 우리는 진정 거룩한 삶을 살아갈 수가 있게 되는 것입니다.

오늘 본문에서 2절 말씀은 거룩하라고 명령하고 계시고 3절과 4절 말씀은 거룩하게 되는 방편에 대해 말씀해 주시는데, 첫째로 부모를 경외하고, 둘째로 안식일을 지키고, 셋째로 헛된 것들로 향하지 말라고 말씀하고 계십니다. 이 말씀을 따라서 올람운동 가정예배를 통해 거룩을 잘 지켜나가고 어떡하든지 성수주일해서 예배를 통해 거룩한 삶을 꼭 살아가며, 결코 헛된 것을 추구하지 말고 우상을 버리고 거룩한 삶을 꼭 살아가시길 간절히 바랍니다.

그러면 하나님은 왜 이렇게까지 우리에게 거룩하라고 너무나 많은 말씀을 주고 계시는 것일까요? 저는 그 이유를 정말 깊이 생각해 보았습니다. 그 이유는 많았습니다만 이 시간 딱 두 가지만 말씀드리고자 합니다.

첫째는 거룩해야 살기 때문입니다.

다시 말해서 거룩하지 않으면 죽습니다. 그래서 우리가 살고, 특히 저 천국까지 이어지는 영원의 삶을 살고자 하면 반드시 거룩해야 합니다. 생각해 보십시오. 거룩하지 않고 날마다 밥 먹듯이 죄를 지으면 그 죄의 결과는 사망입니다. 죽음입니다. 욕심이 잉태한즉 죄를 낳고, 죄가 장성한즉 사망을 낳는 것입니다. 죄악의 결과는 완전히 사망입니다. 죽음입니다. 그래서 우리에게 그 죄악을 떠나서 거룩해야만 우리가 살 수 있다는 것을 확실히 말해주는 것입니다. 바로 이런 이유로 하나님은 줄기차게, 아니 지나치게 많이 우리에게 거룩하라고 말씀하시는 것입니다. 여러분은 진실로 거룩하여 생명의 삶을 꼭 살아가시기 바랍니다.

둘째로 하나님께서 그토록 우리에게 거룩하라고 많이 말씀하시는 이유는 우리가 거룩해야 하나님께 쓰임 받는 인생이 될 수 있기 때문입니다.

레위기 문맥상 하나님이 거룩하라고 말씀하시는 그 맥락은 시내산에서 계약을 체결하신 후에 레위기 말씀을 주시면서 너희는 거룩하라고 말씀하신 거잖아요? 그러니까 문맥상 너희는 이제 하나님의 백성이 되어서 하나님의 구원을 온 세상에 선포할 선민이니까 거룩하신 하나님을 닮아 너희도 거룩해야 한다는 것입니다. 그렇습니다. 거룩하신 하나님은 거룩한 사람을 사용하셔서 당신의 뜻을 펼쳐나가시는 것입니다.

바울은 디모데후서 2장에서 큰 집에는 금그릇, 은그릇도 있고 나무그릇과 질그릇도 있는데 하나님께서 어떤 그릇을 사용하신다고 말씀하셨나요? 네, 하나님은 그 그릇의 재질이 문제가 아니라 깨끗한 그릇을 사용하신다고 말씀하셨습니다. 그래서 하나님께 쓰임 받는 인생이 가장 행복하고 가장 아름다운 인생인데 우리가 하나님께 쓰임 받으려고 하면 깨끗하고 거룩한 그릇이 되어야 합니다. 여러분은 깨끗하고 거룩하여서 하나님께 쓰임 받는 인생이 꼭 되시기를 바랍니다.

2021년 유엔무역개발회의(UNCTAD)는 한국의 지위를 개발도상국에서 선진국으로 변경하였습니다. 유엔무역개발회의는 스위스 제네바 본부에서 열린 제68차 무역개발이사회 회의에서 한국의 선진국 지위 획득에 관한 안건을 구체적으로 언급하여서 만장일치로 통과시킨 것입니다. 유엔무역개발회의가 1964년 설립된 이래 개발도상국에서 선진국 그룹으로 지위를 변경한 것은 한국이 처음입니다. 물론 한국은 오래전 사실상 개발도상국을 졸업하였습니다. 1995년 세계은행 원조 대상국에서 빠졌고, 1996년에는 선진국 클럽이라는 OECD(경제협력개발기구)에 가입했으며, 2009년에는 OECD 내 개발원조위원회 회원국이 되면서 '원조를 받는 나라'에서 '원조를 주는 나라'가 되었습니다.

이렇게 우리나라 대한민국은 벌써 뭘 했다 하면 세계 10등 정도는 하는 나라가 되었지만 유엔 공식기관에서 대한민국이 선진국이 되었다고 선포한 것은 처음이고 대단히 기분 좋은 일이 아닐 수 없었습니다.

저는 생각합니다. 우리나라가 이렇게 명실상부한 선진국이 되었습니다만 거룩의 차원에서도 선진국이 되어야 합니다. 죄악을 밥 먹듯이 하고 악한 일을 일삼고 그저 향락과 쾌락에 빠져 사는 민족이 되어서는 절대로 안 되는 것입니다. 정말 이제부터 죄악을 멀리하고 쾌락에 빠지지 않고 하나님의 사랑을 실천하는 거룩한 민족이 되어야만 하나님께서 사용하시는 제사장 국가가 될 수 있는 것입니다.

레위기는 거룩의 책이고 우리에게 하나님께서 그토록 거룩을 강조하시는 것은 분명한 이유가 있습니다. 첫째로 우리가 거룩해야만 진정으로 살 수 있기 때문입니다. 둘째로 우리가 거룩해야만 하나님께 쓰임 받을 수 있기 때문입니다. A. W. 토저 목사님은 이런 말을 하였습니다. "우리 그리스도인들은 삶을 단순화시켜야 한다. 그렇지 않으면 이 땅에서와 영원을 통해 수많은 보배를 잃게 되기 때문이다."

여러분은 결코 세속적으로 함부로 살아서 보배를 잃지 말고 거룩함을 잘 지켜내어서 생명의 삶을 살아가며 나아가 하나님께 쓰임 받는 성도들이 꼭 되시길 간절히 바랍니다.

027

여호와의 명령을 따라 행진하니라

오늘 우리는 창세기, 출애굽기, 레위기를 지나서 민수기(民數記) 말씀 속으로 들어오게 되었습니다. 민수기 말씀은 '백성 민' (民) 자, '셀 수' (數) 자를 써서 백성들의 숫자를 세었다는 데서 이런 제목이 붙게 되었습니다. 그러니까 민수기 앞부분에 1차 인구조사를 하고, 그리고 저 뒷부분에 가서 2차 인구조사를 하게 되는데 이렇게 백성들의 숫자를 세었다고 해서 민수기라고 이름 붙이게 된 것입니다.

그런데 사실상 1차 인구조사와 2차 인구조사 사이에는 약 40년의 세월이 있고 그 40년 동안 광야에서 유리 방황한 내용이 주된 내용이기 때문에 사실상 민수기는 '방황의 책' 이라고도 할 수 있습니다.

민수기를 방황의 책이라고 하는 것은 히브리 원문 성경의 제목이 잘 알려주고 있습니다. 히브리 원문 성경은 민수기를 '베미드바르' 라고 부르고 있습니다. 여기서 '베' 는 '~에서' 란 뜻이고 '미드바르' 는 '광야' 라는 뜻입니다. 그래서 '베미드바르' 는 '광야에서' 라는 뜻인데 이 제목대로 민수기는 1차와 2차 인구조사 사이에 '광야에서' 40여 년 동안 방황했던 이야기를 기록하고 있는 것입니다.

그러면 이 시간, 제가 시키는 대로 한번 해보시기 바랍니다. 먼저 출애굽기 19장을 찾아서 왼손을 넣어놓으시고 이제 민수기 10장을 찾아가서 오른손을 넣어보십시오. 왼손과 오른손 사이의 내용을 손으로 만져보시면 상당한 분량이 느껴지죠? 그런데 이만큼이나 많은 분량이 이스라엘 백성이 시내산에 일 년 머물러 있을 때 하나님께서 주신 말씀이라는 것입니다. 이렇게 많은 분량을 할애해서 하나님은 시내산에서 이스라엘과 계약을 체결하시고 계약 백성들에게 율법, 성막, 제사 제도를 허락해 주시며 이제 이스라엘 백성들은 일 년 만에 시내산을 출발하려 하는 것입니다.

그러면 이 대목에서 '출발'이라고 하는 단어의 의미를 한번 생각해보시면 좋겠습니다. 과거에 애굽에서도 출발을 했죠. 이름하여서 첫 출발인 출애굽입니다. 그때 그 출발은 종 되었던 땅에서의 출발이고 세상과 세속으로부터의 출발이라고 할 수 있습니다. 그 첫 번째 출발 후에 두 달 만에 시내산에 도착하였고 시내산에 1년여 머물러 있으면서 하나님의 백성이 되었습니다. 그리고 지금 이스라엘은 다시 출발하고 있습니다. 지난날 애굽에서의 출발은 과거로부터의 출발이고 지금 시내산에서의 출발은 미래를 향한 출발입니다.

이렇게 이스라엘 백성들이 구체적으로 시내산을 출발하는 장면은 오늘 본문 다음 장인 민수기 10장에 기록되어 있습니다.

"둘째 해 둘째 달 스무날에 구름이 증거의 성막에서 떠오르매 이스라엘 자손이 시내 광야에서 출발하여 자기 길을 가더니 바란 광야에 구름이 머무니라"(민 10:11-12).

그런데 무턱대고 함부로 출발해서는 안 되고 많은 준비가 필요하지 않겠습니까? 우리도 어디 여행을 가려고 하면 많은 준비를 합니다. 그래서 1장~9장까지는 출발 준비를 철저히 하는 모습을 보여주고 있습니다.

(1장) 출발하기에 앞서서 가장 먼저 하나님의 명령을 따라 인구조사를 했는데 총인구는 603,550명이었습니다. 이 숫자는 히브리 셈법에 따라 20세 이상으로 전쟁에 나가 싸울 수 있는 남자 장정만 센 숫자여서 부녀와 어린아이들까지 다 합하면 약 2백만 명 정도가 되었을 것입니다.

(2장) 그다음에는 진 편성과 행군 순서에 대해서 하나님께서 알려주셨는데, 먼저 멈추어서 야영할 때는 사방으로 각 지파가 배치되고 성막이 진영의 중심에 위치하였습니다. 동쪽에는 유다, 잇사갈, 스불론 지파가, 남쪽에는 르우벤, 시므온, 갓 지파가, 서쪽에는 에브라임, 므낫세, 베냐민 지파가, 북쪽에는 단, 아셀, 납달리 지파가 위치하였습니다. 그리고 그 사방 네 진영의 중심에는 하나님 임재의 상징인 성막이 위치하였는데 이것은 하나님께서 우리 가운데, 특히 우리의 중심에 계신다는 강한 믿음의 표현이었습니다.

그리고 텐트를 걷어서 행진할 때는 동서남북의 각각의 진영이 1대, 2대, 3대, 4대를 이루어서 진행하였습니다. 먼저 행진의 맨 앞에는 레위 자손 제사장들이 언약궤를 앞세우고 걸어 나갔습니다. 그다음에 제1대는 동쪽 진영이었던 유다, 잇사갈, 스불론이 선두로 걸어 나갔고, 바로 그 뒤에는 게르손, 므라리 자손이 성막 물품을 지고 걸었습니다. 제2대는 남쪽 진영이었던 르우벤, 시므온, 갓 지파가 걸어 나갔고, 바로 그 뒤에는 고핫 자손이 성막 기구들을 메고 걸어 나갔습니다. 제3대는 서쪽 진영이었던 에브라임, 므낫세, 베냐민 지파가 걸어 나갔고, 마지막 제4대는 북쪽 진영이었던 단, 아셀, 납달리 지파가 걸어 나갔습니다.

그러니까 행진할 때 언약궤가 맨 앞서 나간 것은 하나님께서 우리의 걸음을 인도하신다는 의미이고 행진 시에도 여전히 그 중심에 있는 성막은 우리 모든 행진의 중심에 하나님이 계신다는 의미였습니다.

(3장) 이렇게 진영의 위치와 행진의 순서를 알려주신 다음에 하나님은 성직을 감당할 레위 자손의 인구조사를 따로 하라고 말씀하시고 그들은 하나님 것이라고 말씀하셨습니다.

(4장) 그리고 행진 시에 성막을 취급할 레위인들의 임무를 분담해 주셨는데 성소와 지성소의 기구 운반은 고핫 자손, 성막 본체의 덮개와 휘장은 게르손 자손, 성막 본체의 널판과 기둥은 므라리 자손이 담당하게 하였습니다. 이것은 하나님 임재의 상징인 성막의 성물들을 안전하게 잘 운반해서 하나님의 거룩하심을 온전히 드러내도록 그들에게 특별한 사명을 허락해 주신 것입니다.

(5장) 그 뒤로는 정결한 삶에 대해 강조하시고

(6장) 나실인의 법에 대해서도 알려주시고

(7장) 성막이 완성된 날에 감독 된 자들이 헌물 드린 이야기를 기록하고 있습니다.

(8장) 이어서는 등잔을 차려놓는 방식을 다시 알려주시고 레위인을 요제로 하나님께 드려서 봉사하게 하였습니다.

(9장) 마지막으로 두 번째 유월절을 온전히 지키도록 명령하셨는데 유월절은 그야말로 하나님 은혜의 출발점입니다.

이렇게 1~9장까지 출발 준비를 다 마친 다음에 이제 마지막으로 오늘 본문을 통해서는 이스라엘 백성들이 행진할 때 꼭 기억해야 할 것에 대해 엄중하게 말씀해 주셨습니다. 오늘 본문은 내용상 출애굽기 40장과 연결되는 말씀인데 마침내 출애굽 제2년 1월 1일, 성막을 완성하고 하나님께 봉헌하였을 때 놀라운 하나님의 역사가 임하였습니다. 성막을 세운 날에 구름이 성막을 덮었고 저녁이 되면 성막 위에 불 모양 같은 것이 나타나서 아침까지 있었습니다.

여기서 말씀하시는 구름은 하나님 임재의 상징인데 낮에는 구름기둥으로 밤에는 불기둥으로 하나님께서 역사하신 것을 나타내고 있습니다. 오늘 본문의 구름기둥과 불기둥 이야기는 하나님께서 우리 가운데 어떻게 역사하시며, 그때 우리는 어떤 모습으로 살아가야 하는지에 대해 아주 중요한 말씀을 주고 계십니다.

1. 하나님의 보호하심

가장 먼저 구름기둥과 불기둥은 하나님께서 우리를 지키시고 보호해 주신다는 사실을 분명히 드러내고 있습니다. 광야는 아무것도 없는 결핍의 땅이고 낮에는 무지무지하게 더워서 도무지 활동할 수가 없는 곳입니다. 성지순례 갔던 경험들을 되살려보면 시내산 주변 광야의 기온은 40~50도에 달하는데 요즘 우리나라는 푹푹 찐다고 하잖아요? 거기는 달달 볶는다고 말할 수 있습니다.

그런데 신기하게도 그렇게 더워도 건조한 공기 탓에 그늘에만 들어가면 시원함을 느끼고 활동할 수 있는 것입니다. 그래서 하나님은 낮에는 구름기둥으로 막아주셔서 광야의 뜨거운 햇빛으로부터 그들을 철저히 보호해 주신 것입니다.

그리고 이렇게 무더웠던 날씨가 밤만 되면 기온이 뚝 떨어져서 추위가 밀려오고 사방팔방이 아주 캄캄해집니다. 이런 때에 하나님은 불기둥으로 그들을 따뜻하게 보호해 주시고 광야에서 맞이하는 캄캄한 밤의 그 어두움과 두려움으로부터 이스라엘을 지켜주셨던 것입니다. 이렇게 구름기둥과 불기둥은 하나님께서 우리를 지키시고 보호해 주신다는 사실을 분명하게 나타내고 있습니다.

1967년 6월 5일, 당시 6일 전쟁으로 불리는 중동전쟁 당시에 이스라엘 군대를 이끌던 모세 다이안 장군은 전쟁 중에 갑자기 세계가 깜짝 놀랄 만한 선언을 하였습니다. 그는 100배가 넘는 인구를 가진 아랍 연합국들과 맞서는 전쟁에서 "우리는 반드시 승리할 새로운 무기가 있다"고 선언하였습니다. 세계 사람들은 깜짝 놀랐고 그것은 틀림없이 원자폭탄이나 수소폭탄을 능가하는 신무기일 것이라고 짐작하였습니다.

그러나 그때 모세 다이안 장군은 우리를 승리하게 할 신무기는 바로 '시편 121편'이라고 자신 있게 말하였습니다. 결국 모세 다이안 장군의 말대로 그 전쟁은 단 6일 만에 이스라엘의 놀라운 승리로 끝났습니다. 그 전쟁을 가리켜서 지금도 '6일전쟁'이라고 부르고 있습니다. 모세 다이안 장군이 우리의 신무기라고 고백하였던 시편 121편은 어떤 말씀입니까?

"내가 산을 향하여 눈을 들리라. 나의 도움이 어디서 올까. 나의 도움은 천지를 지으신 여호와에게서로다. 여호와께서 너를 실족하지 아니하게 하시며 너를 지키시는 이가 졸지 아니하시리로다. 이스라엘을 지키시는 이는 졸지도 아니하시고 주무시지도 아니하시리로다. 여호와는 너를 지키시는 이시라. 여호와께서 네 오른쪽에서 네 그늘이 되시나니 낮의 해가 너를 상하게 하지 아니하며 밤의 달도 너를 해치지 아니하리로다. 여호와께서 너를 지켜 모든 환난을 면하게 하시며 또 네 영혼을 지키시리로다. 여호와께서 너의 출입을 지금부터 영원까지 지키시리로다."

우와! 정말 기가 막힌 말씀이 아닐 수 없습니다. 하나님은 우리를 지키시는데 졸지도 아니하고 주무시지도 아니한다고 말씀하고 있습니다. 어떤 사람은 하나님의 이 모습에 대해 이렇게 이름을 붙였습니다. '거룩한 불면증'이라고요. 그렇습니다. 성경은 하나님께서 거룩한 불면증으로 자기 백성들에 대하여 얼마나 철저하게 지키시고 돌보아주시는지 수도 없이 많은 말씀을 하고 있습니다.

출애굽기를 묵상할 때 읽었던 제사장 복장의 호마노 보석과 판결흉패를 기억하십니까? 출애굽기 39장에서 제사장 복장을 말씀하시면서 제사장의 공식복장 에봇의 어깨에 호마노 보석 견장을 달게 되어있는데 거기에 이스라엘 12지파의 이름을 새기라고 말씀하셨습니다. 그리고 에봇 공식 복장 위에는 가로세로 한 뼘 되는 흉패를 붙이게 되어있는데 거기에도 하나님은 이스라엘 12지파의 이름을 새겨 넣으라고 분명히 말씀하셨습니다.

묵상하다가 이런 말씀을 만나면 정말 큰 위로와 용기를 얻게 되는데 이게 바로 묵상의 힘입니다. 생각해 보십시오. 우리의 대제사장 되시는 예수님의 어깨, 그 능력의 자리에 여러분의 이름이 새겨져 있습니다. 그리고 우리를 위해 십자가에 죽기까지 사랑하신 우리 대제사장 예수님의 가슴, 그 사랑의 자리에도 여러분의 이름이 새겨져 있는 줄로 분명히 믿으시기 바랍니다. 이렇게 하나님은 여러분을 지키고 보호해 주신다는 믿음을 확실히 가지고 진실로 용기백배하여서 날마다 세상을 넉넉히 이기며 승리하는 여러분 되시길를 간절히 바랍니다.

2. 하나님의 인도하심

그다음에 구름기둥과 불기둥은 하나님이 우리 걸음을 날마다 선한 길로 인도하는 분이심을 잘 나타내고 있습니다. 오늘 본문 17절부터 보시면 똑같은 이야기를 여러 번 반복하면서 아주 크게 강조하는 내용이 있습니다. 그것은 구름이 성막에서 떠오를 때는 이스라엘 자손이 행진하였고 구름이 머물러 있으면 그곳에 진을 치고 몇 날 며칠이라도 기다렸다는 사실입니다.

그런데 놀라운 것은 이 사실을 17절, 18절, 19절, 20절, 21절에서 계속해서 말씀하신다는 것입니다. 그리고 22절에서 이것을 여섯 번째로 말씀하시는데, 이틀이든지 한 달이든지 일 년이든지 구름이 성막 위에 머물러 있으면 이스라엘 자손이 진영에 머물러 있다가 떠오르면 행진하였다고 강조해서 말씀하고 있습니다. 그 뒤로 23절에서는 이제 일곱 번째로 결론적으로 말씀하시기를 여호와의 명령을 따라 진을 치며 여호와의 명령을 따라 행진하였다고 말씀하고 있습니다. 그래서 오늘 말씀은 이스라엘이 행진할 때 하나님이 가라 하시면 가고 멈추라 하시면 머물러야 한다는 사실을 아주 확실하게 강조하고 있는 것입니다.

오늘 본문에서 구름기둥과 불기둥이 이스라엘 백성을 인도하는 모습을 보면 요즘에 우리 모두가 다 사용하고 있는 어떤 물건이 하나 생각이 납니다. 네 바로 '내비게이션' 입니다. 그래서 오늘 본문에 나오는 구름기둥과 불기둥은 '하나님의 내비게이션', '영적 내비게이션' 이라고 할 수 있습니다.

지금 거의 모든 사람이 자동차에서 즐겨 사용하는 것이 바로 내비게이션입니다. 내비게이션은 '차량 자동항법장치' 인데 인공위성에서 길을 안내해 주는 시스템입니다. 사실 옛날과는 달리 요즘은 도로가 많이 신설되고 아주 복잡해져서 내비게이션 없이는 운전하기가 아주 힘듭니다. 그러나 내비게이션만 있으면 이리 가라 저리 가라, 그 예쁜 목소리로 몇백 미터 전부터 다 예고해 주고, 위험한 것도 다 알려주며, 과속하면 속도를 지키라고 경고해주고, 심지어 주유소와 맛집까지 다 찾아주니까 운전할 때 정말 필수적입니다.

정말 우리 인생에도 이런 내비게이션이 있다면 얼마나 좋을까요? 태어나서 천국 갈 때까지 우리 걸음걸음을 인도하고 위험한 것 경고해주고 악한 자가 넘보지 않도록 막아주고 어떤 길을 선택하여 달려가야 할지 그 모든 것을 다 알려주는 내 인생의 내비게이션이 있다면 얼마나 좋겠습니까? 놀라운 사실은 바로 그러한 인생의 내비게이션이 이미 우리에게 분명히 있다는 것입니다. 오늘 이스라엘 백성들을 인도한 구름기둥과 불기둥이 바로 우리 인생의 내비게이션입니다. 구름이 떠오르지 아니하면 몇 날 며칠이라도 가만히 머물러 있으면 되고, 구름이 떠오르면 텐트를 걷어서 출발하면 됩니다. 낮에는 구름기둥으로 밤에는 불기둥으로 보호해 주시니 바로 이것이 하나님의 내비게이션이 아니고 무엇이겠습니까?

여러분, 하나님의 이 인도하심에 대하여 기가 막힌 말씀이 시편에 기록되어 있습니다. "이 하나님은 영원히 우리 하나님이시니 그가 우리를 죽을 때까지 인도하시리로다"(시 48:14).

얼마나 놀라운 말씀입니까? 하나님은 영원히 우리 하나님이신데 그 하나님이 우리를 죽을 때까지 인도해 주신다고 말씀하고 계십니다. 이 말씀을 분명히 믿으시기 바랍니다.

이스라엘 백성들이 광야 길을 행진하는 것과 마찬가지로 지금 우리도 우리의 인생길을 열심히 행진하고 있습니다. 그렇다면 이제 우리는 어떤 모습, 어떤 자세를 가지고 걸어 나가야 하겠습니까? 네, 오늘 구름기둥과 불기둥에 나타난 두 가지의 확신을 가지면 되는 것입니다. 첫째는 하나님의 보호하심이고 둘째는 하나님의 인도하심입니다.

하나님께서 여러분을 눈동자와 같이 보호해 주심을 분명히 믿으시기 바랍니다. 그리고 하나님께서 여러분을 선한 길로 인도해 주심을 확실히 믿으시기 바랍니다. 참으로 놀라운 사실은 이 세상을 살아가는 우리를 지키시고 보호하실 뿐만 아니라 우리를 저 천국으로 인도하시기 위하여 예수님이 우리 가운데 오신 것입니다.

그러므로 예수님만 놓치지 않는다면 아무런 걱정을 할 필요가 없습니다. 예수님은 우리 가운데 오셔서 우리를 보호하시고 우리를 저 천국으로 반드시 인도하시는 것입니다. 여러모로 힘들고 어려운 인생을 살아가시는 성도 여러분, 하나님은 구름기둥과 불기둥을 통하여 반드시 우리를 보호하시고 인도해 주십니다. 보호하시고 인도하시는 예수님의 손을 꼭 붙잡고 날마다 승리의 걸음을 걸어 나가시는 여러분 되시기를 축원합니다.

028

성경153올람

기브롯 핫다아와라
불렀더라

지난 주일에 우리는 이스라엘 백성들이 마침내 시내산을 출발하는 장면을 함께 살펴보았습니다. 이스라엘은 시내산에서 일 년여 머무는 동안에 하나님의 계약 백성이 되었고 하나님께서 허락해 주시는 율법과 성막과 제사 제도를 전수받았습니다. 이렇게 계약 백성이 된 후 마침내 시내산을 출발하였을 때 하나님은 낮에는 구름기둥으로 밤에는 불기둥으로 그들을 철저히 보호하시고 그 모든 걸음을 인도해 주셨습니다.

그런데 이렇게 새출발을 감당하였으면 참 아름다운 모습으로 광야 길을 잘 행진해 나갔으면 얼마나 좋았겠습니까? 하지만 이스라엘 백성들은 그러지 못했습니다. 그들은 계속해서 불순종하고 끊임없이 방황하였습니다. 참 안타깝고 가슴 아픈 모습이 아닐 수 없습니다. 계약 백성이 되었으면 그 계약을 잘 지켜나가야 하는데 그렇지 못하였습니다. 하나님의 백성이 되었으면 하나님의 백성답게 살아야 하는데 이것이 잘 이루어지지 않았습니다.

이제 오늘 본문은 시내산을 출발하자마자 있었던 사건인데 이것은 참 가슴 아픈 사건이 아닐 수 없습니다. 이스라엘 백성들이 출애굽 하였을 때 섞여 사는 다른 민족, 온갖 잡족이 함께 나왔는데 그 다른 민족들이 탐욕을 품고 있었습니다. 탐욕은 전염이 되는지 이스라엘 백성들도 그들의 영향을 받아서 함께 탐욕을 품었습니다. 그렇게 탐욕을 부리는 일 중의 하나가 "누가 우리에게 고기를 주어 먹게 하랴?" 하는 욕심이었습니다. 그러면서 일제히 하는 말이 "우리가 애굽에 있을 때는 값없이 생선과 오이와 참외와 부추와 파와 마늘들을 먹은 것이 생각나거늘 이제는 우리의 기력이 다하여 이 만나 외에는 보이는 것이 아무것도 없도다." 이렇게 불평하고 있습니다.

이것 참 너무 하지 않습니까? 지금 이스라엘 백성들은 광야에서 고기 타령을 하는 것입니다. 불평도 정도껏 해야지 그들은 지금 너무 심한 불평을 하고 있습니다. 먹을 것이 없는 것도 아닙니다. 하나님은 하늘 양식을 일용할 양식으로 매일 밤 그들 진영에 내려주셨습니다. 하나님이 그들에게 만나를 처음 주셨을 때, 아무것도 없는 광야에서 이 만나를 보고서는 너무나 놀랍고 감사해서 "이것이 무엇이냐?" 하고 외쳤습니다. 만나라는 이름은 이렇게 해서 생긴 것입니다. '만나'라고 하는 말의 뜻은 '이것이 무엇이냐' 하는 뜻입니다. 하나님의 은혜에 대하여 탄성을 발한 것입니다.

그런데 지금 민수기 11장에서 와서 이스라엘 백성들은 하나님이 내려주신 하늘 양식 만나에 대해 "이 만나 외에는 보이는 것이 아무것도 없도다"라고 이렇게 불평하고 있습니다. 이것은 하나님의 은혜를 멸시하는 태도가 아닐 수 없습니다. 하나님이 내려주신 은혜를 감사하는 것이 아니라 오히려 그 은혜를 멸시하는 악한 언행입니다.

이렇게 막 나가는 모습을 바라보고 모세는 너무나 안타깝고 앞으로 이 백성을 어떻게 이끌고 광야 길을 걸어가야 할지 너무 한심스러워서 하나님 앞에 탄식하였습니다. "여호와 하나님, 저의 마음이 너무 괴롭습니다. 하나님 어찌하여 이 백성을 내게 맡기사 그 짐을 지게 하시나이까?" "이 모든 백성에게 줄 고기를 내가 어디서 얻으리이까? 하나님 내 책임이 중하여 나 혼자는 이 모든 백성을 감당할 수 없나이다. 하나님 아버지 제가 은혜를 구하옵나니 차라리 즉시 나를 죽여 내가 고난 당함을 보지 않게 하옵소서." 모세는 광야에서 고기 타령을 하는 이스라엘 백성들을 보고 정말 난감하기도 하고 안타깝기도 하여서 이렇게 하나님 앞에서 탄식하고 있는 것입니다.

모세의 탄식에 하나님은 응답해 주셨습니다. 모세를 도와줄 지도자 70명을 세워주심으로써 모세의 짐을 함께 지고 함께 사역하도록 만들어 주셨습니다. 그리고 이어서 하나님은 모세를 통하여 이스라엘 백성들에게 고기를 주겠다고 약속하셨습니다. "내일 고기 먹기를 기다리라"

그런데 뭔가 좀 분위기가 이상합니다. 하나님께서 고기를 주겠다고 말씀은 하시는데 지금 하나님의 응답 모습이 뭔가 좀 이상한 것 같습니다. 늘 참으시고 끝까지 인자를 베푸시는 하나님께서 "내가 너희들에게 고기를 줄 텐데 냄새도 싫어하기까지 너희들에게 고기를 주겠다"고 말씀하신 것입니다.

그리고 마침내 바람이 불기 시작하였습니다. 하나님께서 불게 하신 바람은 바다에서부터 메추라기를 몰아와서 진영 이곳저곳에 쌓이게 하였습니다. 얼마나 많은 메추라기가 내려앉았는지 "진영 사방으로 각기 하룻길 되는 지면 위 두 규빗 쯤에 내리게 한지라"고 기록하고 있습니다. 여기서 하룻길 되는 거리는 진영을 중심으로 반경 32km나 되는 아주 넓은 지역이고 그 넓은 땅에 두 규빗, 약 1m 높이로 메추라기 고기를 온 지면에 쫙 깔아주신 것입니다.

이렇게 광야에 날아든 고기를 보고 백성들은 열 호멜 이상씩 거두어 들였습니다. 여기서 호멜은 무더기라는 뜻인데 아주 탐욕에 절어서 엄청 나게 거두어들인 것입니다. 그렇게 엄청나게 거두어들여서 쌓고 또 쌓아놓은 후에 이제 열심히 메추라기 고기를 먹는 중에 그 고기가 아직 이 사이에 있어 씹히기도 전에 하나님은 그 탐욕의 백성들을 큰 죽음의 재앙으로 치셨습니다. 그러니까 하나님께서 메추라기 고기를 주신 것은, 이것이 응답이긴 하지만 은혜로운 응답은 아니었습니다. 그래 한번 먹어봐라, 너희들의 탐욕대로 게걸스럽게 한번 먹어봐라, 이것은 하나님의 은혜로운 응답이 아니라 하나님의 진노와 심판의 응답이었던 것입니다.

이렇게 탐욕과 원망에 빠져서 그 은혜를 멸시하다가 하나님의 진노로 죽임을 당한 자들을 한곳에 모아 장사 지냈는데 바로 그곳을 '기브롯 핫다아와'라고 불렀습니다. '기브롯 핫다아와' 이 말은 '탐욕의 무덤'이라는 뜻인데, 참 슬프고 안타까운 이야기가 아닐 수 없습니다. 탐욕에 절어서 그저 불평과 원망을 내뱉다가 하나님의 진노로 죽임을 당한 '기브롯 핫다아와' 사건은 오늘 우리에게 너무나 깊은 경종을 울려주고 있습니다.

출애굽기 19장부터 민수기 10장까지는 이스라엘 백성들이 시내산에 일 년 동안 머물며 하나님과 계약을 체결한 내용입니다. 그런데 이 시내산 계약 전에 우리 하나님의 모습과 시내산 계약 이후에 우리 하나님의 모습이 좀 다르다는 것을 우리는 알아차릴 필요가 있습니다. 그러니까 시내산에 오기 전까지는 하나님께서 이스라엘 백성들의 모습에 대해 끝까지 참고 인내하시는 모습이셨지만, 이제 시내산 계약 그 이후에는 하나님께서 이스라엘 백성들을 대하시는 태도가 아주 단호하시다는 것을 알 수 있습니다. 이것은 이제 시내산 계약을 통해 하나님의 백성이 되었으니까 이제는 하나님의 백성답게 살아야 하는데 그 이후에도 여전히 하나님의 백성답게 살지 아니하면 그때는 하나님께서 가차 없이 징계하시고 심판하신다는 사실입니다.

그래서 오늘 '기브롯 핫다아와' 사건은 불평불만 가득한 이스라엘 백성을 하나님이 가차 없이 심판하신 사건입니다. 정말 이스라엘 백성들은 광야 길을 지나가는 동안에 끊임없이 불평하고 원망하였습니다. 광야에서 고기 타령을 하고 하나님께서 주신 만나를 아주 멸시하는 태도를 보였습니다. 오늘 본문 외에도 수도 없이 마실 물이 없다고 불평하고 조금만 힘들고 어려운 일을 당하면 왜 우리를 광야로 불러내어 이렇게 힘들게 만드느냐고 끊임없이 원망하였습니다.

노예 생활에서 탈출했잖아요? 하나님의 놀라운 은혜로 그 지긋지긋한 노예 생활을 청산하고 이제 자유를 얻었잖아요? 그러면 광야 생활 중에 좀 불편해도 참고 좀 어려워도 견디고 좀 모자라도 서로 나누고, 이제 곧 가나안 땅에 들어가니까 그 희망을 품고 모든 것을 이겨나가야 하잖아요? 그런데 그들은 음식 때문에 불평하고 마실 물 때문에 불평하고 주어진 환경 때문에 불평하고, 그래서 광야 생활 내내 불평과 원망의 연속이었습니다.

그런데 왜 이스라엘 백성들은 이렇게도 불평과 원망 속에 빠지게 된 것일까요? 오늘 우리는 그 근본적인 원인을 잘 살펴보아서 반면교사로 삼아야 하는데 이 사건을 처음 보도하고 있는 4절 말씀에서는 '탐욕을 품으매' 이렇게 기록하고 있습니다. 하나님의 진노로 죽음을 맞이한 자들을 장사한 곳을 '기브롯 핫다아와', '탐욕의 무덤'이라고 부른 것을 보면 바로 이 탐욕이 제일 큰 문제인 것 같습니다.

여기 나오는 이 '탐욕'은 히브리말로 '타아와'라는 단어인데 이 말은 '바라다'라는 뜻도 있고 '시기하다'라는 뜻도 함께 가지고 있는 단어입니다. 그래서 오늘 본문에 나오는 탐욕은 결국 시기심이 가득한 바람을 말하는 것이고 결국 이것은 다른 사람과 비교하면서 가지는 정도 이상의 과도한 욕심을 말하는 것입니다.

우리가 인생을 살아가면서 이것도 필요하고 저것도 필요해서 어떤 바람을 갖는 것은 당연하고 그것을 이루기 위해 힘써 노력하는 것도 결코 나쁜 것이 아닙니다. 그런데 필요한 것을 얻고자 하는 정도가 아니라 시기심이 가득한 바람을 가지고 과도한 탐욕을 가지고 살아가면 내 모든 삶이 거기에 빠지고 오직 그것만을 위해 살아가게 되니까 결국은 죄악 속에 빠져들게 되는 것입니다.

바로 이와 같은 영적 원리를 아주 제대로 간파한 야고보서 기자는 야고보서 1장에서 이렇게 말씀하였습니다.

"오직 각 사람이 시험을 받는 것은 자기 욕심에 끌려 미혹됨이니 욕심이 잉태한즉 죄를 낳고 죄가 장성한즉 사망을 낳느니라"(약 1:14-15).

이 말씀은 아주 대단히 중요한, 정말 엄중한 경고입니다. 지나친 욕심이 문제입니다. 탐욕이 문제입니다. 바로 이 지나친 탐욕 때문에 사람은 자기중심적이 되고 사탄의 꼬임에 넘어가고 결국은 죄를 짓고 그 결과 마침내 사망에 이르게 된다는 경고입니다. 그러므로 오늘 '기브롯 핫다아와' 사건은 우리가 탐욕에 이끌려서 불평불만의 삶을 살아가면 결국에는 죽을 수밖에 없다는 아주 엄중한 경고를 알려주고 있는 것입니다.

욕심대로 살면 안 됩니다. 탐욕에 이끌려 살아가면 안 됩니다. 탐욕은 우리를 죽음으로 인도합니다. 그러므로 우리가 인생을 살아갈 때나 믿음의 삶을 살아갈 때 바로 이 탐욕의 문제를 반드시 해결해야 합니다.

우리 〈성경153올람〉 운동은 일종의 기독교적 가치관 습득 운동입니다. 오늘도 주어진 말씀을 통하여 우리는 이 탐욕의 문제에 대하여 바른 가치관을 꼭 습득해야 합니다. 하나님의 원래계획은 우리가 탐욕에 절어 자기중심적으로 살아가는 것이 결코 아닙니다. 하나님의 원래계획은 하나님을 사랑하고 이웃을 사랑하는 이타적인 삶입니다.

그런데 악한 마귀 사탄은 항상 우리를 꾑니다. 네가 최고다, 네가 중심이다, 오직 너의 이익을 도모하라, 네가 주인공이고 네 인생은 너의 것이다, 너의 자랑과 명예가 최고다, 이렇게 오직 자기중심적으로 살아가라고 끊임없이 유혹합니다. 탐욕은 내가 잘되기만 바라는 지나친 욕심이기 때문에 탐욕은 반드시 자기애를 동반합니다. 그래서 탐욕과 자기중심성, 이 둘은 항상 함께 가는 것입니다. 이것을 이기고 끊어내야 우리는 하나님의 사람으로 살 수가 있고 진정으로 행복한 삶을 살아갈 수가 있습니다.

세상의 방식으로 살아서는, 탐욕에 절어서 자기중심적으로만 살아서는 절대로 행복할 수도 없고 하나님의 뜻을 이룰 수도 없는 것입니다. 그러므로 우리는 오늘 말씀을 통해 나 자신을 깊이 돌아보아야 합니다. 나는 지나치게 자기중심적이지 않은가? 나는 나만 옳다고 하며 다른 사람을 함부로 무시하지 않는가? 나는 자랑과 교만에 빠져 있지 않은가? 나는 나만 살겠다고 하는 이기심과 탐욕의 존재가 아닌가? 깊이 생각해 보아야 합니다.

시인 최승호 씨가 쓴 「황금털 사자」라는 책이 있는데 이 책에는 "어리석음에 대한 깨달음의 이야기"라는 부제가 달려 있습니다. 이 책에 나오는 이야기를 하나 들려드립니다.

평생토록 자기만을 위해 살아온 사람이 있었습니다. 사람 간의 이해득실로 얽힌 세상에서 그는 손해보다는 이익을, 실보다는 득만을 취하며 탐욕 가운데 살아왔습니다. 그렇게 살다 보니 노년이 되었을 때 주위에 남은 사람이라곤 아무도 없었습니다. 쓸쓸하기 짝이 없었습니다. 외로움을 달래주는 것이라고는 사과 궤짝에 쌓아놓은 돈뿐이었습니다.

어느 날 그에게 죽음이 찾아왔습니다. 그것은 사람에게 봉사할 수 있는 마지막 기회였습니다. 그러나 그는 그 마지막 기회마저 자기를 위해 쓰고 말았습니다. 가지고 있던 돈을 몽땅 다 털어서 순금으로 만든 관을 구입하여 그 속에서 죽기로 한 것입니다. 결국 그는 금관 속에서 죽은 뒤 금관에 누운 채로 매장되었고 안타깝게도 그날 밤 그의 시체는 금관을 탐낸 무리 때문에 무덤 밖으로 내팽개쳐지고 말았습니다. 그리고 그것은 굶주린 들쥐들에게도 좋은 기회가 되고 말았습니다. 들쥐들은 시체의 배를 터뜨리고 내장까지 남김없이 다 뜯어 먹어버리고 말았습니다.

섬뜩한 이 이야기는 평생을 자기와 돈밖에 모르는 탐욕과 이기심에 절어 살았던 한 어리석은 인간에 관한 참 슬프고도 안타까운 이야깁니다. 물론 우화이긴 하지만 정도의 차이만 있을 뿐이지 오늘날 이런 방식으로 오직 자기중심적으로 탐욕에 절어 살아가는 사람이 너무나 많습니다.

그래서 바로 이 탐욕이 하나님을 섬기지 못하게 하고 오히려 우상을 섬기게 만들고 죄악을 저지르게 만드는 것입니다. 물질과 세상에 대한 이기적 탐욕이 영적인 삶을 살지 못하게 만들고 올람 옛적 길을 벗어나 세상으로 향하게 만듭니다. 탐욕이 부모를 공경하지 못하게 만들고 살인하고 간음하게 만들며 도둑질하고 거짓말하게 만드는 것입니다. 그야말로 탐욕이 모든 죄악의 출발이고 죽음으로 가는 지름길입니다. 그래서 우리 예수님께서 누가복음 12장 15절에서 분명히 말씀하셨습니다.

"삼가 모든 탐심을 물리치라."

아프리카 원주민들은 원숭이 고기를 즐겨 먹는데 그들이 원숭이를 잡는 법이 아주 독특합니다. 유튜브에 "how to catch a monkey"라고 치시면 그 장면을 볼 수 있습니다. 그들이 사용하는 원숭이 잡는 방법은 의외로 아주 간단한데 특별한 사냥 도구 없이도 원숭이를 잡을 수 있습니다. 우선 아주 단단한 야자열매에 작은 구멍을 뚫습니다. 알맹이를 다 파낸 후에는 원숭이가 좋아하는 바나나 견과류 이런 것들을 넣고서는 이것을 나무에 꼭 붙들어 매어놓습니다. 그러면 원숭이가 다가와서 그 구멍에 손을 넣고 음식을 꺼내려고 하는데 이때 원주민이 달려갑니다. 그러면 그 원숭이는 놀라서 그 열매들을 놓고 도망가야 하는데 움켜쥔 손이 빠지지를 않아서 결국 원주민에게 붙잡히게 되는 것입니다.

이 이야기는 우리에게 너무나 큰 교훈을 전해주고 있지 않습니까? 손을 놓아야 사는데 그것을 끝까지 움켜쥐고 있으면 결국 죽을 수밖에 없다는 교훈입니다. 탐욕의 손을 놓아야 삽니다. 움켜쥐려고만 하지 말고 손을 펴서 흘려보내야만 우리가 진정으로 살게 되는 것입니다.

옛날에 교육 전도사 할 때 고등부나 청년부 수련회를 하면 즐겨 하는 프로그램이 있었습니다. 이름하여 '플로잉'(flowing)이라는 프로그램인데 이것은 내가 필요로 하지 않는 것, 혹은 필요하다고 할지라도 다른 사람이 더 필요하면 그것을 다른 사람에게로 흘려보내는 프로그램입니다. 지금 생각해 보니까 이것은 정말 너무너무 중요한 프로그램입니다. 우리 인생 가운데서도 우리는 '플로잉' 해야 합니다.

우리 성도님들 가운데도 이기적 탐욕에서 벗어나 플로잉하는 아름다운 분들을 저는 많이 알고 있습니다. 숨어서 선행하고 주위의 불쌍하고 연약한 사람들 잘 도와주고 교회를 사랑하고 하나님께 영광 돌리는 분들이 많이 있습니다. 참 귀하고 아름다운 모습이 아닐 수 없습니다.

오늘 기브롯 핫다아와 사건을 반면교사로 삼아 탐욕과 자기중심성에서 벗어나 하나님께 감사할 줄 알고 하나님의 사랑을 흘려보낼 줄 아는 성도들이 꼭 되어야 합니다.

인간의 탐욕이 만들어낸 코로나 사태, 기후변화의 시대에 나와 공동체를 깊이 생각해 보고 탐욕과 자기애를 과감히 벗어버리고 진정으로 이타적으로 사랑을 베풀며 생명의 삶을 살아가는 성도들이 되시기를 간절히 바랍니다.

029
성경153올람

>>> 가데스바네아 반역사건 / 민수기 14:26~38

믿음의 사람만
생존하니라

시내산 계약은 구약신학의 최고봉으로서 하나님께서 이스라엘과 계약을 체결하시고 그들을 선민으로 삼아주신 사건입니다. 이렇게 시내산 계약을 체결한 후에 하나님은 이스라엘 백성들이 하나님의 백성답게 살라고 율법을 주시고 하나님 임재의 상징으로 성막을 주시며 거룩한 백성이 되라고 제사 제도를 허락해 주셨습니다.

이렇게 계약을 체결하고 계약 백성이 된 후에 이스라엘 백성들은 이제 약 1년 만에 마침내 시내산을 출발하였습니다. 그렇게 시내산을 출발한 이스라엘은 이곳저곳 몇 곳을 돌아서 이제는 '가데스 바네아'란 곳에 도착하였습니다. 가데스 바네아는 바란 광야 쪽에서 보면 최북단에 자리 잡은, 가나안 땅에서 보자면 최남단에 있는 곳입니다. 그래서 이곳에서 가나안 땅까지는 불과 며칠이면 올라갈 수 있는 아주 가까운 곳입니다.

이스라엘의 지도자 모세는 가나안 땅을 정탐하기 위해 12명을 선발하였는데 바로 이때 여호수아와 갈렙도 이 12명의 정탐꾼 중에 포함되었습니다. 모세는 그들을 보내면서 가나안 땅의 남쪽 길로 들어가 산지로 올라가서 5가지를 조사하게 하였습니다. 첫째로 그 땅의 거민이 얼마나 강한지, 둘째로 그 땅이 얼마나 좋은지 나쁜지, 셋째로 그들의 진영이 텐트인지 산성인지, 넷째로 토지가 비옥한지 메마른지, 다섯째로 나무는 얼마나 많은지 등을 조사하게 하였습니다.

그렇게 해서 12명의 정탐꾼이 약 40일 동안 가나안 땅을 탐지하고 돌아왔는데 돌아와서 하는 보고는 아주 대단한 보고였습니다. 그들은 일제히 모세에게 보고하며 말하기를 "당신이 우리를 보낸 땅에 간즉 과연 그 땅은 젖과 꿀이 흐르는 땅이었습니다"라며 아주 많이 들뜬 가운데 보고하였습니다. 그러면서 그 증거로 가나안 땅 에스골 골짜기에서 포도송이 가지를 꺾어왔는데 두 사람이 막대기에 꿰어 메고 올 정도로 아름답고 풍성한 열매를 가져와 보여주었습니다.

그런데 함께 긍정적인 보고를 한 것은 딱 거기까지였고 그 직후에 여호수아와 갈렙을 제외한 10명의 정탐꾼은 태도가 갑자기 돌변하였고 그때부터 부정적인 보고가 쏟아져 나왔습니다. 그 부정적인 보고는 바로 이런 내용입니다. 첫째로 그 땅의 거주민은 아주 강합니다. 둘째로 그 성읍들은 아주 견고하고 심히 컸습니다. 셋째로 거기서 아낙 자손, 거인들을 보았습니다. 넷째로 아낙 자손뿐만 아니라 가나안의 여러 족속도 보았는데 아말렉인은 남방 땅에 거주하고 헷, 여부스, 아모리인은 산지에 거주하고 가나안인은 해변과 요단 강가에 거주합니다. 다시 말해서 가나안 여러 족속이 이미 그 땅을 다 차지하고 있었다고 보고하였습니다.

이 모든 보고를 다 종합하면 비록 그 땅은 젖과 꿀이 흐르는 참 좋은 땅이긴 하지만, 그러나 이미 그곳에 아낙 자손들, 가나안 족속들이 땅을 다 차지하고 있어서 우리는 결코 그들을 이기지 못할 것이라 하는 이야기입니다. 바로 그때 한 걸음 성큼 앞으로 나서는 사람이 있었습니다. 그는 바로 긍정의 믿음을 가진 갈렙이었습니다. 갈렙은 동요하는 백성들을 안심시키면서 이런 말을 하였습니다. "우리가 곧 올라가서 그 땅을 취하도록 합시다. 능히 이길 수 있을 것입니다."

그런데 갈렙의 말에도 불구하고 나머지 열 명의 정탐꾼은 이제 아주 심각한 자기파멸 속에서 이렇게 말하였습니다. "우리는 능히 올라가서 그 백성을 치지 못할 것입니다. 그들은 우리보다 훨씬 강합니다." 이렇게 말하면서 갈렙의 말을 강하게 부정하였습니다. 그러고는 계속해서 그 땅을 악평하면서 말하기를 "우리가 정탐한 그 땅은 거주민을 삼키는 땅이요. 거기서 본 아낙 자손들은 키가 장대한 자들인데 그들에게 걸리면 우리는 뼈도 못 추릴 것이라"고 말하면서 정말 끊임없이 부정적이고 비관적인 말들을 늘어놓았습니다.

그러면서 10명의 정탐꾼은 한 가지 특이한 표현을 썼는데 이것은 참 기가 막힌 표현이 아닐 수 없습니다.

"거기서 네피림 후손인 아낙 자손의 거인들을 보았나니 우리는 스스로 보기에도 메뚜기 같으니 그들이 보기에도 그와 같았을 것이니라"(민 13:33).

10명의 정탐꾼은 자신들을 메뚜기와 같다고 생각하였습니다. 가나안 족속들에 비해 보면 자기들은 메뚜기 같은 존재라는 것입니다. 이것은 아주 부정적인 의식이며 자기 자신을 파멸시키는 생각이며 아주 심각한 열등의식입니다. 이런 생각을 가리켜서 바로 '메뚜기 의식'이라고 할 수 있겠습니다. 생각해 보십시오. 자기 자신을 메뚜기라고 생각하는 사람들이 무슨 하나님의 일을 할 수 있으며 어떻게 성공적인 인생을 살아갈 수 있겠습니까?

이 10명의 정탐꾼이 이런 부정적인 보고를 하니까 이제 이스라엘 진영에서는 아주 큰 난리가 났습니다. 이스라엘 백성들은 크게 동요하기 시작하였고 밤새도록 통곡하였습니다. 그러고는 영적인 지도자 모세와 아론을 원망하면서 이런 독설을 쏟아놓기 시작하였습니다. "아니 가만히 내버려 두었으면 그냥 애굽에서 살다가 거기서 죽었을 텐데 어찌하여서 여호와가 우리를 여기까지 인도해 내어서 칼에 망하게 하려 하는고. 우리 가족들이 다 사로잡히게 될 터인데 차라리 애굽으로 돌아가자."

조금 전의 10명의 정탐꾼이 '메뚜기 의식'을 가지고 있었다면 지금 전체 이스라엘 백성들의 의식은 그야말로 '노예의식'이라고 할 수 있습니다. 노예 생활로부터 탈출했는데 그 노예의 땅으로 다시 돌아가자는 것입니다. 이것은 정말로 안타까운 이야기가 아닐 수 없습니다. 이제 모세를 믿지 못하겠으니까 다른 한 지휘관을 세워서 그를 지도자로 앞세우고 어서 빨리 애굽으로 돌아가자고 고래고래 고함을 질렀습니다.

차라리 종살이가 더 낫겠다는 것입니다. 주면 먹고 때리면 맞고 그냥 시키는 대로 하면서 살겠다는 것입니다. 이것은 완전한 노예의식이 아닐 수 없습니다. 오늘 본문에 등장하는 이들처럼 오늘날도 이런 모습으로 살아가는 사람이 의외로 많습니다. 너무나 비관적이고 자기 자존감이 전혀 없는 '메뚜기 의식'으로 살아가는 사람이 참 너무나 많습니다. 참으로 부정적이고 아무 목적 없이 '노예근성'을 가지고 살아가는 참 안타까운 인생도 너무나 많습니다.

그런데 바로 이런 순간에 여호수아와 갈렙, 두 사람이 다시 한 걸음 앞으로 나서서 백성들을 안심시키며 이런 말을 전하였습니다. "여러분, 그렇지가 않습니다. 우리가 두루 다니며 정탐한 땅은 심히 아름다운 땅입니다. 하나님이 우리를 기뻐하시면 우리를 그 땅으로 인도하여 들이실 것입니다. 그 땅을 우리에게 주실 것입니다. 그 땅은 과연 젖과 꿀이 흐르는 땅입니다." "그러므로 하나님을 거역하지 마시기 바랍니다. 그 땅 백성을 결코 두려워할 필요가 없습니다. 그들은 우리의 먹이, 우리의 밥입니다. 하나님이 우리와 함께하십니다."

지금 12사람이 똑같이 가나안땅을 보고 돌아왔습니다. 그런데 그들이 보고하는 내용은 이렇게 달랐습니다. 메뚜기 의식으로 가득 채워진 보고가 있는가 하면 여호수아와 갈렙처럼 그들은 우리의 먹이라고 말하며 긍정적이고 믿음에 가득 찬 보고를 하는 사람도 있는 것입니다.

여러분은 과연 어떤 태도로 살아가고 있습니까? 메뚜기 의식, 노예근성, 이런 것들이 이 세상을 살아가는 여러분의 삶의 태도입니까? 아니면 여호수아와 갈렙처럼 그들은 우리의 먹이라고 말하면서 긍정적이고 적극적인 믿음으로 살아가고 있습니까? 정말 한 번밖에 없는 귀한 인생인데 오늘 우리는 하나님의 음성을 분명히 듣고 나의 삶의 태도를 확실히 확정해서 살아가야 합니다.

여호수아와 갈렙의 말을 듣고 이스라엘 백성들은 이제는 오히려 집단으로 달려들어서 이 두 사람을 돌로 치려하였습니다. 바로 그때 하나님의 영광이 회막에 나타나셨습니다. 하나님은 탄식하시면서 모세에게 이렇게 말씀하셨습니다. "이 백성이 어느 때까지 나를 멸시하겠느냐? 내가 그들 중에 기적을 베푼 것이 얼마인데 어느 때까지 나를 믿지 않겠느냐? 내가 전염병으로 그들을 쳐서 멸하고 너에게 그들보다 크고 강한 새로운 나라를 이루게 하리라."

이것은 하나님의 진노였습니다. 하나님의 심판이었습니다. 모세의 간절한 중보기도로 말미암아 하나님의 진노는 내리지 아니하였습니다만, 그러나 하나님은 그 끝에 다시 분명하게 이렇게 말씀하셨습니다. "아무리 기적을 베풀어도 도무지 나를 믿지 아니하는 출애굽 제1세대는 가나안 땅에 들어가지 못한다. 가나안 땅을 탐지한 40일을, 그 하루하루를 일년으로 쳐서 너희는 앞으로 40년간 너희의 죄악을 담당하다가 이 광야에서 다 죽어 소멸될 것이다."

그로부터 이스라엘 백성들은 불과 며칠이면 들어갈 수 있는 가나안 땅을 두고 광야를 돌고 돌아서 무려 40년 동안이나 방황할 수밖에 없었습니다. 그리고 그 후에 그렇게 메뚜기 의식과 노예근성으로 지극히 부정적이고 무엇보다 하나님께 반역하였던 출애굽 제1세대는 여호수아와 갈렙을 제외하고는 아무도 가나안 땅에 들어가지 못하고 광야에서 다 죽어 소멸될 수밖에 없었습니다.

오늘 가데스 바네아 반역 사건은 성경 전체를 두고 살펴보아도 가장 슬프고 가장 안타까운 이야기입니다. 그리고 이 이야기는 우리가 정신이 번쩍 들어서 정말 우리 인생의 반면교사로 삼아서 평생 잊지 말아야 할 너무나 중요한 교훈을 전해주고 있습니다. 그렇게 반면교사로 삼기 위해서는 먼저 본문의 이스라엘 백성들과 오늘 우리를 날카롭게 대조시켜 보아야 합니다.

오늘 가데스 바네아 반역 사건은 이스라엘 백성들이 젖과 꿀이 흐르는 땅 가나안 땅을 향해서 광야 길을 진행하다가 생긴 사건입니다. 이렇게 이스라엘 백성들이 광야 길을 진행하는 것과 마찬가지로 아주 똑같은 모습으로 지금 우리는 저 천국을 향하여 우리의 인생길을 열심히 걸어가고 있습니다.

그런데 오늘 가데스 바네아 반역 사건은 그 결과가 어떻게 되었다고 알려주고 있습니까? 네, 불평하고 원망하며 무엇보다 하나님을 불신하여 반역을 일삼았던 출애굽 제1세대는 가나안 땅에 들어가지 못하고 40년 동안 유리방황하다가 광야에서 다 죽고 말았습니다. 이와 똑같은 모습으로 우리도 우리 인생길을 걸어가는 동안에 그저 불평하고 원망하고 부정적인 태도에 사로잡혀서 하나님을 불신하고 반역하면 우리 역시 하나님의 나라에 들어갈 수 없다는 것을 잘 알아야 합니다.

이렇게 대조를 끝냈으면 이제 우리는 성경 속에서 가장 슬프고 안타까운 가데스 바네아 사건을 통하여 정말 중요한 결단을 감당해야 합니다. 생각해 보십시오. 오늘 이스라엘 백성들이 왜 이렇게 되었습니까? 시내산에서 계약 백성이 되어서 가나안 땅을 향해 힘차게 출발했는데 왜 오늘 이스라엘 백성들은 가데스 바네아에서 하나님을 반역하는 백성이 되고 말았습니까?

제가 오늘 결론 삼아 두 가지만 말씀드리고자 하는데 그 첫 번째 문제는 그들이 부정적인 태도에 휩싸여 있었다는 것입니다. 이 부정적인 태도가 그들의 인생을 망친 것입니다. 인생은 그 사람이 가지고 있는 태도에 달려 있습니다. 태도가 부정적이면 그 사랑의 인생도 부정적으로 될 수밖에 없는 것입니다. 태도가 그 사람의 인생을 결정하는 것입니다. 매사에 부정적이고 환경 때문에 불평을 일삼는 그런 모습을 떨쳐버리고 정말 긍정적인 삶의 태도로 살아가야만 우리의 삶이 진정 아름다운 삶이 되는 것입니다.

그다음에 한 가지 더 말씀을 드리면 오늘 이스라엘이 이렇게 된 것은 그 부정적인 태도가 하나님을 대하는 일에도 그대로 나타나서 그들이 불신의 백성이 되어버렸기 때문입니다. 우리 믿음의 삶에서 긍정의 태도는 너무나 중요합니다. 사실 엄밀하게 말하자면 믿음 자체가 바로 긍정입니다. 그래서 참된 믿음은 반드시 긍정적인 사람의 것입니다. 이것은 하나님을 대할 때도 마찬가지입니다. 먼저는 하나님을 긍정해야 하나님이 살아계신다는 것을 믿을 수 있고 나아가 긍정적인 믿음을 가져야 하나님께 순종할 수 있는 것입니다.

그러니까 오늘 말씀의 핵심 교훈은 부정적인 삶의 태도로 하나님을 반역하는 일이 우리 삶에 절대로 있어서는 안 된다는 사실입니다. 우리는 긍정적인 삶의 태도로 정말 범사에 하나님을 인정하고 하나님 뜻에 순종하고 하나님의 인도하심을 받을 때, 그때 우리는 이 세상에서도 승리하고 저 천국에도 들어갈 수 있다는 사실을 분명히 기억해야 합니다.

한동안 우리가 코로나 때문에 고통을 많이 겪었는데요. 그런데 코로나뿐만 아니라 여러 신종 전염병에 대한 전조가 벌써 십수 년 전부터 있었습니다. 에볼라 바이러스, 니파 바이러스, 사스, 메르스, 그리고 코로나까지 이 수많은 바이러스가 어디서 왔는지 여러분은 알고 계십니까? 네 박쥐입니다. 사스는 박쥐 → 사향고양이 → 인간에게로 전파됐고, 메르스도 박쥐에서 → 낙타 → 인간에게로 전파되었고, 지금의 신종코로나도 박쥐 → 뱀 → 인간에게로 전파된 것입니다. 박쥐가 왜 이렇게 모든 바이러스 전파의 주범이 되고 있는가 하면 박쥐는 바이러스가 숙주로 삼기에 최적의 조건을 갖추고 있는 동물이기 때문입니다.

사실 박쥐는 조류가 아니라 포유류입니다. 하늘을 나는 유일한 포유류이죠. 게다가 자기들끼리 아주 좁은 지역에 무리 지어 살기 때문에(1㎡당 300마리) 수많은 바이러스에 함께 노출되어 있습니다. 이렇게 바이러스를 잔뜩 가진 박쥐가 하늘을 날 수 있으니까 이곳저곳 얼마나 많이 전파되겠습니까?

박쥐는 자기 몸에 200여 종의 바이러스를 갖고 있지만 독특한 면역 체계를 갖고 있어서 자기들은 바이러스 때문에 손상을 많이 당하지 않고 이것을 전파는 매우 잘합니다. 그동안 야생 속에 살아가던 바이러스가 인간의 탐욕으로 말미암아 지구의 역습을 초래하였고 이런 중에 박쥐가 큰 역할을 하면서 신종 전염병의 시대가 도래하고 만 것입니다. 박쥐는 이중성의 동물입니다. 쥐인데 하늘을 날고 하늘을 날면서 빨리 바이러스를 퍼트리고 그러면서 자기는 바이러스와 공존하며 잘 사는 박쥐는 이중성의 동물입니다.

우리 인생의 모습이, 특별히 우리 믿음의 삶이 박쥐와 같은 모습이면 정말 곤란하지 않겠습니까? 세상 사람들에게 속하지도 않으면서 또 진짜 그리스도인은 아니고 자기 필요한 대로 이곳저곳에 빌붙는 이런 박쥐와 같은 신앙 생활을 하면 안 되는 것입니다. 그리고 하늘을 날면서 재빠르게 악한 바이러스를 퍼트리는 박쥐처럼 만나는 사람마다 부정적인 생각, 안 된다는 생각, 하나님 믿어 뭐하냐는 생각, 이렇게 아주 악한 바이러스를 전파하는 삶을 살아서는 정말 안 되는 것입니다.

무엇보다 박쥐는 야행성의 동물이죠. 어두컴컴한 부정적인 생각에 사로잡혀서 다른 사람에게도 어두컴컴한 부정적인 생각을 전파하고 무엇보다 하나님께 대하여 무지하여 부정적인 생각으로 하나님을 대적해서는 안 됩니다.

한 지혜로운 스승에게 어떤 사람이 다가와서 이렇게 질문하였습니다.
"선생님, 도대체 지옥은 어디에 있습니까?"
그때 그 지혜로운 스승은 그 사람에게 아주 적절한 대답을 해주었습니다.
"지옥이 어디에 있느냐 하면 당신이 예수 그리스도 없이 계속 걸어가다가 당신의 인생 맨 끝에 도달하는 곳이 바로 지옥입니다."
아무리 돈을 많이 벌고 아무리 출세하고 성공하였다 할지라도 하나님이 그 인생에 없다면 그 결과는 심판받아 지옥에 가는 것뿐입니다. 진실로 우리 인생이 이렇게 허망한 인생이 되어서는 정말 안 되겠습니다. 진실로 마지막에 웃는 자가 되고 진실로 마지막에 승리하는 자가 되어야 합니다.

　오늘 가데스 바네아 반역 사건은 우리에게 엄청난 교훈을 전해주고 있습니다. 정말 반면교사로 삼아야 합니다. 부정적인 인생 태도로 하나님을 반역하고 거역하다가 출애굽 제1세대는 결국 가나안 땅에 들어가지 못하였고 그 땅에서 유리방황하다가 다 소멸되고 말았습니다. 그러나 아무리 환경이 열악해도 아무리 힘들고 어려워도 진실로 긍정적인 삶의 태도로 오직 하나님께 희망을 걸고 그 하나님의 뜻대로 살아간 여호수아와 갈렙은 생존하였고(38절) 마침내 가나안 땅에 들어갔습니다.

　바로 이 사건으로부터 진실로 내 인생의 태도를 부정에서 긍정으로 수정하고 무엇보다 하나님을 확실히 믿고 신뢰하고 순종하여서 최후의 승리를 얻으시는 여러분 되시기를 간절히 바랍니다.

030

원망을 내 앞에서
그치게 하리라

민수기는 '방황의 책'이라고 말씀드렸습니다만, 정말 민수기에 등장하는 여러 사건은 이스라엘 백성들이 광야에서 얼마나 많이 방황하였나 하는 것을 잘 보여주고 있습니다. 이제 오늘 말씀도 방황의 한 단면을 보여주시는 사건인데 이 말씀을 상고할 때 인생의 반면교사로 삼아서 정말 최후의 승리를 얻으시는 성도들이 꼭 되시기 바랍니다.

지난 주일에 살펴보았던 가데스 바네아 반역 사건은 성경 전체를 두고 볼 때 가장 안타깝고도 치명적인 범죄였습니다. 이렇게 하나님을 믿지 못하고 반역하는 이스라엘 백성들에 대하여 하나님은 하나님을 믿지 못하는 불신의 백성들은 가나안 땅에 들어가지 못한다고 분명히 선포하셨습니다. 그리고 가나안 땅을 탐지한 40일의 하루하루를 1년으로 환산하여 앞으로 40년 동안 이 광야에서 유리방황하다가 이 땅에서 반드시 소멸되어 죽을 것이라고 말씀하셨습니다. 그러나 이런 중에도 여호수아와 갈렙은 하나님을 굳게 신뢰하였고 하나님을 결코 반역하지 않아서 오직 그 둘만 생존하였고 나중에 그 둘만 가나안 땅에 들어갔습니다.

이 사건 후에 이스라엘 백성들은 자기들이 범죄하였다고 고백하며 나름대로 슬퍼하는 모습을 보이기도 하였습니다만 그런 중에 그들은 또다시 하나님의 명령을 어기고 지극히 불순종하는 모습을 보이고야 말았습니다. 가데스 바네아 반역 사건을 통하여 하나님의 엄중한 경고의 말씀을 들었으면 자중하고 회개하는 모습을 가져야 할 텐데, 그런데 난데없이 그들은 가나안 땅을 향해 올라갔습니다. 이게 무슨 뜻이냐 하면 하나님께서 앞으로 40년간 광야에서 유리방황하다가 죽을 것이라고 말씀하셨는데 그 하나님의 심판은 듣기가 싫고 자기들 힘으로 가나안을 정복해 보겠다고 지금 가나안을 향해 올라간 것입니다.

정말 끝까지 이럽니다. 지금 하나님의 도움 없이 자기들 스스로 가나안을 정복해 보겠다고 나선 것은 참 무모한 행동이요 하나님을 무시하는 처사가 아닐 수 없습니다. 회개하려면 제대로 해야 하는데 전혀 진정성 없는 회개의 흉내만 내다가 무모하게 가나안을 공격한 것은 하나님께 범죄만 더할 뿐입니다. 결국 그 1차 공격 시도에서 그들은 치욕적인 참패를 당하였습니다. 참 안타까운 이스라엘 백성들의 모습입니다. 모세가 말한 대로 하나님께서 함께하시지 아니하면 어떤 싸움에서도 이스라엘은 실패할 뿐입니다.

이렇게 14장의 가데스 바네아 반역 사건 후에 이제 15장은 여러 제사와 규례에 대해 강조하는 내용이고 그다음에 16장으로 넘어가면 또다시 사건들이 등장하고 있습니다. 그런데 14장과 16장 사이에는 사실은 38년의 간격이 있습니다. 그러니까 14장의 가데스 바네아 반역 사건이 있고 난 다음에 38년의 세월이 흐른 후에 16장이 이어지는 것입니다.

가데스 바네아 반역 사건 후에 38년 동안 이스라엘은 별반 다를 바가 없는 모습으로 살아갔고 계속해서 불평하고 원망하고 하나님께 순종하지 않는 모습으로 방황한 것 같습니다. 그래서 성경은 별반 다를 바 없는 38년의 기록을 과감히 생략하고 이제 38년이 흐른 다음에 광야 생활을 청산할 때쯤 되어서 일어난 두 가지 사건을 16장에서 다루고 있습니다.

그 사건들은 이런 내용입니다. 레위의 증손 고핫의 손자 이스할의 아들 '고라' 라는 사람이 있었습니다. 집안 설명이 길게 나와 있습니다만 간단하게 말씀드리면 고라는 모세의 친사촌이자 고핫의 손자로서 성막 봉사의 고위 직책을 감당하던 사람이었습니다. 이 고라가 르우벤 자손 엘리압의 아들 다단과 아비람, 그리고 벨렛의 아들 온과 더불어서 당을 지었습니다. 당을 지어서는 이스라엘 회중 가운데 이름 있는 지휘관 250명을 포섭해서 모세와 아론에 대하여 반란을 일으켰습니다.

이들이 반란을 일으킨 이유를 찾아보니까 16장 3절에 그 이유가 이렇게 나와 있습니다.

"그들이 모여서 모세와 아론을 거슬러 그들에게 이르되 너희가 분수에 지나도다. 회중이 다 각각 거룩하고 여호와께서도 그들 중에 계시거늘 너희가 어찌하여 여호와의 총회 위에 스스로 높이느냐."

이게 무슨 이야기 같습니까? 네, 분수에 지난다는 이 말은 왜 너희들 모세와 아론만 이렇게 오랫동안 지휘권을 독차지하고 많은 권한을 독점하고 있느냐 하는 불만입니다. 모세와 아론 너희뿐만 아니라 우리 모두가 다 거룩하고 다 하나님의 백성인데 왜 너희 둘만 스스로 높아져서 명예를 차지하고 대장 노릇을 하고 있느냐 하는 불만입니다.

이와 같은 반란의 이유를 좀 더 세밀히 살펴보면 결국 그들은 이스라엘의 제사장직과 정치적 주도권을 자기들이 차지하려고 하는 욕심을 가지고 있었던 것입니다. 먼저 주동자 고라는 자기도 레위 지파 사람인데 레위 지파 중에서도 아론의 가족들만 제사장직을 독점하고 있는 것을 아주 불만스럽게 여기고서는 그것을 빼앗을 목적이 있었습니다.

그다음에 나머지 세 사람, 다단과 아비람과 온은 혈통적으로 장자 지파인 르우벤 지파 사람입니다. 그런데 옛날 야곱의 시대에 그 장자 르우벤이 서모 빌하와 간통하였다가 야곱의 저주를 받아 장자권을 잃어버린 일이 있었습니다. 그래서 르우벤 지파 세 사람, 다단과 아비람과 온은 혈통적으로 르우벤 지파가 이스라엘의 정치적 주도권을 장악해야 한다고 생각하고 모세의 지도권을 빼앗을 생각을 한 것입니다.

그런데 이것은 그들의 아주 큰 착각입니다. 언제 모세와 아론이 자기들이 하고 싶어서 지도자가 되고 제사장이 되었습니까? 아닙니다. 그런 것이 아닙니다. 모세가 이스라엘의 지도자가 되고 아론이 제사장의 직분을 맡은 것은 자기들이 하고 싶어서 된 것이 아니라 하나님이 시키신 것입니다. 하나님께서 모세를 준비시키셨다가 80세에 그를 부르시고 그가 출애굽의 역사를 감당하게 하시며 이스라엘의 지도자로 삼아주신 것입니다. 아론 역시 하나님이 불러서 모세의 대언자가 되게 하신 것이고 나중에 아론의 가족들이 제사장의 직분을 감당하도록 하나님께서 임명해 주신 것입니다.

지금 고라 일당의 반역은 모세와 아론에 대한 반란을 넘어서서 그들을 임명해 주신 분이 하나님이니까 결국 하나님께 반역하고 있는 것입니다. 지금 고라 일당의 반역은 모세와 아론, 두 지도자에 대한 단순한 반란이 아니라 먼저는 자신들의 인간적인 탐심을 채우려고 하는 사악한 행동이었고 나아가 하나님의 권위와 통치를 무시하는 지극히 교만한 행동입니다.

우리 하나님은 인간에게 조종당하고 인간의 인위적인 탐심에 이용되는 무기력한 존재가 결코 아니십니다. 우리 하나님은 초월적인 능력으로 정하신 목적을 반드시 수행하시고, 또한 이를 위해 인간들에게 적절한 직임을 맡겨주셔서 그 일을 친히 이루어 가시는 분이십니다. 그러므로 지금 고라 일당이 하나님이 주신 직임에 불만을 품고 그것을 소홀히 하고 탐심에 이끌려 대장 노릇 하려고 하나님의 권위에 도전하는 것은 정말 악한 행동이고 하나님의 심판을 자초하는 일이 아닐 수 없는 것입니다.

결국 하나님은 이 일에 대하여 분명히 심판하시는데 먼저 하나님은 반역의 무리와 일반 이스라엘의 회중을 분리하라고 모세에게 지시를 내리셨습니다. 그래서 하나님의 명령을 따라 이스라엘의 온 회중이 반역자들의 장막에서 떠나자마자 갑자기 땅바닥이 갈라지면서 땅이 입을 열어서 그 반역자들과 그들의 집과 그들에게 속한 사람들과 재물들을 다 삼켜버렸습니다. 그리고 고라의 반역에 동참한 250명의 지휘관 역시 여호와께로부터 불이 나와서 그 불에 모두 타 죽고 말았습니다.

이것은 그야말로 아비규환 지옥의 모습이 아닐 수 없습니다. 땅이 입을 열어 그들을 삼키고 불이 나와 그들을 태워버리는 이 모습은 하나님의 주권에 도전하는 것이 얼마나 무서운 결과를 초래하는지 확실히 보여주고 있는 것입니다.

그런데 고라 일당의 반역 사건 후에 백성들의 태도가 또 문제였습니다. 백성들은 고라 일당이 하나님의 심판으로 죽임을 당하자 모세와 아론을 크게 원망하고 대적하였습니다. 이스라엘 백성들은 반역 주동자들의 죽음을 직접 목도하고서도 그것이 하나님의 심판임을 인식하지 못하고 오히려 그 책임을 모세와 아론에게 돌리며 대적하였던 것입니다. 이것은 그들이 세상의 정분에 얽매여서 얼마나 영적인 일에 무지했는가 하는 것을 잘 보여주고 있는 것입니다.

지도자를 불신하고 하나님의 권위에 도전하는 이 악한 백성을 하나님께서 이번에는 염병으로 심판하셨습니다. 그 심판이 진행되는 중에 모세와 아론은 제단의 불을 향로에 담아 향을 피우고 급히 백성들을 위하여 속죄하였는데 아론이 죽은 자와 산 자 사이에 섰을 때 염병이 그쳤습니다. 하지만 염병으로 죽은 자가 만 사천 칠백 명이나 되었는데 이것은 잘못된 생각으로 그저 원망과 불평을 일삼는 백성들을 하나님께서 단호히 심판하신 것입니다.

이렇게 고라 일당의 반역 사건과 백성들의 난동 사건이 있고 난 후에 이제 오늘 본문의 말씀이 이어지고 있습니다. 16장의 두 가지 사건의 여파는 이스라엘 내에 여전히 계속되고 있었고 백성 중에는 아론의 제사장직에 대하여 여전히 부정적인 태도를 보이는 무리가 있었습니다. 그래서 하나님께서는 이제 작정하시고 탐심으로 인한 원망 가득한 백성을 교훈하시고자 이런 명령을 내리셨습니다.

하나님은 모세를 통하여 이스라엘 12지파 지파별로 지팡이 하나씩을 취하게 하시고 그 지팡이에다가 각 지파 지휘관의 이름을 쓰게 하셨습니다. 물론 이 열둘 중에는 레위 지파를 대표해서 아론의 이름을 쓴 지팡이도 있었습니다. 그리고 하나님은 그 12개의 지팡이를 회막 안 증거궤 앞에 두게 하시면서 하나님이 택한 자의 지팡이에는 싹이 날 것이고 이것으로 원망하는 말을 그치게 할 것이라고 말씀하셨습니다. 그 이튿날, 모세가 증거의 장막에 들어가 보았는데 놀랍게도 레위 지파 사람 아론의 지팡이에만 움이 돋고 순이 나고 꽃이 피어서 살구 열매가 열렸습니다.

오늘 아론의 싹난 지팡이 사건은 고라 일당의 반역이나 영적 지도자를 대적하는 백성들의 원망이 다시는 발생하지 않도록 하기 위한 하나님의 특별한 조치였습니다. 그들은 하나님께서 세우신 지도자들이기 때문에 백성들이 그들을 대적하면 안 된다는 것을 분명히 알려주신 것입니다. 하나님은 부르신 사역자를 그냥 내버려 두지 아니하시고 언제나 함께하시고 보증이 되어주시고 힘과 권위를 불어넣어 주신다는 사실을 분명히 알려주신 것입니다.

그리고 그것 외에도 우리 하나님은 마른 막대기에도 움이 돋고 순이 나고 꽃이 피어 살구 열매가 열리게 하시는 우리 생명의 주인이신 것을 분명히 알려주신 겁니다. 우리가 믿는 하나님은 전능하신 하나님, Almighty God, 엘 샤다이의 하나님이시고, 특별히 그 하나님이 바로 우리 생명의 주인이신 것을 분명히 알아야 합니다. 그러므로 그 하나님을 절대로 대적하지 말고 그 하나님께 잘 순종하여 날마다 생명의 삶을 꼭 살아가시기 바랍니다.

그 후에 하나님은 바로 이 사실을 대대로 잘 기억하도록 아론의 싹 난 지팡이를 증거궤 안에 보관하게 하셨습니다. 그래서 증거궤 안에는 이제 3가지 물건이 있게 되는데 첫째는 모세가 하나님께로부터 받은 율법의 두 돌판입니다. 이것은 하나님의 말씀을 상징하고 있습니다. 둘째는 만나가 든 항아리가 들어 있는데 이것은 하나님의 은혜를 상징하고 있습니다. 셋째는 아론의 싹난 지팡이가 들어 있는데 이것은 하나님의 권위를 상징하고 있습니다.

여러분은 이 3가지 성물의 의미와 정신을 따라 늘 하나님의 말씀을 가까이하여 묵상하고 하나님의 은혜에 대하여 감사 감격하며 하나님의 권위 앞에 늘 순종하여서 날마다 복되고 아름다운 생명의 삶을 꼭 살아가길 바랍니다.

최근에 우리가 몇 주 동안 살펴본 대로 그야말로 민수기는 방황의 책인데 이제 우리는 그 방황의 모습을 한번 잘 정리해 보아야 하겠습니다.

그것은 세 가지 방황의 모습입니다.

그 첫째는 '불평' 입니다. 이것은 기브롯 핫다아와 사건, 탐욕의 무덤에서 나타난 대로 광야에서 고기 타령하며 탐욕을 부린 사건입니다. 이 불평은 환경에서 비롯되는 것입니다.

둘째는 '불만' 입니다. 이것은 오늘 말씀에서 나타난 대로 자기 욕심을 가지고 사람에 대해 시기하고 원망한 사건입니다. 그래서 이 불만은 인간관계 속에서 나타나는 것입니다.

셋째는 '불신' 입니다. 이것은 가데스 바네아 반역 사건에 나타난 대로 이스라엘은 하나님을 신뢰하지 못하고 반역을 일으켰습니다. 그래서 이 불신은 하나님께 대한 반역입니다.

이스라엘은 40년 광야 생활을 하는 동안에 끊임없이 이 3가지, 불평과 불만과 불신에 사로잡혔습니다. 이 3가지가 정말 큰 문제여서 제가 '3불' 이라고 이름을 붙였습니다.

한 번밖에 없는 너무나 귀한 인생인데, 그런데 이렇게 귀한 인생을 살아가면서 우리는 절대로 3불에 사로잡히면 안 됩니다. 그러면 인생 망칩니다. 정말 이 3불은 내 인생을 망치는 독소와 같은 것이어서 우리는 민수기 말씀을 반면교사로 삼아 내 인생에 있어 이 3불을 다 솎아내고 다 뽑아내어야만 합니다.

삶 속에서 힘들고 어려움이 있어도 불평하지 말고 오히려 감사할 줄 알아야 합니다. 아라비아 속담에 "햇빛만 비친다면 사막을 만들 뿐이다" 라는 말이 있습니다. 때때로 비바람과 눈보라가 몰아쳐야 그 땅이 옥토가 되는 것입니다. 그러므로 힘들고 어려운 일이 있으면 오히려 그것을 통해 겸허하게 나 자신을 돌아볼 줄 알고 감사함으로 불평을 이겨내야 우리는 정말 멋진 인생을 살 수 있는 것입니다.

그다음에 인간관계 속에서 지나치게 자기 탐욕에 사로잡혀 비교하게 되면 그저 불만이 생겨날 수밖에 없습니다. 그러므로 절대로 비교하지 말고 무엇보다 지나친 탐욕을 좀 내려놓고 정말 서로 존중하며 살아가야 합니다.

무엇보다 중요한 것은 하나님을 거역하거나 반역하여 불신에 사로잡혀서는 절대로 안 되는 것입니다. 하나님을 잃으면 모든 것을 다 잃는 것입니다. 하나님을 반역하면 가나안 땅에 못 들어가는 것입니다. 그러므로 정말 내 인생에 가장 중요한 것은 하나님을 잘 믿는 것입니다.

어렸을 때 동요를 많이 불렀을 텐데 이 동요를 알고 계십니까? "산골짝의 다람쥐 아기 다람쥐", "송이송이 눈꽃송이 하얀 꽃송이", "시냇물은 졸졸졸졸 고기들은 왔다 갔다", "펄펄 눈이 옵니다. 바람 타고 눈이 옵니다", "엄마 엄마 이리와 요것 보셔요", "높고 높은 하늘이라 말들 하지만", "흰 구름 뭉게뭉게 피는 하늘에" 등.

이 모든 동요는 다 한 분이 작곡하였는데 그분은 이런 동요를 무려 150곡이나 작곡하여 사람들의 마음을 어루만졌습니다. 동요뿐만 아니고 오늘 예배 중에 불렀던 찬송가도 전부 다 그분이 작곡했는데 바로 박재훈 목사님이십니다. 제가 오늘 예배 찬송을 일부러 그분이 작곡하신 곡으로 다 넣었습니다.

박재훈 목사님은 젊었을 때는 주로 음악 활동에 최선을 다하시다가 60세 가까이 되셔서 목사안수를 받고 캐나다 토론토 큰빛장로교회를 개척해서 목회하셨습니다. 그렇게 목회하시다가 은퇴하시고 후임 목사님이 그 교회 제2대 목사님이 되셨는데 그 후임 목사님이 추모글을 올린 것을 제가 보고 감동을 많이 받았습니다.

놀라운 사실은 박재훈 목사님은 후임 목사에게 물려주고 은퇴한 후에도 그 후임 목사를 도와 7년 동안 성가대 지휘자로 섬겼다는 것입니다.

그래서 후임 목사님은 박재훈 목사님을 추모하기를, 함께 큰빛교회를 36년 동안 섬기는 동안에 단 한 번의 갈등도 없었고 그분은 그저 뛰어난 신앙과 겸손과 욕심 없이 검소한 삶을 살아오신 분이어서 그저 마음으로 존경한다고 밝혔습니다.

박재훈 목사님은 99세까지 사시는 동안에 나라와 민족을 사랑하고 크나큰 업적을 남기셨고 겸손하고 사람을 존중하고 그저 모든 일에 긍정적이고, 무엇보다 하나님을 경외하며 신실한 믿음의 삶을 살아오신 것입니다.

우리는 단 한 번의 인생을 살아갑니다. 지울 수도 없고 반복할 수도 없는 단 한 번의 인생을 살아갑니다. 이렇게 너무나 귀한 인생을 살아가는데 여러분의 인생에 독소와 같은 3불(불평, 불만, 불신)은 다 뽑아내 박재훈 목사님처럼 감사와 긍정과 믿음으로 꼭꼭 채워서 정말 후회 없는 인생을 살아가시기 바랍니다.

내 인생에 3불은 싹 뽑아내시고 "해보자 후회하지 말고!"(김연경의 말) 이 태도를 장착하시고 거기에다가 믿음을 꼭 더하시길 바랍니다. 그래서 긍정과 믿음으로 여러분의 나머지 인생을 정말 후회 없이 살아가는 성도 여러분 꼭 되시길 간절히 바랍니다.

031

쳐다본즉 모두 살더라

지금 우리는 민수기 말씀을 통해 은혜를 나누고 있는데 오늘은 민수기 말씀의 마지막 시간입니다. 가데스 바네아 반역 사건으로 이스라엘은 광야에서 38년 동안 방황하다가 이제 광야 생활 말기에 이르게 되었습니다.

이스라엘은 이제 호르산에서 출발하여 홍해 길을 따라 올라가며 에돔 땅을 통과하려고 하였습니다. 에돔 땅을 통과하면 가나안 땅에 좀 더 쉽게 접근할 수 있었기 때문입니다. 그러나 에돔 사람들은 다른 민족이 자신들의 영토를 통과하겠다고 하니 아주 강하게 그것을 거절하였습니다.

이렇게 에돔의 거절로 더 멀리 돌아가야 한다는 사실 때문에 이스라엘 백성들은 마음이 아주 크게 상하였습니다. 아마도 이스라엘 백성들은 가나안 땅이 점점 가까워지자 마음이 크게 조급해졌고 그동안의 길고 긴 여정으로 말미암아 아주 많이 피곤해 있었을 것입니다. 그래서 에돔 족속의 땅을 통과하지 못하고 그 땅을 돌고 돌아서 저 멀리 남쪽 길로 돌아가야 한다는 사실 때문에 이스라엘 백성들은 마음이 아주 크게 상하였던 것입니다. 그 남쪽 길은 먹을 것도, 마실 물도 없을 만큼 아주 척박한 땅이었기 때문입니다.

바로 이런 이유로 백성들은 다시금 불평에 사로잡혔고 하나님과 모세를 원망하기 시작하였습니다. 그 불평과 원망의 내용이 오늘 본문 5절에 이렇게 기록되어 있습니다.

"백성이 하나님과 모세를 향하여 원망하되 어찌하여 우리를 애굽에서 인도해 내어 이 광야에서 죽게 하는가. 이곳에는 먹을 것도 없고 물도 없도다. 우리 마음이 이 하찮은 음식을 싫어하노라 하매"(민 21:5).

참 기가 막힙니다. 광야에서 굶어 죽지 않은 것만 해도 정말 감사한 일인데 자기들 마음이 이 '하찮은 음식'을 싫어한다고 말하고 있습니다. 그들이 말하는 이 '하찮은 음식'이란 무엇을 두고 하는 말인 줄 아십니까? 네 다름이 아니라 바로 '만나'를 두고 하는 이야기입니다. 만나는 하나님께서 이스라엘 백성을 위하여 특별히 내려주신 하늘 양식입니다. 그들이 처음부터 만나를 이렇게 '하찮은 음식'이라고 말하지는 않았습니다. 만나는 이스라엘 백성들이 처음 광야 생활을 시작하였을 때 출애굽 초기부터 하나님께서 주신 음식입니다.

그들이 이 만나를 처음 경험하였을 때 그들은 너무나 감동받고 감사하여서 "이것이 무엇이냐?" 외쳤습니다. 그래서 바로 이 외침이 만나의 이름이 된 것입니다. 만나는 히브리말로 "이것이 무엇이냐?" 하는 뜻입니다. 이 표현 속에는 하나님께서 이 광야에서 우리에게 양식을 주셨다고 하는 기쁨이 가득하였고 그 하나님께 감사하고 찬양하는 마음이 충만하였던 것입니다. 그런데 지금에 와서는 그 만나를 무엇이라고 표현하고 있습니까? 네, '하찮은 음식'이라고 말하고 있습니다. 경이에 가득 찼던 음식이 지금은 하찮은 음식이 되어버리고 만 것입니다.

그래서 하나님은 이렇게 불평과 원망이 가득한 백성들을 다시 징계하지 않을 수 없었습니다. 그동안 우리가 민수기 말씀을 계속해서 읽어왔기 때문에 이제 분명히 알게 되었습니다. 불평과 원망은 징계의 대상입니다. 그것은 하나님께 심판받을 만한 일입니다. 왜냐하면 불평과 원망은 궁극적으로는 하나님을 불신하는 행동이기 때문입니다. 하나님을 불신하고 믿음의 길에서 떠난 모습이기 때문에 하나님은 이제 불평과 원망이 가득한 이스라엘 백성들을 심판하실 수밖에 없었던 것입니다.

하나님께서 이번에 사용하신 심판은 불뱀을 통하여 이루어졌습니다. 6절에 이렇게 기록하고 있습니다.

"여호와께서 불뱀들을 백성 중에 보내어 백성을 물게 하시므로 이스라엘 백성 중에 죽은 자가 많은지라"(민 21:6).

여기서 말하는 불뱀은 히브리말로는 '네하쉬 세라핌'이라고 하는데, 네하쉬는 '뱀'이란 보통명사이고 세라핌은 '불타는' 이런 뜻이 있는 형용사입니다. 그래서 '불타는 뱀'이 되는 것인데 이것은 그 뱀의 빛깔 때문에 생긴 것이기도 하지만 그보다는 한 번 물리면 사람의 생명을 앗아가는 그 치명성 때문에 붙여진 이름입니다.

그런데 이 불뱀들은 우연히 생겨난 것도 아니고 혹은 광야에서 집단 서식하는 것을 잘못 건드린 것도 아니었습니다. 6절 말씀에서는 하나님께서 불뱀들을 보내셨다고 분명히 기록하고 있는데 이것은 하나님께서 작정하시고 심판하신 것을 나타내고 있는 것입니다. 이 치명적인 불뱀들로 하나님은 불평과 원망의 백성들을 징계하셨고 그 결과 많은 사람이 불뱀에 물려 죽임을 당할 수밖에 없었습니다.

이제 오늘 우리는 다시 한번 기억해야 합니다. 불평과 원망은 하나님 심판의 대상입니다. 왜냐하면 감사하지 못함으로 불평하는 것이고 믿지 못함으로 원망하는 것이기 때문에 불평과 원망은 하나님 심판의 대상이 될 수밖에 없는 것입니다. 그래서 지극히 이기적이고 불평과 원망이 가득하고 불신으로 하나님께 불순종하는 이스라엘 백성들을 하나님은 결국 심판하실 수밖에 없었던 것입니다.

이렇게 하나님의 징계를 받고서야 이스라엘 백성들은 자신들이 하나님을 불신하고 그저 불평하고 원망하며 하나님께 감사하지 않았다는 것을 깊이 깨닫게 되었습니다. 그래서 이제 백성들은 크게 후회하면서 모세에게 이런 부탁을 하고 있습니다.

"백성이 모세에게 이르러 말하되 우리가 여호와와 당신을 향하여 원망함으로 범죄하였사오니 여호와께 기도하여 이 뱀들을 우리에게서 떠나게 하소서. 모세가 백성을 위하여 기도하매"(민 21:6-7).

맞기 전에 잘하면 얼마나 좋습니까? 징계받기 전에 정신 차리면 얼마나 좋습니까? 그러나 이스라엘 백성들은 참 안타깝게도 이렇게 징계와 심판을 경험한 다음에야 비로소 정신을 차렸습니다. 그런데 우리 하나님은 또 참 얼마나 자비와 사랑이 충만하신 분입니까? 그렇게 뉘우치고 회개하는 백성들을 하나님은 용서하시고 살길을 열어주셨습니다.

그 살길이 무엇이냐 하면 불뱀과 똑같은 모형 놋뱀을 만들어서 장대 위에 높이 매단 후에 그것을 쳐다보게 만드셨습니다. 하나님께서 이렇게 하신 것은 그 놋뱀을 쳐다보면서 다시 한번 자신의 불평과 불신의 모습을 깊이 생각해 보라는 뜻입니다. 사람들은 불평과 원망을 할 때 자신이 이런 일을 하고 있다는 것을 잘 느끼지 못합니다. 그래서 그 불평과 원망

속에 함몰되게 되면 아주 습관적인 불평과 원망 속에 빠지게 되는 것이고 이것은 아주 치명적입니다. 그러므로 자기가 얼마나 불평이 많은 존재인지 얼마나 원망에 익숙한 존재인지 자신을 깊이 돌아보라고 하나님은 불뱀과 똑같은 놋뱀을 높이 들게 하신 것입니다. 우리는 하나님의 뜻을 정말 깊이 깨달아서 내가 과연 어떤 모습으로 살아가고 있는지 돌아보고 정말 잘못된 인생 태도는 반드시 고쳐야 합니다.

그리고 이스라엘 백성들에게 놋뱀을 쳐다보라는 것은 또 하나의 의미가 더 있는데 그것은 우리가 하나님을 신뢰하면 놀라운 구원의 은총을 체험할 수 있다는 것입니다. 쳐다보면 살았습니다. 쳐다보지 않으면 죽었습니다. 구원의 은총이란 하나님의 자비하심으로부터 오는 것인데 쳐다보면 살았고 쳐다보지 않으면 죽었습니다. 여기서 쳐다보는 것은 긍정의 마음입니다. 쳐다보지 않는 것은 부정의 마음입니다. 그러니까 긍정은 믿음의 마음이고 부정은 불신의 마음입니다.

아마도 쳐다보지 않은 사람들은 이렇게 생각하였을 것입니다. "내가 불뱀에 물려 지금 죽게 되었는데 어떻게 그냥 놋뱀을 쳐다본다고 살 수 있단 말인가?" 이 생각이야말로 참으로 부정적인 생각입니다. 안 된다는 생각입니다. 그럴 수가 없다는 생각입니다. 그런데 이런 마음을 품고 살아가면 그렇게 안 되게 되어 있습니다.

생각해 보십시오. 안 된다고 생각하는 사람이 도대체 무엇을 이룰 수가 있겠습니까? 안 된다고 생각하면 안 되는 것입니다. 무엇보다 안 된다고 생각하면 하나님의 구원과 은혜를 경험할 수가 없게 되는 것입니다. 여러분은 절대 이런 부정적인 마음으로 믿음 없는 인생을 살아가지 말고 참으로 긍정적인 마음으로 참된 믿음의 삶을 꼭 살아갈 수 있기를 간절히 바랍니다.

그동안 우리는 약 5주에 걸쳐서 민수기 말씀을 통해 함께 은혜를 나누었습니다. 민수기는 방황의 책인데 이 말씀을 반면교사로 삼아서 정말 귀한 교훈을 많이 얻었습니다. 이제 이 시간은 그동안 나누었던 민수기 말씀을 총정리하고자 합니다. 특별히 오늘 본문의 말씀, 놋뱀 사건은 민수기 말씀을 총정리하는 데 아주 적격인 말씀입니다. 조금 전에 놋뱀 사건을 설명해 드리면서 제가 여러분에게 특별히 두 가지를 강조해서 말씀드렸습니다.

　　첫째는 하나님께서 불뱀에 물린 백성들을 치료해 주시면서 이 불뱀과 똑같이 생긴 놋뱀을 만들어 이것을 쳐다보라고 하셨는데 이것은 자기들의 불평과 불신의 모습을 다시 한번 깊이 생각해 보라는 것이라고 말씀드렸습니다. 이것은 인생의 '태도'에 관한 교훈입니다. 그래서 결국 그 사람의 인생은 그 사람의 태도에 달린 것입니다.

　　이것은 아주 중요한 사실입니다. 사람이 자기 인생을 살아갈 때 이 태도만큼 중요한 것이 없습니다. 그 사람의 인생 태도에 그 사람의 인생이 달린 것입니다. 여러분은 과연 어떤 태도로 여러분의 인생을 살아가고 있습니까? 깊이 생각해 보아야 합니다.

　　며칠 전에 교회 일을 보고 집으로 돌아가는 중이었습니다. 집에 가는 길에 뭘 좀 사가야 할 것이 있어서 무지개 사거리에서 직진해서 유턴하려고 기다리고 있었습니다. 그런데 제 앞에 유턴하려고 기다리고 있는 차가 한 대 더 있었고 저는 그 뒤에서 유턴하려고 기다리고 있었습니다.

　　마침내 빨간 불이 들어왔고 저는 자연스럽게 유턴을 해서 오른쪽 상가에 정차하려고 했는데 제 앞에 있던 그 차가 유턴하면서 제 뒤에서 갑자기 '빵' 하는 것입니다. 그래서 참 예민한 사람인가 보다 생각하고 내 볼일을 보려고 했는데 그 차가 내 차 왼쪽에 차를 세우더니 기어코 차 문을 내려 보라는 겁니다. 그래서 차 문을 내렸더니 그 사람이 하는 말이 유턴할 때 그렇게 하면 안 된다는 것입니다. 순서 따라 한 대씩 해야 한다는 거예요. 그러면서 저보고 운전 똑바로 하라고 하는 것입니다.

유턴할 때 유턴할 수 있는 위치가 하얀 점선으로 길게 있잖아요? 그 범위 안에서는 동시에 유턴해도 상관없지 않아요? 반드시 앞차가 먼저 하고 뒤차가 따라 해야 하나요? 제가 인터넷도 찾아보고 관계되는 사람한테 물어봐도 하얀 점선이면 동시에 유턴해도 무방하고 수많은 사람이 다 그렇게 하고 있다는 것입니다.

그렇게 정색하고 말하는 그 사람에게 제가 "알았습니다." 공손하게 말하고 끝냈습니다. 무서워서요? 아뇨. 아 이 사람과는 논쟁해 봐야 아무 소용없겠구나 하는 생각이 들어서입니다. 그러고는 물끄러미 앞서가는 그 차를 바라보면서 저 사람 주위에 있는 사람들이 얼마나 피곤할까 생각이 들었습니다. 기분 나쁘면 그냥 한번 "빵!" 할 수도 있죠. 그런데 기어코 차 문을 내리게 해서는 당신이 틀렸다, 운전 그렇게 하면 안 된다고 말하는 이것은 거의 심각한 강박증 수준입니다.

어떤 사람은 이렇게 강박증에 사로잡혀 주위 사람들을 무척 힘들게 합니다. 반대로 어떤 사람은 히스테리에 사로잡혀서 헤픈 감정으로 주위 사람들을 당혹하게 합니다. 어떤 사람은 지나치게 자기애에 빠져서 매사에 자랑하고 그저 자기중심적으로만 살아갑니다.

어떤 사람은 갖고 싶은 것은 다 가져야 하고 하고 싶은 것은 다 해야 직성이 풀리는 탐욕에 절어 살아갑니다. 어떤 사람은 세상 재미와 쾌락을 너무 좋아하여서 인생의 진정한 목적은 잃어버리고 그저 쾌락적으로 살아갑니다. 어떤 사람은 매사에 불평하고 원망하며 불만에 사로잡혀 살아가고 어떤 사람은 매사에 걱정이 많아 입만 열었다 하면 안 된다고 말하면서 정말 부정적으로 살아갑니다.

한 사람의 인생은 그 사람이 가지고 있는 인생 태도에 달려 있습니다. 이것은 정말 중요한 사실입니다. 방황의 책 민수기를 읽어오면서 우리는 이스라엘 백성들이 얼마나 3불(불평, 불만, 불신)에 사로잡혀 있었는지 구구절절이 살펴보았고 우리는 큰 깨달음을 얻었습니다.

이제 여러분의 인생 태도를 깊이 돌아보시고 이기적이 아니라 이타적으로, 탐욕과 교만과 자랑을 버리고 겸손과 사랑으로, 3불을 버리고 감사와 긍정으로 살아가서 결코 후회없는 아름다운 인생 살아가시길 간절히 바랍니다.

그다음에 민수기 총정리 두 번째는 쳐다보면 살았고 쳐다보지 않으면 죽었다는 놋뱀 사건을 통하여 우리가 하나님을 쳐다보고 하나님을 신뢰하고 하나님께 내 인생을 걸고 사는 것이 얼마나 중요한가 하는 것을 깨달아야 합니다.

민수기를 정리하며 첫 번째는 태도가 중요하다는 말씀을 드렸는데 지금 두 번째는 '신앙'이 얼마나 중요한가 하는 것을 말씀드리는 것입니다. 태도는 인생의 날 동안 중요한 것이지만 신앙은 이 육신을 넘어 저 천국에 이르기까지 영원토록 중요한 것입니다. 내 모든 결말은 결국 나의 신앙에 달린 것입니다. '신앙'이란 말은 믿을 신(信) 자에다가 우러를 앙(仰) 자입니다. 그래서 신앙이란 하나님을 쳐다보고 하나님을 우러러 바라보는 것인데 하나님을 쳐다보면 살고 하나님을 쳐다보지 않으면 죽는 것입니다.

오늘 본문에서 놋뱀을 쳐다보는 것, 그것이 어려운 일입니까? 아니면 쉬운 일입니까? "그런다고 병이 낫겠어?" 이렇게 의심하면 그것은 지극히 어려운 일이고, 내가 살 길은 하나님밖에는 없다고 생각하며 오직 하나님을 신앙하면 그것은 쉬운 일입니다.

분명히 기억하시기 바랍니다. 우리 하나님은 정말 믿을만한 분입니다. 정말 믿어도 좋은 분입니다. 우리가 하나님을 신앙하고 순종하면 반드시 최후의 승리를 얻을 것입니다. 한 번밖에 없는 인생을 살아가는데 오늘 놋뱀 사건을 잘 기억하여서 불신과 불순종의 태도는 벗어던지고 믿음과 순종의 모습을 회복하여서 최후의 승리를 꼭 얻으시기 바랍니다.

우리 인생은 오직 한 번밖에 없는 인생입니다. 우리 인생은 다시는 반복할 수 없는 너무나 소중한 인생입니다. 이렇게 소중한 인생을 정말 후회 없이, 진정 아름답게 살아가려고 하면 바로 지금부터 내 인생의 태도를 바르게 해야 합니다. 내 인생의 신앙을 점검해 보아야 합니다.

진실로 여러분은 긍정과 감사와 이타적인 삶의 태도로, 그리고 내 인생의 주인 되시는 하나님을 굳게 신앙하여서 날마다 승리의 삶을 꼭 살아가시고 나중에 하나님의 나라에 반드시 들어가시는 성도들이 꼭 되시기를 간절히 바랍니다.

032

이스라엘아 들으라

이스라엘은 방황의 세월 40년을 보내고, 이제 출애굽 제2세대가 마침내 요단강 동편 모압 평지에 도착하였습니다. 출애굽 한 지 제40년 11월 초인데 그때까지 이스라엘을 이끌었던 모세는 이제 120세의 할아버지가 되어 있었습니다.

광야 생활 40년은 모세에게 너무 힘들고 어려운 시간이었지만 오직 하나님의 은혜로 여기까지 온 것입니다. 그래서 모세는 그 깊은 감회와 감격을 가슴에 안고 모압 평지 한편에 높이 솟아 있는 비스가산으로 올라갔습니다. 그 산꼭대기에 올라서서 모세는 요단강 저편에 눈에 보이는 땅, 젖과 꿀이 흐르는 땅, 가나안 땅을 바라보았습니다. 그러나 너무나 안타깝게도 모세는 하나님께서 주시겠다고 약속하신 땅, 가나안 땅에 들어갈 수가 없었습니다.

왜냐하면 바로 몇 달 전에 가데스에서 있었던 므리바 물 사건 때문입니다. 그때도 이스라엘은 마실 물이 없다고 불평했고 이 나쁜 곳으로 우리를 인도하였다고 원망하였습니다. 이 모습을 보고 모세는 너무나 마음이 답답하고 안 좋아서 어떻게 끝까지 이렇게 불평과 원망이 가득할 수 있을까 하는 마음으로 "우리가 너희를 위하여 물을 내랴"고 소리치면서 지팡이로 반석을 '두 번'이나 땅땅 쳤습니다(민 20:10-11).

그런데 참 안타깝게도 하나님의 명령을 전달하는 이 과정에서 모세는 그만 뼈아픈 실수를 하고야 말았습니다. 하나님은 반석에 '명령하여' 물을 내라 하셨는데 그만 모세는 인간적인 격정을 제어하지 못하고 반석을 '쳐서' 물을 냄으로써 하나님의 영광을 가리고 말았습니다. 그것도 반석을 그냥 한 번만 친 것이 아니라 두 번씩이나 땅땅 침으로써 거룩한 하나님의 일에 인간적인 혈기를 부리고 말았습니다. 그리고 무엇보다 물을 낼 때 "우리가 너희를 위하여 이 반석에서 물을 내랴"라고 말했습니다. 기적의 주체는 하나님이신데 마치 자기가 물을 내는 것처럼 이렇게 말함으로써 하나님의 거룩을 훼손하고 말았던 것입니다.

결국 이 일로 말미암아 참 안타깝게도 모세는 지금까지의 수고에도 불구하고 가나안 입성을 금지당하고야 말았습니다. 이것은 비록 그가 모세라고 할지라도 하나님의 은혜를 잊어버리고 인간적인 혈기를 부리고 하나님의 거룩하심을 훼손하면 가나안 땅에 못 들어간다는 것을 알려주는 것입니다. 하나님 나라를 사모하는 자는 결코 혈기 부리지 말고 겸손해야 하고 특별히 하나님의 일을 할 때는 오직 하나님의 영광만을 드러내야 합니다.

이것이 10개월 전의 사건인데 그 후로 모세는 이스라엘 백성을 이끌고 마침내 요단 동편 모압 평지에 도착하였고 지금은 혼자 비스가산 꼭대기에 높이 올라 서 있는 것입니다. 그러고는 눈을 들어 저 멀리 가나안 땅을 바라보는데 그 땅에 너무나 들어가고 싶어서 모세는 하나님께 자기도 가나안 땅에 들어가게 해달라고 간절히 기도하였습니다.

모세가 이렇게 간절히 기도하였으면 정상을 참작해서 그렇게도 수고한 모세의 기도를 들으시고 뜻을 돌이켜서 가나안 땅에 들어가게 해주셔야 하지 않습니까? 그야말로 하나님의 종 아닙니까? 오직 하나님의 뜻대로 이스라엘 백성을 이끌고 죽을 고생을 하며 여기까지 사명을 감당한 모세가 아닙니까? 그런데 하나님의 대답은 우리의 생각과는 전혀 달랐습니다. 하나님은 너무 의외의 모습으로 반응하셨습니다. 한 마디로 안 된다는 것이었습니다. 그것도 부드럽게 격려하며 주시는 말씀이 아니라 진노하시면서 "그만해도 족하니 이 일로 다시는 내게 말하지 말라"고 말씀하셨습니다.

하나님의 이러한 말씀에 모세가 얼마나 섭섭하였겠습니까? 얼마나 가슴이 아프고 얼마나 안타까웠겠습니까? 지팡이를 확 집어 던지고 산에서 내려와 버릴 수도 있었겠지만 모세는 그와 같은 응답 앞에서도 끝까지 순종하였습니다. 바로 이 점이 모세의 위대한 모습입니다. 그는 끝까지 충성하였습니다. 그래서 모세가 산에서 내려와 마지막으로 한 가지 사명을 감당하였는데 그것이 바로 모세의 마지막 설교였습니다.

모세는 이제 죽음을 바로 눈앞에 두고 마지막으로 온 열정을 다해 이스라엘 백성들에게 3편의 설교를 선포하였는데 이렇게 선포한 모세의 설교를 모아놓은 책이 바로 오늘 우리가 읽기 시작한 신명기 말씀입니다. 그러므로 신명기 말씀은 유언집과 같은 성격을 지닌 책이고 모세가 마지막으로 들려주는 설교이기 때문에 이 말씀 안에는 너무나 중요한 말씀이 가득 들어 있는 것입니다.

모세가 마지막으로 선포한 3편의 설교인 신명기는 크게 세 부분으로 나눌 수가 있습니다.

1) 첫 번째 설교 (1장-4:43)

이 1차 설교의 시점은 과거입니다. 출애굽 이후 지난 40년 동안 하나님은 우리를 택하시고 인도하시고 놀라운 은혜를 베풀어주신 분이시므로 우리는 그분의 은혜를 꼭 기억하여서 마땅히 당연히 하나님을 경외하고 순종해야 한다고 설교하였습니다.

2) 두 번째 설교 (4:44-26장)

이 2차 설교의 시점은 현재입니다. 지금 모세 앞에 있는 출애굽 제2세대는 40년 전에 모세가 시내산에서 선포한 율법을 듣지 못한 세대이기 때문에 그 율법을 지금 다시 선포하여 재해석해 주고 있는 것입니다. 좀 더 구체적으로 말씀드리면 하나님이 원하시는 그 순종의 내용이 무엇인지, 어떻게 하나님을 섬기는 것이 바른 신앙인지 율법에 대해 그 율법을 새롭게 재해석해 준 것입니다.

3) 세 번째 설교 (27장-30장)

이 3차 설교는 그 시점이 미래입니다. 그래서 앞으로 가나안 땅에 들어가면 절대로 우상숭배 하지 말고 하나님을 잘 섬기며 율법을 잘 준수해야 한다는 내용입니다. 순종하면 축복이고 불순종하면 심판과 저주가 있을 것이니 이 사실을 기억하고 장차 가나안 땅에 들어가서도 오직 하나님만을 잘 섬기라고 선포하였습니다.

이제 오늘 본문은 2차 설교 중에 포함된 말씀인데 오늘 본문의 말씀은 너무나 중요해서 하나의 별칭이 붙어 있습니다. 전통적으로 오늘 본문의 말씀을 가리켜서 '쉐마 이스라엘'이라고 부릅니다. 오늘 말씀이 '쉐마 이스라엘'인 이유는 이 본문의 첫 구절인 4절 맨 처음 문장이 히브리어 원문으로 '쉐마(שׁמע) 이스라엘'로 시작하고 있기 때문입니다. 이것은 "이스라엘아 들으라" 하는 뜻입니다.

이스라엘 사람들이 어느 정도로 이 말씀을 중요하게 생각하는가 하면 깨금발을 하는 동안에 구약성경을 다 암송해 보라고 하면 이스라엘 사람들은 누구나 다 바로 이 '쉐마 이스라엘'을 암송합니다. 그뿐만이 아닙니다. 이스라엘의 부모들은 아주 철저한 가정교육으로 유명한데 아이들에게 가장 먼저 제일 많이 가르치는 본문이 바로 이 '쉐마 이스라엘' 본문입니다.

그것은 이스라엘 부모들이 오늘 본문의 7절 말씀을 철저히 따른 결과인데 "네 자녀에게 부지런히 가르치며 집에 앉았을 때에든지 길을 갈 때에든지 누워있을 때에든지 일어날 때에든지 이 말씀을 강론할 것이며"라고 말씀하고 있습니다. 그리고 8절 말씀으로 넘어가 보시면 이렇게 기록되어 있습니다. "너는 또 그것을 네 손목에 매어 기호를 삼으며 네 미간에 붙여 표로 삼고", 그리고 9절 말씀에 "또 네 집 문설주와 바깥 문에 기록할지니라" 말씀하고 있습니다.

이스라엘 사람들은 밖에 있다가 집으로 들어가면 출입문 문설주에 붙어 있는 문갑 같은 것에 입을 맞추고 들어갑니다. 그게 바로 '메주자'라는 것인데, 이것은 지금도 이스라엘 모든 집에 다 붙어 있습니다. 그런데 그 메주자 안에 들어있는 성경 구절이 바로 '쉐마' 본문입니다. 그래서 6절부터 9절까지의 말씀은 앞에서 말씀하시는 '쉐마'가 너무 중요하기 때문에 먼저는 부모가 마음에 잘 새기고 그다음에 자녀에게 확실히 가르치고 강론하라는 것입니다. 심지어 이 쉐마 말씀을 적은 것을 몸에도 붙여서 다니고 집 출입문에까지 붙이라고 명령하십니다.

그러면 이렇게도 중요한 '쉐마'의 핵심 내용이 무엇인지를 살펴보겠는데, 먼저 4절을 보시기 바랍니다.

"이스라엘아 들으라. 우리 하나님 여호와는 오직 유일한 여호와이시
니"(신 6:4).

이 말씀은 오직 우리 여호와 하나님만이 참 하나님이시라는 중요한
선포입니다. 이어서 5절 말씀을 보세요.

"너는 마음을 다하고 뜻을 다하고 힘을 다하여 네 하나님 여호와를 사
랑하라"(신 6:5).

이제 바로 이 구절이 '쉐마 신앙'의 핵심 구절인데, 이 구절은 우리가
하나님을 어떻게 사랑해야 하는지 하나님을 사랑하는 법 3가지를 확실하
게 알려주고 있습니다. 그것은 첫째는 '마음'을 다하고 둘째는 '뜻'을 다
하고 셋째는 '힘'을 다하여 하나님을 사랑하라는 것입니다.

이제 오늘 이 3가지, 하나님을 사랑하는 법 3가지를 우리가 철저히
익혀야 하는데 그 첫 번째는 "마음을 다하여" 하나님을 사랑해야 한다는
것입니다. 여기서 말씀하고 있는 이 '마음'은 히브리말로 '레브' 혹은 '레
바브'인데 이 말은 사람의 가장 깊고 중요한 부분을 말하는 것으로써 놀
랍게도 '심장'이라는 뜻이 있습니다.

우리말 성경에서 이 '레바브'를 '마음'으로 번역하고 있는데 이 번역
은 그 의미가 좀 약화된 번역이라고 할 수 있습니다. 그러므로 "마음을
다하고"라는 이 말씀을 원문을 따라 직역하면 심장은 곧 생명이니까 "너
의 생명을 다하여" 하나님을 사랑하라는 말이 되는 것입니다.

우리가 하나님을 사랑하는 법, 그 두 번째는 "뜻을 다하여" 하나님을 사랑해야 한다는 것입니다. 그런데 여기서 '뜻'이라고 번역된 이 말은 히브리어로 '네페쉬'라는 단어인데 이 말에 '뜻'과 '의지'라는 의미가 담겨있긴 합니다만, 그런데 실상 이 말은 '목'이라는 뜻을 더 강하게 지닌 말입니다. 그런데 우리가 목을 통해서 숨을 쉬고 있지 않습니까? 그래서 이 말은 실상 '목숨'이라고 하는 아주 깊은 뜻이 있는 말이 되는 것입니다. 그러니까 "뜻을 다하고"라는 이 번역도 너무 점잖은 번역이라 할 수 있고, 그래서 좀 더 실감 나게 번역한다면 "목숨을 다하여" 하나님을 사랑하라는 것입니다.

우리가 하나님을 사랑하는 법, 그 세 번째는 "힘을 다하여" 하나님을 사랑해야 한다는 것입니다. 여기에 등장하고 있는 이 '힘'이라고 하는 단어는 히브리말의 '메오드'를 번역한 것입니다. '메오드'는 '열렬함', '심히', '대단함'이란 뜻이 있는데 이 말을 영어 성경에서 찾아보면 'Very Best'란 말로 번역하고 있습니다. 그러니까 이 말은 한 사람이 낼 수 있는 최대한의 힘을 말하는 것입니다. 그래서 이 의미를 따라서 이 말을 재해석해 보면 "힘을 다하여"라는 이 표현은 정말 아주 "최선을 다하여", "있는 힘을 다하여" 하나님을 사랑하라는 뜻이 되는 것입니다.

오늘 '쉐마'의 말씀은 우리가 하나님을 사랑하되 어떻게 사랑하라구요? 네, 생명을 다하고 목숨을 다하고 최선을 다하여 하나님을 사랑하라고 명령하고 있습니다. 어떻습니까? 여러분은 하나님을 이렇게 사랑해 보셨습니까? 여러분은 진정 생명을 다하고 목숨을 다하여, 정말 있는 힘을 다하여 하나님을 사랑하고 있습니까?

마태복음 4장에는 우리 예수님께서 사탄의 시험을 물리치는 장면이 기록되어 있습니다. 광야에서 마귀는 세 가지의 시험을 예수님께 던졌습니다. 예수님은 그 모든 시험을 오직 말씀으로 다 이겨내셨습니다. 그렇게 마귀의 시험을 물리치시면서 마지막으로 예수님께서 하신 말씀이 아주 중요한 의미를 지니고 있습니다.

"이에 예수께서 말씀하시되 사탄아 물러가라. 기록되었으되 주 너의 하나님께 경배하고 다만 그를 섬기라 하였느니라"(마 4:10).

사탄의 전략은 "하나님도 섬기고 나도 섬겨라. 그러면 이 모든 것을 너에게 주겠다"라는 것입니다. 그러나 예수님은 분명히 이렇게 말씀하셨습니다. "다만 하나님만 섬기라." 이 표현은 정말 대단히 중요합니다.

어떤 한 신실한 그리스도인이 이런 고백을 했다고 한번 생각해 보시기 바랍니다. "나는 하나님을 내 삶의 우선순위에 두겠다." 어떻습니까? 멋있게 들립니까? 그런데 안타깝게도 이 고백은 예수님의 "다만 그를 섬기라"는 말씀에 위배가 됩니다. '유일 진리'와 '첫째 진리'는 완전히 다른 것입니다. 첫째 진리는 두 번째 세 번째 진리보다 좀 더 나은, 상대적인 진리를 말하는 것입니다. 그러나 우리의 진리는 그런 첫째 진리가 아니라 유일 진리입니다. 오직 그것밖에 없는 진리입니다. 그래서 하나님을 섬길 때도 다만 하나님만을 섬겨야 합니다.

이러한 원리를 절대로 부담스럽게 생각하지는 마시고 이렇게 생각해 보시기 바랍니다. 하나님은 우리에게 하나님 자신, 전체를 다 주셨습니다. 그러므로 우리도 감격하며 하나님을 위해 우리 자신 전체를 드려야 합니다.

어느 선교사님이 하루는 아침 묵상을 하는데 하나님께서 이렇게 물으시는 것처럼 느껴졌습니다.

"너에게 난 누구냐?"

선교사님은 즉시 대답했습니다.

"하나님은 저에게 있어서 항상 첫째이십니다."

그렇게 대답을 하고서 선교사님은 스스로 대답을 잘했다고 여겼습니다. 그런데 일과가 진행되는 동안 이상하게 마음이 편치 않았습니다. 하나님이 기뻐하지 않는 것 같은 느낌이 계속 들었습니다. 그래서 온종일 이 문제로 고민하였습니다. 그러다가 저녁 무렵이 되어서야 큰 깨달음을 얻게 되었고 선교사님은 아침의 대답을 수정해서 하나님께 이렇게 말씀을 드렸습니다.

"하나님, 하나님은 저에게 전부이십니다."

그때야 선교사님은 하나님께서 기뻐하시는 것을 마음으로 느꼈습니다. 하나님은 우리에게 첫째가 아닙니다. 하나님이 첫째라면 둘째, 셋째가 있다는 의미이기 때문입니다. 만약에 제가 내 아내에게 "당신이 첫째고 미스 김은 둘째이며 미스 리는 셋째야!" 이렇게 말하면 제 아내가 첫째라고 기뻐하겠습니까? 어림 반 푼어치도 없는 소리죠. 하나님과 우리의 관계도 마찬가지입니다. 하나님은 언제나 우리의 전부, 우리의 모든 것이라는 사실을 기억해야 합니다.

오늘날 참 이상한 신앙이 너무나 많습니다. 믿음이 얇아진 시대가 되어서 필요할 때만 붙였다 뗐다 하는 액세서리 신앙이 있고 내가 필요한 때만 찾는 하숙생 신앙도 있으며 하나님을 종처럼 부리는 유아기적 신앙도 있습니다. 이런 신앙이 가득한 이 시대 속에서 여러분은 심기일전하여서 쉐마의 신앙을 따라 마음을 다하고 뜻을 다하고 힘을 다하여 하나님을 사랑하는 성도들이 되시기 바랍니다.

오늘 저는 〈성경153올람〉 운동의 본문을 따라 구약에서 가장 중요한 쉐마 신앙을 알려드리면서 3가지 단어를 말씀드렸습니다. '레바브', '네페쉬', '메오드', 그런데 히브리 원문 성경에는 이 세 단어 앞에 모두 똑같은 수식어가 사용되고 있는데 그 단어가 바로 '콜'이라는 단어입니다. 콜은 '모든', 'every', 그리고 '전체', 'total'의 의미가 있습니다.

그러니까 생명을 다하는 것도 그냥 생명이 아니라 온 생명을 다하는 것입니다. 목숨을 다하는 것도 전체 목숨을 다하는 것입니다. 그리고 최선을 다할 때도 힘이 나누이지 않고 전체 모든 힘, 있는 힘을 다하여 하나님을 사랑하는 것입니다.

실제로 오늘날 참으로 신실한 그리스도인들 가운데는 바로 이러한 모습으로 하나님을 섬기는 사람들이 있습니다. 돈 벌려고 사업하기보다는 오직 선교를 위해서 사업을 하는 사람이 있습니다. 하나님을 섬기는 일에 방해가 된다면 어떤 기득권도 포기할 줄 아는 사람이 있습니다. 세상의 재미와 쾌락이 아니라 하나님 안에 사는 기쁨과 즐거움을 선택하는 사람도 있습니다. 신앙의 절개를 지켜서 오직 하나님 편에 서는 옹골찬 믿음의 사람도 있습니다. 그래서 이런 사람들은 하나님을 섬기는 일이 자기 인생의 본업이고 모든 직장과 사업은 부업이라고 생각하는 사람들인데 이런 분들을 만나면 너무너무 큰 감동을 받습니다.

어떤 특별한 사람만 이래야 하는 것이 아닙니다. 오늘 쉐마의 말씀은 어떤 특별한 사람들에게 주신 말씀이 아니라 이스라엘 모든 백성에게 주신 말씀입니다. 오늘날 우리의 그리스도인 됨은 바로 이와 같은 쉐마의 신앙 정신이어야 합니다. 우리가 이런 마음으로 하나님을 섬길 때 이 신앙이 우리 후손들에게 전해질 수 있는 것입니다. 이런 신앙이 전해질 때 우리 후손들이 다른 세대가 아니라 다음 세대가 될 수 있는 것입니다. 이런 신앙을 물려받은 우리 다음 세대는 반드시 하나님의 복을 경험하게 되는 것입니다.

천하없어도 하나님과의 관계가 바로 되지 아니하면 우리는 결코 아름다운 인생을 살아갈 수가 없습니다. 인간의 노력은 한계가 있는 것입니다. 열심히 하는 것 대단히 중요합니다. 그러나 하나님이 함께하지 아니하시면 아무 소용이 없고 결과는 아무것도 없는 것이 되고 마는 것입니다. 이제부터 쉐마의 신앙 정신을 따라 살아서 오고 오는 세대에 만대에 복을 받는 성도들이 되시기를 간절히 바랍니다.

033

여호와의 눈이
항상 그 위에 있느니라

이스라엘 백성들은 40년의 광야 생활을 다 마감하고 이제 마침내 모압 평지에 이르게 되었습니다. 모압 평지는 사해 오른쪽의 위쪽, 요단강 동편에 있는 땅입니다. 이스라엘 백성들은 40년 동안이나 광야에서 유리 방황하다가 마침내 이 모압 평지에 이르게 된 것입니다. 모압 평지에서는 이제 요단강만 건너가면 꿈에도 그리던 땅, 젖과 꿀이 흐르는 땅, 하나님 께서 주시고자 약속하셨던 가나안 땅에 들어갈 수 있게 되는 것입니다.

바로 그때 이스라엘 백성의 지도자 모세는 자기는 가나안 땅에 들어 가지 못하지만 끝까지 충성하면서 마지막으로 백성들에게 하나님의 말씀을 준엄하게 선포하였습니다. 그래서 바로 이 모압 평지에서 출애굽 제2세대를 향하여 세 편의 설교를 선포하였는데 바로 이 세 편의 설교를 모아놓은 책이 신명기 말씀이 되는 것입니다.

신명기 말씀의 설교 중에 제1설교는 과거에 하나님께서 이스라엘에게 베풀어주신 은혜를 절대로 잊지 말고 감사해야 한다는 내용이고, 제2설교는 현재 모세 앞에 앉아 있는 출애굽 제2세대에게 율법을 재해석해서 잘 들려주고 있으며, 제3설교는 장차 미래에 가나안 땅에 들어가면 절대로 우상을 숭배하지 말고 오직 하나님만 잘 섬겨야 한다는 내용입니다.

이제 오늘 본문인 신명기 11장은 지난주에 이어서 모세의 신명기 설교 가운데서 두 번째 설교 중에 포함된 말씀이 되겠습니다. 특별히 오늘 본문 말씀을 통하여 모세는 이스라엘 백성들에게 하나님께서 주시는 약속의 땅, 장차 들어가게 될 가나안 땅은 과연 어떠한 곳이며 그 땅에 들어갔을 때 어떻게 살아야 하는지에 대해서 아주 중요한 말씀을 들려주고 있습니다.

그러면 우리도 기대하는 마음으로 오늘 말씀으로 들어가 보겠습니다.

먼저 8절에서는 장차 가나안 땅에 어떻게 들어갈 수 있는지 그 조건에 대해 말씀하고 있습니다.

> "그러므로 너희는 내가 오늘 너희에게 명하는 모든 명령을 지키라. 그리하면 너희가 강성할 것이요 너희가 건너가 차지할 땅에 들어가서 그것을 차지할 것이며"(신 11:8).

이 말씀은 가나안 땅에 들어가려면 하나님이 오늘 이스라엘 백성에게 명하는 모든 명령을 잘 지키라는 것입니다. 하나님의 명령을 잘 지키면 이스라엘 백성이 강성할 것이요 건너가 차지할 땅에 들어가서 그것을 차지할 것이라고 말씀하고 계십니다.

이스라엘이 출애굽 해서 죽을 고생 다 하면서 그 모진 광야 길을 헤쳐 나온 것은 결국 무엇 때문이었습니까? 네, 그것은 가나안 땅에 들어가기 위함이었습니다. 그러니까 출애굽과 광야 길의 목적은 딱 하나, 바로 가나안 땅에 들어가는 것입니다. 그런데 8절에서 바로 이 가나안 땅에 들어가려고 하면 그 조건이? 네, 하나님의 명령을 지키는 것입니다. 이것은 오늘날 우리도 마찬가지입니다. 우리가 하나님 나라에 들어가려고 하면? 네, 하나님 명령을 지켜야 합니다. 여러분은 하나님의 명령을 잘 지켜서 함께 하나님 나라에 들어가시기 바랍니다.

이어서 9절을 보시면 이 말씀은 이제 장차 들어갈 그 가나안 땅이 어떤 땅인지, 가나안 땅의 성격에 대해서 알려주고 있습니다.

"또 여호와께서 너희의 조상들에게 맹세하여 그들과 그들의 후손에게 주리라고 하신 땅 곧 젖과 꿀이 흐르는 땅에서 너희의 날이 장구하리라"(신 11:9).

이 9절 말씀에서는 장차 들어갈 가나안 땅의 성격에 대해 말씀하시면서 2가지의 내용을 알려주고 있습니다. 첫째, 그 가나안 땅은 하나님께서 약속하신 땅이라는 것입니다. "여호와께서 너희의 조상들에게 맹세하여 그들과 그들의 후손에게 주리라고 하신 땅"이라고 나와 있습니다. 둘째, 그 가나안 땅은 "젖과 꿀이 흐르는 땅"이라고 말씀하고 있습니다. 하나님께서는 오래전부터 약속하신 땅, 젖과 꿀이 흐르는 땅에 이스라엘 백성들이 들어가게 해주시겠다고 약속하고 계시는 것입니다.

그리고 10절과 11절 말씀에서는 이제 장차 들어갈 가나안 땅과 이스라엘 백성들이 나온 애굽 땅을 비교하여서 설명하십니다. 먼저 10절에서 이스라엘 백성들이 나온 애굽 땅을 어떻게 설명하고 있는지 살펴볼까요?

"네가 들어가 차지하려 하는 땅은 네가 나온 애굽 땅과 같지 아니하니 거기에서는 너희가 파종한 후에 발로 물 대기를 채소밭에 댐과 같이 하였거니와"(신 11:10).

가나안 땅과 애굽 땅은 서로 다르다는 것을 말씀하십니다. 어떻게 다른가 하면 애굽 땅에서는 파종한 후에 발로 물 대기를 채소밭에 댐과 같이 하였다고 말씀하고 있습니다. 이게 무슨 뜻인가 하면 가나안 땅은 대부분 다 산악지대이지만 애굽 땅은 대부분 다 평지로 이루어져 있고 수량이 풍부한 나일강이 유유히 흐르고 있습니다. 그 나일강의 물을 끌어오기 위해서 여러 관개시설이 발달하였고 양동이가 달린 수차를 발로 밟아서 나일강 물을 농경지에 공급하였던 것입니다. 그런데 가나안 땅은 애굽 땅과는 상당히 다른 땅입니다.

"너희가 건너가서 차지할 땅은 산과 골짜기가 있어서 하늘에서 내리는 비를 흡수하는 땅이요"(신 11:11).

이 말씀에서 가나안 땅은 '산과 골짜기가 있어서' 라고 말씀하시는데 이것은 가나안 땅이 평야 지대가 아니라 대부분 산악지대라는 것을 말씀하는 것입니다. 그러므로 '하늘에서 내리는 비를 흡수하는 땅' 이라고 하십니다. 이것은 산과 골짜기 지형에서 비가 내리니까 그것들이 빨리 흘러 내려가 버리고 만다는 것입니다.

그러면 10절은 애굽 땅, 11절은 가나안 땅을 설명하고 있는데 두 땅을 비교해서 어느 땅이 더 좋은 땅이라고 말씀하고 있는 것 같습니까? 사실 농사짓는 것을 갖고 살펴보면 가나안 땅보다는 애굽 땅이 훨씬 농사짓기가 좋고 반대로 가나안 땅은 농사짓기가 무척이나 힘든 땅입니다. 갈릴리 호수 주변의 일부 비옥한 지대를 제외하고는 가나안 땅 전역이 물이 부족하고 기온 차가 심하고 곳곳에 불모지가 산재해 있습니다. 반면에 애굽 땅은 수량이 풍부한 나일강이 있고 나일강이 주기적으로 범람하여서 옥토를 만들어 주고 관개시설까지 잘 만들어 놓아서 농사짓기에는 아주 적합한 땅입니다.

이렇게 비교를 해놓고 보니까 사실은 애굽 땅이 농사짓기가 더 좋고 가나안 땅은 객관적으로 그렇게 좋은 땅이라고 할 수도 없는데, 왜 하나님은 이 가나안 땅을 가리켜서 '젖과 꿀이 흐르는 땅' 이라고 말씀하셨을까요? 바로 이 질문에 대한 대답에 오늘 말씀의 핵심 신앙 정신이 다 녹아 있습니다. 그러면 여러분은 이 질문에 어떻게 대답할 수 있겠습니까?

상대적 비교에 의하면 객관적으로 가나안 땅이 애굽 땅보다 더 나을 것 없는 땅이지만 하나님께서 이스라엘 백성에게 주실 가나안 땅을 젖과 꿀이 흐르는 땅이라고 말씀하신 이유는 12절에 나와 있습니다.

"네 하나님 여호와께서 돌보아 주시는 땅이라. 연초부터 연말까지 네 하나님 여호와의 눈이 항상 그 위에 있느니라"(신 11:12).

이 12절은 너무너무 중요한 말씀입니다. 하나님께서 애굽 땅보다 별반 더 좋을 것이 없는 가나안 땅을 '젖과 꿀이 흐르는 땅' 이라고 말씀하신 이유는 그 땅은 바로 하나님께서 돌보아 주시는 땅이기 때문입니다. 바로 이것이 오늘 말씀의 핵심입니다. 가나안 땅은 하나님께서 돌보아 주시는 땅이기 때문에 젖과 꿀이 흐르는 땅이 되는 것입니다.

사실 조금 전에 10절은 애굽 땅을, 11절은 가나안 땅을 설명하며 서로 비교하였는데 이 비교는 사실은 어느 땅이 더 좋은 땅인지를 비교하는 그런 비교가 아닙니다. 어느 땅이 더 좋은 땅인지를 말하는 그런 비교가 아니고 사실 이 두 구절은 서로 다른 땅임을 말씀하고 있는 것입니다.

"네가 들어가 차지하려 하는 땅은 네가 나온 애굽 땅과 같지 아니하니"라고 말씀하셨잖아요? 이것은 두 땅이 서로 다르다는 것을 말씀하고 있는 것입니다.

애굽 땅에서는 파종한 후에 발로 물 대기를 채소밭에 댐과 같이 하였다고 했습니다. 관개시설을 만들고 수차를 밟아서 물을 대는 땅인 것입니다. 반면에 가나안 땅은 산과 골짜기가 있어서 하늘에서 내리는 비를 흡수하는 땅이라고 합니다. 이것은 가나안 땅이 하나님께서 비를 내려주셔야 농사짓고 살아갈 수 있는 땅이라는 것입니다. 한마디로 말하면 애굽 땅은 '인간적인 노력'으로 살아가는 땅이고 가나안 땅은 '하나님의 은총'으로 살아가는 땅이라는 것입니다. 이것은 너무 중요한 통찰입니다. 바로 이 신앙 정신을 오늘 여러분 꼭 붙들어야 합니다.

그래서 바로 이런 이유로 이어지는 문단에서 반드시 등장하는 표현이 있는데 그것이 14~15절에 나타나 있습니다.

"여호와께서 너희의 땅에 이른 비, 늦은 비를 적당한 때에 내리시리니 너희가 곡식과 포도주와 기름을 얻을 것이요 또 가축을 위하여 들에 풀이 나게 하시리니 네가 먹고 배부를 것이라"(신 11:14-15).

이 두 구절은 하나님의 은총으로 살아가는 가나안 땅이 왜 젖과 꿀이 흐르는 땅이 되는지, 그리고 하나님께서 그 땅을 어떻게 돌보아 주시는지를 분명하게 설명하고 있습니다. 여기에 나오는 '이른 비'는 10~11월경에 내리는 비인데 이 비가 와야만 씨를 뿌리고 경작을 할 수 있게 되는, 정말 필요하고 고마운 비입니다. 그리고 늦은 비는 3~4월경에 내리는 비인데 이 비가 와야만 농작물이 알차게 결실할 수 있으니까 이 비도 역시 정말 필요하고 고마운 비가 아닐 수 없습니다.

이렇게 가나안 땅은 하나님께서 이른 비와 늦은 비를 내려주실 때만 농사짓고 살아갈 수 있는 땅입니다. 그래서 가나안 땅은 하나님께서 돌보아 주시는 땅입니다. 가나안 땅은 하나님이 책임져 주시는 땅입니다. 가나안 땅은 오직 하나님의 은총으로 살아가는 땅입니다.

사실 자연환경적으로 볼 때는 오히려 애굽 땅이 더 농사짓기 좋고 더 나을 수도 있는 땅이지만 그 땅은 인간적인 노력으로 살아가는 땅이요. 가나안 땅은 오직 하나님의 은혜로 살아가는 땅입니다. 바로 이런 이유로 하나님은 그 땅을 가리켜서 '젖과 꿀이 흐르는 땅'이라고 말씀하신 것입니다. 이 중요한 신앙적 의미를 마음 깊이 체득하시기 바랍니다.

이렇게 중요한 신앙 정신이 12절에 녹아 있고 그다음에 또 한 가지 기가 막힌 표현이 더 남아 있습니다. 12절 하반절을 다시 보세요. "연초부터 연말까지 네 하나님 여호와의 눈이 항상 그 위에 있느니라" 너무 좋지 않습니까? 이 표현은 하나님께서 돌보아 주시는 그 방법을 말씀하고 있는 것입니다. 하나님께서 어떻게 돌보아 주신다는 것입니까? 네, 연초부터 연말까지, 그러니까 항상, 언제나, 하나님의 눈이 그 위에 있다는 것입니다. 이 말씀은 하나님께서 단 한순간도 잊지 아니하시고 당신의 백성들을 불꽃 같은 눈으로 감찰하시며 너무나 깊은 애정을 가지시고 일년 내내 항상 돌보아 주신다는 것입니다.

저는 이 12절 말씀을 생각하면 너무나 자연스럽게 떠오르는 한순간이 있습니다. 그것은 벌써 25년 전의 일인데요. 지금도 저는 아주 생생하게 그 순간을 기억하고 있습니다. 새문안교회 부목사 시절, 사택이 연희동에 있었는데 제 큰아이가 초등학교에 입학하는 날 입학식에 참석하였습니다. 아이가 잘 자라서 초등학교에 입학하니까 참 기분이 묘하고 뿌듯하기도 하고 너무나 기뻤습니다. 그래서 입학식 내내 한순간도 제 눈이 우리 아이를 떠나지 않았습니다. 교장 선생님 훈화도 학교 건물도 다른 사람들 모습도 하나도 눈에 들어오지 않고 저는 오직 우리 아이에 눈이 꽂혀 있었습니다.

바로 그때 제 마음속에 아주 강력하게 오늘 신명기 11장 12절의 말씀이 떠올랐습니다. "네 하나님 여호와께서 돌보아 주시는 땅이라. 연초부터 연말까지 네 하나님 여호와의 눈이 항상 그 위에 있느니라." 가나안 땅은 하나님께서 돌보아 주시는 땅입니다. 그 땅은 그냥 자연적으로 좋은 땅이 아니라 하나님께서 돌보아 주시니까 '젖과 꿀이 흐르는 땅'이 되는 것입니다. 연초부터 연말까지 하나님께서 눈동자와 같이 지키시고 돌보시고 인도하시고 필요에 따라 채워주시는 그야말로 믿음으로 살아가는 땅이라는 것입니다.

가나안 땅은 바로 이런 땅이기 때문에 이제 이스라엘 백성들이 가나안 땅에 들어가 살아갈 때는 철저히 그 땅에 걸맞은 신앙 정신으로 살아가야 합니다. 가나안 땅은 하나님께서 돌보아 주시고 연초부터 연말까지 하나님이 지켜주시는 하나님의 땅입니다. 이른 비와 늦은 비가 내리지 않으면 결코 사람이 살아갈 수 없는 그야말로 믿음의 땅입니다. 백성들이 바알에게 절한다고 살 수 있는 것이 아니라 가나안 땅에 들어가면 절대 우상을 섬기지 말고 여호와만 섬기면 하나님이 책임져 주실 것이고, 그러면 이스라엘 백성들은 그 땅을 젖과 꿀이 흐르는 땅처럼 살게 되리라는 것입니다.

바로 이런 이유로 본문 마지막 부분에서 하나님은 이스라엘 백성들에게 아주 철저하게 이 명령을 주고 계십니다.

"내가 오늘 너희에게 명하는 내 명령을 너희가 만일 청종하고 너희의 하나님 여호와를 사랑하여 마음을 다하고 뜻을 다하여 섬기면 여호와께서 너희의 땅에 이른 비, 늦은 비를 적당한 때에 내리시리니 너희가 곡식과 포도주와 기름을 얻을 것이요 또 가축을 위하여 들에 풀이 나게 하시리니 네가 먹고 배부를 것이라"(신 11:13-15).

이 말씀은 무슨 뜻입니까? 너희들이 가나안 땅에 들어가서 하나님을 사랑하고 그 말씀에 잘 순종하면 이른 비와 늦은 비를 내려주어서 너희가 먹고 배부를 것이라 하는 것입니다.

그리고 그다음에는 이 말씀과 정반대되는 내용이 기록되어 있습니다.

"너희는 스스로 삼가라. 두렵건대 마음에 미혹하여 돌이켜 다른 신들을 섬기며 그것에게 절하므로 여호와께서 너희에게 진노하사 하늘을 닫아 비를 내리지 아니하여 땅이 소산을 내지 않게 하시므로 너희가 여호와께서 주신 아름다운 땅에서 속히 멸망할까 하노라"(신 11:16-17).

이 말씀은 무슨 뜻입니까? 네, 백성들이 가나안 땅에 들어가서 하나님을 떠나 다른 신들, 우상을 섬기면 하늘을 닫아 비를 내리지 아니할 것이고, 그러면 너희는 그 땅에서 속히 멸망하리라는 것입니다.

신명기 말씀의 총 결론이 바로 이것입니다. 아주 단적으로 말씀드려볼까요? 네, 순종하면 축복이고 불순종하면 심판과 저주가 따른다는 사실입니다. 바로 이것이 신명기 말씀의 결론이기도 하고 이스라엘 백성들이 가장 중요하게 여기는 율법서, 모세오경(창세기-출애굽기-레위기-민수기-신명기)의 총 결론이기도 한 것입니다. 이 총 결론을 여러분 마음에 잘 기억하여서 여러분은 진실로 잘 순종함으로 축복의 삶을 꼭 살아가시기 바랍니다.

오늘 말씀은 이스라엘 백성들이 장차 들어갈 가나안 땅에 대해 알려주시는 말씀인데 놀랍게도 그 땅은 자연적 환경이 좋아서가 아니라 하나님이 돌보아 주시는 땅이기 때문에 젖과 꿀이 흐르는 땅이 되는 것이라고 알려주고 있습니다. 그러므로 이스라엘은 이와 같은 하나님의 땅에 걸맞은 방식을 갖고 하나님의 땅에서 살아가야 합니다. 그것은 하나님을 사랑하고 그 말씀에 순종하며 살아가는 방식입니다.

이제 그리스도인 된 우리 삶의 모습도 이래야 합니다. 하나님을 사랑하고 그 말씀에 순종하면 우리의 삶은 젖과 꿀이 흐르는 아름다운 인생이 되는 것입니다. 여러분에게 오늘 본문에 등장하는 참 중요한 표현 한 가지를 알려드리겠습니다. '다라쉬 하나님', 여기서 '다라쉬'는 12절에 등장하는 '돌보아 주신다'는 뜻입니다. 여러분은 '다라쉬 하나님'께서 반드시 돌보아 주실 것이니까 이것을 확신하여서 하나님을 사랑하고 그 말씀에 순종하여 날마다 젖과 꿀이 흐르는 아름다운 인생 살아가시길 간절히 바랍니다.

034

무죄한 피를
흘리지 말라

오늘 본문의 말씀 역시 지난주에 이어서 모압 평지에서 모세가 전한 3편의 설교 말씀 가운데서 제2설교에 포함된 내용입니다. 제2설교는 신명기 말씀 안에서 가장 많은 분량을 차지하고 있고 신명기 말씀 전체의 뼈대를 이루고 있는 말씀인데 그중에서 특별히 오늘 말씀은 '도피성 제도'에 대해서 너무나 귀한 말씀을 들려주고 있습니다.

그러면 '도피성'이 무엇일까요? 네, 도피성은 히브리말로 '아리 미클라트'라고 하는데 이 말은 '받아들이는 성읍'이란 뜻입니다. 무엇을 받아들인다는 것일까요? 네, 놀랍게도 도피성은 살인자를 받아들이는 성읍이라는 것입니다. 그래서 도피성은 고의성이 없이 실수로 살인을 저지른 자가 우선 도피할 수 있는 성읍을 말하고 있습니다.

성경은 이 도피성에 대해서 오늘 본문에서 처음 말씀하시는 것이 아니고 앞부분에서 벌써 여러 번 말씀하셨습니다. 출애굽기 21장 13절에서 가장 먼저 언급하고 있고 민수기 35장에서 집중적으로 언급하고 있습니다(35:6, 9-15, 22-28). 그다음에 신명기 말씀으로 넘어와서는 제1설교의 마지막 부분인 신명기 4장 41~43절에서 다섯 번째로 다루고 있습니다. 그리고 이제 오늘 본문에 와서 무려 여섯 번째로 도피성에 대해서 말씀하고 계시는 것인데 특별히 오늘 본문에서는 도피성에 대해서 아주 상세하게 알려주십니다.

성경 전체적으로 살펴보면 도피성은 모두 여섯 곳인데 먼저 요단강 동편에 세 곳이 있습니다. 그 세 곳은 요단 동편 땅 베셀, 길르앗 라못, 바산 골란 이렇게 세 성읍이고 그다음에 요단강 서편, 그러니까 가나안 땅에도 세 성읍인데 북쪽으로 게데스, 중부에 세겜, 남쪽에 헤브론 이렇게 세 성읍이 있습니다. 전체 지도를 펼쳐놓고 살펴보면 이 여섯 곳의 위치가 요단강 동편과 서편, 그리고 남과 북에 아주 골고루 자리 잡고 있습니다. 이것은 어느 지역에서도 빨리 도피할 수 있도록 하나님께서 그 위치까지 고려해 놓으신 것입니다.

지금까지 말씀드린 내용만 살펴보아도 하나님께서 이 도피성 제도를 얼마나 귀하게 생각하시는지 알 수 있는데, 그러면 이 도피성이 과연 어떤 의미가 있는지 좀 더 깊이 살펴보도록 하겠습니다.

가장 먼저 1~3절에서는 장차 하나님께서 여러 민족을 멸절하시고 가나안 땅을 주실 때에 그 땅에 세 성읍을 구별하여 모든 살인자가 그 땅으로 도피하게 하라고 말씀하셨습니다. 그리고 이어서 4~6절에서는 그 살인자가 어떤 살인자인지 말씀해 주고 계시는데 예를 들어 이렇게 설명하십니다. 어떤 사람이 그 이웃과 함께 벌목을 위해 삼림에 들어가서 손에 도끼를 들고 나무를 찍었습니다. 그런데 그만 도끼가 자루에서 빠져서 그 이웃을 맞추고 안타깝게도 그 사람을 죽게 하였습니다. 이런 경우는 "원한이 없이 부지 중에 그의 이웃을 죽인 일"이 되는 것입니다.

바로 이런 경우에 그 살인자가 빨리 도피하여서 생명을 보존할 수 있도록 만든 성읍이 도피성인 것입니다. 사실 원한이 없이 사람을 죽였지만, 그래도 사람이 죽었으니까 이것을 알고 가족이나 이웃 중에 보복하는 사람이 복수심에 불타올라 그 살인자를 죽일 수도 있는 것입니다. 그래서 전혀 고의성이 없이 실수로 살인을 저지른 자가 정당한 재판을 받기까지 피신해 있도록 도피성을 설치하라고 말씀하신 것입니다.

그러므로 도피성은 우발적인 살인자의 생명을 보존하고 무분별한 복수를 방지하고자 하는 중요한 목적이 있었던 것입니다. 그런데 이런 과정에서 도피성이 너무 멀면 보복하는 자가 그 살인자를 따라잡아서 또 살인할 수도 있을 것입니다. 그래서 하나님께서는 요단강 동편 땅에 세 개의 성읍, 그리고 요단강 서편 땅인 가나안 땅에 세 개의 성읍을 설치하여서 전국에 골고루 배치하라고 말씀하셨습니다. 이것은 전국 어느 지역에서도 도피하려고 하는 자가 보복하는 자에게 따라잡히지 않고 도피성까지 무사히 도피할 수 있도록 하나님께서 세심한 배려를 해주신 것입니다.

이스라엘의 주변 지역인 고대 근동 지역의 법은 일반적으로 '동해복수법'(同害復讐法)이 근본이었고 이것은 사람을 죽인 자는 마땅히 죽어야만 하는 법이었습니다. 그러나 전혀 고의성이 없이 부지중에 살인한 자에 대해서까지 이렇게 극형에 처하는 것은 하나님의 공동체에서는 맞지 않는 처사였습니다. 그리고 살인은 또 살인을 불러오게 되는데 하나님은 이스라엘 공동체가 이렇게 복수하는 공동체가 되는 것을 결코 원하지 않으셨습니다. 생각해 보십시오. 무모한 피 흘림과 복수의 악순환이 계속된다면 하나님의 구원을 위해 부르심을 입은 이스라엘 공동체가 결코 바로 설 수 없게 되는 것입니다.

그래서 피의 복수를 막고 공동체가 온전할 수 있도록 하나님께서 허락하신 제도가 바로 도피성인데 이 과정에서 하나님은 아주 중요한 말씀을 하십니다. 10절 말씀입니다.

> "네 하나님 여호와께서 네게 기업으로 주시는 땅에서 무죄한 피를 흘리지 말라. 이같이 하면 그의 피가 네게로 돌아가지 아니하리라"(신 19:10).

이 구절에서 "무죄한 피를 흘리지 말라" 바로 이 말씀이 도피성 제도의 핵심입니다. 우리 하나님은 생명의 주인이시고 우리에게 생명을 주신 분이시고 우리의 생명을 가장 소중히 여기시는 분입니다. 그래서 이스라엘 공동체 안에서는 생명을 경시하는 풍조가 있어서는 안 되고 억울하게 생명을 잃는 일도 없어야 하기에 하나님께서는 생명을 아름답게 지켜내게 하려고 도피성 제도를 허락해 주신 것입니다.

이렇게 도피성의 핵심 내용을 살펴보니까 이제 우리는 아주 중요한 한 가지 결론에 도달하게 됩니다. 그것은 바로 우리 예수님이 우리의 도피성이 되신다는 사실입니다. 우리 모두는 다 죄인입니다. 죄 없는 사람은 한 사람도 없습니다. 그런데 죄는 반드시 죗값을 치러야 합니다. 죄는 빚과 똑같은 개념이어서 반드시 갚아야 없어지는 빚처럼 죄도 반드시 죗값을 치러야 사함을 받는 것입니다. 이런 원리를 따라서 우리가 죗값을 치른다면 우리 가운데 그 어느 누구도 하나님의 공의 앞에서 결코 살아남지 못할 것입니다. 그래서 사랑에 풍성하신 하나님께서 이런 인간들을 구원하시기 위해 독생자 예수님을 우리 가운데 보내주신 것입니다.

죄인인 인간은 어떤 노력을 해도 죄인의 딱지를 뗄 수가 없습니다. 힘써 노력해도, 도를 닦고 공부를 해도, 선행을 해도, 공덕을 쌓아도 죄의 문제를 해결할 수가 없습니다. 그래서 하나님은 예수님을 우리 가운데 보내주시고 십자가에서 우리의 죄를 짊어지고 대신 죽게 하심으로, 대속의 은혜로 우리 죄의 문제를 단번에 말끔하게 해결해 주신 것입니다. 그리고 십자가에 죽으시고 사흘 만에 부활하심으로 말미암아 우리 죽음의 문제까지 완벽하게 해결하시고 결국 우리에게 놀라운 구원의 은총을 허락해 주신 것입니다.

이렇게 예수님의 구원 사역을 가만히 생각해 보면 바로 우리 예수님이 우리의 완전한 도피성이 되신다는 사실을 우리가 분명히 알 수 있는 것입니다. 바로 이런 의미에서 구약의 도피성은 예수님의 십자가 구원 사역을 예표하는 것이고 우리 하나님 아버지의 무한하신 자비와 긍휼을 우리에게 확실히 보여주는 제도입니다.

그런데 구약의 도피성과 신약의 우리 예수님 사역을 비교해 보면 한 가지 큰 차이점이 있는 것을 발견할 수 있습니다. 오늘 본문 11~13절까지에는 이 도피성 제도의 규칙에 위배되는 경우를 설명하고 있습니다. 그것은 어떤 사람이 우발적이거나 실수로 살인한 것이 아니라 그 이웃을 미워하여서 원한의 감정을 가지고 엎드려 매복하고 있다가 사람을 죽이는 경우입니다.

이런 경우는 그 살인자가 도피성으로 도피하였다고 할지라도 오히려 그를 거기서 잡아다가 보복자의 손에 넘겨주어서 죽이게 하라고 말씀하십니다. 그래서 이렇게 악한 사람은 이스라엘 공동체가 긍휼히 여길 필요가 없는 것이고 무죄한 피를 흘린 사람은 이스라엘 공동체 안에서는 제하여버리라고 말씀하는 것입니다.

이것은 구약 안에서 하나님의 사랑과 공의가 아주 적절하게 조화를 이루고 있는 대목이라 할 수 있습니다. 사랑을 베풀만한 자에게는 지극한 사랑을 베푸시지만 너무나 악한 존재에 대해서는 하나님께서 공의로 심판하신다는 것입니다.

그런데 신약에 와서 우리 예수님은 이런 것까지도 뛰어넘어서 우리가 누구이든지 어떤 죄를 저질렀든지 예수님께 나아오기만 하면 구원해 주십니다. 정말 이것은 놀라운 은혜입니다. 부지불식간에 어쩔 수 없이, 인간의 연약함 때문에 지은 모든 죄도 우리 예수님을 통해 우리는 다 용서함을 받을 수 있습니다. 그리고 혹시 너무나 악한 죄라도, 심지어 의도성이 있는 잔인한 죄라도 그가 진정으로 회개하기만 한다면 우리 예수님은 십자가 보혈의 피로 다 용서해 주시는 것입니다.

우리 예수님은 완전한 도피성이 되시는 분입니다. 영원한 도피성이 되시는 분입니다. 이것을 생각하면 정말 다행스럽고 정말 우리가 온 맘 다해 감사하지 않을 수 없는 것입니다. 생각해 보십시오. 우리가 행한 악한 죄악 때문에 영원한 사망에 처할 운명에 빠졌는데 예수님이 우리의 도피성이 되시고 우리를 구원해 주셨으니까 이것이 얼마나 다행스럽고 얼마나 감사한 일입니까?

생명이 왔다 갔다 하는 절체절명의 위기 가운데서도 도피하지 못해서 큰 안타까움에 빠진 사람들이 있었습니다. 그 모습을 바라보며 너무나 마음이 아프고 안타깝기 그지없었는데 바로 아프가니스탄 사태입니다. 참 요즘 같은 대명천지에 나라 자체가 그냥 탈레반 무장 세력에 의해서 넘어지고 대통령은 도망가 버리고 국민은 점령세력의 폭압에 두려워서 벌벌 떠는 모습을 바라보면 참 너무나 안타깝고 가슴 아프기 그지없습니다. 정말 나라가 한순간에 이럴 수도 있다는 것을 우리가 뼛속 깊이 기억하고 악한 자가 준동하지 않도록 우리는 우리 조국 대한민국을 아름답게 잘 지켜나가야 하겠습니다.

그런데 이렇게 위태위태한 상황 가운데 빠져 있는 아프가니스탄 국민을 놀랍게도 우리나라 대한민국이 무려 400명 가까이나 구출해 내었습니다. 뉴스에 나오는 이야기를 들어보니까 그 구출 작전이 절대 쉽지 않았는데 아주 위험하고 긴박한 순간들을 다 극복해 내고 정말 지혜롭게 용감하게 잘 감당한 것 같습니다. 카불 공항에 비행기만 갖다 놓는다고 문제가 해결되는 것이 아니라 피신할 사람들이 공항 안에까지 와야 하는데 그 모든 과정에서 참으로 지혜롭게 잘 감당하였다는 것입니다.

개별적으로 검문을 통과해서 공항 안으로 들어오는 것은 다 걸리니까 공항 인근 장소로 집결지를 변경한 것이 신의 한 수였고 희망자를 버스에 다 태워서 공항을 지키는 미군의 도움을 받아 탈레반 검문소를 통과한 것입니다. 탈출 작전을 세계 여러 나라가 시도했는데 거의 최고의 성공을 이룬 것은 우리나라였습니다. 우리의 구출작전명이 'Miracle'인데 정말 기적같이 작전을 잘 수행하였고 그 모든 모습을 바라보면서 우리나라의 국격이 많이 높아진 것 같아 정말 자랑스러웠습니다.

이 작전에서 정말 가슴 뿌듯한 대목은 현지에서 우리나라 대한민국을 위해 수고한 사람들을 우리가 결코 배신하지 않고 끝까지 그들을 구출해 내었다는 사실입니다. 그래서 현지 한국대사관에서 근무하는 등 우리 정부 활동을 지원해 온 현지인 직원, 배우자, 미성년 자녀, 부모 등에 대해서 우리 대한민국은 그들을 절대 무시하거나 배신하지 않겠다고 천명하면서 이 작전을 성공시킨 것입니다.

탈출에 성공해서 한국에 들어온 아프간 현지인은 모두 70여 가족인데 그 가운데 영유아가 100여 명이나 되고 6세에서 10세까지 아이들도 80여 명이나 됩니다. 이 아이들이 부모의 손을 잡고 한국 공항에 들어올 때 보니까 아이들 손에는 한결같이 인형이 하나씩 들려 있었습니다. 아이들이 무서워하지 않도록 우리나라 정부가 아이들 손에 곰인형을 다 들려준 것입니다. 참 우리나라 대단하죠? 잘한 건 잘했다고 인정하고 격려해 주어야 합니다. 미라클 작전에서 보여준 대한민국의 모습은 참 너무나 귀하고 아름다운 모습이었습니다.

　미라클 작전은 목숨이 위태롭고 생명이 왔다 갔다 하는 사람들을 구출해 낸 것입니다. 그래서 아프간 사람들에게 우리 대한민국은 바로 도피성이었습니다. 생각해 보십시오. 지금 목숨이 왔다 갔다 하는 순간입니다. 생명을 잃을 수도 있는 절체절명의 순간입니다. 그런데 바로 이런 순간에 어디론가 피해서 생명을 보전해야 하는데 도무지 피할 데가 없다고 한다면 이것은 정말 큰 낭패이고 무시무시한 일이 아닐 수 없는 것입니다. 나라가 넘어지고 목숨이 왔다 갔다 하는 그 절체절명의 순간에 그들에게 우리 대한민국이 도피성이 되어준 것입니다.

　우리 인생에도 도피성이 없다면 이것은 정말 큰 낭패가 아닐 수 없습니다. 목숨이 왔다 갔다 하는 절체절명의 순간에 우리가 피할 곳이 없다면 이것은 정말 큰 일입니다. 그런데 놀라운 사실은 하나님이 우리의 도피성이 되어주신다는 사실입니다. 도피성은 히브리말로 '아리 미클라트', '받아들이는 성읍'이란 뜻이죠. 하나님은 우리를 받아주시는 우리의 도피성이 되시는 분입니다.

　그리고 마침내 하나님은 예수님을 우리 가운데 보내주셔서 죄로 인해 죽을 수밖에 없는 우리가 예수님께 피하기만 하면 구원과 생명을 얻도록 은혜 베풀어주신 것입니다. 그래서 예수님은 우리의 완전하고 영원한 도피성이 되시는 분입니다. 얼마나 감사합니까? 얼마나 다행스럽습니까? 우리를 받아주시는 은혜에 감사 감격하며 믿음 생활 잘 감당하시기 바랍니다.

　교회는 무엇입니까? 교회는 뭐 하는 곳입니까? 네, 교회는 도피성이 되시는 예수님을 본받아서 이 시대 속에서 도피성의 역할을 감당하는 곳입니다. 사실은 아프간 사태와 똑같은 것인데 오늘날 사람들은 자신이 죽어가고 있다는 사실조차 잘 모르고 있습니다. 이렇게 살면 그냥 지옥 갈 수밖에 없다는 사실을 전혀 깨닫지 못하고 그저 자행자지하며 멸망을 향해 치닫고 있습니다.

이런 사람들에게 지금의 생 이후에도 영원한 생명이 있는 것이고 이 땅을 살면서도 생명의 삶을 살아가자고 선포하는, 이 시대의 도피성이 되는 것이 바로 교회의 사명입니다. 이렇게 생명을 구하는 것이 교회의 가장 큰 사명인 줄로 알아서 도피성 되시는 예수님을 증거하여 교회의 사명을 온전히 감당하는 교회와 성도들이 꼭 되시기를 간절히 바랍니다.

035

성경153올람

애굽에서 종 되었던 것을 기억하라

　　이스라엘 백성들이 출애굽 후 40년 동안 광야 생활을 하였고 그 광야 생활 말기에 이제 그들은 마침내 모압 평지에 도착하였습니다. 모압 평지는 바로 요단강 동편 지역으로서 사해 오른쪽의 위쪽에 있는 땅인데 이제 여기서 요단강만 건너가면 꿈에도 그리던 땅 가나안 땅에 들어갈 수 있게 되는 것입니다.

　　바로 이곳에서 모세는 자기는 가나안 땅에 못 들어가지만 백성들을 불러 모아 그들에게 신신당부하며 세 번의 설교를 선포하였는데 이것을 모아놓은 책이 바로 신명기입니다. 모압 평지에서 지금 모세의 설교를 듣고 있는 이스라엘 회중들은 출애굽 2세대입니다. 출애굽 제1세대는 가데스 바네아 반역 사건으로 말미암아 광야에서 유리방황하다가 그곳에서 다 죽었고 지금 모세 앞에 앉아 있는 사람들은 다 출애굽 제2세대입니다.

　　출애굽 제2세대는 40년 전 모세가 시내산에서 율법을 선포하였을 때 그 율법 선포를 듣지 못했던 사람들입니다. 그래서 모세는 지금 신명기 3

편의 설교 중에 특별히 제2설교를 통째로 할애해서 과거에 선포했던 그 율법을 지금 다시 재해석하여 출애굽 제2세대에게 들려주고 있습니다. 신명기의 뼈대를 이루고 있는 이 설교는 4장 44절~26장까지의 가장 긴 설교입니다.

지금 모세가 출애굽 제2세대에게 선포하고 있는 이 율법은 단순한 법전은 절대로 아닙니다. 그 율법은 단순한 코드나 법전이 아니라 하나님의 택한 백성 이스라엘이 이제부터 하나님 앞에서 어떤 모습으로 살아가야 하는지 알려주시는 삶의 법전입니다. 그러므로 하나님께서 모세를 통해 허락하신 율법은 이스라엘 백성들이 앞으로 살아갈 때 그들의 모든 삶을 규정하는 거의 모든 내용을 다 포함하고 있습니다.

이렇게 앞으로 이스라엘 백성들이 살아가야 하는, 그러니까 모든 삶을 총망라하고 있는 그 율법의 내용을 잠깐 소개하고자 합니다. 우선 모세가 제2설교를 통해서 재해석해서 들려주고 있는 율법의 내용은 크게 4부분으로 나눌 수가 있습니다.

1) 5장~11장

첫 부분은 율법 중에서도 가장 중요한 십계명을 중심으로 해서 말씀을 선포하고 있습니다. 그래서 율법 중의 율법이라고 할 수 있는 십계명의 내용과 그 의미를 먼저 상세히 설명하고 그다음에는 하나님과 계약을 체결한 것이 얼마나 중요한지를 설명하고 있습니다. 이 율법을 잘 지키면 정말 복을 받을 것이고 특별히 쉐마 이스라엘을 선포하면서 각 가정에서 자녀 교육을 철저히 할 것을 명령하고 있습니다.

그다음에는 가나안 땅을 하나님이 너희에게 주었으니까 이 땅을 너희가 반드시 정복할 것이고 앞으로 무슨 일을 하든지 하나님의 구원을 반드시 기억하라고 신신당부하였습니다.

그다음에는 특별히 백성들의 교만에 대해 엄중히 경고하고 축복과 저주가 너희 앞에 놓여 있으니까 하나님을 경외하고 율법을 잘 지켜 순종함으로 큰 복을 받으라고 촉구하였습니다.

2) 12장~16장 17절

신앙 생활과 관련된 법들을 설명하고 있습니다. 성소는 중앙에 단일 성소를 설치할 것을 말씀하시고 우상숭배는 철저히 금하라고 명령하였습니다. 이어서 먹어도 되는 음식, 먹으면 안 되는 음식 등 음식에 관한 규례를 말씀하고 하나님께 십일조를 드려서 제사장과 레위인이 사용할 수 있도록 할 것을 명령하였습니다. 그다음에는 면제년 규례, 종의 해방에 대한 규례, 초태생에 관한 규례, 각종 절기에 관한 규례를 차례로 선포하였습니다.

3) 16장 18절~20장

선민 이스라엘의 정치와 사업 등에 관해 설명하고 있습니다. 재판은 어떻게 어떤 절차를 따라 해야 하는지, 백성들을 통치하는 왕의 규례는 어떠한지를 설명하고 있습니다. 이어서 제사장과 레위인 등 종교 업무 종사자들을 어떻게 대우해야 하는지 그들의 생활 보장법에 관해 설명하고 있습니다. 그리고 과실에 의한 살인자가 도피할 수 있는 도피성 제도, 재판에서 증인에 관한 규례, 심지어 전쟁에 관한 규례까지 만들어서 하나님의 뜻을 선포하고 있습니다.

4) 21장~26장

주로 선민 이스라엘 백성들이 살아가는 삶의 현장에서 사회 생활과 관련된 법들을 선포하고 있습니다. 그래서 미결 살인사건 중에 대속은 어떻게 하는지, 포로 된 여자는 어떻게 대우하는지, 맏아들이 상속을 받을 때는 어떻게 하는지 등에 대해 말씀하고 있습니다. 불효자식은 어떻게 처벌하는지, 이웃 사랑은 어떻게 실천해야 하는지 등에 대해서도 말씀하고 있습니다. 그리고 여러 가지 물질을 혼합하는 것을 금지하고 있고 성적 순결은 반드시 지켜나가야 하며 백성들의 총회를 열었을 때 참석하지 못하는 자는 누구인지 등에 관해 설명하고 있습니다.

그런데 이렇게 네 번째 항목에서 선민 이스라엘의 사회 생활과 관련된 법을 선포하는 중에 이제 맨 마지막에 와서 아주 독특한 내용을 모아서 선포하고 있습니다. 그 내용이 주로 23장 24절에서 25장 19절에 상세히 기록되어 있는데 이 법들은 정말 기가 막힌 법이 아닐 수 없습니다. 이 법들은 우리가 읽기만 해도 가슴이 뭉클해지고 우리 하나님 아버지의 한없는 자비와 긍휼을 마음껏 느낄 수 있는 기가 막힌 법입니다. 이 법들을 통하여 우리 하나님 아버지의 마음을 여러분들이 꼭 배우시면 참 좋겠습니다.

"곤궁하고 빈한한 품꾼은 너희 형제든지 네 땅 성문 안에 우거하는 객이든지 그를 학대하지 말며"(신 24:14).

여기서 품꾼은 품삯을 받는 노동자를 가리키는데 매일 힘써 노동하고 일당으로 품삯을 받는 사람들입니다. 이들은 곤궁하고 빈한한 사회적 약자이고 사용자들이 함부로 취급할 수 있는 사람들이기 때문에 하나님은 이 품꾼들을 학대하지 말라고 엄중히 말씀하고 계십니다. 심지어 그 품꾼이 이스라엘의 자유민인 형제들은 물론이고 나그네나 이방인이어도 그들이 힘이 없다고 함부로 학대하지 말라는 것입니다.

> "그 품삯을 당일에 주고 해 진 후까지 미루지 말라. 이는 그가 가난하
> 므로 그 품삯을 간절히 바람이라. 그가 너를 여호와께 호소하지 않게
> 하라. 그렇지 않으면 그것이 네게 죄가 될 것임이라"(신 24:15).

이 구절은 품삯은 반드시 주어야 하는데 이것이 일당이니까 결코 미
루지 말고 당일에 반드시 주라는 것입니다. 왜냐하면 하루 벌어 하루 먹
고 사는 사람인데 일당을 안 주거나 미루면 그날 그 사람과 그의 가족은
굶을 수밖에 없기에 하나님은 일당에 대해 분명히 말씀하시는 것입니다.
그리고 이런 일을 함부로 취급해서 품삯을 받지 못한 그 사람이 하나님
께 호소하면 그것이 너에게는 분명히 죄가 될 것이라고 엄중히 경고하고
있습니다.

우리 하나님은 가난한 자의 호소를 들으시고 연약한 자의 한 맺힌 간
구를 분명히 들으시는 분입니다. 이 구절들은 우리 하나님께서 가난한
자, 연약한 자들에 대해 얼마나 깊은 애정을 갖고 계시는지를 잘 보여주
고 있습니다.

> "아버지는 그 자식들로 말미암아 죽임을 당하지 않을 것이요 자식들
> 은 그 아버지로 말미암아 죽임을 당하지 않을 것이니 각 사람은 자기
> 죄로 말미암아 죽임을 당할 것이니라"(신 24:16).

이 율법은 누가 죄를 지었으면 그 죄는 그 사람 본인에게만 해당하고
그 본인만 책임지면 된다는 것입니다. 이 구절은 어떤 사람의 죄로 인하
여서 그 가족들까지 피해를 주는 '연대처벌법'을 금지하고 있는 것입니

다. 한때 우리 한국 사회에도 '연좌제법'이 있었는데 하나님은 16절 말씀을 통해 그런 것을 금지하신 것입니다.

이것은 당시 이스라엘 주위에 고대 근동 국가들이 법을 함부로 과용해서 한 가족이 지은 죄에 대해서 일가족이 모두 다 책임지게 하는 것을 단호히 배격하신 것입니다. 이것은 전체주의적 폭압을 방지하고 이 과정에서 병든 자, 연약한 자, 가난한 자들이 어려움을 당하지 않도록 우리 하나님께서 특별히 배려하고 계시는 것입니다.

"너는 객이나 고아의 송사를 억울하게 하지 말며 과부의 옷을 전당 잡지 말라"(신 24:17).

여기 나오는 송사는 재판을 말하는 것입니다. 그래서 사회적 약자들이 재판을 받을 때 연약하다고 함부로 취급하여서 억울한 일이 있게 해서는 안 된다는 것입니다. 절대로 힘 있는 자의 농간에 재판이 흔들려서도 안 되고 부자의 뇌물에 넘어가서도 안 되며 재판은 공정하게 해서 사회적 약자가 억울함이 없도록 해야 한다는 것입니다.

그리고 과부의 옷을 전당 잡지 말라는 것은 재판이나 송사 중에 저당물을 내어놓지 못한다고 해서 과부를 억울하게 해서는 안 된다는 것입니다. 가난한 과부의 옷은 낮에는 옷이지만 밤에는 이불과 같은 것인데 그 옷을 전당 잡히면 얼마나 힘들겠습니까? 그래서 과부의 옷을 전당 잡히는 일로 인해서 가난한 사람의 눈에 눈물이 흐르게 해서는 안 된다는 것입니다.

지금 이 구절에도 나오고 그다음 구절에도 계속 나오는데 객이나 고아나 과부, 이 세 종류의 사람들은 구약성경에 나오는 3대 약자라고 할 수 있습니다. 그런데 하나님은 이 3대 약자에 대해 얼마나 깊은 애정을 갖고 계시는지 이루 말로 다 할 수가 없습니다. 그들은 가난하고 가진 것이 없어 남에게 억울함을 당하고 사회로부터 외면당하며 무시되기 쉬운 사람들이기 때문에 하나님은 율법으로 연약한 자들을 보호하고 계시는 것입니다.

> "네가 밭에서 곡식을 벨 때에 그 한 뭇을 밭에 잊어버렸거든 다시 가서 가져오지 말고 나그네와 고아와 과부를 위하여 남겨두라. 그리하면 네 하나님 여호와께서 네 손으로 하는 모든 일에 복을 내리시리라. 네가 네 감람나무를 떤 후에 그 가지를 다시 살피지 말고 그 남은 것은 객과 고아와 과부를 위하여 남겨두며 네가 네 포도원의 포도를 딴 후에 그 남은 것을 다시 따지 말고 객과 고아와 과부를 위하여 남겨두라"(신 24:19-22).

지금 이 구절들은 똑같은 말씀을 세 번씩이나 합니다. 곡식을 추수할 때 한 부분은 반드시 나그네와 고아와 과부를 위하여 남겨두고 감람나무 열매를 거둘 때에도 그렇게 하고 포도를 딸 때에도 그렇게 하라는 것입니다. 와 정말 대단한 말씀입니다. 정말 우리 하나님께서 가난한 자와 연약한 자들에게 얼마나 깊은 애정을 갖고 계시는지 이 말씀을 통해서도 우리는 분명히 깨달을 수 있습니다. 진정으로 이 모든 말씀은 우리 하나님 아버지의 무한하신 자비와 긍휼을 확실히 보여주고 있습니다. 정말 성경 외에 어디서 이런 말씀을 읽을 수가 있겠습니까?

지금까지 우리가 나눈 이런 말씀들을 통칭하여서 '약자 보호법'이라고 부르고 있습니다. 율법 가운데는 이런 '약자 보호법'이 굉장히 많습니다. 오늘 본문 바로 앞부분에도 이런 말씀이 많이 나와 있습니다.

(5절) 사람이 새로이 아내를 맞이하였으면 그 사람은 바로 군대 보내지 말고 일 년 동안은 한가하게 집에 있으면서 그가 맞이한 아내를 즐겁게 해야 한다.

(6절) 사람이 맷돌이나 그 위짝을 전당잡지 말라. 이것은 그 사람의 생명을 전당잡는 악한 일이다.

(7절) 이스라엘 사람은 그 형제를 유인하여 종으로 삼거나 팔아서는 안 된다. 유괴범은 반드시 죽여야 한다.

(10절) 이웃에게 무엇을 꾸어줄 때 그 집에 들어가서 전당물을 취하면 안 된다. 특별히 그가 가난한 자이면 그 전당물은 해지기 전에 돌려주어야 한다.

바로 이것이 우리 하나님 아버지의 뜻인 것을 분명히 기억하시고 하나님께서 율법에서 말씀하시는 '약자 보호법'의 정신을 마음 깊이 새겨서 여러분도 이 정신을 따라 꼭 살아가시기를 간절히 바랍니다.

그런데 오늘 약자 보호법에 대해 준엄한 말씀을 주시면서 오늘 본문 안에는 하나님께서 직접 언급하시는 참 중요한 말씀이 두 번씩이나 나타나고 있습니다.

"너는 애굽에서 종 되었던 일과 네 하나님 여호와께서 너를 거기서 속량하신 것을 기억하라. 이러므로 내가 네게 이 일을 행하라 명령하노라"(신 24:18).
"너는 애굽 땅에서 종 되었던 것을 기억하라. 이러므로 내가 네게 이 일을 행하라 명령하노라"(신 24:22).

이 말씀들도 참 놀라운 말씀입니다. 이 말씀들은 약자 보호법의 핵심 정신을 잘 보여주고 있습니다. 너희들이 돈이 좀 있다고 권세가 좀 있다고, 힘이 좀 강하다고 좀 잘났다고, 절대로 교만해져서 떵떵거리면서 가난하고 연약한 사람들을 함부로 대해서는 안 된다는 정신입니다. 그 이유는 너희도 옛날에 종 되었던 땅에서 살았고 너희는 바로 노예 생활하던 자들이었던 것을 기억하라는 것입니다.

그 땅에서 심히 고생하던 너희를 하나님이 이렇게 자비와 긍휼을 베풀어서 오늘날 선민이 되었는데 그런 너희가 가난하고 연약한 자들을 함부로 압제해서는 안 된다는 것입니다. 그래서 약자 보호법은 하나님의 명령입니다. 우리 하나님께서 자비와 긍휼로 은혜를 베풀어주셨으니까 바로 이것을 기억하여서 이스라엘 백성들도 그렇게 행해야 한다는 것입니다.

미국 뉴욕의 역대 시장 중에서 가장 훌륭한 시장으로 알려진 사람은 '라구아디아'(Laguadia) 시장입니다. 이분이 뉴욕시의 즉결재판부 판사로 일하고 있었을 때 하루는 가게에서 빵을 도둑질하다가 붙잡혀 온 한 노인을 재판하게 되었습니다. 재판 중에 그는 노인에게 왜 빵을 훔쳤느냐고 물었더니, 노인은 울먹이면서 "죄송합니다. 배가 너무 고파서 지나가다가 나도 모르게 손이 갔습니다." 말하면서 용서를 구하였습니다. 그 말을 듣고 라구아디아 판사는 "당신의 죄는 10불 벌금형에 해당합니다. 벌금 10불을 내시오"라고 판결하였습니다.

그러고는 자기 지갑을 열어 10불을 내놓으면서 "이 10불은 내가 내겠습니다. 이처럼 배고픈 사람이 뉴욕 거리를 헤매고 있었는데 나는 그동안 너무 좋은 음식을 배불리 먹었습니다. 그 죄로 이 벌금은 내가 내겠습니다"라고 말하였습니다.

그리고 이어서 그는 방청객을 향하여서 이런 말을 하였습니다. "이 재판정에 계신 분들도 나처럼 너무 잘 먹은 데 대한 벌금을 내고 싶으면 이 모자에 넣기를 바랍니다." 그렇게 말하고 재판부 서기 베일리프에게 자기 모자를 벗어 주면서 방청석에 돌리게 하였습니다. 그랬더니 모두 47불이 걷혔고 그 돈을 노인에게 주었더니 그는 그 돈을 받고 눈물을 흘리며 재판정을 나갔습니다.

참 귀하고 아름다운 이야기죠? 이 이야기는 오늘 신명기 법전에 나타난 '약자 보호법'의 시대정신을 우리에게 잘 알려주고 있습니다.

세상의 모든 법은 판단하고 정죄하는 법이지만 우리 하나님의 법은 자비와 사랑을 베풀어서 사람을 살리는 법입니다. 특별히 하나님은 사회적 약자에 대하여 지대한 관심을 두고 계시고 그들이 공동체 안에서 이탈되는 일이 없도록 크신 자비와 긍휼을 날마다 베풀어주시는 분이십니다. 우리는 하나님의 자비와 긍휼을 꼭 본받아서 우리도 역시 사회적 약자에 대하여 자비와 긍휼을 베풀 줄 알고 구체적으로 그들을 사랑해 낼 줄 알아야 합니다.

예나 지금이나 한쪽에서는 너무 많이 남아돌고 다른 한쪽에서는 너무 결핍이 심합니다. 이렇게 해서는 사회가 통합될 수도 없고 무엇보다 사랑의 공동체를 이룰 수가 없습니다. 그래서 하나님은 약자 보호법을 허락해 주셔서 사회가 통합되고 하나님의 백성이 사랑의 공동체가 되기를 바라셨던 것입니다. 이 사명은 오늘 우리에게도 분명히 주어진 사명입니다.

그러니까 흔히 우리가 알고 있는 '노블레스 오블리주'는 하나의 구호가 아니라 정말 우리 그리스도인들이 살아가야 할 삶의 방식입니다. 바로 이러한 삶의 방식이 약자 보호법을 실천하는 우리의 사는 방식이 되어야 합니다.

"긍휼을 행하지 아니하는 자에게는 긍휼 없는 심판이 있으리라. 긍휼은 심판을 이기고 자랑하느니라"(약 2:13).

여러분은 긍휼을 베풀지 아니하여 하나님께로부터 긍휼 없는 심판을 당하는 사람들이 아니라 하나님의 마음을 품고 열심히 긍휼을 베풀어서 하나님께로부터 긍휼하심을 받는 성도들이 꼭 되시기를 간절히 바랍니다. 진실로 '약자 보호법'을 잘 실천하여 사람들을 살리고 하나님을 기쁘시게 하는 성도들이 꼭 될 수 있기를 간절히 바랍니다.

036
성경153올람

순종하면 모든 복이
네게 임하리라

즐거운 추석 명절입니다. 추석이란 말은 「예기」(禮記)의 '조춘일(朝春日), 추석월(秋夕月)'에 나온 말인데 고즈넉한 가을밤의 정취를 따라 붙여진 이름입니다. 그리고 추석은 '중추절'(仲秋節)이라 불리기도 하는데 가을을 초추, 중추, 종추로 나눌 때 음력 8월이 중추에 해당되기 때문에 붙여진 이름입니다. 이처럼 추석은 우리 민족의 참 아름다운 명절이며 이때가 되면 곡식이 무르익고 오곡백과가 열매를 맺고 이것을 바라보는 우리의 마음은 참 뿌듯하였습니다. 그래서 예로부터 이 추석 명절에는 "더도 말고 덜도 말고 한가위만 같아라"는 덕담을 건네기도 하였던 것입니다.

추석 명절이 이렇게도 즐거운 이유는 이날이 바로 고향을 찾는 날이기 때문입니다. 고향이란 말은 언제 들어도 친근하고 푸근하고 가슴 설레는 단어가 아닐 수 없습니다. 그래서 이렇게 추석 명절에 고향을 찾아 그 풍성함을 가족들과 함께 나눈다는 것은 정말 큰 행복이 아닐 수 없습니다.

이렇게 추석에 많은 분이 고향을 찾고 일가친척들을 만나게 되는데 한 방송에서 설문조사를 하였습니다. 이번 추석에 제일 듣고 싶은 말이 뭐냐는 것입니다. 먼저 3위는 "할머니, 손주 왔어요"가 16%입니다. 그동안 보고 싶은 손주들 많이 못 보았는데 금번 추석에는 손주들 꼭 좀 보았으면 좋겠다는 바람이 이 말에 포함된 것 같습니다.

2위는 "여보, 내가 도와줄게"가 28%로 2위를 차지했습니다. 옛날에는 남자는 그냥 먹고 즐기고 여자는 음식 만들고 설거지하고 그러면서 너무나 힘든 추석을 보냈죠. 그래도 요즘은 많이 좋아졌습니다만 전 세계 어느 나라에도 없는 현상이 우리나라에 있는데 바로 명절증후군이라고 하는 것입니다. 명절을 보내고 나서 너무 힘들고 마음도 상하고 그래서 한동안 힘든 시간을 보내는 것을 말합니다. 금번 추석에는 그 어느 누구도 '명절 증후군'을 겪지 않도록 서로 도와서 정말 행복한 추석을 보내시면 좋겠습니다.

그럼 대망의 1위는 뭘까요? 네, 1위는 "지금 송금했어요"가 무려 56%로 1위를 차지했습니다. 현금은 남녀노소 누구나 다 좋아하는 것 같습니다. 부모님께 용돈 많이 드리시고 은혜에 보답 잘하시고 행복하고 즐거운 추석 명절 잘 보내시기 바랍니다.

그런데 자칫 잘못하면 가족들이 모인 추석 명절에 말을 잘못해서 상처를 주고 의가 상하고 싸움과 갈등이 깊어질 수도 있는데 제가 참 중요한 표현 한 가지 알려드릴게요. 이 표현 한 가지만 기억하시면 '슬기로운 추석 생활' 보낼 수가 있는데, 네 그 표현은 바로 '고사리'입니다. 고사리의 '고'는 "고마워요"입니다. 고사리의 '사'는 "사랑해요"입니다. 고사리의 '리'는 "이해해요"입니다.

서로의 고마움을 알고 "고마워요"를 많이 사용하시고, 가족은 무조건 사랑해야 하는 사람들이니까 "사랑해요"를 많이 말씀하시며, 그리고 사람 사이에 가장 중요한 것이 바로 공감이니까 "이해해요"를 많이 사용하시면 좋겠습니다. 이번 추석에는 '고사리'를 많이 드시고 '고사리'를 많이 말씀하시며, 그래서 '슬기로운 추석 생활' 잘 보내시고 기쁨으로 돌아오시기 바랍니다.

지금 우리는 열심히 〈성경153올람〉 운동을 줄기차게 진행하고 있는데 이제 오늘 우리는 마침내 신명기의 마지막 말씀을 읽게 되었습니다. 그런데 오늘은 신명기의 마지막 말씀을 상고하는 주일이기도 하지만 특별히 오늘은 창세기-출애굽기-레위기-민수기-신명기, 이렇게 모세오경 전체를 마무리 짓는 주일이기도 합니다.

그래서 오늘은 이렇게 중요한 내용을 다루는 주일인데, 그러면 지금까지 우리가 열심히 〈성경153올람〉 운동을 진행해 오는 중에 지금 우리가 어디쯤 와 있는지를 좀 알아보고자 합니다.

성경은 구약과 신약으로 나눌 수 있습니다. 구약과 신약을 나누는 기준은 다름이 아니라 바로 우리 주님 예수 그리스도이십니다. 그래서 예수님께서 오시기 전의 하나님 말씀을 구약이라고 부르고 예수님 오신 이후의 하나님 말씀을 신약이라고 부르는 것입니다.

특별히 성경을 이렇게 '구약'과 '신약'이라고 부르게 된 것은 예레미야 31장 31절 말씀에 기초하고 있습니다.

"여호와의 말씀이니라. 보라 날이 이르리니 내가 이스라엘 집과 유다 집에 새 언약을 맺으리라"(렘 31:31).

이 말씀은 주전 7세기의 예언자 예레미야가 장차 메시아가 오시면 하나님께서 우리와 '새 언약'을 맺어주실 것이라 하는 것을 예언하고 있는 말씀입니다. 그래서 여기서 말씀하시는 '새 언약'이 바로 '신약'이 되는 것이고 신약이 있으면 옛날에 맺었던 '옛 언약'이 있을 테니까 그 옛 언약을 '구약'이라고 부르게 된 것입니다.

사실 구약은 아주 방대하고 다루고 있는 역사의 시간도 굉장히 길어서 우리가 구약의 말씀을 읽을 때 상당히 어렵게 느낄 수가 있습니다. 그래서 구약이 어떻게 구성되어 있는지 구분하고 그렇게 구분된 내용이 어떤 내용인지를 알아 두면 우리가 구약을 훨씬 더 쉽게 이해할 수 있을 것입니다.

구약을 나눌 때는 3부분으로 나눌 수도 있고 4부분으로 나눌 수도 있습니다. 먼저 3분법은 모든 구약성경의 원본이라고 할 수 있는 히브리 원문 성경이 3분법으로 되어 있습니다. 히브리 원문 성경은 율법서인 토라, 예언서인 느비임, 성문서인 케투빔 등 이런 순서로 구성되어 있습니다.

그다음에 BC 250년경에 알렉산드리아에서 히브리 성경을 당시의 공용어였던 헬라어로 번역하였는데 이 성경을 우리가 70인역(LXX) 성경, 셉튜아진트라고 부르고 있습니다. 이 70인역 번역 성경이 4분법을 사용하고 있는데 구약성경을 모세오경, 역사서, 시가서, 예언서 등으로 분류하고 있는 것입니다. 참고로 말씀을 드리면 지금 우리가 사용하고 있는 전 세계의 모든 성경이 다 70인 역 성경의 배열 순서를 따르고 있습니다.

3분법이든지 4분법이든지 둘 다 창세기-출애굽기-레위기-민수기-신명기, 이 5권의 책이 구약의 가장 중요한 핵심내용과 핵심신학을 담고 있다고 보고 있습니다. 3분법에서는 이 5권의 책을 '율법서'라고 부르고 4분법에서는 '모세오경'이라고 부르는데 어떻게 부르든지 간에 이 5권의 책은 구약성경 전체에서 가장 중요한 핵심 내용을 담고 있는 것입니다.

그러면 그동안 우리가 공부한 율법서인 모세오경, 이 5권의 책이 어떤 내용을 담고 있는지 복습을 좀 해보겠습니다. 모세오경의 첫 번째 책인 창세기는 '시작의 책'으로서 이 세상 모든 것의 기원을 밝히고 있습니다. 두 번째 책인 '출애굽기'는 해방의 책으로서 하나님께서 이스라엘 백성들을 해방시키사 구원해 주신 내용을 다루고 있습니다. 세 번째 책인 레위기는 '거룩의 책'으로서 이스라엘의 5제사 7절기를 다루고 있고, 네 번째 책인 민수기는 '방황의 책'으로서 광야 생활 40년의 방황 이야기를 다루고 있습니다. 그리고 모세오경의 마지막 책인 신명기는 '율법의 책'이라고 할 수 있는데 모세가 광야 생활 말기에 모압 평지에서 행한 3편의 설교를 모아놓은 책입니다.

여기서 '율법'이라고 하는 것은 단순히 이스라엘의 법전이나 명문화된 코드를 말하는 것이 아니라 이스라엘 백성들의 모든 삶의 영역에서 이제부터 어떻게 살아야 하는지에 대해 알려주시는 '삶의 법전'이라 할 수 있는 것입니다. 그래서 이스라엘은 이렇게 하나님께서 말씀하시는 그 율법대로 살아서 하나님의 뜻과 구원의 역사를 온 세상에 전파하는 제사장 국가의 사명을 온전히 감당해야 한다는 것입니다.

이제 오늘 우리는 신명기의 마지막 말씀이자 율법서의 마지막 말씀을 오늘 본문으로 정하고 있습니다. 〈성경153올람〉 운동을 전개하면서 지난 9개월 동안 줄기차게 율법서인 모세오경을 공부해 왔는데 이제 우리는 이 책들의 가장 마지막 말씀을 읽게 된 것입니다. 그래서 오늘 본문의 말씀은 신명기 말씀의 총 결론이기도 하고 우리가 함께 읽어왔던 5권의 율법서인 모세오경의 최종 결론이기도 한 말씀입니다.

오늘 본문의 말씀, 신명기 말씀의 총 결론이기도 하고 율법서인 모세오경의 총 결론이기도 한 본문의 말씀은 의외로 아주 간단한 내용을 담고 있습니다. 그것은 바로 "순종하면 축복이고 불순종하면 저주"라는 것입니다. 하나님의 말씀은 의외로 아주 간단합니다. 결론은 순종하면 축복이고 불순종하면 저주입니다.

오늘 본문 1절을 보시기 바랍니다.

"네가 네 하나님 여호와의 말씀을 삼가 듣고 내가 오늘 네게 명령하는 그의 모든 명령을 지켜 행하면 네 하나님 여호와께서 너를 세계 모든 민족 위에 뛰어나게 하실 것이라."

이렇게 1절에서 순종에 대해 엄중하게 딱 선포해 놓으시고 이 1절부터 14절까지는 우리가 하나님 말씀에 순종할 때에 어떤 복을 받게 되는지를 아주 상세히 설명하고 있습니다.
그리고 15절에서는 이렇게 말씀하십니다.

"네가 만일 네 하나님 여호와의 말씀을 순종하지 아니하여 내가 오늘 네게 명령하는 그의 모든 명령과 규례를 지켜 행하지 아니하면 이 모든 저주가 네게 임하며 네게 이를 것이니."

불순종에 대해서 엄중하게 딱 선포해 놓으시고 15~68절까지 아주 긴 말씀을 통하여 그냥 구구절절이 이스라엘 백성이 불순종함으로써 받게 되는 저주에 대해 상세히 알려주십니다.
그러므로 신명기의 결론이자 율법서의 총 결론은 의외로 아주 간단합니다. 그것은 순종하면 축복이요 불순종하면 심판과 저주가 있을 것이라는 사실입니다. 이렇게 단순명료한 결론을 여러분의 신앙의 핵심 근간으로 꼭 삼으셔서 날마다 순종하여 참으로 아름다운 복을 다 받아 누리는 성도 여러분이 꼭 되시기를 간절히 바랍니다.

그러면 오늘 본문에서 우리가 하나님 말씀에 잘 순종하면 어떤 복을 받게 되는지 잠깐 살펴보고자 합니다. 오늘 본문은 우리가 순종할 때 받는 복에 대해 알려주시는데, 먼저는 3~6절에서 개인적인 복에 대해서 말씀하시고 1~2절과 7~13절에서는 민족적인 복에 대하여 말씀하고 계십니다.

먼저 개인적인 축복을 말씀드리면,
▶ 생활의 축복 – "성읍에서도 복을 받고 들에서도 복을 받을 것이며"(3절).
▶ 자녀와 소유의 축복 – "네 몸의 자녀와 네 토지의 소산과 네 짐승의 새끼와 소와 양의 새끼가 복을 받을 것이며 네 광주리와 떡 반죽 그릇이 복을 받을 것이며"(4-6절).
▶ 출입의 복 – "네가 들어와도 복을 받고 나가도 복을 받을 것이니라"(6절).

정말 엄청난 복이 아닐 수 없습니다.

그다음에 민족적인 복을 말씀드립니다.
▶ 민족의 우월성에 관한 축복 – "하나님께서 너를 세계 모든 민족 위에 뛰어나게 하실 것이다"(1절).
▶ 전쟁 승리의 복 – "여호와께서 적군들을 네 앞에서 패하게 하실 것이다. 그들이 한길로 너를 치러 들어왔으나 네 앞에서 일곱 길로

도망할 것이다"(7절).

▶ 민족 부강의 축복 – "여호와께서 네 창고와 네 손으로 하는 모든 일에 복을 내리시고 네게 주시는 땅에서 네게 복을 주실 것이다. 여호와께서 너를 성민이 되게 하시는데 그 이유는 네가 하나님의 명령을 지켜 그 길로 행할 것이기 때문이다. 여호와께서 네게 주리라고 맹세하신 땅에서 네게 복을 주사 네 몸의 소생과 가축의 새끼와 토지의 소산을 많게 하실 것이다. 여호와께서 하늘의 보고를 여시사 네 땅에 때를 따라 비를 내리시고 네 손으로 하는 모든 일에 복을 주실 것이다. 네가 많은 민족에게 꾸어줄지라도 너는 꾸지 아니할 것이다"(8-12절).

▶ 민족 명예에 관한 복 – "여호와께서 너를 머리가 되고 꼬리가 되지 않게 하실 것이다. 위에만 있고 아래에 있지 않게 하실 것이다. 그러므로 오직 너는 하나님 여호와의 명령을 듣고 지켜 행하며 내가 오늘 너희에게 명령하는 그 말씀을 떠나 좌로나 우로나 치우치지 아니하고 다른 신을 따라 섬기지 아니하면 이와 같을 것이다"(13-14절).

정말 대단한 축복이 아니겠습니까?

지금 이스라엘 백성들 앞에는 복과 저주가 놓여 있습니다. 이제 이스라엘은 이 복과 저주를 자세히 살펴서 자기 삶의 자세를 결정해야 합니다. 그런데 여기서 중요한 것은 개인이든 민족이든 그 복과 저주는 오직 한 가지, 하나님께 대한 우리의 자세에 달린 것입니다. 그래서 순종하면 복이고 불순종하면 저주입니다. 그리고 또 한 가지 중요한 사실은 28장 전체의 복과 저주는 여러 사례가 분명하게 강조하고 있듯이 그것은 우리의 삶의 전 영역에 영향을 미친다는 사실입니다.

그래서 우리가 인생을 살아가노라면 이 원칙에 부합되지 않는 상황도 종종 발생하지만, 그러나 모든 신앙 생활의 근본 원칙은 순종하면 축복이요 불순종하면 심판과 저주입니다. 우리가 이 세상을 살아갈 때는 의인이 고난 당하는 것도 보게 되고 악한 자들이 승승장구하는 것도 보게 됩니다. 그러나 이 모든 것에는 다 하나님의 섭리가 있다고 믿어야 하고 이제 이와 같은 대원칙의 완전한 실현은 장차 올 천국과 지옥에서 반드시 실현될 것입니다.

그래서 우리가 이 세상을 떠나 저 세상으로 갈 때 영생과 영벌을 결정짓는 가장 중요한 원칙도 다름 아닌 바로 이것입니다. 순종하면 영생이고 불순종하면 지옥입니다. 여러분은 신명기 신학의 총 결론을 마음에 잘 새겨서 날마다 순종하여 아름다운 복을 지금부터 영원토록 받아 누리시기를 간절히 바랍니다.

오늘 말씀을 시작하면서 추석 명절 이야기도 하고 고향 이야기도 했습니다. 그런데 바로 지금 이때 사람뿐만이 아니라 '연어'라는 물고기도 자기 고향을 찾고 있습니다. 연어는 회귀성 어종인데 산란기가 되면 자신이 태어난 하천으로 돌아갑니다. 그런데 바로 지금 9월~11월까지가 연어가 자기 고향, 모천으로 돌아가는 계절입니다. 참 신기하게도 연어는 강에서 태어나서는 바다로 나가 살다가 성체가 되면 다시 자신이 태어난 곳으로 돌아와서 알을 낳는 참으로 신비한 물고기입니다.

연어가 어떻게 해서 모천회귀(母川回歸) 본능을 갖게 됐는지 명확하게 밝혀지지 않았지만 아마도 뛰어난 후각으로 자신이 태어난 강물의 냄새를 기억하고 있기 때문이라는 연구가 가장 유력한 가설로 받아들여지고 있습니다.

그렇게 모천으로 돌아갈 때 연어는 자신의 후손을 남기기 위하여 죽음을 무릅쓰고 '고향의 강'을 향해 나아갑니다. 바다에서 모천으로 돌아가는 길에 다른 짐승들에게 잡아먹히기도 하고 흐르는 강물을 거슬러 올라가는 길이 무척이나 힘들고 어려워서 주둥이가 깨지고 아가미가 터져 피가 철철 흘러도 연어는 결코 모천회귀를 절대로 포기하지 않습니다. 연어에게 모천회귀는 본능입니다. 은빛 비늘을 높이 세우고 모천으로 돌아가 연어는 자기 삶의 완성을 이루는 것입니다.

이처럼 사람들이 추석을 맞이하여 열심히 고향을 찾고 신비한 물고기 연어조차도 모천회귀 본능으로 고향을 찾는 이때, 우리가 정말 깊이 생각해야 할 주제가 있습니다. 그것은 우리에게도 진실로 우리의 영적 고향, 본향(本鄕)이 있다는 사실을 분명히 기억하고 본향을 찾아가는 영적 순례의 길을 우리가 반드시 걸어가야 한다는 것입니다.

생명이 없는 나무토막은 강물을 거슬러 올라갈 수가 없고, 그저 강물 따라 떠내려가기만 합니다. 그러나 생명이 있는 연어는 은빛 비늘을 높이 세우고 그 강물을 거슬러 올라가서 자기 삶의 완성을 이루는 것입니다. 바로 이와 같은 모습이 오늘날 우리에게 반드시 있어야 합니다. 왜냐하면 이렇게 세상을 거슬러 올라가는 용기가 있어야 비로소 우리가 하나님께 순종할 수 있기 때문입니다.

어쩌면 오늘날 우리가 정말 힘쓰고 있는 〈성경153올람〉 운동 역시 연어처럼 시대를 거슬러 올라가서 하나님께 온전히 순종하는 운동이라고 할 수 있습니다. 세상의 가치관을 버리고 하나님의 가치관을 익히고 세상의 풍조에 휩쓸리지 않고 하나님의 말씀으로 살아가고 오고 오는 다음 세대에 하나님 신앙을 물려주려 하는 것은 정말 이 시대의 가장 고귀한 영적 운동이 아닐 수 없습니다.

이제 오늘 우리는 〈성경153올람〉 운동을 전개하는 중에 성경의 첫 부분 율법서의 총 결론을 알았습니다. 그것은 순종하면 축복이요 불순종하면 저주라는 사실입니다. 이것은 우리 모든 신앙의 근간이요 가장 중요한 기둥입니다. 이제부터 세상을 거슬러 올라가 하나님께 순종하고, 그래서 순종하는 자에게 허락하시는 그 아름다운 복을 다 받아 누리시고 저 천국에 반드시 이르시는 성도들이 꼭 되시기를 간절히 바랍니다.

"강하고 담대하라. 너는 내가 그들의 조상에게 맹세하여 그들에게 주리라 한 땅을 이 백성에게 차지하게 하리라" (수 1:6).

PART 5

가나안 정복

037
성경153올람

강하고 담대하라

우리의 〈성경153올람〉 운동이 이제 새로운 대단원으로 들어가게 되었습니다. 그동안 우리는 율법서인 모세오경, 즉 창세기–출애굽기–레위기–민수기–신명기의 공부를 다 마치고 이제 오늘부터 새로운 대단원으로 들어가게 되었습니다.

이제 오늘 들어서게 된 여호수아 말씀으로부터 시작해서 "사사기–룻기–사무엘상하–열왕기상하–역대상하–에스라–느헤미야–에스더"까지를 우리는 '역사서'라고 부릅니다. 이 말씀들은 가나안 땅을 정복하고 사사시대가 도래한 후 이스라엘 왕조가 들어서고 죄악으로 인해 남과 북왕조가 다 망한 후, 포로 생활로 이어지고 그 후로 포로 귀환하여 포로기 이후까지 이어지는 역사입니다. 이제 오늘부터 구약성경의 '역사서' 속으로 들어가서 〈성경153올람〉 운동을 계속해 나갈 때 여러분 속에 큰 은혜와 결단이 충만하시기를 바랍니다.

모세가 죽은 후에 그 뒤를 이어서 여호수아가 이스라엘의 지도자가 되었습니다. 사실 여호수아는 모세와 비교해 보면 학식이나 경륜이나 모든 면에서 모세에게 크게 뒤지는 인물이라 할 수 있습니다. 모세는 애굽의 왕궁에서 학문을 배웠고 그의 신분은 애굽의 왕자였으며 나중에는 광야에서 40년을 보내며 깊은 신앙 체험까지 감당한 사람이었습니다. 그에 비하면 여호수아는 학식, 출신, 경륜 등 모든 면에서 부족한 사람이었습니다.

그런데 이러한 여호수아가 이제는 이스라엘의 새 지도자가 된 것입니다. 지금까지는 모세 뒤를 졸졸 따라다니기만 하면 되었습니다. 모세가 시키는 대로 하기만 하면 되었습니다. 깊이 고민할 것도 없었고 책임감도 크게 가질 필요가 없었습니다. 그저 모세의 명령을 따르기만 하면 되었습니다.

그런데 그렇게 의지하였던 민족의 영웅 모세가 그만 120세를 일기로 하나님의 부르심을 받았고 그 뒤를 이어서 이제는 여호수아가 그 중차대한 사명을 감당하게 된 것입니다. 그래서 그 사명은 너무나 무거웠고, 어깨를 짓누르는 부담감은 마음 깊이 차올랐습니다. 이제는 이스라엘 민족을 이끌어야 한다는 책임감 때문에 숨도 제대로 쉬지 못할 지경이었습니다. 앞으로 이 막중한 사명을 어떻게 감당해야 할지 정말 여호수아는 앞이 캄캄하였습니다.

이와 같은 여호수아의 상황은 오늘날 우리가 살아가면서도 종종 느끼게 되는 상황이 아닐 수 없습니다. 우리는 인생을 살아가면서 내가 책임지고 있는 막중한 사명 때문에 정말 힘들고 어려울 때가 분명히 있는 것입니다. 혹은 때때로 찾아오는 인생의 여러 고난 때문에 가슴 아파하며 한숨지을 때도 분명히 있습니다. 오늘 본문의 여호수아처럼 우리 인생은 힘들고 막막하고 어깨를 짓누르는 부담을 느낄 때가 수없이 많이 있는 것입니다.

그런데 오늘 본문에서는 바로 이와 같은 상황 속에 놓여 있는 여호수아에게 하나님께서 아주 귀한 말씀을 주시는데 이 말씀이 오늘 우리에게도 너무나 귀한 말씀이 되고 있습니다.

"강하고 담대하라. 너는 내가 그들의 조상에게 맹세하여 그들에게 주리라 한 땅을 이 백성에게 차지하게 하리라"(수 1:6).

하나님은 여호수아에게 "강하고 담대하라"고 분명히 말씀하고 계십니다. 여호수아는 아마 자신이 모세보다 부족하고 연약하다고 생각하였을 것입니다. 그리고 모세 뒤를 이어 한 나라의 지도자가 됨으로써 그 책임감에 너무나 두렵고 떨렸을 것입니다. 그뿐만 아니라 여호수아가 이스라엘 백성을 이끌고 앞으로 헤쳐나가야 할 앞날은 모세가 지도자로 이끌어 온 그 길 못지않게 너무나 험난한 길이었습니다.

단순히 길을 헤쳐나가는 정도가 아니라 이제는 앞길을 가로막는 적들과 싸워서 전쟁을 감당해야 하는 상황입니다. 이른바 '정복 전쟁'이 곧 시작되는 것입니다. 바로 이런 여러 가지 정황에 휩싸여서 여호수아는 위축되고 기가 죽고 두렵고 떨리지 않을 수 없었던 것입니다. 이런 상황 중에 있는 여호수아에게 하나님은 3가지의 중요한 말씀을 주셨습니다.

1. 강하고 담대하라

하나님은 가장 먼저 여호수아에게 너는 "강하고 담대하라"고 분명히 말씀하십니다. 이 말씀은 지금의 여호수아에게 너무나 중요하고 가장 필요한 말씀이어서 6절뿐만 아니라 오늘 본문에 무려 세 번씩이나 말씀하고 있습니다. 하나님은 "오직 강하고 극히 담대하여"(7절), "내가 네게 명한 것이 아니냐. 강하고 담대하라"(9절)라고 분명히 말씀하셨습니다. 그렇습니다. 지금 여호수아에게 너무나 필요하고 가장 중요한 것은 바로 강하고 담대한 것이었습니다.

여기서 강하고 담대한 것은 원문에 따라 충실하게 번역을 하자면, "강하게 붙잡는 손의 힘과 발과 무릎의 견고함을 너는 꼭 지니라"는 말씀입니다. 다시 말하면 이 말은 절대 굴하지 않는 강력한 승리에의 확신과 용기를 지니라는 말씀입니다. 맞이할 상황에 대하여 승리할 줄로 믿고 분명한 자신감을 가지라는 것입니다. 이 말씀처럼 이제 여러분도 강하고 담대한 모습으로 살아가시기 바랍니다. 오늘 하나님께서 여호수아에게 주신 말씀을 내게 주시는 말씀으로 받으시기 바랍니다. "강하고 담대하라"

강하고 담대한 것을 한 단어로 말하면 이게 바로 '용기'인데 믿음에 있어서 용기라고 하는 것은 가장 중요한 속성입니다. 믿음이란 말 속에는 이미 용기가 포함된 것입니다. 저는 여러분에게 늘 이런 말씀을 자주 드렸습니다. 우리는 이미 이긴 싸움을 싸우는 사람입니다. 우리는 반드시 승리하게 되어있습니다. 그런데 이렇게 승리하게 되어있는데 뭐가 두려우십니까? 이미 이긴 싸움을 싸우는데 위축될 필요가 어디 있습니까?

손을 불끈 쥐고 눈을 부릅뜨고 어깨를 활짝 펼 수 있어야 합니다. 입을 열어 나는 할 수 있다고 말하고 악한 대적을 응시하며 너는 나의 밥이라고 선언할 수 있어야 합니다. 우리는 할 수 있습니다. 어떤 도전이 있어도 우리는 이겨낼 수 있습니다. 승리는 우리의 것입니다. 우리는 반드시 승리하게 되어있는 것입니다.

운동경기를 볼 때 우리는 이런 경험을 종종 하는데요. 지난 올림픽 배구 경기는 지금 봐도 얼마나 흥미진진한지 모릅니다. 특히 일본과의 경기는 마지막 5세트까지 갔는데 그 경기를 생각하면 일본을 이겼다는 아주 통쾌한 마음이 밀어닥칩니다. 그런데 그 경기 재방송을 볼 때 우리는 하나도 긴장하지 않습니다. 전혀 마음 졸이지 않습니다. 왜 그렇습니까? 네 그 결과를 이미 알고 있기 때문입니다. 이미 이긴 거죠.

그래서 이미 이긴 경기를 볼 때는 전혀 긴장되지 않습니다. 중간에 좀 실수했다고 해도 절대 아쉬워하지 않습니다. 아무리 큰 위기가 있어도 절대 불안하지 않습니다. 오히려 지극히 평온합니다. 이유는 단 하나, 이미 이겼기 때문입니다.

이 사실을 우리 믿음의 삶에 적용해 보시기 바랍니다. 우리는 이미 이긴 싸움을 싸우고 있는 것입니다. 그래서 이미 승리할 것을 알고 있으므로 마음 졸일 필요 없고 불안할 필요도 없습니다. 절대로 두렵지 않습니다. 오히려 강하고 담대할 수 있는 것입니다. 오히려 웃음이 터져 나오는 것입니다. 무한한 용기가 생겨나는 것입니다.

바로 이와 같은 자세로 살아가면 됩니다. 우리의 싸움은 이미 이긴 싸움이고 최후 승리는 우리 것이기 때문에 강하고 담대하여서 용기백배하게 살아가면 되는 것입니다. 그리스도인은 무모한 용기나 만용으로 세상을 사는 것이 아니라 분명한 답을 아는 데서 오는 확신의 용기를 갖고 사는 사람들입니다.

그래서 우리 주님도 우리에게 담대하라고 분명히 말씀하셨습니다.

"이것을 너희에게 이르는 것은 너희로 내 안에서 평안을 누리게 하려 함이라. 세상에서는 너희가 환난을 당하나 담대하라. 내가 세상을 이기었노라"(요 16:33).

이 말씀을 보면 우리의 담대함의 근거가 무엇입니까? 네, 우리 주님께서 이미 세상을 이기고 완전히 승리하셨기 때문에 예수님을 믿는 우리도 승리한다는 것입니다. 그러므로 바로 이 분명한 사실에 기초하여서 충만한 자신감을 가지고 강하고 담대하게 살아가면 되는 것입니다.

때때로 우리는 인생을 살아가며 폭풍우도 만나고 경제적 어려움도 만나고 때때로 인생의 갈등과 고난도 만나지만 우리는 담대할 수 있습니다. 왜냐하면 우리 주님께서 이미 그 길을 걸으며 승리하셨고 그 승리를 우리에게 분명히 주셨기 때문입니다. 이것을 우리 인생 가운데 꼭 적용하며 살아야 합니다.

우리는 예수님으로 말미암는 승리를 이미 확보한 사람들입니다. 우리는 마지막에 승리할 사람들입니다. 그러므로 지금 우리의 싸움도 이미 이긴 싸움을 싸우고 있는 것입니다. 바로 이것을 마음 깊이 확신할 때 우리는 정말 담대해질 수 있는 것입니다. 마음을 강하게 할 수 있는 것입니다. 오늘 하나님께서 여호수아에게 말씀하시는 대로 여러분도 마음을 강하게 하고 담대히 하여서 이 힘든 때에 날마다 승리하는 성도 여러분 꼭 되시기를 간절히 바랍니다.

2. 내가 너와 함께 있을 것임이라

그런데 오늘 하나님께서 여호수아에게 강하고 담대하라고 말씀하실 때 그냥 네가 알아서 그렇게 하라고 말씀하지 않으셨습니다. 담대함의 근거, 여호수아가 마음을 강하게 할 수 있는 그 이유에 대하여 5절에서 분명히 말씀해 주셨습니다. "네 평생에 너를 능히 대적할 자가 없으리니 내가 모세와 함께 있었던 것 같이 너와 함께 있을 것임이니라. 내가 너를 떠나지 아니하며 버리지 아니하리니"(수 1:5). 바로 이것입니다. 그저 우리가 알아서 마음을 강하게 하고 우리 안에서 생겨난 어떤 용기를 갖는 정도가 아니라 우리가 그렇게 담대할 수 있는 이유는 하나님께서 우리와 함께하겠다고 약속하고 계시기 때문입니다.

우리가 믿음의 삶을 살아갈 때 우리 하나님을 잘 알아야 합니다. 신앙은 무턱대고 믿으면 안 되고 우리 하나님의 속성을 잘 알고 믿어야 합니다. 우리 하나님은 오시는 하나님이십니다. 우리 하나님은 나에게로 오라고 말씀만 하시는 분이 아니라 하나님 자신이 그의 사랑하는 자녀에게로 오시는 하나님이십니다. 하나님은 구약에서 이스라엘의 장막에 거하시기 위해 내려오셨고 예수님을 통하여 우리 가운데 직접 성육신하셨고 지금도 성령을 통하여 우리 가운데로 오시는 하나님이십니다. 그러므로 우리는 확신할 수 있어야 합니다. 하나님은 끊임없이 우리에게 오셔서 우리와 함께하시는 하나님이십니다.

그래서 바로 이런 이유로 여호수아는 하나님 안에서 강하고 담대할 수가 있었던 것입니다. 하나님께서 여호수아에게 하신 말씀을 다시 생각해 보십시오. "너의 평생에 너를 능히 대적할 자가 없을 것인데 내가 모세와 함께하는 것을 네가 보지 않았느냐? 내가 모세와 함께하여 모세가 홍해를 가르는 것을 네가 보지 않았느냐? 그래서 내가 모세와 함께했던 것과 똑같이 이제는 너와 함께하겠다, 내가 너를 떠나지 않을 것이다, 내가 너를 결코 홀로 버려두지 않을 것이다."

이 힘든 시대를 살아가면서 바로 이 사실을 우리가 굳게 확신해야 합니다. 어떤 확신입니까? 네, 하나님이 우리와 함께하신다는 확신입니다. 급박한 일이 전개될 때도 하나님은 우리와 함께하신다고 믿으시기 바랍니다. 심각한 문제가 생겨났을 때도 하나님은 우리와 함께하신다고 믿으시기 바랍니다. 두렵고 떨리는 일이 있을 때도 하나님이 우리와 함께하신다고 믿고 담대하시기 바랍니다. 내가 잘할 수 있을까 걱정될 때도 하나님이 함께하심을 믿으시기 바랍니다. 미래가 불투명하여 앞이 보이지 않을 때도 하나님이 함께하신다고 믿으시기 바랍니다. 하나님은 언제나 어디서나 우리와 함께하신다는 사실을 분명히 확신할 수 있기 바랍니다.

여호수아의 용기의 원천은 결국 하나님의 임재에 대한 임마누엘 확신이었습니다. 그러므로 제가 이 시간 한 가지 좋은 방법을 알려드릴게요. 정말 힘들고 어려울 때 오른손을 이렇게 한번 들어보시기 바랍니다. 그리고 내 연약한 오른손을 붙잡아 주시는 내 오른쪽 머리 위에 하나님이 계시다고 믿으시기 바랍니다. 바로 이것이 하나님의 임재 연습입니다. 하나님은 어디나 계시지만 상징적으로 그렇게 생각할 필요가 있습니다. 바로 이 임마누엘의 확신으로 용기백배하게 살아가시기 바랍니다.

3. 이 율법책을 네 입에서 떠나지 말게 하며

한 가지만 더 말씀을 드리면 여호수아가 강하고 담대할 수 있었던 아주 구체적인 근거가 하나 있습니다. 지금까지 "강하고 담대하라"는 말씀, 그리고 하나님 임재에 대한 '임마누엘의 확신'에 대해 말씀드렸습니다만 이것들은 그냥 저절로 되는 것이 아니라 이것 한 가지를 지속해서 실천할 때 가능해지는 것입니다. 8절 말씀입니다.

"이 율법책을 네 입에서 떠나지 말게 하며 주야로 그것을 묵상하여 그 안에 기록된 대로 다 지켜 행하라. 그리하면 네 길이 평탄하게 될 것이며 네가 형통하리라"(수 1:8).

여기서 율법책은 성경입니다. 그리고 성경은 하나님의 말씀입니다.

그리고 하나님 말씀은 이 땅의 모든 만물을 세워 가는 생명의 기초가 되는 것입니다. 오직 하나님의 말씀대로 만물은 창조되었고, 오직 하나님의 말씀대로 온 세상은 영위되고 있으며, 오직 하나님의 말씀 따라 우리 인간의 삶도 온전함을 이룰 수 있는 것입니다.

그러므로 늘 성경책을 가까이하며 그 말씀을 열심히 묵상하고 그 말씀대로 살아가려고 노력하는 것, 바로 이것이 율법책을 네 입에서 떠나지 말게 하며 주야로 그것을 묵상하여 그 안에 기록된 대로 다 지켜 행하는 삶이 되는 것입니다. 그렇게 하면 우리의 길이 평탄하게 된답니다. 우리가 형통하게 된다고 말씀하십니다. 하나님 말씀 속에 길이 있는 것입니다. 이것을 알아야 합니다. 말씀을 떠나는 순간 우리는 담대함을 잃고 두려움에 빠지게 됩니다. 말씀을 떠나는 순간 인생의 참된 목적도 상실하게 되는 것입니다. 말씀을 떠나는 순간 하나님의 임재도 경험할 수 없는 것입니다.

그러므로 진실로 승리하기를 원한다면, 진실로 강하고 담대하기를 바란다면, 진실로 하나님이 함께하기를 바란다면 성경을 가까이하고 말씀을 읽어야 합니다. 성경을 열심히 묵상하고 그 가운데 기록된 대로 지켜 행하기를 힘써야 합니다. 말씀 안에 길이 있고 말씀 안에 위로가 있으며 말씀 안에 용기가 있고 말씀 안에 승리가 있습니다. 여러분이 그토록 만나기 원하는 하나님도 말씀 안에 계십니다. 그러므로 여호수아처럼 성경을 가까이하고 주야로 그것을 묵상하며 그 가운데 기록된 대로 열심히 행하여서 진실로 평탄하고 형통한 삶을 꼭 살아가시기를 간절히 바랍니다.

그러고 보니까 지금 우리가 〈성경153올람〉 운동을 열심히 진행하고 있습니다만 우리가 지금 이 운동을 열심히 하는 것이 얼마나 중요한지 이루 말로 다 할 수가 없습니다. 세상 길로 행하던 우리의 발걸음을 멈추고 올람, 옛적 길에 올라서서 하나님의 가치관을 익히고 우리 자녀들에게 잘 전수하는 것은 우리가 진실로 사는 유일한 길입니다.

나아가 포스트모더니즘, 맘모니즘, 세큘러리즘, 개인주의, 이기주의가 판을 치는 세상 가운데서 진정으로 교회가 온전히 회복되는 길도 이 길밖에 없다고 저는 분명히 믿습니다. 그러므로 오늘 이제 구약성경의 두 번째 대단원으로 들어가는 주일이니까 심기일전하여서 〈성경153올람〉 운동의 핵심 전파자들이 꼭 되시기를 간절히 바랍니다.

오늘 우리는 여호수아의 소명 장면을 통하여서 이 시대 우리가 어떤 믿음과 어떤 마음으로 살아야 하는지에 대해서 너무나 중요한 교훈을 얻었습니다. 여호수아처럼 너무나 두렵고 떨리는 이 세상 가운데서 하나님 말씀대로 반드시 승리할 줄로 확실히 믿고 진실로 강하고 담대하게 살아가시기를 간절히 바랍니다.

그런데 그냥 내가 힘과 용기를 갖는 것이 아니라 여호수아처럼 진실로 하나님이 항상 언제 어디서나 나와 함께하신다는 사실을 분명히 믿어야 합니다. 그리고 강하고 담대하기 위하여, 임마누엘의 하나님을 확신하기 위하여, 무엇보다 성경을 가까이하고 늘 읽고 묵상하여 그 가운데 기록된 대로 꼭 지켜 행할 수 있기를 바랍니다.

이 땅에는 두 종류의 사람이 있습니다. 하나는 답을 알고 사는 사람이고 하나는 답을 모르고 사는 사람입니다. 이 둘은 같은 인생을 살지만 그 삶은 엄청난 차이가 있습니다. 우리는 이미 승리한다는 것을 알고 있고 어떻게 살아야 하는지를 알고 있는 사람들입니다. 그러므로 강하고 담대하며 임마누엘의 확신으로 성경의 가르침을 따라 온전히 승리하는 성도들이 다 되시기를 간절히 바랍니다.

038
성경153올람

여호와께서
이 성을 주셨느니라

지난주부터 우리는 구약성경의 두 번째 대단원이라고 할 수 있는 '역사서' 속으로 들어와서 하나님의 말씀을 상고하고 있습니다. 역사서는 여호수아 말씀을 시작으로 해서 사사기-룻기-사무엘상하-열왕기상하-역대기상하-에스라-느헤미야-에스더까지의 말씀인데 이 모든 말씀은 이스라엘 역사의 흥망성쇠를 통하여 하나님의 뜻을 전하고 있습니다.

이 역사서의 첫 말씀이 바로 여호수아 말씀인데 이 책은 '정복의 책'으로서 여호수아의 지도로 이스라엘 민족이 가나안 땅을 정복하는 이야기를 다루고 있습니다. 모세의 뒤를 이어 이스라엘 민족의 지도자가 된 여호수아는 참으로 두렵고 떨리는 마음이었지만 강하고 담대하라는 말씀, 하나님이 반드시 함께하겠다는 말씀, 그리고 율법책을 늘 묵상하여 그 명령대로 지켜 행하라는 말씀을 붙잡고 자신에게 주어진 사명을 온전히 감당하였습니다.

이런 여호수아에게 가장 먼저 주어진 임무는 백성을 이끌고 요단강을 건너는 일이었습니다. 요단강은 곡식 거두는 시기에는 항상 언덕에 차고 넘쳤는데 200만 명(장정만 60만 명)이나 되는 이스라엘 백성들이 함께 이 강을 건넌다는 것은 참으로 힘들고 어려운 일이었습니다. 비록 규모 면에서는 작다고 할지라도 건널 수 없는 물을 건넌다는 차원에서 보면 지금 이 요단강 도하 사건은 홍해를 건너는 것과 똑같이 아주 엄청난 일이었습니다.

그러나 이때 하나님은 언약궤를 앞세우고 건너가면 흘러내리던 물이 끊어질 것이라고 약속해 주셨고 이스라엘 백성들은 바로 이 믿음을 가지고 요단강을 건넜습니다. 이 대목에서 참 인상적인 내용이 여호수아 3장 15절 이하에 이렇게 기록되어 있습니다.

"요단이 곡식 거두는 시기에는 항상 언덕에 넘치더라. 궤를 멘 자들이 요단에 이르며 궤를 멘 제사장들의 발이 물가에 잠기자"(수 3:15).

지금 이 15절은 아주 중요한 믿음의 모습을 우리에게 보여주고 있습니다. 그러니까 물이 갈라지니까 건너간 것이 아니라 물이 있음에도 불구하고 발을 내디뎠다는 사실입니다. 그렇게 했더니 요단강이 어떻게 되었는가 하면 16절에서 그 결과를 알려주고 있습니다. "곧 위에서부터 흘러내리던 물이 그쳐서 사르단에 가까운 매우 멀리 있는 아담 성읍 변두리에 일어나 한 곳에 쌓이고 아라바의 바다 염해로 향하여 흘러가는 물은 온전히 끊어지매 백성이 여리고 앞으로 바로 건널새"(수 3:16).

네, 요단강이 갈라지니까 건너간 것이 아니라 물이 여전히 있었지만 믿음으로 발을 내디뎠더니 요단강의 상류에서 흘러내리던 물은 그쳐서 벽을 이루었고 왼편에 지나간 물들은 사해로 흘러 들어갔다는 것입니다. 그리고 17절은 이렇게 요단강물이 끊어진 후에 이스라엘 백성들이 어떻게 행했는지를 알려주고 있습니다.

> "여호와의 언약궤를 멘 제사장들은 요단 가운데 마른 땅에 굳게 섰고 그 모든 백성이 요단을 건너기를 마칠 때까지 모든 이스라엘은 그 마른 땅으로 건너갔더라"(수 3:17).

하나님의 언약궤를 멘 제사장들이 앞장서서 요단강 가운데 굳게 서 있었고 그 모든 백성이 그 뒤를 따라 들어가서 요단강을 마른 땅처럼 건너갔다는 사실입니다. 바로 이 요단강 도하사건에서 참 중요한 신앙의 원리 한 가지를 전해주고 있습니다. 그것은 요단강이 갈라지니까 건너간 것이 아니라 아직 갈라지지 않았지만 믿음으로 발을 내디디니까 요단강이 갈라졌다는 것입니다.

이것이 바로 믿음입니다. '그러므로' 믿는 것은 믿음이 아닙니다. '그럼에도 불구하고' 믿는 것이 믿음입니다. 아직도 여전히 물이 갈라지지 않았지만 하나님을 믿는 믿음으로 발을 내딛고 나아가니까 요단강이 갈라진 것입니다. 바로 이것이 믿음의 정말 중요한 속성입니다. 포스트모더니즘 시대에 이성과 감각이 앞서고, 그래서 믿음이 정말 얇아지는 시대인데 여러분은 오직 믿음으로 인생의 요단강을 건너가는 성도들이 꼭 되시기 바랍니다.

하나님은 요단강을 건너는 중에 요단강 도하사건은 오직 하나님의 은혜로 건너는 것임을 기억하게 하려고 열두 돌을 취하여 기념비를 세우라고 명령하셨습니다. 그리고 요단강을 완전히 건넌 후에도 이스라엘 백성들이 가나안 땅 '길갈' 이란 곳에 진을 쳤을 때 이곳에서도 열두 돌을 가지고 기념비를 세우라고 명령하셨습니다. 그러니까 하나님의 명령을 따라 요단강을 건널 때에 그 요단강 바닥에서 24개의 돌을 취하여서 먼저

12개로 요단강 바닥에 기념비를 세우고 요단강을 완전히 건넌 후에 길갈에 진을 쳤을 때 또 12개의 돌로 기념비를 세운 것입니다.

이 사실은 요단강을 건넌 사건, 가나안 땅에 첫발을 내디딘 것은 영적으로 대단히 중요해서 구속사의 주인이신 하나님도 기념비를 세워 기억하시기 원하셨다는 것이고 이스라엘도 그것이 오직 하나님의 은총임을 반드시 기억해야 한다는 것입니다. 정말 모든 것은 다 하나님의 은혜입니다. 우리는 하나님의 은혜로 산다는 것을 분명히 기억하시기 바랍니다.

그렇게 기념비를 세우고 '길갈'에 진을 쳤을 때 하나님은 이 길갈에서 두 가지를 행하게 하셨습니다. 한 가지는 이스라엘 백성들에게 '할례'를 행하라고 명령하셨습니다. 할례는 일찍이 하나님께서 아브라함과 언약을 맺고 그와 그의 자손이 언약백성이 되었음을 증거하는 표시로 몸에 새기게 하신 거룩한 표식이었습니다. 그래서 하나님의 백성은 반드시 할례를 행해야만 했는데 광야 길을 진행해 오는 동안 시행하지 못한 그 할례를 이제 가나안 땅의 첫 야영지 길갈에서 행하게 하신 것입니다.

또 한 가지는 그들은 길갈에서 '유월절'을 지켰는데 유월절은 하나님의 은혜를 기념하는 가장 중요한 절기였습니다. 이스라엘은 오직 하나님의 은혜로 출애굽 하였고 오늘 여기에 이르기까지, 그리고 앞으로 가나안 땅 정복도 오직 하나님의 은혜로 감당해야 함을 분명히 가르치신 것입니다. 이렇게 해서 길갈에서 이스라엘 백성들은 기념비를 세우고 할례를 행하며 유월절을 지킴으로써 이런 의식들을 통하여 가나안 정복전쟁의 영적 전열을 정비하였던 것입니다.

그 후에 이제 오늘 본문이 이어지는데 이스라엘은 마침내 난공불락의 성읍, 여리고성을 맞닥뜨리게 되었습니다. 여리고성은 그야말로 난공불락의 성읍이었습니다. 이것은 이스라엘 백성들이 가나안 땅으로 들어가는 길목에서 아주 큰 장애물을 만난 것인데 바로 이 여리고성을 거치지 않고는 가나안 땅으로 들어갈 수가 없는 것이었습니다.

고고학자들이 이 여리고를 연구해 보니 그때 여리고성은 두 겹으로 쌓은 아주 튼튼한 성이었다고 합니다. 좋은 무기가 없는 이스라엘 백성들에게는 한 겹의 성도 무너뜨리기 어려운데 두 겹으로 튼튼하게 서 있는 여리고 성을 무너뜨리는 것은 거의 불가능한 일이었습니다.

우리도 인생을 사노라면 인생의 여리고성을 만날 수밖에 없습니다. 내 힘으로 어찌할 수 없는 여리고성을 우리는 반드시 맞닥뜨리게 되는 것입니다. 참으로 복잡하게 얽혀서 무던히도 나를 괴롭히는 문제의 여리고성이 있습니다. 아무리 노력해도 안 되는 실패의 여리고성이 있습니다. 늘상 우리를 괴롭히는 질병의 여리고성이 있습니다. 할수록 어려운 관계의 여리고성이 있습니다. 가난과 고통과 절망의 여리고성이 있습니다.

그런데 이스라엘이 가나안 땅에 들어와서 처음으로 맞닥뜨린 성읍이 난공불락의 성읍 여리고성인데 이 성을 정복하는 방법에 대해 하나님께서 알려주신 방법이 아주 의외의 방법, 정말 받아들이기 힘든 방법이었습니다. 사실 두 겹으로 쌓아 올린 여리고 성을 무너뜨리려고 하면 여러 가지 신무기가 필요하였을 것입니다.

고대에 성을 무너뜨리는 데 사용되는 좋은 무기 중에 '공성퇴'라는 것이 있습니다. 큰 기둥 끝에다가 쇠붙이를 붙여서 '돌격 앞으로'해서 성문을 부서뜨리는 무기였습니다. 또 공격하는 방법 중의 한 가지는 성 주위에 그 성보다 더 높은 토성을 쌓습니다. 그러고는 농구대같이 높은 기구를 만들어서 돌과 화살로 공격하였습니다. 적어도 하나의 성을 무너뜨리려고 하면 이런 정도의 장비가 필요했던 것입니다.

그런데 오늘 본문에는 하나님께서 이스라엘 백성들에게 정말 말도 안 되는 방법을 지시하고 계십니다. 하나님은 이렇게 명령하셨습니다. 제사장 일곱이 제일 앞에 서서 일곱 양각나팔을 불고 그 뒤에는 언약궤를 매고 뒤따르고, 그리고 마지막에는 이스라엘 군대와 백성들이 아무 소리도 내지 말고 열심히 뒤따르며 그 성을 돌게 하셨습니다. 이렇게 해서 6일 동안은 하루에 한 바퀴씩 돌고 마지막 일곱째 되는 날은 예외적으로 일곱 바퀴를 돌았습니다. 그리고 마지막엔 여호수아의 지시에 따라 큰 소리로 외쳐 불렀습니다.

그런데 이 말씀대로 행하였을 때 놀라운 일이 벌어졌습니다. 난공불락의 성읍 여리고가 무너져 내린 것입니다. 하나님 말씀대로 순종하였더니 그야말로 기적 같은 일이 벌어진 것입니다. 사실 여리고성 정복을 위해 하나님이 말씀하신 이 명령은 이스라엘 민족에게나, 철통같은 방위를 하고 있던 여리고성 사람에게나 도무지 납득이 안가는 명령이었습니다. 그래서 인간적인 관점에서 볼 때 이것은 참으로 우매하고 어리석고 정말 쓸모없는 행동처럼 보였습니다.

그러나 하나님의 미련한 것이 사람들의 지혜로운 것보다 훨씬 더 능력 있고 훨씬 더 강합니다(고전 1:25). 결국 이것은 하나님께서 단지 이 방법을 통하여 이스라엘 백성들의 순종을 시험하신 것뿐이었습니다. 하나님은 이미 여리고성을 이스라엘 백성들의 손에 붙여 놓으시고 순종하나 순종하지 않는가를 시험하신 것뿐이었습니다.

이스라엘이 온전히 순종하였더니 하나님께서 그 순종을 보시고 여리고성을 무너뜨려 주신 것입니다. 이로써 이스라엘은 가나안 땅, 첫 정복 전쟁에 승리할 수 있었던 것입니다. 그런데 여기서 순종하긴 하되 끝까지 순종하는 것이 참 중요합니다. 기적은 끝까지 순종할 때 일어나는 것이기 때문입니다.

이렇게 생각해 보십시오. 여리고성을 무너뜨리기 위한 하나님의 명령이 참 어이없는 명령이었지만 순종하고 하루를 돌았더니, 여리고성 꼭대기에 조금 금이 갔습니다. 그리고 그다음 날 이틀째 돌았더니 이번에는 성채가 무너졌습니다. 그것을 보고 이스라엘 백성들은 신이 났습니다. "내일 또 돌자." 그래서 날마다 조금씩 무너져 내리는 성을 바라보고 그들은 더욱더 신이 나서 열심을 내어 날마다 성을 돌았습니다. 이게 아니잖아요? 여리고성이 무너진 것을 보도하는 여호수아 6장은 절대 그렇게 말씀하고 있지 않습니다.

참으로 어이없는 명령 앞에 일단 하루는 하나님 말씀대로 행하였습니다. 이틀을 돌았습니다. 삼 일을 돌았습니다. 그래도 여리고성은 굳게 닫혔고, 성은 조금도 흔들리지 않았습니다. 그래서 백성들의 마음속에 이런 생각이 들 수 있잖아요? "아니 삼 일을 돌았는데 아무 변화가 없잖아, 우리 이거 쓸데없는 짓 하고 있는 것 아니야? 그래 맞아, 우리가 쓸데없는 짓을 하고 있어, 내일은 돌지 말자." 얼마든지 이럴 수 있었겠죠.

만약 이렇게 3일만 돌고 그만두었으면 여리고 성은 무너지지 않았을 것입니다. 아니 6일까지 돌고 그만두었어도 여리고 성은 무너지지 않았을 것입니다. 여리고성은 7일 동안 다 돌고 마지막 날은 7바퀴를 돌라고 하는 하나님의 명령에 끝까지 순종하였을 때, 그때 무너져 내렸다는 사실을 우리는 똑똑히 기억해야 합니다.

여기 오늘 본문에 쓰인 7이라는 숫자에 주목하기 바랍니다. 성경에서 7이라는 숫자는 완전수입니다. 그러므로 7일 동안 돌고, 마지막 날은 7바퀴를 돌았다는 것은 하나님의 말씀에 완전히 순종하였다는 것을 말해 주는 것입니다. 하나님의 명령에 대하여 백성들이 도대체 이게 무슨 짓이냐 생각하고 순종하지 않았더라면 여리고성을 절대 무너뜨리지 못하였을 것입니다. 그리고 처음에 순종하였다 할지라도 3일만 돌고 그만두었다면 6일까지만 돌고 그만두었다면, 심지어 7일째 6바퀴까지만 돌고 그만두었다면 여리고는 무너뜨릴 수 없었을 것입니다.

이것은 우리 믿음의 삶에 있어서 순종이 얼마나 중요한가 하는 것을 분명히 알려주는데 그것도 끝까지 순종해야 한다는 사실을 분명히 알려주고 있는 것입니다. 진실로 자기 뜻과 자기 계획과 자기감정을 버리고 하나님의 말씀에 순종해야 합니다. 혹시 하나님의 말씀과 다른 생각을 내가 갖고 있다면 그것을 버리고 하나님께 순종해야 합니다. 하나님께서 기뻐하시지 않는 습관은 버리고 하나님께서 좋아하시지 않는 태도도 버려야 합니다. 내 뜻대로가 아니라 하나님의 뜻대로 온전히 순종할 때 우리는 내 인생의 여리고성을 무너뜨릴 수 있는 것입니다. 여러분은 끝까지 순종하시기 바랍니다.

이제 마지막으로 오늘 본문에서 우리가 꼭 기억해야 할 내용이 한 가지 더 있는데 그것은 '일곱'이라는 숫자입니다. 4절 말씀을 다시 보시기 바랍니다. 여러분, 이 구절을 읽을 때 '일곱'이라고 하는 수가 몇 번이나 등장하는지 한번 세어보시기 바랍니다.

> "제사장 일곱은 일곱 양각 나팔을 잡고 언약궤 앞에서 나아갈 것이요 일곱째 날에는 그 성을 일곱 번 돌며 그 제사장들은 나팔을 불 것이며"(수 6:4).

네, 이 4절에만 일곱, 7이라는 숫자가 네 번이나 나오고 6장 전체에는 무려 열네 번이나 등장합니다. 성경에서 이 '일곱'이라는 숫자는 하나님의 섭리나 사역과 연관하여서 주로 사용되었고, 그래서 완성, 완결, 성취 등을 상징하는 그야말로 완전수라고 할 수 있습니다. 그래서 이렇게 '일곱'이라는 숫자가 여리고성 정복 과정에 이렇게 많이 사용된 것은 가나안 정복이 단순한 침략전쟁이 아니라 하나님의 '성전', 'Holy War', '거룩한 전쟁'이라는 사실을 우리에게 분명히 알려주고 있는 것입니다.

이미 가나안 땅에 잘살고 있는 사람들을 그냥 공격해서 무고한 사람들을 몰아내는 이기적인 정복전쟁이 아니라 가나안 정복은 이방의 우상을 철폐하고 그들의 죄악을 심판하기 위한 하나님의 성전(聖戰)이었음을 말해주는 것입니다. 다시 말해서 가나안 정복전쟁은 국가 간의 이기심에서 비롯된 단순한 싸움이 아니라 그 땅에 죄악이 관영해서 하나님께서 그들을 심판하심으로 하나님의 질서와 하나님의 구원 역사를 회복하는 차원에서 수행되었다는 사실입니다.

바로 이처럼 하나님의 공의를 실현하는 거룩한 전쟁이었기 때문에 하나님은 그 첫 번 전투, 여리고성 점령 전쟁에서 이스라엘이 온전히 순종하게 하신 것이고 그 순종으로 말미암아 완전한 승리를 허락해 주신 것입니다.

오늘 여리고성 점령 이야기는 우리에게 이렇게 중요한 영적 교훈을 전해주고 있는데, 오늘 이 교훈을 내 삶에 어떻게 적용할지 한번 잘 생각해 보시기 바랍니다. 이미 말씀드렸습니다만 오늘 이스라엘 백성들이 그들의 앞길에 여리고성을 맞닥뜨린 것처럼 오늘날 우리도 인생을 살아가면서 수많은 여리고성을 맞닥뜨리게 됩니다.

그렇다면 바로 이런 때에 오늘 본문의 말씀을 통해 아주 깊은 통찰을 얻어야 하는데 바로 이런 때에 우리는 '하나님의 손'을 빌릴 줄 알아야 한다는 것입니다. 어린아이들의 모습을 가만히 살펴보면 어른들의 손을 빌려서 어떤 문제를 해결하는 것을 발견할 수 있습니다.

아이가 세상에 막 태어나면 스스로는 아무것도 할 수 없습니다. 스스로 일어서지도 못합니다. 스스로 먹지도 못합니다. 어디가 아파도 아프다고 말도 하지 못하고 화장실도 못 가며, 그러니까 스스로 할 수 있는 것이 아무것도 없습니다. 그러면 이런 때에 아무것도 할 수 없는 어린아이는 도대체 어떻게 살아갑니까? 네, 이런 때에 어린아이들은 오직 한 방법, 어른들의 손을 빌려서 살아가는 것입니다. 자기 스스로 하지 못하는 어린아이들은 어른들의 손을 빌려 살아가는 방법을 아주 본능적으로 알고 있습니다.

먼저 갓난아이였을 때에는 어떻게 하는 줄 아십니까? 무조건 웁니다. 배가 고파도 울고 기저귀가 젖어도 울며 몸이 불편해도 울고 그냥 울기만 하면 끝나는 것입니다. 그러다가 조금 더 크면 어른들의 손을 잡아끕니다. 지나가다가 슈퍼마켓이 있으면 혼자 들어가지 않습니다. 혼자 들어가서는 아무것도 얻지 못한다는 것을 잘 알고 있습니다. 그래서 어른들의 손을 잡아끌고 들어갑니다. 어른들과 함께 들어가면 해결된다는 것을 알고 있습니다. 이것은 우리 아이들이 본능적으로 잘 알고 있는 생존의 방법입니다.

이와 똑같이 우리도 역시 아무 능력이 없고 아무것도 할 수 없는 존재이지만 하나님의 손을 빌리면 우리가 무엇이든지 할 수 있다는 사실을 믿어야 합니다. 그리스도인은 하나님의 손을 빌리는 사람들이라 할 수 있습니다. 오늘 이스라엘은 다름이 아니라 하나님의 손을 빌려서 난공불락의 성읍, 여리고성을 점령한 것입니다.

우리 하나님은 전지전능하신 하나님, 무소부재하신 하나님, 어떤 문제보다 크신 하나님, 그래서 우리의 모든 삶을 완전히 책임져 주실 수 있는 하나님이십니다. 그래서 오늘 여리고성 점령 사건을 꼭 기억하시고 인생의 여리고성을 맞닥뜨릴 때마다 하나님의 손을 빌려서 모든 것을 다 이기고 온전히 승리하는 성도들이 꼭 되시기를 간절히 바랍니다.

039

이 산지를 내게 주소서

여호수아의 지도로 이스라엘 백성들은 오직 하나님의 은혜로 난공불락의 성읍 여리고성을 정복하였습니다. 여리고성을 정복할 때 하나님께서 말씀하신 지침은 사실은 전쟁 지침이 아니라 신앙 지침이었습니다. 매일 성을 한 바퀴씩 돌고 마지막 날 일곱째 날에는 일곱 바퀴를 돌고, 그 후에 일제히 외쳐 불렀더니 놀랍게도 난공불락의 성읍 여리고성이 무너져 내린 것입니다. 끝까지 순종함으로 첫 정복 전쟁에서 승리하였습니다.

그런데 이렇게 큰 여리고성은 잘 정복했는데 그 후에 그 곁의 아주 작은 성인 아이성 정복은 실패하고 말았습니다. 난데없는 결과에 깜짝 놀란 여호수아는 옷을 찢고 머리에 티끌을 무릅쓰고 하나님께 회개하며 탄식하였습니다. 그때 하나님은 아간의 범죄에 대해 알려주셨습니다. 아간은 일전의 여리고성 점령 때 하나님의 명령을 어기고 탐욕에 빠져 시날산 외투 한 벌과 은 이백 세겔과 금덩이 하나를 훔쳤는데 바로 이것이 아이성 정복의 실패 원인이었습니다.

여리고성을 정복할 때 하나님은 그 성을 정복하여 하나님의 심판을 선포하고 똑같은 의미로 그 모든 전리품도 불살라야 한다고 말씀하셨는데 아간은 탐심으로 말미암아 하나님의 명령을 어기고 불의한 전리품을 취하였던 것입니다. 그래서 그 후에 하나님의 명령에 따라 제비뽑기를 하고 결국 아간이 뽑혀서 그 범죄가 밝혀졌는데 그를 아골 골짜기로 끌고 가 돌로 쳐서 심판하고 그 모든 전리품을 불살랐습니다.

그 후에야 하나님의 명령을 따라 여호수아와 백성들은 하나님께서 일러주신 매복 전술의 방법대로 행하여서 아이성을 완전히 정복할 수 있게 되었습니다. 이 사건은 참 중요한 교훈을 전해줍니다. 아이성 점령 실패의 주원인은 물론 아간의 범죄입니다만, 또 여리고성 정복 후에 그것을 자기들 힘으로 한 줄 알고 교만에 빠져서 자행자지한 것이 또 하나의 큰 패착이었습니다. 모든 것은 하나님께서 하신 것이고 하나님 앞에서 우리는 겸손해야 합니다.

여기까지의 이야기가 여호수아 1~8장까지에 기록된 말씀입니다. 여호수아가 소명을 받고, 기적같이 요단강을 건너고, 길갈에 진을 쳐서 영적 전열을 가다듬고, 하나님의 말씀에 순종하여 난공불락의 성읍 여리고성을 점령하고, 이어서 아이성을 점령한 이야기까지 살펴본 것입니다.

그리고 9장부터 12장까지의 말씀에서는 차례대로 가나안 땅 전체를 정복해 나가는 장면을 보도하고 있습니다. 조금 전에 6~8장까지 말씀에서 여리고성, 아이성 등 가나안 땅의 중심부인 중부지역을 점령한 것이고 이어서 9~10장에서 두 번째 전쟁으로 남부지역을 정복하였습니다. 그리고 세 번째 전쟁은 이제 북부지역을 공격한 것인데 주로 11장에서 북부지역 점령에 대해 알려주고 있습니다.

바로 이 대목에서 다시 한번 강조할 말씀이 있습니다. 그것은 가나안 땅 정복이 단순한 침략전쟁이 아니라 우리 하나님의 성전(Holy War), 거룩한 전쟁이라 하는 사실입니다. 이미 가나안 땅에 잘살고 있는 사람들을 그냥 공격해서 무고한 사람들을 몰아내는 이기적인 정복전쟁이 아니라 가나안 정복은 이방의 우상을 철폐하고 그들의 죄악을 심판하기 위한 하나님의 성전(聖戰)이었다는 것입니다.

다시 말해서 가나안 정복 전쟁은 국가 간의 이기심에서 비롯된 단순한 침략전쟁이 아니라 그 땅에 죄악이 관영해서 하나님께서 그들을 심판하심으로 하나님의 질서와 하나님의 구원역사를 회복하는 차원에서 수행된 전쟁이라 하는 것입니다.

이렇게 1차 중부지역, 2차 남부지역, 3차 북부지역 전쟁을 수행하면서 이제 가나안 땅의 주요거점은 거의 정복한 것이고 그다음에 이제 오늘 본문이 이어지고 있습니다. 오늘 본문의 핵심은 여호수아가 이제 나이 많아 늙게 되었고, 그래서 하나님의 명령을 따라 거점 정복한 가나안 땅을 지파별로 분배하는 내용을 다루고 있습니다. 아직도 정복하지 못한 땅이 있었지만 주요거점 정복은 거의 다 마쳤고 이런 상황에서는 단일 지도자의 지휘 아래 정복 전쟁을 계속해 나가기보다는 각 지파가 지역을 나누어서 지파별 정복 전쟁을 해나가는 것이 훨씬 더 효율적이었습니다.

그리고 어차피 언젠가는 가나안 땅을 이스라엘 12지파에게 분배해야 할 것이고 지도자 여호수아가 살아있을 때 분배하는 것이 분쟁의 위험도 없을 것이기 때문에 여호수아는 하나님의 명령을 따라 땅을 분배하게 된 것입니다. 그런데 이렇게 땅을 분배하는 과정에서 어떤 한 사람이 불쑥 나타나 자기에게도 기업을 달라고 요청하는 일이 발생하였습니다. 그 사람의 이름은 바로 갈렙이었습니다. 갈렙은 45년 전의 일을 떠올리며 이런 말을 전하고 있습니다.

45년 전 출애굽해서 2달 만에 시내산에 도착했고 거기서 1년을 머물며 시내산 계약을 통해 계약 백성이 되었고 그 후에 시내산을 출발하여 이제 이스라엘 백성들은 '가데스 바네아'에 진을 치게 되었습니다. 그때 그곳에서 민족의 지도자 모세는 가나안 땅을 정탐하기 위하여 12명을 선발하였는데 여호수아와 갈렙도 이 12명의 정탐꾼 중에 포함되었습니다.

그렇게 해서 12명의 정탐꾼이 약 40일 동안 그 땅을 탐지하고 돌아왔는데 그 12명이 돌아와 보고하는 내용이 완전히 달랐습니다. 우선은 그 땅이 참으로 젖과 꿀이 흐르는 땅이고 그 증거로 풍성한 포도 열매를 가져와서 보여주었는데 여기까지는 열두 정탐꾼 모든 사람의 말이 일치하였습니다. 그런데 그 이후부터 여호수아와 갈렙을 제외한 10명의 정탐꾼의 태도가 갑자기 돌변하기 시작했는데 너무나 부정적이고 너무나 힘든 보고들이 터져 나왔습니다. 그 모든 보고를 종합하면 비록 그 땅은 좋은 땅이지만, 그러나 이미 그곳에 거하는 아낙 자손들, 가나안 족속들을 결코 이기지 못할 것이라는 절망적인 이야기입니다.

그런데 바로 그때 한 걸음 앞으로 나서는 사람이 있었습니다. 그가 바로 오늘 본문에도 등장하고 있는 갈렙이었습니다. 갈렙은 동요하는 백성들을 안심시키면서 이런 말을 하였습니다. "우리가 곧 올라가서 그 땅을 취하도록 합시다. 능히 이길 수 있을 것입니다." 그러나 갈렙의 말에도 불구하고 나머지 열 명의 정탐꾼들은 "우리는 능히 올라가서 그 백성을 치지 못할 것이다, 그들은 우리보다 강하다"면서 갈렙의 말을 강하게 부정하였습니다. 그러면서 그 열 명의 정탐꾼들은 한 가지 표현을 썼는데 네피림 후손 아낙 자손들을 보았을 때 우리는 스스로 보기에도 '메뚜기' 와 같다고 말하였습니다. 정말 이 말은 너무나 부정적이고 자기 자신을 파멸시키는 생각이었습니다.

10명의 정탐꾼이 이런 보고를 하니까 이제 아주 큰 동요가 일어났고 이스라엘 백성들은 밤새 통곡하며 차라리 애굽으로 돌아가자고 고래고래 고함을 질렀습니다. 출애굽 했는데요. 노예 생활 하다가 탈출했는데요. 그런데 그 노예의 땅으로 다시 돌아가자는 것입니다. 조금 전의 10명의 정탐꾼의 의식이 메뚜기 의식이었다면 지금 이스라엘 백성들의 의식은 완전히 노예의식입니다. 그래서 이제 모세를 못 믿겠으니까 다른 한 장관을 세워서 그를 지도자로 앞세워서 어서 빨리 애굽으로 돌아가자고 고래고래 고함을 질렀습니다.

바로 그때 여호수아와 갈렙은 다시 한 걸음 나서서 백성들을 안심시키며 이런 말을 간곡히 전하였습니다. "우리가 두루 다니며 정탐한 땅은 심히 아름다운 땅입니다. 하나님께서 우리를 기뻐하시면 우리를 그 땅으로 인도하여 들이실 것입니다. 그 땅을 우리에게 주실 것입니다. 그 땅은 젖과 꿀이 흐르는 땅입니다. 그러므로 하나님을 거역하지 마시기 바랍니다. 그 땅 백성들을 두려워할 필요가 없습니다. 그들은 우리 밥입니다. 우리의 먹이입니다. 하나님이 우리와 함께하십니다."

여호수아와 갈렙의 말을 듣고 이스라엘 백성들은 이제는 집단으로 달려들어서 두 사람을 돌로 치려 하였습니다. 바로 그때 하나님께서 회막에 나타나셨습니다. 하나님은 탄식하시며 "이 백성이 어느 때까지 나를 멸시하겠느냐? 내가 그들 중에 기적을 베푼 것이 얼마인데 어느 때까지 나를 믿지 않겠느냐? 내가 전염병으로 그들을 쳐서 멸하고 저들보다 크고 강한 새로운 나라를 이루게 하리라"고 말씀하셨습니다.

모세의 간절한 기도로 말미암아 하나님의 진노는 내리지 아니하였습니다만, 그러나 하나님은 다시 분명히 말씀하시기를 "나를 믿지 못하는 불신의 백성은 가나안 땅에 못 들어간다. 그 땅을 탐지한 40일의 하루하루를 일 년으로 환산하여 앞으로 40년 동안 광야에서 방황하다가 여기서 다 죽을 것이다."라고 하셨습니다. 그로부터 이스라엘은 불과 며칠 길이면 들어갈 수 있는 가나안 땅을 지척에 두고 광야를 돌고 돌아서 무려 40

년 동안 방황하다가 출애굽 제1세대는 광야에서 다 죽고 말았습니다. 이 이야기가 바로 오늘 본문에서 갈렙이 전하고 있는, 45년 전 가데스 바네아에서 있었던 뼈아픈 사건입니다.

이제 오늘 본문은 그로부터 45년이 흐른 시점에 하나님 말씀대로 출애굽 제1세대는 여호수아와 갈렙을 제외하고는 아무도 가나안 땅에 들어갈 수가 없었습니다. 그래서 오직 여호수아와 갈렙 두 사람과 출애굽 2세대가 가나안 땅에 들어가 거점 정복 전쟁을 마치고 이제 여호수아의 지도로 각 지파에게 땅을 분배하고 있는 순간입니다.

그런데 지금 갈렙은 그렇게 땅을 분배하는 중에 한 걸음 성큼 앞으로 나서서 자기에게도 기업을 달라고 여호수아에게 요청하고 있습니다. 지금 갈렙이 말하고 있는 것은 이미 45년 전에 가나안 땅을 정탐하고 난 후에 참 아름다운 신앙적 보고를 함으로써 모세로부터 헤브론 산지를 기업으로 약속받았는데 바로 그 땅, 헤브론 산지를 지금 자기에게 달라는 요청입니다.

여기서 놀라운 사실은 오늘 본문에서 갈렙이 여호수아에게 요청하고 있는 것은, 그 땅은 자기 땅이니까 자기에게 약속된 그 땅을 달라고 하는 그런 차원이 아닙니다. 지금 여호수아가 지파별로 분배하고 있는 땅들은 대부분 다 정복한 땅들이고 놀랍게도 지금 갈렙이 요청하고 있는 땅은 아직도 정복하지 못한 땅입니다. 그래서 갈렙은 아직도 정복하지 못한 땅을 한시라도 빨리 정복해서 하나님의 뜻을 이루어 드리고자 그는 참으로 순수한 열정으로 헤브론 산지를 달라고 요청하고 있는 것입니다.

45년 전에 가나안 땅을 정탐할 때도 그랬지만, 지금도 그는 아주 놀라운 긍정의 모습을 보여주고 있습니다. 그뿐만이 아닙니다. 지금 이런 요청을 하는 갈렙의 나이는 무려 85세입니다. 가나안 땅을 정탐하였을 때가 40세였는데, 40년 동안 광야 생활을 했고, 정복전쟁을 5년 했으니까 지금 갈렙의 나이는 85세입니다. 결코 적은 나이가 아닙니다.

그리고 나이로 보나 그동안의 업적으로 보나 갈렙은 원로 중의 원로였습니다. 그러므로 그는 지금 얼마든지 이미 정복한 좋은 땅, 평야 지대를 요구할 수도 있었을 것입니다. 그러나 갈렙은 결코 그렇게 하지 않았습니다. 갈렙은 지금 아직 정복되지 못한 땅, 헤브론 산지를 바라보며 지금 85세의 나이임에도 불구하고 그는 거룩한 비전을 불태우고 있는 것입니다. 그것도 이스라엘 백성들이 그토록 두려워했던 아낙 자손들이 사는 헤브론 땅을 요청한 것입니다. 이런 것을 보면 갈렙은 정말 놀라운 긍정의 사람이 아닐 수 없습니다.

갈렙의 모습을 하나만 더 생각해 보면 무엇보다 지금 갈렙은 2인자의 허약한 내면까지 다 극복하고 진정으로 건강하고 긍정적인 내면을 지닌 사람입니다. 보통 2인자는 꼴찌보다 더 허약한 내면을 지니고 있습니다. 왜냐하면 그 2등도 대단한 것이지만 대부분의 2등은 오직 1등만을 의식하기 때문에 그는 꼴찌보다 더 큰 열등감에 빠질 수가 있는 것입니다.

여호수아와 갈렙의 관계를 한번 생각해 보시기 바랍니다. 그 둘은 어쩌면 경쟁자였는지도 모릅니다. 그런데 여호수아가 모세의 후계자로 지명되면서 그가 한 걸음 더 앞서 나갔습니다. 그렇게 되었다면 모든 것 다 내팽개치고 한번 잘해보라고 냉소적인 삶의 태도를 보일 만도 한데 그러나 그는 결코 그렇게 하지 않았습니다. 그는 끝까지 자기 자리를 지키고 여호수아를 위하였습니다. 그 모습을 바라보는 여호수아는 얼마나 고마웠을까요? 정말 멋진 갈렙의 모습이 아닐 수 없습니다.

지금 갈렙의 이러한 모습은 '자존감', 'Self Esteem' 이 아주 건강한 사람이고 그러한 자존감으로 열등감도 다 극복하고 진정으로 긍정의 삶을 살아가는 사람인 것입니다. 갈렙이 이렇게도 건강한 내면을 가지고 정말 긍정의 삶을 살 수 있었던 것은 아주 중요한 이유가 있는데 오늘 본문 8절부터 그 이유를 충분히 발견할 수 있습니다.

"나는 내 하나님 여호와께 충성하였으므로"(8절).
"네가 내 하나님 여호와께 충성하였은즉"(9절).
"여호와께서 말씀하신 대로"(10절).
"여호와께서 나와 함께하시면 내가 여호와께서 말씀하신 대로
 그들을 쫓아내리이다"(12절).

이 구절에서 우리는 갈렙이 얼마나 하나님을 굳게 신뢰하였는가 하는 것을 잘 알 수가 있습니다. 자기는 85세이고 그 땅은 아낙 자손들의 땅이지만, 그러나 하나님이 도와주시면 나는 할 수 있다, 그 땅을 정복할 수 있다, 갈렙은 지금 이렇게 말하고 있는 것입니다.

바로 이것이 갈렙의 건강한 내면의 원천이었습니다. 그러니까 갈렙이 자기 인생을 이렇게도 긍정적으로 살아갈 수 있었던 것은 하나님께 대한 절대적인 신뢰 때문이었습니다. 그래서 우리는 여기서 아주 중요한 도식을 발견할 수 있는데 '믿음 = 긍정' 입니다. 믿으니까 긍정하고 긍정하니까 믿는 것입니다. 그래서 믿음의 사람은 반드시 긍정적입니다.

지금 우리는 많은 인생을 살아왔고, 앞으로도 많은 인생을 살아갈 것입니다. 그런데 인생에 있어서 정말 중요한 것은 바로 내가 내 인생에 대해 갖는 '태도' 입니다. 유명한 정신분석학자인 칼 메닝거(Karl A. Menninger) 박사가 자신의 학문과 임상을 종합하며 최종 정리한 말은 이런 말입니다. "Attitude is more important than fact." 이 말은 "태도는 사실보다 더 중요하다"는 뜻입니다. 여기서 '사실' 이란 내가 처한 환경

과 조건과 상태를 말하는 것인데 이런 사실들보다 내가 내 인생에서 가지는 나의 '태도'가 훨씬 중요하다는 것입니다. 그래서 결국 그 사람의 인생은 그 사람의 태도에 달려 있다고 할 수 있는 것입니다. 바로 이 태도 가운데 가장 중요한 태도가 바로 '긍정의 태도'입니다.

유대인들은 자녀 교육을 할 때 긍정적 사고와 비전을 아주 많이 강조하는 것으로 알려져 있습니다. 이렇게 긍정의 태도를 교육하면서 특별히 유대인들은 성경에 나오는 소년 다윗과 거인 골리앗의 이야기를 아주 자주 인용합니다. 그 이야기를 한번 들어보십시오.

"애들아, 옛날에 거인 골리앗이 우리 이스라엘 군대 앞에 나타났을 때 병사들은 한결같이 이렇게 생각했단다. 와! 저렇게 거대한 자를 어떻게 죽일 수 있을까? 그러나 그 현장에 있던 다윗도 골리앗을 보았지만 다윗은 이렇게 생각했단다. 저렇게 크니 절대 빗맞을 일은 없겠군."

이 이야기는 정말 중요한 이야기가 아닐 수 없습니다. 똑같은 상황인데 부정적인 생각을 할 수도 있고 반대로 긍정적인 생각을 할 수도 있는 것입니다. 그런데 부정적인 생각은 파멸이고 긍정적인 생각은 승리입니다. 긍정적인 사람에게 하나님은 더 많이 역사하십니다. 왜냐하면 부정적인 사고는 하나님의 은총을 제한해 버리고 긍정적인 사고는 하나님의 은총을 불러오기 때문입니다. 그러므로 우리는 나의 생각, 의식, 태도, 생활 방식 모든 것에 긍정의 태도를 반드시 장착해야 합니다.

22,222라는 숫자를 아세요? 아마 모르실 거예요. 이 숫자는 개인적인 연관이 있는 숫자입니다. 얼마 전에 우리집 둘째가 자신이 살아온 날수를 계산하는 프로그램을 알려주어서 저도 한번 재미 삼아 해보았습니다. 놀랍게도 그날이 제 인생의 22,222일째가 되는 날이었습니다. 이 숫자를 보고서는 제 마음속에 수많은 감회가 솟구쳐 올랐습니다. '벌써 이

렇게 많은 시간이 흘렀구나! 나는 그동안 잘 살아왔을까? 앞으로 나는 어떤 모습으로 살아가야 할까? 많은 생각이 마음속에 차올랐습니다.

이런 감회 속에서 지난 한 주간 오늘 본문의 설교를 준비하는데 설교 준비하면서 제가 스스로 은혜받으면서 그 은혜가 이 22,222이란 숫자와 크게 오버랩되었습니다. 갈렙은 40세에 가나안 땅을 정탐할 때도 가장 긍정적인 사람이었고 85세가 되어서도 거룩한 비전을 불태우고 있고, 그것도 아직도 정복하지 못한 땅을 자기에게 달라고 요청하였습니다. 아 정말 그는 놀라운 긍정의 사람이었습니다.

그래서 지난 수요일, 내가 살아온 날 수가 22,222일째가 되는 날, 저는 자신에게 중요한 결심을 주어야겠다고 생각하였습니다. 그것은 정말 긍정으로 살아야 하겠다는 결심입니다. 저는 사실 완벽주의적인 성향, 강박증이 좀 있어서 조금 뭔가 잘 안되면 걱정을 참 많이 하는 스타일입니다. 그런데 지금부터 33,333일(91세)째가 되는 날까지 정말 넉넉하고 편안하며, 그래서 정말 긍정적인 삶을 살아야겠다고 결심한 것입니다. 여러분도 저와 함께 갈렙처럼 긍정적으로 살아갑시다. 한 번밖에 없는 인생인데 진정으로 의연하게(dignity) 긍정의 태도로 살아가서 정말 멋진 승리의 삶을 살아가시기를 간절히 바랍니다.

040
성경153올람

오직 나와 내 집은
여호와를 섬기겠노라

　　오직 하나님의 은혜로 이스라엘 백성들은 여호수아의 지도로 여리고
와 아이성 등 중부지역을 가장 먼저 점령하였고 이어서 남부지역, 북부
지역을 차례로 점령하였습니다. 이렇게 가나안 땅 거점 정복전쟁을 거의
다 마치고 여호수아는 지파별로 땅을 분배해 주었습니다.

　　이렇게 땅을 분배하는 일은 효율성의 문제를 뛰어넘어 구속사에 있어
아주 중요한 의미를 지니고 있습니다. 그 구속사적 의미를 한마디로 말
하면 하나님께서 아브라함과 이삭과 야곱에게 주리라 약속하신 바로 그
땅을 이제 이스라엘 백성들에게 구체적으로 주셨다는 사실입니다. 바로
이것이 언약의 성취이고 이 언약이 성취되기까지 무려 430년이란 긴 세
월이 흘렀으며 그 과정에서 수많은 위기가 있었지만, 하나님은 그 약속
을 결코 잊지 않으시고 바로 지금 이스라엘 백성들에게 그 약속의 땅을
주신 것입니다.

　　이렇게도 중요한 의미가 있어서 그런지 여호수아 14장부터 22장까

지, 무려 9장에 걸쳐서 땅의 분배 내용을 상세하게 기록하고 있습니다. 이렇게 땅의 분배를 다 마치고 23장에 이르게 되면 여호수아는 이제 이스라엘 백성들에게 마지막 유언처럼 고별설교를 합니다.

23장 1절에 보면 "여호수아가 나이 많아 늙은지라" 이렇게 나와 있는데 대략 나이 계산을 해보면 여호수아가 가나안 정복을 마쳤을 때는 90세 정도였고, 그로부터 20년 가까이 지났기 때문에 23장에서 그의 나이는 110세 정도가 되었습니다. 그는 자신의 임종이 가까웠음을 깨닫고 백성의 대표자들을 불러 모았습니다. 그리고 입을 열어 강조하는 말이 지난 역사를 회고하면서 우리를 위해 친히 싸워주시고 우리에게 이 땅을 차지하게 하신 분은 오직 우리 하나님 여호와이시므로 너희는 절대로 하나님의 은혜를 잊지 말라고 당부하였습니다(3-5절).

그리고 이어서 백성들과 연관 지어 말하기를 지금의 우리를 있게 하신 분은 하나님이시니까 오직 하나님만을 가까이하여 잘 섬겨야 한다는 것을 분명하게 교훈하였습니다. 이를 위해 먼저 경계한 것은 이스라엘이 가나안의 이방인들 속으로 들어가서 그들과 더불어 혼인하면 안 되고, 특히 그들의 신들, 우상을 절대로 섬기면 안 된다고 강조하였습니다.

여호수아가 마지막 고별설교를 하는 그 내용은 자기 선배 모세가 신명기를 통하여 3편의 고별설교를 한 내용과 아주 많이 닮아있는데 그 설교의 핵심이 똑같습니다. 그래서 지금 여호수아가 전하고 있는 고별설교의 핵심은 하나님 말씀에 대한 순종 여부에 너희 이스라엘의 앞날이 달려 있다는 것입니다. 그래서 여호수아는 백성들에게 설교하는 중에 23장 6절에서 바로 이 내용을 아주 분명하게 강조하고 있습니다. "그러므로 너희는 크게 힘써 모세의 율법 책에 기록된 것을 다 지켜 행하라. 그것을 떠나 우로나 좌로나 치우치지 말라"(수 23:6).

이것은 오늘도 마찬가지입니다. 우리 신앙 생활의 기준은 오직 하나

님 말씀, 성경이고 우리가 어떻게 살아가야 하는지 우리 가치관의 원천
도 바로 성경입니다. 그래서 늘 성경을 읽고 그 말씀을 묵상하고 그 가치
관을 나의 것으로 체득하고 그 가치관을 따라 살아가는 것, 이것이 모든
믿음의 삶의 핵심 내용입니다. 바로 이와 같은 명백한 이유로 지금 우리
는 〈성경153올람〉 운동을 이 시대 하나님께서 행하시는 새 일이라 믿고
아주 생명을 걸고 힘써 행하고 있는 것입니다.

이렇게 유언과도 같은 절절한 고별설교를 감당한 후에 여호수아는 이
스라엘 모든 지파를 '세겜'이란 곳에 불러 모았습니다. 세겜은 그 옛날
아브라함이 고향 친척 아버지의 집을 떠나 가나안 땅에 들어온 후에 가
장 먼저 제단을 쌓았던 곳입니다. 그리고 이스라엘 12지파의 조상 야곱
이 인생의 환난을 당했을 때 모든 우상을 땅에 묻고 새출발을 감당하였
던 곳입니다.

이처럼 세겜은 한 마디로 '신앙 결단'의 장소인데 이제 여호수아는
바로 이 장소에 이스라엘 모든 지파를 다 불러 모으고 마지막 '고별사'를
합니다. 여기서 '고별사'라고 하는 것은 이제 여호수아가 마지막 죽음을
맞이하면서 유언처럼 전하는 말입니다. 그동안 모세의 뒤를 이어서 정복
사업과 분배작업을 다 마친 여호수아는 앞으로 이스라엘 백성들이 바로
이 가나안 땅에서 어떻게 살아가야 하는지에 대해서 마지막 유언처럼 고
별사를 하는 것입니다.

그 절절한 고별사를 하면서 여호수아는 가장 먼저 지난날 이스라엘의
역사를 회고하고 있습니다. 그 내용이 참 중요해서 요약해서 들려드리겠
습니다.

1) 우리 조상 아브라함은 우상을 섬기는 사람이었으나 오직 우리 주

하나님은 은혜로써 그를 불러내셨고 가나안땅을 그와 그의 후손들에게 주셨다.

2) 하나님은 아브라함에게 아들 이삭을 주셨고, 또 그의 아들 야곱에게 아름다운 은혜와 복을 허락해 주셨다.

3) 그 뒤에 너희 이스라엘 자손이 애굽에서 종이 되었을 때 하나님은 모세와 아론을 보내주셔서 그 종 되었던 땅에 재앙을 내리고 너희를 구원해 내셨다.

4) 출애굽 할 때 애굽의 군대가 맹렬히 추격해 왔지만 하나님은 홍해를 가르셔서 이스라엘을 구원해 내시고 애굽의 군대를 홍해 바다에 수장시키셨다.

5) 하나님은 너희를 이끌어 광야 길을 지나게 하셨고 가나안의 대적들을 다 물리쳐주셔서 이 땅을 너희 이스라엘 백성들에게 허락해 주셨다.

이렇게 요약해 보니까 정말 하나님께서 이스라엘을 위해 베푸신 은총은 이루 말로 다 할 수 없이 대단한 것이었습니다. 이렇게 여호수아는 하나님의 위대한 일들을 다 설명한 다음에 이제 마지막으로 13절에서는 이렇게 결론짓고 있습니다.

"내가 또 너희가 수고하지 아니한 땅과 너희가 건설하지 아니한 성읍들을 너희에게 주었더니 너희가 그 가운데에 거주하며 너희는 또 너희가 심지 아니한 포도원과 감람원의 열매를 먹는다 하셨느니라"(수 24:13).

여기 나오는 표현을 보십시오. '너희가 수고하지 아니한 땅', '너희가 건설하지 아니한 성읍', '너희가 심지 아니한 포도원과 감람원의 열매', 이 표현들은 우리에게 딱 한 가지 단어를 떠올리게 만드는데 그것은 바로 '은혜' 입니다. 그렇습니다. 모든 것이 다 은혜입니다. 오직 하나님의 은혜로 말미암아 이스라엘은 마침내 가나안 땅에 들어와서 이 땅을 차지하게 된 것임을 이스라엘 백성은 반드시 알아야 한다는 것입니다.

이것은 이스라엘 백성들만의 이야기가 아닙니다. 우리 역시 이 세상에 태어나 오늘 여기까지 살아온 것은 모든 것이 다 하나님의 은혜입니다. 너무나 힘들고 어려운 세상 가운데서 하나님이 지켜주시고 인도하시고 책임지시고 보호하시고 이끌어주셔서 오늘의 우리가 있게 된 것입니다. 이 은혜를 절대로 잊지 않고 감사할 때 진정한 믿음의 삶이 비로소 시작되는 것입니다.

그리고 이어지는 14절 말씀에 처음으로 등장하는 단어가 '그러므로 이제는' 입니다. 1~13절까지 하나님께서 이스라엘 백성을 위해 행해주신 일들, 그 은총과 사랑, 하나님의 위대한 행동들을 다 설명하고 이제 14절 말씀에 들어서면서 '그러므로 이제는' 이 접속사를 사용하고 있는 것입니다. 이제 오늘 24장 말씀의 분위기를 충분히 이해하시겠죠?

그래서 '그러므로 이제' 라는 접속사 그 앞에는 하나님께서 우리를 위해 행하신 위대한 은총의 역사가 '설명문' 으로 기록되어 있고, '그러므로 이제' 라는 접속사 그 후에는 하나님께서 명령하시는 '명령문' 의 내용이 기록되어 있습니다.

모든 성경은 다 이렇게 기록되어 있습니다. 하나님이 우리를 위해 행해주신 일들을 '설명문' (indikativ)으로 먼저 알려주시고 '그러므로' 란 접속사를 사용한 후에, 그다음에는 이렇게 은혜를 입은 사람들이 어떻게 살아야 하는지 '명령문' (imperativ)을 기록하고 있는 것입니다.

그러면 하나님께서 여호수아를 통하여 이제 말씀하시는 그 명령문의 내용이 무엇인지 살펴보겠습니다.

"그러므로 이제는 여호와를 경외하며 온전함과 진실함으로 그를 섬기라 너희의 조상들이 강 저쪽과 애굽에서 섬기던 신들을 치워 버리고 여호와만 섬기라"(수 24:14).

이 말씀은 무슨 말씀입니까? 그것은 다름이 아니라 바로 지금 이제는 신앙적 결단을 해야 한다는 것입니다. 이제는 가나안 땅에서 새로운 삶을 시작해야 하니까 신앙을 새롭게 하라는 것입니다. 그래서 여호수아는 곧바로 이어서 지금까지 이스라엘 백성들이 가지고 있었던 하나님과의 계약 관계를 온전히 새롭게 하는 '계약 갱신'을 진행하였습니다. 바로 이 중요한 내용이 15절 말씀에 기록되어 있습니다.

"만일 여호와를 섬기는 것이 너희에게 좋지 않게 보이거든 너희 조상들이 강 저쪽에서 섬기던 신들이든지 또는 너희가 거주하는 땅에 있는 아모리 족속의 신들이든지 너희가 섬길 자를 오늘 택하라. 오직 나와 내 집은 여호와를 섬기겠노라 하니"(수 24:15).

이것이 바로 계약 갱신입니다. 지금까지 하나님을 섬겨왔지만 이제는 그 신앙을 새롭게 해야 한다는 것입니다. 이스라엘은 계약 백성입니다. 하나님은 아브라함과 계약을 맺어주시며 이스라엘을 하나님의 뜻을 수행할 택한 백성, 선민으로 삼아주셨습니다. 그 후에 하나님은 시내산 계약을 맺어주시며 "나는 이스라엘의 하나님이 되고 이스라엘은 내 백성이 될 것이라" 말씀하셨고, 특별히 그들에게 율법을 주시고 하나님의 뜻을 세상 만방에 떨칠 제사장 국가로 삼아주셨습니다.

그런데 이제 오랜 세월이 지났고, 특히 가나안땅에 들어와서 이제 이 땅에서 새롭게 살아가야 하는 이 시점에 백성들의 계약을 새롭게 해야 할 필요가 있었던 것입니다. 왜냐하면 이제 가나안 땅에서 살아가려고 하면 수없이 많은 우상의 도전을 받을 것이고 수없이 많은 가나안의 문화에 도전받을 것이기 때문입니다. 그래서 여호수아는 이제 자기가 떠나 갈 날이 머지않았다는 것을 깨닫고, 마지막으로 이스라엘 백성을 새롭게 하려고 이렇게 '계약 갱신'을 단행하고 있는 것입니다.

뜨뜻미지근한 신앙은 버리고 바로 지금 여기에서 결단하라고 촉구하고 있습니다. 이제 가나안 땅에서 살아가려고 하면 수많은 도전이 있을 텐데 지금 분명히 결단하고 새로운 삶을 출발하라는 것입니다. 그래서 여호와 하나님을 섬기든지 아니면 너희 열조가 강 저편에서 섬기던 우상이나 지금 이 땅 가나안 땅의 우상을 섬기든지 이제 오늘날 너희 섬길 자를 택하라고 강력하게 촉구하고 있는 것입니다.

그런데 참 다행스럽게도 오늘 여호수아가 언약 갱신에 대하여 강력한 도전을 주었을 때 이스라엘 백성들은 참 귀하고 아름다운 모습으로 응답 하였습니다.

"백성이 대답하여 이르되 우리가 결단코 여호와를 버리고 다른 신들을 섬기기를 하지 아니하오리니 이는 우리 하나님 여호와께서 친히 우리와 우리 조상들을 인도하여 애굽 땅 종 되었던 집에서 올라오게 하시고 우리 목전에서 그 큰 이적들을 행하시고 우리가 행한 모든 길과 우리가 지나온 모든 백성들 중에서 우리를 보호하셨음이며"(수 24:16-17).

백성들은 결단코 여호와를 버리고 다른 신들을 섬기지 않겠다고 하였습니다. 자기들도 오직 하나님만을 섬기겠다고 결단하였습니다.

이러한 '계약 갱신'은 이제 오늘 우리에게도 너무나 필요한 모습이 아닐 수 없습니다. 특별히 포스트모더니즘 시대가 불쑥 다가와서 절대적 믿음이 상대적 믿음이 되고 코로나 시대가 불쑥 찾아와서 교회에 모이는 일이 힘든 시대가 되어 오늘날 우리의 믿음이 너무나 큰 도전을 받고 있기 때문입니다. 이제 사람들은 돈과 물질을 하나님처럼 섬기고 있고 이성과 감각이 발달하여 세상 즐거움과 쾌락에 탐닉하고 있으며 아주 이기적인 개인주의 속에서 이 세상은 점점 더 믿음과 반대되는 길로 나아가고 있기 때문입니다.

그래서 오늘날 우리의 믿음은 점점 얇아져 가고 있고 신앙 생활은 내 삶 전체에 단지 일부분이 되고 있으며 무엇보다 이런 현상은 우리의 다음 세대에게 막대한 영향을 끼치고 있습니다. 이러한 신앙 세태 가운데서 오늘날 우리에게도 '언약 갱신'이 너무나 필요하지 않습니까? 자꾸만 이 시대가 그렇게 흘러가서 그렇지 우리는 신앙을 아는 사람이므로 정말 우리에게 믿음이 전부이지 않습니까? 아무리 시대가 변하여도 결국은 예수님 잘 믿고 천국 가는 것이 가장 중요하지 않습니까? 세상 사람들에게 이런 이야기가 허무맹랑하게 들릴지 모르지만 아무리 그래도 결국 천국에 가야 최후의 승리를 얻는 것이 아닙니까?

그렇다면, 정말 이것을 인정한다면 우리는 오늘 본문의 언약 갱신과 같이 우리도 역시 우리의 믿음을 새롭게 하여 오늘날 우리가 섬길 자를 온전히 선택해야 합니다. 더군다나 우리 인생은 한 번 살면 끝나버리는 인생이기 때문에 절대 후회하지 않는 삶을 살기 위해서 우리는 하나님이 기회 주실 때에 새롭게 결단해야 합니다. 신앙은 양자택일입니다. 하나님과 세상을 겸하여 섬길 수가 없는 것입니다. 하나님과 우상을 겸하여 섬길 수 없는 것입니다. 하나님과 재물을 겸하여 섬길 수 없고 하나님과 세상을 겸하여 사랑할 수 없는 것입니다. 그래서 오늘 우리도 계약 갱신을 통해서 하나를 선택해야 합니다.

사실 저는 설교 말씀을 전할 때마다 마음 한구석이 참 편치가 않고 한편 참 안타까운 마음이 있습니다. 그것은 앞서 말씀드린 것처럼 시대가 너무 많이, 너무나 빨리 변하고 있고 점점 더 믿음이 얇아지는 이 시대에 나는 자신도 다 실천하지 못하는 말씀을 너무 당연하게 전하고 있지 않은가 하는 마음이 들 때가 있습니다. 그래서 목회에 대해서 참 근본적인 고민을 할 때가 한두 번이 아니고 앞으로의 한국교회가 어떠해야 하는지 참 막막한 마음으로 고민할 때가 참 많았습니다.

이런 중에 지난 주간은 말씀을 준비하면서 허드슨 테일러 선교사의 이야기가 마음에 아주 큰 울림을 주었습니다. 1869년, 중국 선교사 허드슨 테일러(Hudson Taylor)가 쓰러졌습니다. 몸도 지쳤고 마음은 더 지쳤습니다. 온전히 하나님이 기뻐하시는 삶을 살지 못한다는 자책감 때문이었습니다. 거룩한 사람이 되려고 애를 썼지만 그럴수록 거룩하지 못한 자신을 발견하였습니다. 중압감 때문에 신경이 예민해져서 자주 화를 냈고 말도 거칠게 하는 자신을 보고 당황하였습니다.

그래서 기도하고 금식하며 말씀을 읽었지만 소용없었습니다. '자신이 말씀대로 살지 못하면서 어떻게 예수 믿으면 하나님의 자녀가 되는 권능을 주신다고 선포할 수 있는가?' 하는 생각에 좌절하며 쓰러졌습니다.

그런데 그때 맥카디(Macrdy) 선교사로부터 편지가 왔는데 거기 한 구절이 정말 빛으로 다가왔습니다. "어떻게 믿음을 강하게 할 수 있는가? 그것은 믿음을 구하려고 애쓰는 것이 아니라 그저 신실하신 예수님을 의지하는 것이다." 이 문장을 읽는 순간 허드슨 테일러는 예수님께서

"결코 떠나지 아니하리라" 말씀하시는 음성을 들었습니다.

그래서 "예수님께서는 변함없이 신실하시다. 거기에 안식이 있구나! 그동안 헛되이 애써왔구나. 이제 결코 더 이상 애쓰지 않겠다. 예수님께서 나와 함께 거하시겠다고, 결코 나를 떠나지 않으시고 버리지 않으시겠다고 약속하셨기 때문이다. 그것이면 충분하다." 그는 아주 큰 은혜를 경험하였습니다.

어쩌면 믿음은 내 편에서 노력하거나 안간힘을 쓰는 것이 아니라 내가 주님 안에 거하는 것, 주님을 바라보는 것, 그저 주님을 신뢰하는 것입니다. 그래서 허드슨 테일러는 더 이상 염려하지 않게 되었고 더 이상 두려워하지 않게 되었습니다. 그 순간부터 믿음이 충만해져서 허드슨 테일러는 중국 선교의 아버지로 크게 쓰임 받게 되었습니다.

신앙은 방향성입니다. 시대를 거슬러 하나님께로 향하는 방향성입니다. 그래서 내 인생의 방향만 하나님께로 잘 정해 놓으면 하나님께서 우리를 도와주시는 것입니다. 정말 지금은 믿음을 지키기 너무 힘든 시대이고 배교가 엄청나게 일어나고 있는 시대이지만 오늘 하나님 앞에서 여러분의 믿음을 계약 갱신하시고 여러분의 인생의 방향 하나라도 하나님을 향해 설정해 놓으시면 참 좋겠습니다.

"나는 넘어지고 자빠져도, 나는 부족하고 연약해도, 나는 실패하고 좌절해도, 그래도 나는 끝까지 하나님을 향해 간다. 나는 어떤 경우에라도 세상을 향해 내 방향을 틀지 않겠다."

인생은 'B to D'라는 말이 있습니다. 여기서 B는 Birth, 태어남이고 D는 Death, 죽음입니다. 그런데 B와 D 사이는 하나밖에 없죠? 네 C입니다. C는 Choice, 선택입니다. 오늘 본문에서도 여호수아는 "너희가 섬길 자를 오늘 택하라"고 선택을 촉구하고 있습니다. 그래서 신앙은 바로 지금 여기에서 하나님을 선택하는 것, 이것이 바로 신앙입니다.

우리가 다 할 수는 없어도, 우리가 완벽할 수는 없어도, 그래도 지금 여기에서 참된 방향성을 가지고 하나님을 선택하고 신앙의 길을 선택한 다면 하나님은 반드시 우리를 응원하시고 진실로 우리를 선한 길로 인도 하실 것입니다. 진실로 오늘 말씀을 마음 깊이 기억하시고 여러분의 신 앙을 갱신함으로써 인생의 방향을 하나님께로 향하고 순간순간 하나님 을 선택하여서 믿음의 승리자가 꼭 되시기를 간절히 바랍니다.

"그 세대의 사람도 다 그 조상들에게로 돌아갔고 그 후에 일어난 다른 세대는 여호와를 알지 못하며 여호와께서 이스라엘을 위하여 행하신 일도 알지 못하였더라" (삿 1:10).

PART_6

사사시대

041

다른 세대는 여호와를 알지 못하였더라

사람이 살아가는 데 있어서 아름다운 것을 지키는 것은 참 중요합니다. 무엇을 얻는 것도 중요하지만 얻은 그것을 잘 지켜내는 것도 중요하기 그지없습니다. 그런데 사람이라는 존재는 날마다 일상이 반복되다 보면 아름다운 것의 소중함을 잊어버리고, 그래서 그 아름다운 것을 쉽게 잃어버리는 경우가 허다한 것 같습니다. 그렇게 아름다운 것을 지켜내지 못하고 그 아름다운 것을 잃어버리고 난 다음에야 땅을 치며 크게 후회하는 일이 참 많은 것 같습니다. 그래서 "아름다운 것을 지키라"는 이 말은 우리 인생에 참 중요한 명제입니다. 성도 여러분은 여러분이 가지고 있는 아름다운 것을 잘 지켜내는 성도들이 꼭 되시기 바랍니다.

오늘 본문에는 아름다운 것을 잘 지켜내지 못하는 참 가슴 아픈 이야기가 소개되고 있습니다. 오늘 말씀을 통해서 진정으로 가장 아름다운 것이 무엇인지 깨달으시고 그 가장 아름다운 것을 잘 지켜내시는 성도들이 꼭 되시기 바랍니다.

여호수아는 자기의 사명을 다한 후에 지금까지 이스라엘 백성들이 갖고 있었던 신앙 태도를 온전히 새롭게 하는 '계약 갱신'을 단행하였습니다. 여호수아 24장 15절 말씀에서 "만일 여호와를 섬기는 것이 너희에게 좋지 않게 보이거든 너희 조상들이 강 저쪽에서 섬기던 신들이든지 또는 너희가 거주하는 땅에 있는 아모리 족속의 신들이든지 너희가 섬길 자를 오늘 택하라. 오직 나와 내 집은 여호와를 섬기겠노라"(수 24:15)라고 촉구하였습니다.

이 구절의 마지막 표현을 보십시오. "오직 나와 내 집은 여호와를 섬기겠노라." 이것은 여호수아가 자기 집안, 자기 가정은 반드시 신앙으로 잘 지키겠다는 아름다운 결단입니다. 그래서 여호수아의 집과 마찬가지로 너희 이스라엘 모든 집도 이러한 신앙의 가정을 온전히 이루고, 그래서 우리 민족 전체가 신앙의 대를 잇기에 성공해야 한다고 촉구한 것입니다.

바로 이러한 여호수아의 도전에 대하여 이스라엘 백성들은 참 아름다운 모습으로 응답하였습니다. 우리가 여호와를 버리고 다른 신들 섬기는 일을 결단코 하지 않겠다고 결심하였습니다. 하나님께서 우리를 정말 사랑해 주시고 크신 은총을 베풀어주셨으니까 이제 우리도 역시 다만 여호와 하나님만 섬기겠다고 분명하게 결단하였습니다.

그런데 너무나 안타깝게도 이 결심, 이 결단이 그렇게 잘 이루어지지 못하였습니다. 이것이 그렇게 오래 가지를 못하였던 것입니다. 그래도 여호수아가 살아 있는 동안에는 이 결심, 이 약속이 잘 지켜졌는데 그만 여호수아가 자기 사명을 다한 후에 나이 들어 죽고 말자 이스라엘 백성들은 신앙의 대 잇기에 최선을 다하지 않았습니다.

아니 신앙의 대 잇기에 실패한 정도가 아니라 자기 자신들의 신앙도 제대로 지키지 못하였습니다. 아주 급격하게 타락해 버리고 만 것입니다. 이것은 결국 아름다운 것을 지키지 못한 것인데요. 이렇게 안타까운 내용이 오늘 본문에 기록되어 있습니다.

먼저 6~7절을 보세요. "전에 여호수아가 백성을 보내매 이스라엘 자손이 각기 그들의 기업으로 가서 땅을 차지하였고 백성이 여호수아가 사는 날 동안과 여호수아 뒤에 생존한 장로들 곧 여호와께서 이스라엘을 위하여 행하신 모든 큰 일을 본 자들이 사는 날 동안에 여호와를 섬겼더라"(삿1:6-7). 이것은 그래도 여호수아와 그 동시대 사람들이 살아 있는 동안에는 이스라엘 백성들이 여호와 하나님을 잘 섬겼다는 내용입니다.

그런데 여호수아가 자기의 사명을 다하고 죽고 말았을 때 이스라엘 백성들은 아주 좋지 못한 모습으로 급격히 변질되어 버리고 말았습니다. 그러니까 급격히 타락하고 만 것입니다. 믿음을 배신해 버린 것입니다. 그래서 10절은 이렇게 기록하고 있습니다. "그 세대의 사람도 다 그 조상들에게로 돌아갔고 그 후에 일어난 다른 세대는 여호와를 알지 못하며 여호와께서 이스라엘을 위하여 행하신 일도 알지 못하였더라"(삿 1:10).

이 말씀에는 너무나 가슴 아프고 너무나 안타까운 표현이 한 가지 등장하고 있습니다. 여호수아 세대가 다 죽고 난 다음에, 그 후에 '다른 세대'가 일어났다고 기록하고 있습니다. 그런데 이 10절 말씀에는 일반적으로 사용할 수 있는 '다음 세대'란 말을 사용하지 않고 이렇게 '다른 세대'라고 기록하고 있습니다.

이것이 참 가슴 아픈 기록입니다. 신앙 전수가 잘 이루어지고 신앙의 대를 잘 이어나갔더라면 분명히 '다음 세대'라고 표현하였을 것입니다. 그런데 그 신앙을 잘 이어가지 못하고 믿음을 배신해 버려서 다음 세대를 오늘 10절 말씀에서는 '다른 세대'라고 표현하고 있는 것입니다. 이것이 얼마나 안타까운 표현입니까? 그 '다른 세대'는 여호와를 알지 못하며 여호와께서 이스라엘을 위하여 행하신 일도 알지 못하는 세대였습니다.

그렇다면 그렇게 그 이후 세대가 '다음 세대'가 되지 못하고 '다른 세대'가 되어 버렸을 때 어떤 일이 일어났는지 보겠습니다. 12~13절을 보시기 바랍니다. "애굽 땅에서 그들을 인도하여 내신 그들의 조상들의 하나님 여호와를 버리고 다른 신들 곧 그들의 주위에 있는 백성의 신들을 따라 그들에게 절하여 여호와를 진노하시게 하였으되 곧 그들이 여호와를 버리고 바알과 아스다롯을 섬겼으므로"(삿 2:12-13).

그 다른 세대는 여호와의 목전에서 심각한 악을 행하였습니다. 나아가 여호와를 버리고 다른 신들, 곧 우상을 섬겼습니다. 그 우상은 주로 바알과 아스다롯이었는데 이스라엘 백성들은 그 우상들에게 절을 하며 신속히 여호와 하나님을 배신해 버리고 말았던 것입니다. 이렇게 그들이 하나님을 버리고 바알과 아스다롯을 섬기며 다른 세대가 되고 말았을 때, 그때 어떤 결과가 찾아왔는지 보십시오. 14~15절입니다.

"여호와께서 이스라엘에게 진노하사 노략하는 자의 손에 넘겨 주사 그들이 노략을 당하게 하시며 또 주위에 있는 모든 대적의 손에 팔아 넘기시매 그들이 다시는 대적을 당하지 못하였으며 그들이 어디로 가든지 여호와의 손이 그들에게 재앙을 내리시니 곧 여호와께서 말씀하신 것과 같고 여호와께서 그들에게 맹세하신 것과 같아서 그들의 괴로움이 심하였더라"(삿 2:14-15).

바로 이것이 '다음 세대'가 되지 못하고 '다른 세대'가 되었을 때 찾아온 결과입니다. 그래서 이렇게 다음 세대가 되지 못하고 다른 세대가 되었을 때 이스라엘 역사는 그 뒤로 아주 깊고 깊은 암흑기에 빠져들고 말았는데 그것이 바로 '사사시대'입니다. 그러니까 사사시대는 이스라엘 역사에서 가장 캄캄한 최악의 암흑기라고 할 수 있는데 이런 역사가 무려 350년 동안이나 지속된 것입니다.

그야말로 사사시대 350년은 암흑의 시대였습니다. 이스라엘 역사 전체 속에서 가장 암울한 시대였는데 바로 그 암울한 역사를 기록한 말씀이 사사기입니다. 이 사사기 말씀에는 네 가지 패턴의 악순환이 무려 12번이나 반복되고 있는데 그 네 가지 악순환의 패턴은 이렇습니다.

① 이스라엘 백성이 믿음을 배신하고 타락합니다.
② 하나님은 타락한 이스라엘을 다른 족속에게 붙여 징계하십니다.
③ 이스라엘 백성은 그제야 정신을 차리고 하나님께 회개하며 살려달라고 부르짖습니다.
④ 하나님은 그들의 소리를 들으시고 사사를 세워 그들을 구원해 주십니다.

그런데 이렇게 구원해 놓았으면 그다음부터는 믿음의 삶을 잘 살아야 하는데, 그들은 또다시 타락하고 범죄하였습니다. 그래서 "타락 → 징계 → 회개 → 구원", 그리고 또다시 "타락 → 징계 → 회개 → 구원"···. 이것을 이스라엘 백성은 350년 동안 무려 12번이나 반복하고 있는 것입니다. 이렇게 이스라엘이 끊임없이 타락한 역사가 바로 사사기의 역사입니다.

어떻습니까? 사사시대에 이렇게 열두 번씩이나 반복되고 있는 이 패턴은 오늘날 우리에게 무엇을 알려주고 있습니까? 이 말씀을 통해 도대체 우리는 무엇을 깨달아야 합니까? 네, 그것은 믿음을 배신하고 하나님을 떠나면 결국 우리는 죽을 수밖에 없다는 사실을 분명하게 알려주고 있는 것입니다. 하나님을 떠나서 내가 하고 싶은 대로, 내 멋대로, 세상 풍속을 따라 살아가면 나한테 좋고 기쁘고 즐겁고 행복할 것 같지만, 그러나 그것은 절대로 그렇지가 않습니다.

하나님을 떠나 죄악 가운데 빠져 내 마음 내 뜻대로 자행자지하며 살아가면 죽음만이 있을 뿐입니다. 그것은 망하는 길입니다. 그것은 우리가 소멸하는 길입니다. 바로 이런 의미에서 우리가 믿음을 지키며 살아간다는 것은 우리 인생 가운데 가장 중요한 일이 아닐 수 없습니다.

잘 먹고 잘사는 것보다, 일신의 안녕보다, 소시민적인 행복을 누리는 것보다, 경쟁에 앞서서 떵떵거리며 사는 것보다, 그 어떤 것보다도 가장 중요한 것은 바로 믿음입니다. 저는 여러분들이 바로 이런 면에 있어 분명한 결심을 하시면 좋겠습니다. 믿음이 사는 길이고 하나님을 떠나면 죽는다는 것을 분명히 깨닫고 이제부터 정말 믿음에 관한 한 최고가 되면 얼마나 좋을까 생각합니다.

이것은 자신에게 있어서도 가장 중요한 것이지만 이 믿음을 우리가 너무나 사랑하는 우리 자손들에게 잘 물려주어야 합니다. 우리 후손들에게 믿음을 잘 물려주어서 절대로 믿음을 배신하는 일이 없도록 하는 것은 우리가 자손들에게 전해주는 가장 귀하고 가장 아름다운 일인 것입니다. 바로 이런 의미에서 우리 구미교회가 〈성경153올람〉 운동을 전개하면서 여러분에게 크게 강조해 드린 이 가정예배는 너무나 중요한 것입니다. 오늘날 우리 자손들에게 믿음을 물려주어서 대를 이어 '다음 세대'가 되게 하는 것에는 이 방법밖에는 없고 이것이 가장 좋은 방법입니다.

교회는 나름대로 교회학교를 통하여, 찾아가는 심방을 통하여, 그리고 나중에는 완전히 시스템을 바꾸어서라도 다음 세대 교육에 힘쓰겠지만, 그러나 '168:1'을 알아야 합니다. 168:1은 우리 자녀들이 교회학교에서 보내는 1시간은 일주일 전체 시간인 168분의 1밖에 되지 않는다는 것입니다. 바로 이것이 현실이기 때문에 다음 세대 교육의 주체는 부모이어야 하고 그 장소는 가정이어야 하므로, 그래서 가정예배는 다음 세대

양육의 가장 중요한 보루입니다.

바로 이것을 뼈저리게 느끼고 있기에 저는 〈성경153올람〉 운동을 전개하면서 가정예배를 너무너무 강조한 것이고 우리 구미교회는 이 일에 최선을 다하고 있는 것입니다. 제가 교구목사님들을 통해서 파악을 해보니까 아직 어린 자녀들과 함께 살아가는 가정은 거의 70% 가까이 가정예배를 드리는 것 같고, 그리고 부부만 남았다든지 단독세대인 경우는 한 50% 이상 가정예배를 드리는 것 같습니다. 이것은 정말 대단한 수치이고 참 감사한 일입니다.

"가정예배는 흉내만 내도 복을 받는다"는 말이 있습니다. 그런데 이렇게 우리 구미교회가 이렇게 가정예배를 잘 드리니까 하나님의 크신 복을 받게 될 줄로 믿습니다. 이런저런 복 중에 최고의 복은 믿음의 복입니다. 다음 세대에 신앙을 물려주는 방법은 가정예배밖에는 없습니다. 가정예배야말로 최고의 방법이고 최고의 복입니다.

그러므로 우리는 정말 가정예배에 최선을 다해야 합니다. 가정예배로 말미암아 가정이 새로워진 이야기를 많이 듣고 있습니다만, 이렇게 가정예배를 잘 드리고 있는 가정은 더욱더 최선을 다하시기 바랍니다. 혹시라도 아직도 가정예배를 못 드리고 있는 가정은 정말 오늘 말씀을 통해서 새롭게 결심하시고 가정예배에 생명을 거시면 좋겠습니다. 가정예배를 드려야 우리 가정이 회복되고 우리 자녀들이 다른 세대가 아닌 다음 세대가 될 수 있습니다.

지금 이 시간 제가 믿음에 관하여, 가정예배에 관하여 이렇게 피를 토하듯 강조하고 있는 것은 그만큼 이 시대는 믿음을 지키기 힘든 시대이기 때문입니다. 저는 최근에 온 세상이 아주 급격하게 변화하고 있는 모습을 바라보면서 정말 많은 고민을 하였습니다. 그러면서 이 시대가 도대체 어떤 시대인지 분석하고 고민하는 중에 이 시대의 현상 5가지를 발견하였습니다.

첫째, 이 시대는 '맘몬이즘' (Mammonism)의 시대입니다.

맘몬이즘은 물질만능주의를 말하는 것입니다. 이 시대는 돈이면 다 된다는 생각이 팽배해져 있고 돈이 곧 하나님이 되어 있고, 그러므로 너나 할 것 없이 돈을 인생의 목적 삼고 살아가고 있습니다.

둘째, 이 시대는 '세큘라리즘' (Secularism)의 시대입니다.

세큘라리즘은 세속주의를 말하는 것입니다. 세속주의는 여러 가지 말로 정의할 수 있지만 가장 거대한 정신은 이 세상이 전부라는 생각입니다. 그래서 이 세상이 전부이기 때문에 영적인 삶을 거부하는 것입니다.

셋째, 이 시대는 '히더니즘' (Hedonism)의 시대입니다.

히더니즘은 쾌락주의를 말하는 것입니다. 이것은 인생의 목적에 관한 진술인데 오늘날 이 세상은 인생의 목적이 바로 쾌락인 것이고, 이런 면에서 잘 먹고 잘사는 것만을 추구하고 말초적인 쾌락을 위해 살아가는 것이 이 시대 아주 거대한 물결을 이루고 있습니다.

넷째, 이 시대는 '에고이즘' (Egoism)의 시대입니다.

에고이즘은 이기주의를 말하는 것입니다. 저는 이 이기주의를 심각하게 바라보고 있습니다. 하나님의 뜻은 하나님 사랑 이웃 사랑인데 이기주의는 이것을 정면으로 반박하는 사조입니다. 그래서 이 이기주의는 오늘날 이 세상을 완전히 욕심 가득한 세상으로 바꿔놓고 있습니다.

다섯째, 이 시대는 '포스트모더니즘' (Postmodernism)의 시대입니다.

포스트모더니즘은 탈근대주의를 말하는 것입니다. 지금 이 포스트모더니즘은 앞에서 말씀드린 4개의 시대사조를 함께 다 아우르는 개념인데 전통적인 이성에 대하여 반이성적인 사조이고 기존의 가치체계를 전면 거부하고 모든 것을 상대주의적 관점에서 바라보는 개념입니다. 그러므로 이런 상대주의적 관점은 기존의 가치체계, 도덕, 윤리, 종교 등을 거부하고 각자의 생각과 만족을 중요시하는 지극히 개인주의적인 성향이 있게 만드는 것입니다.

사사기의 주제성구가 "사람이 각기 자기의 소견에 옳은 대로 행하였더라"(삿 21:25) 하는 말씀인데 지금 이 시대가 포스트모더니즘으로 말미암아 자기 소견에 옳은 대로 행하는 사사시대와 똑같은 시대가 되어버리고 만 것입니다.

어떻습니까? 이렇게 이 시대의 사조를 분석해 놓고 보니까 정말 이 시대는 믿음을 지키기 너무나 힘든 시대가 아닙니까? 정말 보통 일이 아닙니다. 이러므로 바로 이런 시대 분석 때문에 우리 교회는 〈성경153올람〉 운동을 시작하게 된 것입니다.

진실로 솔직히 말해서 믿음보다 더 중요한 것이 어디 있습니까? 믿음 생활 잘 감당해서 나중에 천국 가는 것보다 더 중요한 일이 어디 있습니까? 그러므로 믿음 생활 잘하고 아무리 힘든 시대이지만 정말 성경의 가치관으로 살아가고 이 모습을 우리 후손에게 잘 물려주고자 태동한 것이 바로 〈성경153올람〉 운동입니다.

저는 이제 바로 이 운동에 목숨을 걸 생각입니다. 이 길밖에 없다고 믿습니다. 우리가 믿음을 지키고 한국교회가 회복되는 길은 이 길밖에 없다고 믿는 것입니다. 그래서 이 정신으로 지난 일 년을 줄기차게 달려왔고, 이제 이 중요한 운동을 한국교회에 널리 소개하고자 합니다.

〈성경153올람〉 운동을 통해 내 믿음을 잘 지키고 우리의 다음 세대를 믿음으로 지켜내야 합니다. 오늘 본문처럼 우리 이후의 세대가 절대 '다른 세대'가 되지 않고 꼭 '다음 세대'가 되도록 진정 믿음으로 길러내는 것이 오늘 이 시대 하나님이 우리 부모들에게 주신 최고의 사명입니다. 이 사명을 잘 감당하여서 여러분의 가문을 진실로 믿음의 명품 가문으로 만들어내시는 성도들이 되시기를 간절히 바랍니다.

042
성경153올람

삼백 명으로
너희를 구원하리라

우리 대한민국은 모든 것이 다 밥으로 통한다고 할 수 있습니다. 몇 가지 예만 들어보면 대한민국은 정말 밥으로 산다는 것을 대번에 이해할 수 있습니다.

누가 누구를 혼낼 때 뭐라고 말하는 줄 아십니까?

"너 오늘 국물도 없을 줄 알아!"

정말 고마울 때는 이렇게 말합니다.

"야, 진짜 고맙다. 나중에 밥 한번 먹자."

오랜만에 만난 친구에게 안부를 물어볼 때는 이렇게 말합니다.

"밥은 먹고 지내냐?"

사람이 아플 때는 흔히 이런 말을 하죠.

"밥은 꼭 챙겨 먹어."

그리고 아주 재수 없을 때는 이렇게 말합니다.

"쟤 진짜 밥맛 없지 않냐?" 혹은 반대로 "쟤는 정말 밥맛이야!"

참 한심할 때는 "저래서 밥은 벌어먹겠어?"

무언가 잘해야 할 때는 "사람이 밥값은 해야지."

친하다가 아주 나쁜 사이가 되고 말았을 때 "그 사람하고는 밥도 먹기 싫어."

범죄를 저질렀을 때는 "너 콩밥 먹는다."

멍청하다고 욕할 때 "어우! 이 밥팅아."

상황이 아주 심각할 때 "넌 목구멍에 밥이 넘어가냐?"

무슨 일을 말릴 때 "이놈아, 그게 밥 먹여 주냐?"

최고로 정이 떨어질 때 "정말 밥맛 떨어진다."

상대방을 비꼴 때 "밥만 잘 처먹더라."

그리고 가장 좋은 사람은 "밥 잘 사주는 사람."

이런 정도이기 때문에 아예 우리 인사말이 이렇습니다. "밥은 먹었냐?" "식사하셨습니까?" 대한민국은 이렇게 다 밥으로 통하는 세상인데요. 그렇다면 우리 그리스도인은 과연 무엇으로 사는 사람이 되어야 하겠습니까? 바로 이 질문에 대하여 오늘 본문의 말씀이 아주 분명한 대답을 주고 있습니다. 여러분은 오늘 말씀을 통해 이 힘들고 악한 시대에 무엇으로 살아야 할지를 꼭 체득하시기 바랍니다.

여호수아는 이스라엘 백성을 이끌고 가나안 땅을 정복한 다음에 지파별로 땅을 분배하였고 그 후에 자기의 사명을 다하고 나이 많아 죽게 되었습니다. 죽기 전에 여호수아는 이스라엘 백성들의 신앙을 새롭게 하려고 계약 갱신을 단행하였는데 그것은 여호수아 24장 15절에 나오는 대로 "너희가 섬길 자를 오늘 택하라. 오직 나와 내 집은 여호와를 섬기겠노라" 하는 말씀이었습니다. 이 도전에 대하여 이스라엘은 다음과 같이 아주 굳게 다짐하고 결심하였습니다.

"우리가 결단코 여호와를 버리고 다른 신들을 섬기기를 하지 아니할 것이라"(수 24:16).

그런데 여호수아와 동시대 사람들이 다 죽고 말았을 때 이스라엘 백성들은 이 아름다운 계약을 잘 지키지 못하고 그 계약을 다 파기해 버리고 말았습니다. 그래서 그 결과 참 안타까운 결과가 찾아오고 말았는데 이에 대하여 사사기 2장 10절은 이렇게 기록하고 있습니다.

"그 세대의 사람도 다 그 조상들에게로 돌아갔고 그 후에 일어난 다른 세대는 여호와를 알지 못하며 여호와께서 이스라엘을 위하여 행하신 일도 알지 못하였더라"(삿 2:10).

이 구절에 참 가슴 아픈 표현이 등장하고 있죠. 이 구절은 여호수아 이후의 세대를 '다음 세대'라고 말하지를 않고 '다른 세대'라고 표현하고 있는데 이것이 참 가슴 아픈 표현이 아닐 수 없습니다. 만약에 여호수아 이후 세대가 선조들의 신앙을 잘 물려받고 여호와 신앙을 잘 지켰더라면 분명히 '다음 세대'(next generation)라고 표현하였을 것입니다.

그런데 안타깝게도 여호수아 그 이후 세대는 여호와를 알지 못하였고 여호와께서 이스라엘을 위하여 행하신 일도 알지 못하였습니다. 그들은 오히려 우상을 열심히 섬겼고, 그래서 그만 그들은 '다른 세대'(another generation)가 되고 말았던 것입니다. 이렇게 여호수아 그 이후 세대가 '다음 세대'가 되지 못하고 '다른 세대'가 되고 말았을 때 그때로부터 이스라엘 역사는 아주 캄캄한 암흑기로 접어들었습니다.

이렇게 캄캄한 암흑의 역사가 무려 350년 동안 지속되었는데, 이 캄캄한 350년의 역사를 가리켜서 우리는 '사사시대'라고 부릅니다. 이렇게 해서 무려 약 350년 동안이나 이스라엘 백성들은 여호와 신앙을 버리고 우상을 섬기고 심각한 죄악 속에 빠져서 자기 소견에 옳은 대로 행하였습니다. 사사시대의 뼈아픈 역사는 오늘날 우리가 먼저 자신의 신앙을 잘 지켜내고 다음 세대에게 신앙을 잘 전수하고 우리나라 대한민국을 복음의 나라로 만들어나가는 것이 얼마나 중요한가 하는 것을 잘 알려주고 있습니다.

이렇게 이스라엘 백성들이 하나님을 버리고 우상을 섬기며 자기 소견에 옳은 대로 행하였지만 하나님은 계속하여 은혜를 베풀어주셨습니다. 그들이 범죄 하여 우상을 섬기고 심각한 악을 행하였을 때 그들을 다시금 돌이키기 위하여 하나님은 이스라엘 백성들에게 징계를 내리셨습니다. 그 징계는 이방 나라들이 이스라엘을 공격하고 괴롭히는 것이었습니다. 이것은 그 징계를 받아 정신을 차리고 다시금 하나님께로 돌아와 복된 삶을 살아가게 만들기 위함이었습니다.

그래서 이렇게 하나님의 징계를 받았을 때 이스라엘은 비로소 정신을 차리고 크게 뉘우치고 회개하며 하나님께 우리를 구원해 달라고 간구하였습니다. 이때 하나님은 비록 큰 죄를 범한 그들이었지만 기꺼이 그들을 용서하시고 그들을 이방 나라로부터 구원해 주셨습니다. 여기에서 그쳤으면 얼마나 좋았겠습니까? 하나님의 구원을 경험한 다음에 다시는 곁길로 나가지 않아야 하는데 이스라엘은 또다시 타락을 일삼았습니다. 그래서 타락하고, 하나님은 징계를 주시고, 징계를 받고서 회개하고, 회개하는 이스라엘을 하나님은 구원해 주셨습니다.

이렇게 '타락 → 징계 → 회개 → 구원', 이 악순환이 약 350년 동안이나 지속되었던 것입니다. 이와 같은 안타까운 악순환의 역사를 기록하고 있는 책이 바로 '사사기' 말씀입니다. 하지만 이렇게 악순환을 반복하는 중에도 하나님은 끝까지 인내하시며 이스라엘이 회개할 때마다 이방인의 손에서 그들을 구원해 주셨는데 바로 이때 하나님께서 들어 사용하신 사람들을 가리켜서 우리는 '사사' 라고 부릅니다.

이 '사사' 라고 하는 말은 '쇼페팀' 이라고 하는 히브리말인데 이 말은 문자적으로는 '재판관' 이란 뜻이 있습니다. 그래서 사사는 왕이 없던 시대에 하나님의 부르심을 받아서 군사적 지도자의 역할을 감당한 비세습적, 비전문적, 비정규적 지도자들이었습니다. 이러한 사사가 모두 12명에 이르고 있는데 사사가 12명이라고 하는 것은 '타락 → 징계 → 회개 → 구원' 의 악순환이 무려 12번이나 반복되었다는 것을 말해주는 것입니다.

이제 오늘 본문에 등장하는 '기드온' 은 중부 지역 최초의 사사입니다. 그는 미디안 사람들이 이스라엘을 괴롭힐 때 하나님으로부터 사사로 부르심을 받았습니다. 여자 사사 드보라 이후에 약 40년 동안 태평성대를 지내던 이스라엘 백성들은 다시 또 여호와의 목전에 악을 행하였습니다. 그래서 하나님은 그들을 바로 잡기 위하여 그들을 7년 동안 미디안 나라의 손에 넘기셨습니다. 그렇게 이스라엘이 미디안으로 말미암아 고난과 궁핍이 아주 심하였을 때 그들은 회개하며 하나님께 부르짖었습니다. 그때 하나님은 또다시 은혜를 베푸시는데 이번에는 기드온을 부르셔서 이스라엘을 구원하기로 작정하신 것입니다.

그런데 이 기드온은 사실 성격도 참 소심하고 몸집도 아주 왜소한 인물이었던 것 같습니다. 그렇지만 하나님은 이 기드온에게 나타나셔서 그에게 이스라엘을 구원할 소명을 허락해 주셨습니다. 여호와의 사자가 기드온에게 나타나서 "큰 용사여 여호와께서 너와 함께 계시도다." 이렇게 말씀하셨습니다.

여기서 "하나님이 함께하신다"는 이 말은 그냥 평범한 말이 아니고 하나님이 부르시고 일을 맡겨주실 때, 그러니까 소명과 사명을 주실 때에 사용하시는 표현입니다. 그래서 하나님은 기드온에게 능력과 지혜를 주어서 기드온이 그 일을 잘 수행할 수 있도록 하나님이 반드시 함께하겠다는 약속을 하고 계신 것입니다. 그런데 기드온은 이와 같은 하나님의 분명한 소명과 사명에도 불구하고 하나님께 항변하기도 하고 자기는 부족하다고 사양하기도 하고 정말 하나님이시라면 표징을 보여 달라고 떼를 쓰기도 하였습니다.

이때 하나님은 사자를 보내서서 기드온에게 고기와 무교병을 가져다가 바위 위에 놓고 그 위에 국을 부으라고 명령하셨습니다. 그래서 기드온이 하나님의 사자가 명하는 대로 고기와 무교병을 가져다가 바위 위에 놓고 그 위에 국을 부었는데 그때 하나님의 사자가 지팡이 끝을 내밀었고 그 순간 놀랍게도 불이 바위에서 나와 고기와 무교병을 다 불살랐습니다.

이렇게 놀라운 하나님의 표징을 보고 마침내 기드온은 자신이 하나님을 대면한 사실에 대하여 크게 두려워하였습니다. 그러나 인자하신 하나님은 그때 기드온에게 이렇게 말씀해 주셨습니다. "너는 안심하라. 두려워하지 말라. 죽지 아니하리라" 말씀해 주셨습니다. 이렇게 하나님의 임재를 경험한 기드온은 바로 그곳에 여호와 하나님을 위하여 제단을 쌓고 그곳의 이름을 '여호와 살롬' 이라고 불렀습니다. 지금 하나님께서 기드온에게 선포해 주신 '살롬' (שׁלם)은 '평강', '평화', '평안' 의 뜻을 지니고 있습니다. 그래서 '여호와 살롬' 은 '평강의 하나님' 이란 뜻입니다. 죽음에 대한 두려움으로 탄식하고 있는 기드온에게 하나님은 안심하라고 말씀하시며 그에게 '살롬' 을 선포해 주신 것입니다.

아무리 힘들고 어려워도 우리 가운데는 하나님이 선포해 주시는 살롬이 있습니다. 이 평안은 그 누구도 빼앗아 갈 수 없는 하나님의 절대 평안입니다. 하나님께서 우리에게 바로 이 절대 평안, 살롬을 허락해 주신 줄로 믿고 진정 용기백배하게 살아가시기를 간절히 바랍니다.

이렇게 소명의 사건과 살롬의 사건으로 이스라엘의 사사가 된 기드온은 이제 하나님의 명령을 따라 미디안과의 전쟁을 수행하게 되었습니다. 이 전쟁에 참전할 군사를 모집하는 중에 지원자들이 길르앗 산에 모였고 이때 하나님은 이런 말씀을 하셨습니다.

"여호와께서 기드온에게 이르시되 너를 따르는 백성이 너무 많은즉 내가 그들의 손에 미디안 사람을 넘겨주지 아니하리니 이는 이스라엘이 나를 거슬러 스스로 자랑하기를 내 손이 나를 구원하였다 할까 함이니라"(삿 7:2).

하나님의 뜻을 아시겠죠? 이스라엘이 미디안과의 전쟁에서 이기는 것은 이스라엘의 힘으로 되는 것이 아니라 하나님의 능력으로 되는 것임을 알아야 한다는 것입니다. 그래서 하나님의 명령을 따라 "누구든지 두려워 떠는 자는 길르앗 산을 떠나 돌아가라"고 말했는데 이에 돌아간 백성이 2만 2천 명이나 되었고 겨우 만 명만 남았습니다.

그런데 이때 하나님께서 또다시 말씀하시기를 "백성이 아직도 많으니 그들을 인도하여 물가로 내려가라. 거기서 내가 너를 위하여 그들을 시험하리라"(4절) 말씀하셨습니다. 그래서 그들이 물가에 내려갔을 때 하나님은 또다시 말씀하시기를 "누구든지 개가 핥는 것 같이 혀로 물을 핥는 자들을 너는 따로 세우고 또 누구든지 무릎을 꿇고 마시는 자들도 그와 같이 하라"고 말씀하셨습니다.

그래서 기드온이 하나님의 명령을 따라 지켜보니까 손으로 움켜 입에 대고 핥는 자의 수는 3백 명이고 그 외의 모든 백성은 다 무릎을 꿇고 물을 마셨습니다. 이때 하나님께서 기드온에게 다시 말씀하셨습니다.

"내가 이 물을 핥아먹은 삼백 명으로 너희를 구원하며 미디안을 네 손에 넘겨주리니 남은 백성은 각각 자기의 처소로 돌아갈 것이니라."

그래서 나머지 백성들은 다 돌려보내고 이제 하나님께서는 기드온에게 남겨진 3백 명의 군사를 이끌고 미디안과의 전쟁을 수행하라고 명령하신 것입니다.

이 대목에서 전쟁에 나갈 군사를 3백 명만 선발한 것은 오늘 우리에게 어떤 의미를 던져주고 있습니까? 사실 처음에 나아온 이스라엘 군사 3만 2천 명이란 숫자도 미디안 군사 13만 5천 명에 비하면 너무나 적은 숫자입니다. 그리고 전술적인 면에서도 이스라엘 군대는 제대로 훈련을 받지 못한 채 급하게 소집된 사람들이었습니다. 그런데 이마저도 두려워 떠는 자를 돌려보내고 만 명이 남았는데 여기서 또 물 떠먹는 방식을 통해 오직 3백 명의 군사만 남긴 것은 이 가운데 하나님의 크신 뜻이 있는 것입니다. 그것은 바로 2절 말씀에 잘 나타나 있는데 혹시라도 이스라엘이 자신들의 능력으로 전쟁에서 승리했다고 착각하여서 하나님을 거슬러 자만하지 않도록 하기 위함이었습니다. 이 사실이 우리에게 무엇을 알려주는가 하면 전쟁의 승리는 하나님의 손에 달려 있다는 사실입니다. 전쟁에서의 승리는 사람의 많고 적음에 달린 것이 아니라 오직 하나님의 능력에 달려 있음을 이스라엘이 분명히 깨닫게 하려고 단 3백 명만 남겨 놓으신 것입니다.

이제 상황이 이렇게 되었기 때문에 이스라엘은 300명의 군사를 가지고 135,000명의 미디안 군사와 전쟁을 해야 합니다. 이렇게 말도 안 되는 상황 속에서 이스라엘과 미디안의 전쟁이 벌어졌는데 과연 어떻게 되었을까요?

하나님은 이제 기드온에게 그 전쟁에서 승리할 방법까지도 알려주셨습니다. 3백 명을 세 무리로 나누어서 각 손에 나팔과 빈 항아리를 들리고 그 항아리 안에 횃불을 감추게 하셨습니다. 그리고 밤 10시가 지났을 때 기드온과 함께한 100명이 진영 근처에 나타나서 나팔을 불며 손에 가졌던 항아리를 부수었습니다. 그 이후로 나누었던 세 무리가 일제히 항아리를 부수고 왼손에 횃불을 들고 나팔을 크게 외쳐 불었습니다.

그렇게 해서 그들을 에워쌌을 때 미디안의 군사들은 뛰고 부르짖고 도망을 가면서 자기들끼리 칼로 치게 하심으로 하나님은 이스라엘이 대승을 거둘 수 있도록 역사하셨습니다. 사실 기드온의 300 용사가 미디안 군대를 쳐부수는 데 사용한 도구는 나팔과 횃불이 고작이었습니다. 그런 것은 무기라고 할 수도 없는 것입니다. 그러나 하나님께서 역사하실 때에 그것은 대단한 무기가 되었고 무엇보다 하나님께서 대신 싸워주시는 거룩한 전쟁(Holy War)으로 말미암아 이스라엘은 미디안과의 전쟁에서 큰 승리를 거두게 된 것입니다.

오늘 말씀에서는 바로 이 사실을 깨닫는 것이 정말 중요합니다. 우리가 인생을 살아가면서 내 힘과 내 능력을 의지하는 것이 아니라 오직 하나님을 의지할 때 승리할 수 있음을 우리는 분명히 깨달아야 합니다.

승리는 오직 하나님께 있습니다. 오직 하나님께서 우리가 승리하게 만들어 주시는 것입니다. 심지어 하나님은 우리를 너무나 사랑하셔서 우리를 위해 대신 싸워주십니다. 그러므로 우리 역시 인생의 싸움에서 승리하려고 하면 우리를 위해 대신 싸워주시는 하나님을 의지하는 길밖에 없습니다. 이것을 분명히 깨달아야 합니다. 진실로 바로 이 가치관을 우리 몸과 마음에 체득해야 합니다. 내 인생의 승리는 오직 하나님의 손에 달려 있고 하나님을 의지할 때 내가 승리할 수 있다는 사실입니다.

기드온의 이야기는 사사기에 나오는 12명의 사사 이야기의 일부분입니다. 그런데 그 원리와 신앙적 교훈은 오직 한 가지입니다. 사람들이 다 자기 소견에 옳은 대로 행하여 하나님을 버리고 우상을 섬기는 그 악한 시대에 진실로 우리가 승리하는 비결은 오직 하나님을 믿고 오직 하나님을 의지하는 길밖에 없다는 사실을 확실하게 알려주는 것입니다.

깊은 바닷속의 수압은 아주 대단하여서 잠수함도 찌그러뜨릴 정도입니다. 그런데 아주 작은 물고기는 유유히 그 속에서 생존하며 잘 살아가고 있습니다. 그 이유가 무엇인 줄 아세요? 잠수함도 찌그러지는 심해 속에서 작은 물고기가 버틸 수 있는 이유는 바닷속의 수압보다 물고기 속의 압력이 더 강하기 때문입니다. 그렇습니다. 우리를 향하여 날마다 순간마다 다가오는 무수한 압력들로부터 우리가 터지고 깨어지지 않을 수 있는 충분한 이유는 우리 속의 믿음의 압력을 올리는 것입니다. 질병의 압력, 물질의 압력, 가시의 압력, 상처의 압력들이 쉬지 않고 누를 때 우리 속에 오직 하나님만 의지하는 믿음의 압력을 높이면 우리는 반드시 승리할 수 있게 되는 것입니다.

자기 소견에 옳은 대로 행하는 악한 시대에 여러분은 진실로 하나님만 의지하는 믿음의 압력을 높여서 기드온처럼 모든 영적 싸움에서 온전히 승리하는 성도들이 꼭 되시기를 간절히 바랍니다.

043
성경153올람

나의 하나님이
되시리라

세상에는 참 못되고 악한 사람들도 많지만, 또 한편 세상에는 정말 착하고 선한 사람도 많습니다. 참 말도 못되게 하고 입만 벌렸다 하면 거짓말하고 그저 자기 이익만 챙기고 자기만 드러내면서 다른 사람에게는 크나큰 상처를 주는 사람을 만나면 우리는 절망하게 됩니다. 그런데 참 사람이 따뜻해서 다른 사람을 만나면 늘 좋은 말을 해주고 늘 이타적으로 살아가며 사람을 세워주는 사람을 만나면 그때는 정말 하나님을 만난 것처럼 반갑습니다.

오늘 이제 우리는 룻기 말씀 속으로 들어왔습니다. 룻기는 4장밖에 안 되는 짧은 말씀인데 이 말씀 속에서 우리는 정말 착하고 선하고 아름답고 귀한 모습을 발견할 수 있습니다. 아무쪼록 오늘 말씀을 통해서 참 아름다운 믿음과 지고지순한 사랑의 모습을 꼭 체득하시는 여러분 되시기를 바랍니다.

룻기의 말씀은 '엘리멜렉'과 그 아내 '나오미'의 집안에 관한 이야기로부터 시작하고 있습니다. 그들은 유대 땅 베들레헴에 살던 사람들이었는데 그 땅에 갑자기 흉년이 크게 들어서 부부는 두 아들 '말론'과 '기론'을 데리고 이방 땅 모압으로 이주해 들어갔습니다. 처음 모압 땅으로 이주하였을 때 그들은 그런대로 괜찮은 삶을 살아갔습니다. 전에 살던 유다 땅 베들레헴과는 달리 그곳은 비옥하였고, 그래서 좋은 생활을 일구어 나갔습니다.

그런데 그렇게 살아가던 어느 날, 그 가정의 가장인 엘리멜렉이 갑자기 죽어버리고 말았습니다. 멀리 이방 땅 낯선 땅에서 가장이 죽었으니 그 상실감은 너무나 컸을 것입니다. 그러나 산 사람은 또 살아야 하지 않겠습니까? 그래서 나오미는 큰 슬픔 중에서도 두 아들을 열심히 키웠고 마침내 두 아들은 장성하여서 그곳의 모압 여인을 맞아 결혼하였습니다. 그런데 어떻게 된 일인지 모압에 거주한 지 10년 정도 지났을 때 두 아들 말론과 기론 마저 그만 죽어버리고 말았습니다.

그들이 왜 죽었는지 그 이유에 대해 성경은 밝히고 있지 않습니다만, 어쨌든 그것은 나오미와 젊은 여인들에게는 너무나 큰 상실의 아픔이었을 것입니다. 그렇게 나오미와 두 며느리, 세 여인만 남게 되었습니다. 이것은 아주 험악한 상황입니다. 최악의 상황이 도래한 것입니다. 인간적으로도 아주 비극적이고 경제적으로도 심히 어려운 상황을 만나게 된 것입니다.

이런 상황 중에서 나오미는 고향 땅 베들레헴에 흉년이 그쳤다는 소식을 듣게 되었습니다. 그래서 나오미는 이제 모압을 떠나 유다 땅으로 돌아가기로 결심하였습니다. 나오미가 모압을 떠나 유다 땅으로 돌아가려 하였을 때 두 며느리가 함께 나오미를 따랐습니다. 그들을 보고 나오미는 이렇게 말해주었습니다.

"너희는 각기 너희 어머니의 집으로 돌아가라. 너희가 죽은 자들과 나를 선대한 것 같이 여호와께서 너희를 선대하시기를 원하노라"(룻 1:8).

세 여인은 참 어려운 시간을 함께 보냈고 함께 고생했으며 무엇보다 이렇게 똑같이 남편을 잃은 자신들의 처지를 생각할 때에 얼마나 처량하였겠습니까? 그래서 돌아가라는 시어머니의 말에 두 며느리는 소리 높여 울었습니다. 두 며느리는 나오미의 이런 요청에도 불구하고 끝까지 따라가겠다고 주장하였습니다.

"아닙니다. 어머니, 우리는 어머니와 함께 어머니의 백성에게로 돌아가겠습니다"(룻 1:10 참조).

그래도 함께 가겠다는 이 모습이 얼마나 기특하고 아름답습니까? 고생해도 같이 고생하고 살아도 같이 살겠다는 참 귀한 마음이 아닐 수 없습니다.

그러나 나오미는 며느리들의 간청을 아주 강하게 만류하면서 이제는 이렇게 말해주었습니다. "아니다. 내 딸들아, 돌아가라. 너희가 어찌 나와 함께 가려고 하느냐? 내 태중에는 너희의 남편 될 아들들이 없다. 나는 늙어서 더 이상 남편을 둘 수도 없다. 오늘 밤에 내가 남편을 두어 아들을 낳는다고 해도 그들이 자라기를 너희가 어찌 기다릴 수 있겠느냐? 그러니 돌아가라. 하나님의 손이 나를 치셨으므로 나는 너희들 때문에 정말 마음이 아프구나"(룻 1:11-14 참조). 참 너무나 절절하죠? 그들의 처지를 생각해 보니까 우리의 마음에도 정말 절절함이 뚝뚝 묻어나는 것 같습니다.

이러한 나오미의 말에 작은 며느리 오르바는 모압으로 돌아갔는데 큰 며느리 룻은 결코 모압으로 돌아가지 아니하고 그 어머니 나오미를 끝까지 따랐습니다. 그러니까 시어머니 나오미의 작은 며느리 모압 여인 오르바는 모압 땅으로 돌아갔고 같은 모압 여인이었지만 큰 며느리 룻은 시어머니 나오미를 끝까지 따라가기로 한 것입니다.

룻에게 있어 이것은 정말로 힘들고 어려운 결단이 아닐 수 없습니다. 룻은 태생이 모압 여인입니다. 모압은 이스라엘과 친분이 있거나 서로 왕래하는 나라가 아닙니다. 아니 오히려 서로 적대 관계에 있는 나라라고 할 수 있습니다. 그리고 모압에서 태어나 모압에서 자랐는데 그 전통과 관습에 젖어 있는 모압 여인이 전혀 새로운 곳에 그것도 적대관계에 있는 다른 나라에 가서 산다는 것은 정말 큰 모험이 아닐 수 없는 것입니다.

그러나 룻은 그 길을 가기로 하였습니다. 그녀는 그 길이 어떤 길인지 참으로 큰 두려움이 있었지만 자기 나름대로 확신하고 시어머니를 좇아 유다 땅으로 들어가는 길을 선택한 것입니다.

1. 믿음 선택

지금 룻의 모습은 그야말로 '믿음의 길'을 잘 선택한 것이라고 할 수 있습니다. 룻이 감당하였던 아름다운 선택은 그가 이제는 모압 땅을 떠나기로 결단하여 믿음을 선택했다는 사실입니다. 룻이 떠났던 이 모압은 상징적으로 볼 때는 이 세상을 의미한다고 할 수 있습니다. 이사야서 15~16장이나 예레미야서 48장에는 이방인들을 향한 하나님의 심판이 나오는데 거기에는 모압이 반드시 언급되고 있습니다. 그래서 모압은 장차 심판받을 땅이며 멸망 받을 이 세상을 상징하고 있는 것입니다.

룻은 비록 연약한 여인이었음에도 그곳을 떠나 하나님의 땅으로 갈

것을 결단한 것입니다. 이것은 우리 신앙의 삶에서도 정말 중요한 일입니다. 이 결단은 곧 세상적 가치관으로 살던 것에서 떠나 이제는 하나님의 말씀으로 살고, 세상의 방법으로 살던 것에서 떠나 이제는 하나님의 방법으로 살겠다는 결단입니다.

그렇습니다. 모압은 떠나야만 하는 곳입니다. 어쩔 수 없이 모압에 살게 되었다고 할지라도, 그 모압에서 태어났다고 할지라도 이제 옛적 길, 올람을 발견하였다면 이방 땅, 세상의 땅, 죄악의 땅 모압은 우리가 반드시 떠나야 합니다. 바로 이 점을 분명히 깨달으시고 여러분도 날마다 순간마다 참 아름다운 믿음의 길을 잘 선택하여서, 저 천국에 반드시 이르시는 성도 여러분 되시기를 간절히 바랍니다.

오늘 본문에 시어머니 나오미가 "너는 모압 여인이니까 나를 따라오지 말고 이 모압 땅에 머물라"고 아주 강권하였지만 룻은 그 결심이 흔들리지 않았습니다. 오히려 그는 이렇게 말하였습니다. 참 너무나 아름다운 모습이 아닐 수 없습니다.

"룻이 이르되 내게 어머니를 떠나며 어머니를 따르지 말고 돌아가라 강권하지 마옵소서. 어머니께서 가시는 곳에 나도 가고 어머니께서 머무시는 곳에서 나도 머물겠나이다. 어머니의 백성이 나의 백성이 되고 어머니의 하나님이 나의 하나님이 되시리니 어머니께서 죽으시는 곳에서 나도 죽어 거기 묻힐 것이라. 만일 내가 죽는 일 외에 어머니를 떠나면 여호와께서 내게 벌을 내리시고 더 내리시기를 원하나이다 하는지라"(룻 1:16-17).

아마도 룻은 시어머니 나오미와 함께 모압에서 사는 동안에 여호와 하나님께 대한 신앙을 배웠던 같습니다. 룻은 참 지혜로운 여인이어서 부족하게 배웠지만 온전하게 받아들일 줄 알았습니다. 그래서 룻은 자기가 정말 귀하게 배운 이 여호와 신앙을 결코 포기하지 않을 것이라 다짐하였고 바로 이 믿음이 진정으로 살길이라고 깊이 자각하여서 인간적인 땅을 떠나 영적인 고향, 유다 땅으로 가기로 선택하였던 것입니다.

인생은 선택의 연속입니다. 수많은 선택이 우리 앞에 놓여 있습니다. 그런데 그 수많은 선택 가운데서 가장 중요한 선택은 바로 믿음의 길을 선택하는 것입니다. 이런 광고 카피 기억나세요? "순간의 선택이 10년을 좌우합니다." 아주 유명한 광고 카피였죠. 그런데 우리가 믿음을 잘 선택하는 것은 10년이 아니라 우리의 영원을 좌우하는 것입니다.

여러분은 시마다 때마다 믿음의 길을 잘 선택하시고 올람, 옛적 길에 올라서서 진실로 날마다 믿음의 길을 잘 걸어가시고, 그래서 최후에 저 천국에 반드시 들어가시는 성도 여러분 꼭 되시기를 간절히 바랍니다.

2. 사랑 선택

오늘 룻은 이렇게 믿음의 선택을 잘 감당하였는데 그는 또 한 가지 더 참 아름다운 선택을 감당하였습니다. 그것은 바로 '사랑의 선택'입니다.

룻은 어머니께서 가시는 곳에 자기도 가고 어머니께서 머무시는 곳에 자기도 머물겠다고 고백하였습니다. 심지어 어머니께서 죽으시는 곳에 자기도 죽어 거기 묻힐 것이라고 말하였고 만일 자기가 죽는 일 외에 어머니를 떠나면 하나님께서 자기에게 벌을 내리실 것이라고 말하였습니다. 이것은 홀로 되신 시어머니를 너무나 사랑하여서 지극한 효성으로 섬기겠다고 하는 룻의 참 아름다운 고백이 아닐 수 없습니다. 그러므로 오늘 룻이 선택한 삶의 모습은 미움을 버리고 무관심을 버리고 참사랑을 선택하는 참 아름다운 모습을 보여주고 있는 것입니다.

이렇게 미움을 버리고 사랑을 선택하는 룻의 이 아름다운 모습은 오늘 본문을 벗어나서 룻기 말씀이 진행되는 내내 참 귀한 모습으로 계속해서 나타나고 있습니다. 나오미와 함께 유다 땅으로 돌아온 룻은 시어머니를 위하여 이삭을 주우러 나갔습니다. 이것 역시 시어머니를 잘 봉양하겠다고 하는 지극한 사랑의 모습이 아닐 수 없습니다. 사람이 이렇게 한결같기가 쉽지 않은데 룻은 한 번만 그런 것이 아니라 끝까지 순수한 사랑의 모습을 보여주고 있습니다.

그렇게 룻이 사랑의 마음으로 이삭을 주우러 나갔는데 그때 우연히 유력한 사람 보아스의 밭에 가게 되었고, 마침 그때 보아스가 룻이 이삭 줍는 모습을 보게 되었습니다. 보아스가 밭을 관리하는 사환에게 물어보자, "저 소녀는 모압 소녀인데 나오미와 함께 모압에서 돌아왔고, 이삭을 줍는데 아침부터 와서는 잠시 쉰 것 외에는 지금까지 계속해서 일하고 있습니다"라고 보고하였습니다.

보아스는 아주 유력한 사람이고 나오미의 집안에 기업 무를 책임 있는 사람이었으며 무엇보다 귀한 것을 귀하게 바라볼 줄 아는 참 신실한 사람이었습니다. 보아스는 다른 소년들에게 룻을 건드리지 말도록 조처하고 룻에게는 이런 말을 해주었습니다.

"너의 남편이 죽은 후로 네가 시어머니에게 행한 모든 것과 네 고국을 떠나 이 유대 땅으로 들어온 것을 나도 들었다. 여호와께서 네가 행한 일에 보답하시기를 원하며, 여호와께서 너에게 상 주시기를 원하노라"(룻 2:11-12).

이것은 룻의 지고지순한 사랑의 모습이 유력한 사람, 신실한 사람, 보아스에게 감동을 주었다는 것을 말해주는 것입니다.

그런데 이 룻은 보아스에게만이 아니라 그 땅의 많은 사람에게도 아주 현숙한 여인으로 인정받았습니다. 나중에 보아스와 가까워졌을 때 보아스가 하는 말을 들어보면 룻이 얼마나 사랑이 많고 현숙한 여인이었는가 하는 것을 잘 알려주고 있습니다. 룻기 3장 11절에 이렇게 기록되어 있습니다.

"내 딸아 두려워하지 말라. 내가 네 말대로 네게 다 행하리라. 네가 현숙한 여자인 줄을 나의 성읍 백성이 다 아느니라."

이런 것을 보면 룻은 참 현숙한 여인이었고 사람들에게는 참 친절한 여인이었으며 무엇보다 그 심성이 참 따뜻하여서 사람들을 사랑할 줄 아는 여인이었습니다. 이 세상을 살아가면서 따뜻한 사람이 된다는 것은 너무나 중요한 것 같습니다. 따뜻한 사람이 되어 사랑을 실천하는 삶을 하나님이 우리에게 너무나 바라시는 것입니다.

지금까지의 이 모든 내용을 종합해 보면 룻은 참으로 현숙하고, 사람들에게 친절하고, 참 따뜻하고, 무엇보다 그는 날마다 사랑의 삶을 선택하는 여인이었다는 것입니다. 지금까지 말씀드린 것은 룻이 두 가지 선택을 참 잘 감당하였다는 말씀을 전해드린 것입니다.

룻이 참으로 잘 감당한 선택은 첫째, 세상을 버리고 믿음을 잘 선택했다는 것입니다. 그리고 둘째는 미움을 버리고 사랑을 잘 선택하였다는 것입니다. 그러니까 룻은 믿음의 길을 잘 선택해서 참 아름다운 믿음의 삶을 잘 살아갔고, 그렇게 믿음의 삶을 살아가면서 지고지순한 사랑의 삶을 온전히 실천하며 살아간 것입니다.

이렇게 믿음의 선택, 사랑의 선택을 잘 감당한 룻을 하나님은 그냥 내버려 두지 아니하시고 룻의 모든 삶을 철저히 섭리하시고 한없는 은총을 베풀어주셨습니다. 기업 무르는 전통을 따라서 룻은 나중에 마침내 참으로 유력하고 신실하고 아름다운 믿음의 사람인 보아스의 아내가 되었습니다.

일이 이렇게 진행되는 과정에 대하여 룻기의 설명을 읽어보면 아주 중요한 표현이 등장하고 있습니다.

"룻이 가서 베는 자를 따라 밭에서 이삭을 줍는데 우연히 엘리멜렉의 친족 보아스에게 속한 밭에 이르렀더라"(룻 2:3).

이 구절에서 '우연히' 라는 부사에 주목해야 합니다. 그리고 2장 4절을 보세요. "마침 보아스가 베들레헴에서부터 와서" 그랬는데, 여기서는 '마침' 이라는 부사에 주목해야 합니다. 그러니까 '우연히', '마침', 두 사람 룻과 보아스가 만났다는 것인데 이것이 무엇을 말해주고 있습니까?

네, 이것은 하나님께서 섭리하셨다는 것입니다. 하나님께서 그리로 인도하시고 하나님께서 두 사람을 만나게 하시고 그 일의 모든 과정을 하나님께서 그리되도록 섭리하셨다는 것입니다. 우리가 믿음의 선택을 잘하고 사랑의 삶을 살기로 선택하면 하나님께서 반드시 섭리하시고 합력하여 선을 이루시는 줄로 분명히 믿으시기 바랍니다.

그렇게 해서 룻과 보아스는 하나님의 섭리를 따라 결혼하였고 그 후로 룻은 아들을 낳았는데 그 아들이 바로 오벳이었습니다. 그렇다면 '오벳' 은 누구일까요? 룻기의 마지막 부분의 두 절 말씀은 이렇게 끝나고 있습니다.

"살몬은 보아스를 낳았고 보아스는 오벳을 낳았고 오벳은 이새를 낳고 이새는 다윗을 낳았더라"(룻 4:21-22).

이것은 참으로 놀라운 사실입니다. 룻기는 이 두 절 말씀으로 끝납니다. 지금 이 내용은 마태복음 1장 5~6절에서 우리 예수님의 족보를 설명하는 구절에서 다시 한번 그대로 반복되어 나타나고 있습니다.

"살몬은 라합에게서 보아스를 낳고 보아스는 룻에게서 오벳을 낳고 오벳은 이새를 낳고 이새는 다윗 왕을 낳으니라"(마 1:5-6).

도대체 지금 이 내용이 우리에게 무엇을 말해주고 있습니까? 이것은 정말 기가 막힌 사실이고 이것은 아주 놀라운 사실입니다. 그것은 믿음의 선택, 사랑의 선택을 잘 감당한 룻을 하나님께서 장차 태어날 메시아, 우리 예수님의 조상으로 삼아주셨다는 사실입니다. 와, 이것은 정말 대단한 것입니다. 비록 이방 여인으로서 부족하고 연약한 여인이었지만 믿음을 선택하고 사랑을 선택한 룻을 하나님께서는 메시아의 조상으로 삼아주신 것입니다.

이제는 우리가 룻기 맨 처음인 1장 1절로 돌아가야 합니다. 거기에는 "사사들이 치리하던 때에"라고 이렇게 기록되어 있는데 이것은 룻기가 사사시대에 있었던 이야기라 하는 것입니다. 사사시대는 어떤 시대입니까? 사사시대는 하나님을 떠나 범죄하며 우상을 섬기고 사람들이 자기 소견에 옳은 대로 행하는, 그야말로 캄캄한 암흑시대였습니다.

그런데 이렇게 캄캄한 암흑시대 속에 이렇게 아름다운 믿음의 선택, 이렇게 지고지순한 사랑의 선택을 감당하는 룻의 이야기는 그 시대의 한 줄기 빛처럼 빛나고 있는 것입니다. 그래서 사사기와 룻기, 이 날카로운 대조를 통하여 하나님은 우리에게 절대로 믿음의 배신을 하지 말고 아름다운 믿음의 선택을 하고, 그리고 절대로 미움을 선택하지 말고 아름다운 사랑의 선택을 하라고 강력하게 촉구하고 계시는 것입니다.

룻은 이렇게 아름다운 믿음과 사랑의 선택을 잘 감당하여서 당대에도 하나님의 놀라운 복을 받았고 예수님의 족보에도 오르는 영적인 축복까지 받았습니다. 여러분도 룻기의 말씀을 잘 기억하고 날마다 믿음의 선택, 사랑의 선택을 잘 감당하여서 하나님의 크고도 놀라운 복을 경험하시고 무엇보다 자자손손 만대에 이르기까지 아름다운 믿음의 가문을 꼭 이루시기를 간절히 바랍니다.

"너는 칼과 창과 단창으로 내게 나아오거니와 나는 만군의 여호와의 이름
곧 네가 모욕하는 이스라엘 군대의 하나님의 이름으로 네게 나아가노라"
(삼상 17:45).

PART 7

통일왕조시대

044

성경153올람

주의 종이 듣겠나이다

오늘부터 우리는 사무엘상 말씀으로 들어오게 되었습니다. 사무엘상의 전반부는 사무엘의 사역을 소개하고 있고 후반부는 이스라엘의 첫 왕 사울에 대해 말씀하고 있습니다. 사무엘이 태어나 사역을 시작하였던 때는 사사시대 말기입니다. 이 시대는 여러 가지로 혼란스럽고 영적으로 참 안타까운 시대였습니다.

오늘 본문의 말씀 앞뒤에 있는 여러 말씀을 참조해서 사사시대 말기의 시대상을 살펴보면 우리는 이 시대를 4가지 정도로 요약해 볼 수가 있습니다.

첫 번째로 사무엘의 시대는 국가적으로 백성들을 다스리는 통제력이 부족해서 나라가 아주 큰 혼란 가운데 있었습니다. 사사기 맨 마지막 구절, 21장 25절은 사사시대의 시대상을 이렇게 요약하고 있습니다. "그 때에 이스라엘에 왕이 없으므로 사람이 각각 자기의 소견에 옳은 대로 행하였더라." 이것은 그 당시가 국가적으로 통합이 잘 안 되고 있다는 뜻이고 사람들은 그냥 자기 마음대로 자기 하고 싶은 대로 행하며 살았다는 뜻입니다. 그래서 사무엘의 시대는 국가적으로 통제력이 아주 부족한 혼돈의 시대였던 것입니다.

두 번째로 그 시대는 사회적으로 살펴보아도 도덕과 윤리가 땅에 떨어진 시대였습니다. 사무엘상 2장 22절 이하에 보시면 엘리 제사장의 아들들은 하나님의 전에서 봉사하는 제사장이었지만 회막 문에서 수종 드는 여인들과 동침하는 아주 큰 잘못을 범하였습니다. 제사장들의 모습이 이러할진대 일반 백성들의 모습은 어떠하였겠습니까? 그들은 부끄러운 줄도 모르고 아주 악하고 음란한 일들을 서슴지 않았던 것입니다. 이것을 보면 그 시대는 사회적으로 도덕과 윤리가 땅에 떨어진 시대였던 것입니다.

세 번째로 그 시대는 교육적으로도 문제가 많았던 시대였습니다. 아주 악하고 음란한 일을 서슴지 않고 행하는 자녀들에게 아버지 엘리 제사장은 이렇게 말하였습니다.

"너희가 어찌하여 이런 일을 하느냐. 내가 너희의 악행을 이 모든 백성에게서 듣노라. 내 아들들아 그리하지 말라. 내게 들리는 소문이 좋지 아니하니라. 너희가 여호와의 백성으로 범죄하게 하는도다"(삼상 2:23-24).

그런데 이렇게 꾸중하고 훈계하였지만 엘리의 아들들은 아버지의 말을 전혀 듣지 않았습니다. 이것은 엘리 제사장이 애초부터 자녀들을 영적으로 훈계하지도 않았고 심각한 죄악의 문제에 대하여 강력한 조처를 하지도 않았기 때문입니다. 그래서 결국 그들의 방종과 타락은 돌이킬 수 없을 정도로 아주 극을 향해 치달았던 것입니다. 이것은 그 당시가 교육적으로도 아주 피폐해서 다음 세대 교육이 전혀 이루어지지 않았음을 보여주는 것입니다.

네 번째로 무엇보다 심각한 것은 종교적인 측면에서 그 시대는 제사 제도가 잘 지켜지지 않았고 하나님의 말씀을 무시하는 영적으로 아주 혼탁한 시대였습니다. 엘리 제사장의 아들들은 성전의 고기가 하나님께 드려지기도 전에 세 살 갈고리를 찔러 넣어서 걸려 나오는 것은 다 자기 것으로 착복하는 아주 악한 모습으로 일관하고 있습니다. 이뿐만이 아닙니다. 기름을 태우기 전에 제사드리는 사람에게 말해서 구워 먹을 고기를 억지로 빼앗기도 하였습니다.

그래서 사무엘상 2장 17절에는 "이 소년들의 죄가 여호와 앞에 심히 큼은 그들이 여호와의 제사를 멸시함이었더라." 기록하고 있는데 이것은 그 시대 속에서 하나님을 바르게 신앙하는 일들이 잘 지켜지지 않았음을 보여주고 있는 것입니다.

그래서 그 시대가 얼마나 혼탁하고 특히 영적으로 얼마나 암울했는지 오늘 본문 1절이 아주 잘 요약해 주고 있습니다.

"아이 사무엘이 엘리 앞에서 여호와를 섬길 때에는 여호와의 말씀이 희귀하여 이상이 흔히 보이지 않았더라"(삼상 3:1).

여기에 나오는 '이상'(異像)은 히브리말로 '하존'인데 이 '이상'을 다른 성경에서는 '환상', '계시' 이런 말로 번역하고 있으며 영어성경에서는 여러 번역본이 다 'vision'으로 번역하고 있습니다. 그러니까 이 '이상'은 '일상'의 반대말이라고 생각하면 될 것 같습니다. 그래서 당시는 그저 눈에 보이는 것, 물질적인 것에만 가치를 두고 살았지 눈에 보이지 않는 것, 특별히 하나님의 뜻이나 계시, 이런 것에는 전혀 관심을 두지 않았다는 것입니다. 그래서 그 시대는 하나님의 말씀이 아주 희귀한 시대였고 하나님이 말씀해 주시는 것, 하나님의 환상, 비전 등이 잘 나타나지 않는 영적으로 참 캄캄한 시대였던 것입니다.

이런 현상은 오늘 본문 2절 말씀에 또다시 나타나고 있습니다. 2절 말씀은 "엘리의 눈이 점점 어두워 가서 잘 보지 못하는 그 때에"라고 기록하고 있습니다. 엘리는 그 당시에 제사장이었지만 그저 형식상의 제사장이었고 그 시대를 영적으로 전혀 이끌지 못하였습니다. 그래서 이 2절 말씀은 실제로 엘리가 나이 많아 눈이 점점 어두워졌다는 설명이지만 사실은 엘리 제사장이 영적으로도 눈이 점점 어두워져서 영적 분별력이 없어졌다는 이야기입니다.

바로 이런 때에 하나님은 혼탁하고 암울한 사사시대를 마감하고 새 역사를 불러일으키기 위하여 한 인물을 선택하셨는데 그가 바로 사무엘입니다. 그런데 사무엘이 이렇게 하나님께 쓰임 받게 된 것은 여러 가지 이유가 있습니다만 그중에서 가장 중요한 것이 뭐냐 하면 사무엘은 바로 '들음의 사람' 이었다는 사실입니다.

우리의 신앙 중에 잘 들을 줄 안다는 것은 정말 대단히 대단히 중요한 것입니다. 왜냐하면 신앙이라고 하는 것 자체가 바로 이 '들음' 에서 나기 때문입니다. 그러면 사무엘이 어떻게 '들음의 사람' 이 될 수 있었는지에 대해서 오늘 신앙의 양방향의 측면에서 두 가지 사건을 소개하면서 말씀의 은혜를 나누고자 합니다.

1. 사무엘의 출생

사무엘의 어머니 '한나' 는 자식을 낳지 못하는 여인이었습니다. 한나의 남편의 이름은 엘가나인데 그는 레위 자손의 혈통으로서 하나님을 섬기는 일에 있어서 외면적으로는 성실하고 경건한 사람이었습니다. 그런데 이렇게 경건한 사람도 그 당시 그러니까 사사시대의 한계를 벗어나지 못하고 축첩을 하는 바람에 엘가나는 아내가 둘이었습니다. 이렇게 일부다처제가 사사시대의 보편적인 잘못된 현상인 것과 함께 아마도 엘가나는 한나가 아이를 낳지 못하는 것을 보고서는 또 한 사람의 아내를 더 얻었던 것 같습니다.

그런데 문제는 새로 얻은 아내 브닌나는 자식이 있고 본처인 한나는 자식이 없어서 이 일로 말미암아 브닌나는 한나를 심히 괴롭혔고 아주 격분하게 만들었습니다. 그래서 한나는 이 일이 너무 힘들고 괴로워서 하나님의 전에 올라가서 통곡하며 기도하였습니다.

기도하면서 한나는 만약에 하나님께서 아들을 주시면 이 아들을 하나님께 바치겠다고 서원까지 하였습니다. 결국 하나님께서는 한나의 간절한 기도에 응답하셨고 엘가나와의 관계 속에서 마침내 아들을 얻게 되었는데 그 아들이 바로 '사무엘'이었습니다. 한나는 그렇게 얻은 아들을 사무엘이라 이름 짓고 하나님께 서원한 대로 그 아들을 말씀으로 잘 양육하여 하나님께 드렸으며 그때부터 사무엘은 하나님의 전에서 자랐습니다.

이렇게 사무엘의 출생 이야기에서 알 수 있는 것처럼 사무엘은 그의 어머니 한나가 기도로 얻은 아들입니다. 한나는 하나님께 매달려 간절히 기도하였고 하나님은 한나의 간구를 들으시고 그 기도에 응답하심으로 사무엘을 허락해 주신 것입니다. 이렇게 기도로 얻은 아들의 이름을 한나는 '사무엘'이라 이름 지었는데 여기에 아주 중요한 의미가 숨어 있습니다.

사무엘의 이름은 사실은 두 가지 단어가 합해져서 만들어진 이름입니다. 그 두 가지 단어는 '셰무아'와 '엘'인데, 먼저 '셰무아'는 '듣는다'는 뜻이 있습니다. '쉐마 이스라엘'(신 6:4)은 "이스라엘아 들으라'라는 뜻이라고 말씀드렸죠? 여기 나오는 이 '쉐마'나 사무엘의 이름 중에 나오는 '셰무아'나 둘 다 똑같이 '듣는다'는 어근을 가진 것입니다. 그다음에 '엘'은 '하나님'이란 의미를 지닌 단어입니다. 그래서 '셰무아 엘'은 "하나님께서 들으셨다"라는 의미가 되는 것입니다. 바로 이것이 사무엘의 이름의 뜻입니다.

이렇게 사무엘의 이름과 그가 출생할 때의 이야기는 우리에게 참 중요한 교훈을 전해주고 있습니다. 그것은 하나님은 반드시 우리의 간구를 들으시는 분이라는 사실입니다. 하나님은 우리가 하나님께 아뢰는 모든 것을 귀담아들어 주시는 분이고 우리가 간절히 기도할 때 우리의 간구에 반드시 응답하시는 분입니다.

그래서 우리의 기도는 맹목적인 간구가 아닙니다. 우리의 기도는 허공을 치는 기도가 아닙니다. 우리는 살아계셔서 우리의 기도를 들으시는 하나님께 기도하는 것이고, 살아계신 하나님은 우리의 기도에 반드시 응답하시는 것입니다. 그러므로 이 힘들고 어려운 시대를 살아가는 우리가 반드시 가져야 하는 확신 한 가지는 바로 우리 하나님은 들으시는 하나님이시라는 확신입니다. 이렇게 하나님은 우리를 들으시는 하나님이신 줄로 분명히 믿으시고 이 확신 가지고 늘 기도하여서 하나님이 주시는 응답으로 날마다 승리하시기를 간절히 바랍니다.

2. 하나님이 사무엘을 부르심

두 번째 사건은 이제 오늘 우리가 함께 읽었던 본문의 말씀에 기록되어 있습니다. 오늘 본문의 이야기는 아이 사무엘이 열두 살쯤 되었을 때 여호와의 전에서 하나님을 섬길 때의 이야기입니다. 하루는 밤이 되어서 엘리 제사장은 자기 처소에 누웠고 사무엘은 성전 봉사를 마치고 하나님 의 궤가 있는 여호와의 전 안의 어느 부속실에 누워서 잠을 청하고 있었 습니다.

그런데 그때 하나님께서 어린 사무엘을 부르셨습니다. "사무엘아, 사 무엘아!" 바로 이때 사무엘은 "내가 여기 있나이다" 하고 일어났는데 어 린 사무엘은 엘리 제사장이 자기를 부르는 줄로 알고 급히 엘리에게로 달려갔습니다. 그러고는 "당신이 나를 부르셨기로 내가 여기 있나이다." 이렇게 말씀을 드리니까 엘리 제사장은 "내가 너를 부르지 아니하였다, 그러니 다시 가서 누우라"고 말하였습니다.

엘리의 말을 듣고 사무엘은 자리에 가서 누웠는데 하나님께서 다시 사무엘을 부르셨습니다. "사무엘아, 사무엘아!" 사무엘이 또 일어나서 엘 리 제사장에게로 달려갔는데 이번에도 엘리는 "내가 너를 부르지 아니하 였으니 다시 가서 자리에 누우라"고 말하였습니다. 그래서 그 말대로 사 무엘이 다시 가서 자리에 누웠는데 하나님께서는 세 번째로 사무엘을 부 르셨습니다.

이때 사무엘은 아직 하나님의 부르심을 잘 알지 못하였고 하나님의 말씀도 그에게 나타나지 아니한 때여서 사무엘은 또다시 엘리에게로 달 려갔습니다. "당신이 나를 부르셨기로 내가 여기 있나이다." 영적으로 어 두웠던 엘리 제사장은 3번째가 되어서야 "아, 하나님께서 이 아이를 부 르시는구나" 하고 깨닫고는 다시 하나님께서 부르시면 이렇게 하라고 일 러주었습니다.

마침내 하나님께서 네 번째로 사무엘을 다시 부르셨습니다. "사무엘 아, 사무엘아!" 이 부르심에 사무엘은 이제 이렇게 대답하였습니다. "말씀하옵소서. 주의 종이 듣겠나이다." 이렇게 해서 사무엘이 하나님의 음성을 듣고 하나님 앞에 섰을 때, 하나님은 엘리 제사장의 집과 이스라엘 민족에게 일어날 모든 일에 대해서 자세히 알려주셨습니다.

엘리는 당시의 제사장이었습니다. 이스라엘 백성들 가운데 영적으로 최고의 자리에 있는 사람이었습니다. 그러나 그는 같은 성전 안에 있었지만 하나님의 음성을 듣지 못하였고 어린 사무엘은 하나님의 음성을 들었습니다. 그 음성은 엘리 집안에 관한 이야기인데 정작 당사자 엘리 본인은 하나님의 음성을 못 들었고 사무엘이 대신 들었던 엘리 집안에 관한 이야기는 엘리 집안의 죄악에 대해 하나님께서 심판하실 것이며 그 집안은 망한다는 말씀이었습니다.

하나님의 전에 두 사람이 같이 있었지만 한 사람은 하나님의 음성을 듣지 못하였고 한 사람은 하나님의 음성을 들었습니다. 이것은 지금도 똑같이 일어날 수 있는 현상입니다. 똑같이 신앙 생활 하고 있어도, 똑같이 예배를 드리고 있어도, 똑같이 봉사하고 있어도 어떤 사람은 하나님의 음성을 듣지 못하고 어떤 사람은 하나님의 음성을 듣는 것입니다.

그 뒤로 사무엘은 하나님의 음성을 계속해서 들었고 이스라엘 민족 전체를 향한 하나님의 음성도 들었습니다. 이렇게 하나님의 음성을 듣고 순종했던 사무엘은 자라갈 때마다 하나님께서 그와 함께 해주셨고 그 뒤로 사무엘의 말은 하나도 땅에 떨어지지 아니하였습니다.

이와 같은 신실한 모습을 보고 단에서부터 브엘세바까지 모든 이스라엘 백성들은 사무엘이 하나님의 선지자로 세우심을 입은 줄로 알았고 사무엘은 하나님 앞에서 이스라엘 백성들을 새롭게 인도하며 자기의 사명을 잘 감당하였습니다.

오늘 사무엘의 이야기를 통해 정말 깊이 깨달아야 할 것은 우리가 하나님의 음성을 잘 듣는 사람이 되어야 한다는 것입니다. "말씀하옵소서. 주의 종이 듣겠나이다." 첫 번째 사건, 사무엘의 출생 사건을 통해서는 하나님께서 우리를 잘 들으시는 분이라는 것을 깨달았습니다. 그런데 두 번째 사건, 하나님께서 사무엘을 부르시는 사건을 통해서는 그 역방향 즉 우리도 하나님의 음성을 잘 듣는 사람이 되어야 한다는 것을 분명히 알려주고 있는 것입니다.

믿음의 삶에 있어서 잘 듣는 것은 대단히 중요합니다. 왜냐하면 믿음은 바로 들음에서 나기 때문입니다. 바울은 로마서 10장 17절에서 이렇게 말씀하였습니다.

"그러므로 믿음은 들음에서 나며 들음은 그리스도의 말씀으로 말미암 았느니라"(롬 10:17).

믿음은 잘 듣는 것으로부터 출발하는 것이고 그 들음은 다름이 아니라 그리스도의 말씀으로 말미암는다는 것입니다. 구약성경 이사야 55장에서도 이사야는 우리가 잘 듣는 것이 얼마나 중요한지를 크게 강조하였습니다.

"너희는 귀를 기울이고 내게로 나아와 들으라. 그리하면 너희의 영혼이 살리라. 내가 너희를 위하여 영원한 언약을 맺으리니 곧 다윗에게 허락한 확실한 은혜이니라"(사 55:3).

이제 모든 것이 다 자명해졌습니다. 우리가 하나님 앞에 나아가 잘 들어야 믿음 생활도 할 수 있고 잘 들어야 우리 영혼도 살고 잘 들어야 참된 가치의 삶을 살 수 있는 것입니다.

빌 헐(Bill Hull) 목사님이 쓰신「성령의 능력에 관한 솔직한 대화」라는 책에 나와 있는 이야기를 하나 들려드리겠습니다.

휴엘 하우저가 진행하는 미국의 인기 TV 프로그램 중에 〈캘리포니아의 금〉(California Gold)라는 프로그램이 있습니다. 이 프로그램에 코끼리 조련사였다가 은퇴한 찰리 프랭크에 관한 이야기가 방송된 적이 있습니다. '찰리'는 '니타'라는 코끼리를 오랫동안 훈련시켰습니다.

찰리와 니타는 둘 다 은퇴할 때까지 함께 일했습니다. 은퇴한 후에 찰리는 트레일러식 이동 주택에 살았고 니타는 샌디에이고 동물원으로 보내졌습니다. 찰리와 니타는 이렇게 헤어진 이후 15년 동안이나 서로 만나지 못하였습니다.

TV 프로그램 중에 진행자 휴엘 하우저는 찰리를 데리고 샌디에이고 동물원으로 니타를 찾아갔습니다. 찰리는 열 마리의 코끼리 중에서 니타를 금세 알아봤습니다. 찰리가 먼 거리에 서서 "니타, 귀여운 녀석, 이리 와봐"라고 말하였습니다. 그러자 엄청난 덩치의 코끼리 한 마리가 방향을 틀더니 찰리에게로 뛰어갔습니다. 찰리는 니타에게로 다가가서 쓰다듬어 주고 니타는 긴 코를 찰리의 볼에 비벼 댔습니다.

찰리도 울었고 진행자 휴엘도 울었고 수많은 시청자가 함께 울었습니다. 그런데 바로 그때 놀라운 일이 벌어졌습니다. 찰리가 니타와 그 옛날 그 공연을 재연하는 것이었습니다. 15년 동안이나 서로 보지 못했음에도 불구하고 마치 한 번도 헤어진 적이 없었던 것처럼 그 공연을 재연하였던 것입니다.

우리 예수님은 요한복음 10장에서 "내 양은 내 음성을 안다"고 말씀하셨습니다. 그런데 만약에 예수님께서 부르실 때 그 음성을 인식하지 못하는 그리스도인이 있다면 그것처럼 큰 비극이 어디 있겠습니까? 사랑하는 늙은 코끼리도 동고동락했던 주인의 음성을 아는데 여러분은 예수님의 음성을 아십니까? 하나님은 우리에게 끊임없이 말씀하시는데 여러분은 하나님의 음성을 듣고 있습니까? 그 음성에 반응하고 있습니까?

우리 기독교는 '보는 종교'가 아니라 '듣는 종교'입니다. 그리고 신앙이란 것 자체가 바로 '들음의 사건'입니다. 하나님 말씀이나 성경 묵상을 통해서 하나님의 음성을 들을 줄 알아야 합니다. 선포되는 설교 말씀을 통해서 하나님의 음성을 들을 줄 알아야 합니다. 내 양심에 울리는 마음의 소리를 통해 하나님의 음성을 들을 줄 알아야 합니다. 이렇게 하나님께서 말씀하실 때 잘 듣고 분명히 듣고 그 하나님의 말씀에 순종하는 것이 바로 신앙 생활의 전부입니다.

엉뚱한 소리와 잘못된 소리가 너무 많은 시대에 여러분은 하나님의 음성에 주파수를 잘 맞추고 그 음성을 분명히 듣고 잘 순종하여서 진실로 참다운 믿음의 삶을 살아가시기를 간절히 바랍니다.

045

성경153올람

벧세메스 길로
바로 행하니라

사무엘은 사사시대와 왕조시대를 연결 짓는 인물로서 마지막 사사라고 할 수 있습니다. 이제 오늘 본문은 막 사사시대가 끝나가는 시점에, 그리고 마지막 사사라고 할 수 있는 사무엘이 역사의 전면에 등장하기 바로 얼마 전에 있었던 사건입니다.

다시 말하면 사무엘이 사역을 시작하기 전에 엘리 제사장이 이스라엘의 제사장 직분을 감당하고 있었고 그의 두 아들 홉니와 비느하스가 아버지를 도와 함께 사역하고 있었는데 오늘 본문은 바로 그때 일어난 사건입니다.

참 안타깝게도 엘리와 그의 아들들은 충실한 제사장이 아니었고 하나님의 마음, 하나님의 뜻대로 행하지 않는 타락한 제사장들이었습니다. 그들은 이름뿐인 제사장이었고 그 이면에서는 오히려 배교자들이었습니다. 그런데도 그들은 이스라엘 종교의 최고지도자로 자처하고 있었고 이러한 모습은 하나님이 보시기에 참으로 가증한 것이었습니다.

그래서 하나님께서는 이스라엘 백성들의 심각한 죄악과 더불어서 이름뿐인 제사장들의 회개하지 않는 일들로 인하여 이스라엘을 블레셋의 손에 붙이셨습니다. 이 블레셋은 팔레스타인 땅의 서쪽인 지중해 해변 지역에 거주하였던 해양 민족으로서 역사 속에서 끊임없이 이스라엘을 몹시도 괴롭혔던 족속이었습니다.

하나님께서는 이스라엘이 회개하지 않을 때는 종종 그들을 이방인의 손에 붙여서 심판하실 때가 있었는데 지금은 블레셋 족속을 사용하신 것입니다. 그래서 이스라엘과 블레셋 간에 전쟁이 일어나게 되었는데 이 전쟁에서 이스라엘은 크게 패하였고 무려 사천 명이나 되는 엄청난 숫자가 죽임을 당하였습니다. 그런데 바로 그 시점에서 이스라엘이 정신을 차렸으면 얼마나 좋았겠습니까? 그러나 이스라엘은 그렇게 전쟁에서 패하고도 정신을 차리지 못하였습니다.

이스라엘은 블레셋과의 전쟁에서 실패한 원인이 자신들의 죄악 때문인 줄을 깨닫지 못하고 오히려 아주 이상한 발상을 떠올렸습니다. 그러니까 계속 정신을 차리지 못하고 아주 엉뚱한 일을 실행에 옮긴 것인데 그것은 언약궤를 전쟁터로 운반하여서 주술적인 도움을 얻어 보려고 하였던 것입니다.

언약궤는 법궤라고도 하는데 언약궤 안에는 모세가 받았던 십계명이 새겨진 증거판과 아론의 싹난 지팡이, 그리고 광야의 음식인 만나가 든 항아리가 들어 있었습니다. 그동안 이스라엘 백성들은 광야 생활 중에도 이 언약궤를 앞세워 행진했고 요단강을 건널 때도 언약궤가 앞서서 인도했고 여리고를 정복할 때도 언약궤를 앞세우고 성을 돌았습니다. 그래서 이 언약궤는 그 옛날부터 지금까지 하나님 임재의 상징으로서 고이고이 간직했던 아주 중요한 성물이었습니다.

그래서 그들은 하나님 임재의 상징인 이 언약궤만 전쟁터에 갖다 놓으면 틀림없이 무조건 전쟁에서 승리할 것이라고 하는, 아주 어처구니없는 생각을 하였던 것입니다. 아무리 그것이 하나님 임재의 상징이라고 할지라도 그들이 하나님과 바른 관계 속에 있을 때 그것이 참된 의미가 있는 것이지 하나님과의 관계는 마음대로 파괴해 놓고 무조건 언약궤만 갖다 놓으면 그 전쟁에서 이길 것으로 생각하고 있으니 이게 얼마나 어리석은 생각입니까?

그러니까 이것은 언약궤를 주술적으로 이용하려고 한 것입니다. 그들은 시각적으로 눈에 보이는 언약궤의 이동에 따라서 하나님도 운반되는 것으로 오해한 것이었습니다. 이스라엘 백성이 하나님을 노엽게 하는 큰 죄를 범하였는데 이제 그들이 언약궤를 전쟁터로 운반하였다고 해서 블레셋과의 전쟁에서 승리할 리는 절대로 만무한 것입니다.

그래서 그렇게 언약궤를 전쟁터에 갖다 놓았지만 상황은 결코 그들이 원하는 대로 이루어지지 않았습니다. 아니 오히려 그 전쟁에서 이스라엘은 아주 크게 패하였고 이번에는 무려 3만 명이나 목숨을 잃었습니다. 그리고 그 전쟁에서 엘리 제사장의 두 아들 홉니와 비느하스도 결국 죽임을 당하고야 말았습니다.

그뿐만이 아닙니다. 주술적인 힘을 발휘하리라고 생각했던 그 언약궤를 그만 블레셋 사람들에게 빼앗겨 버리는 엄청난 사건이 발생하고야 만 것입니다. 그래서 전쟁에서도 지고 하나님의 언약궤마저 빼앗겼다는 이기가 막힌 소식을 전해 듣고 엘리 제사장은 그만 자기 의자에서 뒤로 넘어져서 목이 부러져 죽고 말았습니다. 이제 하나님 뜻대로 행하지 않는 엘리 제사장 가문은 완전히 멸망했고 이스라엘은 그 전쟁에서 크게 패하였으며 주술적으로 이용하려던 언약궤마저 빼앗겨 버리고 만 것입니다.

바로 그 전쟁 후에 이제 오늘 본문 말씀이 있는 6장이 이어지는데 블레셋 사람들은 이스라엘로부터 빼앗은 언약궤를 자기들이 섬기는 신, 다곤의 신전에 두었습니다. 이것은 언약궤가 다곤 신을 보조하게 하고 또 다곤 신을 더 높이려고 하는 생각 때문이었습니다.

그런데 이튿날 아침에 블레셋 사람들이 일찍이 일어나서 보니 자기들의 신 다곤 신상이 하나님의 언약궤 앞에서 엎드러져서 그 얼굴이 땅에 닿아 있었습니다. 블레셋 사람들은 깜짝 놀랐습니다. 이것이 여호와 하나님의 기적인 줄 알지 못하고 그들은 급히 다곤을 다시 본래 있던 자리에 세워 놓았습니다.

그런데 그 이튿날 아침에 일어나서 보니 이번에는 그들이 깨달을 수 있도록 그 머리와 두 손목은 끊어져서 문지방에 있고 다곤의 몸뚱이는 바닥에 엎드러져 있었습니다. 그러니까 이스라엘의 언약궤가 블레셋 사람들에게 빼앗기던 그때에는 하나님께서 침묵하셨지만 지금은 하나님께서 역사하셔서 이렇게 놀라운 일을 행하신 것입니다. 다곤의 목이 끊어져서 머리가 없어진 것은 모든 우상은 아무 능력도 나타내지 못하는 지극히 헛된 것임을 하나님께서 직접 드러내신 것입니다.

그뿐만이 아니었습니다. 이제 그들은 언약궤를 두려워해서 그 언약궤를 아스돗에서 가드로, 가드에서 에그론으로 이리저리 옮겼는데 하나님의 언약궤가 가는 곳마다 블레셋 온 지경에는 무서운 독종의 재앙이 나타나서 그 땅 전체가 큰 두려움으로 부르짖게 되었습니다.

일이 이렇게 되자 그제야 블레셋 방백들은 급히 모여 의논하였고 결국 "언약궤를 그 있던 곳으로 돌아가게 해서 우리 백성은 죽임을 면하자"라고 결정하였습니다. 그리고 지금까지 당한 대로 그 언약궤는 무시무시한 것이었기 때문에 그들은 제사장과 복술자들을 불러서 그 언약궤를 이스라엘 본처로 어떻게 돌려보낼지 그 방법에 대해서 자세히 물어보았습니다.

6장의 내용을 가만히 살펴보면 블레셋 사람들도 이미 출애굽의 역사와 여호와 하나님의 이름을 들어 알고 있었던 것 같습니다. 그래서 언약궤를 보내는 방법에 대해서도 이스라엘 나라의 법도대로 행하려고 노력한 것처럼 보입니다.

그래서 블레셋 사람들이 생각해 낸 언약궤를 돌려보내는 방법이 6장 7~9절에 나타나 있습니다. 그 방법은 모두 5가지로 요약할 수 있는데 이런 방법이었습니다. 우선 새 수레를 하나 만들었습니다. 그러고는 지금까지 한 번도 멍에를 메어보지 아니한 소를 찾았습니다. 그런데 한 마리가 아니라 두 마리였습니다. 그 소들은 젖 나는 소, 다시 말해 새끼가 딸린 어미 소들이었습니다. 그래서 송아지들은 억지로 떼어 집으로 돌려보냈습니다. 모정은 사람이나 짐승이나 마찬가지인데 그 소들은 얼마나 힘들고 얼마나 마음이 아팠겠습니까? 그러니까 한마디로 지금 이 소들의 상황은 아주 최악의 상황인 것입니다.

그렇게 멍에를 메어보지 아니한 소들에게 미리 만들어 놓은 새 수레를 지우고 거기다가 하나님의 언약궤를 올려 실었습니다. 그리고 그들은 이렇게 생각하였습니다.

"보고 있다가 만일 궤가 그 본 지역 길로 올라가서 벧세메스로 가면 이 큰 재앙은 그가 우리에게 내린 것이요 그렇지 아니하면 우리를 친 것이 그의 손이 아니요 우연히 당한 것인 줄 알리라 하니라"(삼상 6:9).

그러니까 최악의 상황에서 언약궤를 실은 이 소들이 이스라엘 본 지역 길로 잘 올라가서 벧세메스로 가면 지금 자기들이 당하는 이 모든 일이 다 하나님께서 그렇게 하신 것이고 만약에 이 언약궤를 실은 소들이 벧세메스로 가지 아니하고 엉뚱한 곳으로 가면 지금 당하는 이 모든 일은 그냥 다 우연히 그렇게 된 것으로 생각하자 하는 것입니다.

그런데 결론부터 말씀을 드리면 놀랍게도 그 소들은 아주 정확하게 벧세메스로 올라갔습니다. 그 소들은 최악의 상황에서도 자기 길을 잃지 않았습니다. 만약에 그 소들이 벧세메스로 가지 않았다면 하나님의 이름은 이방에서 무시를 당하고 하나님의 권위는 땅에 떨어져서 이스라엘은 더 큰 고통을 당하였을 것입니다.

그러나 그 소들은 정확하게 벧세메스로 올라갔습니다. 최악의 상황 가운데서도 비록 울기는 하였지만 좌우로 치우치지 않고 벧세메스를 향해 끝까지 그 길을 올라갔습니다. 이 일로 인하여 블레셋이라고 하는 이방에서까지 하나님의 이름이 존귀히 여김을 받았습니다. 하나님의 영광이 드러났습니다. 이스라엘 백성에게는 평안이 임하였습니다.

그러므로 지금 '벧세메스로 가는 소'는 여호와의 이름이 이방에서 무시당하는 것을 막고 이방에서까지 하나님의 영광을 드러내는 사명을 잘 감당한 것입니다. 한마디로 하나님이 하나님 되게 하는 사명을 잘 감당한 것입니다.

그렇게 해서 정확하게 벧세메스까지 올라간 소들은 자기가 끌고 온 그 수레를 패서 만든 제단 위에서 마지막으로 피 흘려 죽임을 당하고 번제로 드려졌습니다. 정말 최악의 상황에서도 최선의 삶을 하나님의 이름을 위하여 드리고 좌우로 치우치지 아니하고 울면서라도 벧세메스로 올라가서 하나님의 권위와 영광을 회복하고, 마침내는 자기가 끌고 온 수레로 만든 제단 위에서 번제물로 드려진 '벧세메스로 가는 소!' 오늘 이 이야기는 정말 우리의 심금을 울리는 깊은 감동을 전해주고 있습니다.

특별히 오늘 본문 12절에 "암소가 벧세메스 길로 바로 행하여 '대로'로 가며" 이렇게 기록하고 있는데 여기 나오는 '대로'는 직역하면 '하나

의 큰길'이란 뜻입니다. 벧세메스로 가는 소는 정말 최악의 상황 가운데
서도 좌우로 치우치지 아니하였습니다. 묵묵히 자기 길을 가되 특별히
그들은 하나의 큰길, 대로로 걸어갔습니다.

이 모습이 오늘날 우리에게 얼마나 큰 도전을 주고 있습니까? 우리가
인생길을 걸어갈 때도 하나님이 정하신 '대로', '하나의 큰길'로 걸어가
야 합니다. 눈앞의 이익에 연연하여 좋은 게 좋다고 너무 쉽게 자기 자신
을 합리화하면서 샛길로 빠져서는 안 되는 것입니다. 엉뚱한 길로 걸어
가지 말고 곁길로 걸어가지 않으며 요령 피워서 지름길로만 가려 하지
말고 '정도, 대로, 올람 길'로 아름다운 믿음의 길을 잘 걸어가야 하는 것
입니다.

대로로 가는 것과 똑같은 말인데 오늘 본문에서 이 소들은 좌우로 치
우치지 아니하였다고 말씀하고 있습니다. 끝까지 가야 할 벧세메스 길로
기어코 올라갔다는 것입니다. 이것은 가야 할 길을 끝까지 걸어가는 참
아름다운 모습입니다.

오늘날 이 땅 위에는 가야 할 길을 가지 아니하고 정도를 벗어나서 곁
길로, 잘못된 길로, 엉뚱한 길로 걸어가는 인생이 참 너무나 많습니다.
뇌물을 받아먹고 온갖 부정부패를 저지르는 정치인들, 저울을 속이고 탈
세하고 불의한 일만 도모하는 경제인들과 탐관오리들, 오직 자기 유익만
도모하고 다른 사람을 함부로 멸시하는 악하디악한 사람들이 이 땅에 참
너무나 많습니다. 이 땅에 한탕주의, 업적주의, 물신주의, 집단이기주의,
쾌락주의가 우리 민족의 발목을 붙잡고 있습니다. 거짓이 많고 서로 속
고 속이고 윤리가 땅에 떨어지고 불법이 판을 치는 것은 너무나 안타까
운 모습이 아닐 수 없습니다.

이 땅 위에는 소만도 못한 인생이 참 많은 것 같습니다. 소만도 못한
정치인들, 소만도 못한 경제인들, 심지어 소만도 못한 종교인들까지 너

무나 많습니다. 정도를 걸어야 합니다. 바른길을 걸어가야 합니다. 좌로 나 우로나 치우치지 아니하고 하나님을 바라보고 옹골차게 믿음의 길을 걸어가야 합니다.

그리고 또 한 가지, 오늘 벧세메스로 가는 소는 그렇게 대로를 따라 좌우로 치우치지 않고 벧세메스로 올라가면서 눈물 흘리며 울었다고 12절에서 기록하고 있습니다. 새 수레를 끌고 가는 것이 힘들어서 울었을까요? 아니면 한 번도 멍에를 메어보지 아니한 소들이어서 정말 아파서 울었을까요? 그것도 아니면 떼어놓고 온 송아지들이 자꾸만 생각이 나서 울었을까요? 그렇습니다. 물론 참 힘들기도 하고 아프기도 하며 송아지들 때문에 마음이 너무나 아프기도 하였을 것입니다.

어릴 적 기억을 한번 떠올려 보시기 바랍니다. 어릴 때 소의 눈을 유심히 들여다본 적이 있으십니까? 이상하게도 소의 눈에는 항상 눈물이 고여 있는 것 같은 그런 느낌이 들지 않습니까? 오래전에 나왔던 〈워낭소리〉라는 영화에서도 소가 눈물을 흘리는 장면이 나오기도 하였습니다. 그 영화를 보았을 때 제 마음속에 이런 생각이 든 적이 있었습니다. "나는 소만도 못한 존재가 아닌가?" 오늘 본문의 문맥을 집중해서 살펴보면 벧세메스로 가는 소의 눈물은 아무리 힘들고 어려워도, 아무리 고독하고 쓸쓸해도 끝까지 벧세메스로 올라갈 것이라고 하는 헌신의 눈물, 충성의 눈물, 희생의 눈물이란 사실을 우리는 읽어낼 줄 알아야 합니다.

눈물은 애절함입니다. 눈물은 절박함입니다. 눈물은 사명이요 헌신입니다. 눈물은 사랑이고 눈물은 그야말로 우리 인생에 있어 가장 소중한 액체입니다. 그런데 너무 바쁘게 살다 보니 혹시 여러분의 눈에 눈물이 다 말라버린 것은 아닙니까? 눈물 흘려야 하는 순간에도 전혀 눈시울이 뜨거워지지 않는 것은 아닙니까?

우리나라 정치가 싸움판이 되는 것을 보고 안타까워서 울고, 우리 민족이 좀 더 성숙했으면 얼마나 좋을까 생각하며 눈물 흘릴 줄 알아야 합니다. 이렇게 살아서는 안 되는데, 벌써 나이가 이렇게 되었는데 지금부터라도 한 번밖에 없는 인생을 정말 아름답게 살아야지 다짐하며 눈물을 흘릴 줄 알아야 합니다. 지체 의식을 가지고 이웃의 아픔에 공감하며 눈물 흘릴 줄 알아야 하고 병들고 아파하며 가난에 신음하는 이웃을 향해 사랑의 눈물을 흘릴 줄 알아야 합니다.

그래서 연말에 사랑의 저금통에 동전 하나 집어넣으면서도 불쌍한 이웃을 떠올리며 눈물 흘릴 줄 알아야 하고 연약한 사람들이 회복될 수 있도록 기도할 줄 알아야 합니다. 나아가서 우리는 진리를 향한 뜨거운 눈물도 흘릴 줄 알아야 합니다. 성장이 멈춘 한국교회를 바라보며 애끓는 눈물이 있어야 하고 우리의 다음 세대를 바라보며 올람 운동에 깊이 동참하면서 안타까움의 눈물을 흘릴 줄 알아야 합니다.

사실 소라고 하는 동물만큼 눈물의 삶을 살고 철저하게 타자를 위해 살아가는 존재는 찾아보기 어렵습니다. 소는 평생을 고삐에 매달려 멍에를 지고 살아갑니다. 그러면서도 정말 우직하고 성실하고 충실한 모습으로 살아갑니다. 나중에 죽어서까지 자기 몸 전체를 타자를 위해 제공하는 철저히 이타적인 삶의 모습입니다.

그러면서도 소는 온유합니다. 소는 겸손합니다. 시키는 대로 다 합니다. 정해진 길 외에는 가지 않습니다. 곁길로 가지 않는다는 말입니다. 변덕스럽지 않습니다. 가볍지 않습니다. 참으로 성실합니다. 꿋꿋합니다. 정말 옹골찹니다.

오늘 벧세메스로 가는 소는 이렇게도 아름다운 삶의 모습을 우리에게 보여주고 있습니다. 울면서라도 대로로 행하고 좌우로 치우치지 아니하며 충성스럽게 벧세메스로 올라가 하나님의 영광을 온전히 드러내고 있는 것입니다.

여기까지 말씀을 들으시면서 자꾸만 마음속에 한 분이 떠오르지 않습니까? 네, 바로 우리 예수님이십니다. 오늘 벧세메스로 가는 소가 좌우로 치우치지 아니하고 울면서라도 끝까지 그 길을 걸어가서 하나님 아버지의 영광을 드러낸 것처럼 우리 주님은 하늘 영광 버리시고 이 땅에 오셔서 오직 십자가만을 향해 묵묵히 걸어가 하나님의 영광을 다 드러내고 그곳에서 자기 몸을 드려 희생제물로 삼으시며 그 구원을 온전히 우리에게 허락해 주신 것입니다.

이제는 우리 차례입니다. 주님께서 걸어가신 길을 깊이 묵상하시고 오늘 벧세메스로 가는 소의 모습을 깊이 본받아서 좌우로 치우치지 않고 울면서라도 대로로 행하여서 올람 길, 옛적 길을 온전히 걸어가는 성도들이 되시기를 간절히 바랍니다.

046

순종이 제사보다 나으니라

하나님을 떠나서 자기 소견에 옳은 대로 행하던 이스라엘 역사의 암흑기 사사시대 말기에 하나님은 작정하시고 하나님의 말씀을 잘 듣는 한 인물을 선택하셨습니다. 그가 바로 사무엘인데 사무엘은 그 이름 자체가 벌써 '셰무아 엘', '하나님께서 들으셨다' 는 뜻입니다.

사무엘은 한나가 기도하여 낳은 아들인데 이것은 하나님이 잘 들어주셨다는 것이고 나중에 사무엘도 하나님의 음성을 잘 들을 줄 아는 사람이 되었습니다. 특별히 그는 이스라엘의 왕을 세우는 마지막 사명까지 잘 감당하였습니다.

이렇게 사무엘에 의해서 이스라엘의 첫 번째 왕으로 뽑힌 사람이 바로 사울인데 이 사울이 이스라엘의 첫 번째 왕이 될 때 그 모습은 정말 아름다웠습니다. 우선 사울은 베냐민 지파의 기스라고 하는 사람의 아들이었는데 성경은 기스의 아들 사울을 가리켜서 아주 '준수한 소년' 이었다고 표현하고 있습니다. 그러니까 사울은 우선 외모가 아주 뛰어났고 이스라엘 자손 중에서 그보다 더 준수한 자가 없었고 그 키는 모든 백성보다 어깨 위는 더 있었다고 표현하고 있습니다.

그리고 그가 왕이 되기 전의 기사를 읽어보면 사울은 아버지에게도 참 순종을 잘하는 사람이었습니다. 아버지 기스가 암나귀를 잃어버리는 일이 발생하였을 때 사울은 아버지의 말씀을 잘 순종하여서 그 나귀를 찾으려고 백방으로 노력하는 모습을 보여주고 있습니다. 그리고 암나귀를 찾는 것도 중요하지만 그런 과정에서 오랫동안 돌아가지 않는 자기를 걱정하실까 봐 오히려 아버지를 염려하는 참 자상하고 섬세한 모습까지 보여주고 있습니다.

그 과정에서 하나님의 섭리로 사울은 사무엘을 만나게 되었는데 그때 사울은 사무엘로부터 깜짝 놀랄 만한 이야기를 듣게 되었습니다. 그것은 하나님이 사울을 이스라엘의 통치자로 세우실 것이라는 말씀이었습니다. 그런 말을 들었을 때 사울은 그냥 마냥 좋아하기만 한 것이 아니었습니다. 그는 오히려 아주 겸손하게 이렇게 말하였습니다.

"나는 이스라엘 지파의 가장 작은 지파 베냐민 사람이 아니니이까. 또 나의 가족은 베냐민 지파 모든 가족 중에 가장 미약하지 아니하니이까. 당신이 어찌하여 내게 이같이 말씀하시나이까"(삼상 9:21).

지금 이 모습은 사울이라고 하는 인물의 됨됨이를 잘 보여주는 말씀입니다. 그는 자기가 참 미약한 사람이라고 말할 줄 아는 지극히 겸손한 사람이었습니다. 그리고 나서 사울은 사무엘과 함께 식사하면서 많은 말씀을 들었습니다. 그 식사 후에 비로소 사무엘은 사울의 머리에 기름을 붓고 이스라엘의 지도자로 삼았습니다.

이 의식이 있은 다음에 이제 서로 헤어지는 과정에서 사울이 사무엘을 떠나려고 몸을 돌이킬 때 하나님은 사울에게 '새 마음'을 주셨고 '하나님의 영'이 사울에게 크게 임하였다고(삼상 10:9-10) 성경은 기록하고 있습니다. 참 아름답지 않습니까? 이렇게 사울은 왕이 되는 모든 과정에서 정말 아름다운 모습을 우리에게 보여주고 있습니다.

그런데 기름을 부어서 하나님의 뜻을 따라 왕으로 삼긴 하였습니다만 이제 이 일을 이스라엘 백성들 사이에 공포하고 공식적인 절차를 따라 왕이 되는 일이 남아 있었습니다. 그래서 사무엘은 온 백성들을 미스바로 불러 모으고 비록 지금 백성들이 요구한 대로 왕을 세우기는 하지만 이스라엘의 진정한 왕은 이스라엘을 애굽 땅에서 구원해 내신 여호와 하나님이시라는 것을 먼저 아주 강력하게 강조하였습니다.

그러고 나서 이제 왕을 뽑는 제비뽑기를 시행하였습니다. 그래서 지파대로 천 명씩 하나님 앞으로 나아오게 하였는데 먼저 베냐민 지파가 뽑혔습니다. 그리고 베냐민 지파를 그 가족대로 나아오게 하였는데 마드리의 가족이 뽑혔습니다. 그리고 그 가족 중에서 또 제비를 뽑았는데 드디어 기스의 아들 사울이 뽑혔습니다.

그런데 사울이 뽑혔는데 아무리 찾아도 그를 찾을 수가 없었습니다. 그래서 백방으로 노력해도 찾지 못하고 있었을 때 하나님께서 직접 이렇게 알려 주셨습니다. "그가 짐보따리들 사이에 숨었느니라"(삼상 10:22). 여기서 '짐보따리들'은 전의 성경은 '행구'라고 번역하였는데 이것은 히브리말로는 '켈림'이라는 단어입니다. 그런데 이 '켈림'은 '그릇들', '물건들' 이런 뜻을 가진 말입니다. 그래서 공동번역 성경은 이 말을 '짐짝'이라고 번역하고 있습니다.

이것 보세요. 한 나라의 왕으로 선출되었는데, 이제 하나님과 백성들의 뜻을 좇아 왕으로 내정되었는데 그는 정작 '짐짝', '짐보따리들' 사이에 숨어 있었습니다. 이것은 그가 얼마나 겸손하고 온유한 사람인가 하는 것을 단적으로 보여주는 대목입니다.

이렇게 아름다운 모습으로 왕이 되고 나서 사울은 그야말로 비록 자기가 왕이지만 자기 위에 참된 왕이신 하나님이 계신다는 사실을 분명히 기억하며 나라를 잘 다스렸습니다. 한번은 암몬이라는 나라가 침략해 왔는데 그때 사울의 모습을 바라보면 그는 먼저 하나님의 영에 크게 감동되었습니다. 백성들도 함께 그 전쟁에 기꺼이 동참하여 33만 명이나 모였고 그 전쟁에서 하나님께서 직접 싸워주심으로 온전히 승리하게 되었습니다. 이것은 여호와의 전쟁이었습니다.

그리고 바로 그 승리 다음에 사울은 백성들을 이끌고 길갈로 갔습니다. 그곳에서 사울은 자신이 왕이 되는 것을 반대한 사람들까지도 다 포용하면서 비로소 그 길갈에서 나라를 새롭게 하고 공식적인 즉위식을 가졌습니다. 이 모든 것은 한 인간이 보여주는 참 겸손하고 성실하고 아름다운 최고의 모습이 아닐 수 없습니다.

그런데 참 안타깝게도 사울의 그 아름다웠던 모습은 이제 그가 왕이 되고 나서 약 2년이 지난 다음부터 변질되기 시작하였습니다. 아름다운 것은 아름답게 잘 지켜내야 하는데 안타깝게도 사울은 그 아름다운 것을 아름답게 잘 지켜내지 못하였습니다. 그는 아름다웠고 성실했고 순종적이었고 자기를 낮출 줄 아는 겸손한 사람이었는데 참 안타깝게도 그는 이 아름다운 것들을 아름답게 잘 지켜내지를 못하였던 것입니다.

왕이 되고 나서 2년 뒤에 이런 일이 있었습니다. 이번에는 블레셋과의 전투가 있었습니다. 블레셋은 고대로부터 끊임없이 이스라엘을 괴롭혀 왔던 족속이었습니다. 전에 암몬과의 전쟁에서 그렇게 했던 것처럼 하나님께 기도하고 하나님의 도우심을 구하며 그 모든 어려움을 이겨나갔으면 좋았을 텐데 사울은 이번에는 그렇게 하지 않았습니다.

사울은 블레셋과의 전쟁에서 다시 백성들을 전쟁에 소집하였는데 이 번에는 암몬과의 전쟁 때와는 달리 하나님의 도우심을 구하지 아니하였 습니다. 그러니까 사울 자신이 하나님의 영에 감동되지도 않았고 백성들 은 암몬과의 전쟁 때와는 달리 두려움에 벌벌 떨었습니다. 뭔가 잘못된 것입니다. 다시 말하면 사울은 이제 하나님을 의지하지 않았고 자기 식 대로 자기 마음대로 나라를 다스려 나갔던 것입니다.

이스라엘의 왕은 무소불위의 권력을 행사하는 자리가 아니라 참 왕이 신 하나님께 순종하는 자리였는데, 그래서 자기 위에는 분명히 만왕의 왕이 되시는 여호와 하나님이 계신다는 사실을 기억해야 하는데 그는 이 제 그 하나님께 순종하지 않는 사람이 되어 버리고 만 것입니다.

사울이 이렇게 순종하지 않는 사람이 되었을 때 그는 결국에 아주 결 정적인 잘못을 범할 수밖에 없었습니다. 블레셋과의 전투에서 진솔한 모 습으로 하나님께 나아가려 하지도 않았고 하나님은 안중에 없으면서 다 만 하나님의 역사를 이용하려고만 하였습니다. 그래서 제사라는 것은 오 직 하나님께만 영광 돌리는 행위가 되어야 하는데 일이 잘 풀리지 않으 니까 그 제사를 이용할 생각을 하게 되었던 것입니다.

그래서 제사드리면 이 블레셋과의 전투에서 힘을 얻고 승리할 수 있 을 것으로 생각하고 그 제사를 주술적으로 이용하려고 마음먹은 것입니 다. 그렇게 마음이 급해지자 사울은 이제 엄청난 실수를 저지르고 말았 는데 사무엘이 드려야 할 번제와 화목 제사를 그만 자기 마음대로 주관 해서 드리고 말았습니다. 사무엘을 청했지만 그가 일주일이 넘도록 나타 나지 않으니까 사울은 제물을 가져오라 해서는 자기 스스로 번제를 드리 고 말았습니다. 이것은 제사장들만 드릴 수 있는 제사를 함부로 드린, 그 러니까 제사를 멸시한 매우 잘못된 행동이었습니다.

바로 그때 사무엘이 나타났습니다. 사무엘은 사울에게 질문을 던졌습니다. "왕이 행하신 것이 무엇입니까?"(삼상 13:11). 사무엘의 질문에 사울은 이런 변명을 늘어놓았습니다. "군인들은 하나둘 내게서 도망치고 당신은 정한 때에 오지도 아니하고 불레셋 군대는 믹마스에 집결해 있는 것을 보고 부득이 번제를 드렸습니다"(삼상 13:11-12 참고). 사울의 이런 변명을 듣고 사무엘은 "왕이 망령되이 행하였다"(삼상 13:13)고 분명히 말하였습니다. 여기 나오는 '망령되다'는 말은 히브리말로 '사칼'인데 이말은 어리석고 교만한 행동을 말하는 것입니다. 간절히 바라기는 여러분은 절대로 하나님 앞에서 망령되이 행하지 마시기를 바랍니다.

이렇게 망령되이 행한 사울에게 하나님은 사무엘을 통하여 왕이 하나님의 명령을 잘 지켰더라면 왕의 나라를 영원히 세우셨겠지만 왕이 하나님의 명령을 지키지 아니하였으므로 이제 왕의 나라가 길지 못할 것이다, 이제 하나님께서 그 마음에 맞는 새 왕을 세울 것이라고 선포하고야 말았습니다.

참 너무나 안타깝습니다. 지금까지 참 잘 해왔는데 그래서 마지막까지 잘하였으면 참 훌륭한 왕이 되었을 텐데 사울은 출발은 좋았지만 나중이 참 좋지를 못하였습니다. 출발은 좋았는데 마지막이 좋지 못한 경우가 오늘날도 참 많은 것 같습니다. 이 시대의 지도자, 이 시대의 인물들 가운데는 출발은 좋았지만 나중에는 실패하고 그 끝이 좋지 못한 사람이 참 많습니다. 여러분은 출발도 좋고 나중도 좋은 사람, 끝까지 시종여일하고 마지막까지 한결같은 사람이 되어 마지막에 성공의 마침표를 찍을 줄 아는 성도들이 꼭 되시기를 바랍니다.

이렇게 출발은 좋았지만 나중은 좋지 않았던 사울이 하나님의 말씀을 듣지 않고 곁길로 나가니까 이제 점점 더 하나님께 순종하지 않는 사람이 되어갔습니다. 한번은 또 아말렉과의 전투가 있었습니다. 이 아말렉과의 전투는 하나님께서 아주 작정하시고 시작하신 전쟁이었습니다. 왜 냐하면 오래전에 이스라엘 백성이 출애굽해서 광야 생활을 할 때 이 아 말렉 족속이 이스라엘 백성을 아주 잔인한 수법으로 괴롭혔기 때문입니 다(출 17:8-16). 그래서 하나님께서는 사무엘을 통하여 사울에게 이런 명령을 내리셨습니다. 지금 가서 아말렉을 쳐서 그들의 모든 소유를 진 멸하되 남녀와 소아와 젖먹는 아이와 우양과 약대와 나귀를 다 죽이라고 명령하셨습니다. 하나님께서 잔인하리만치 이렇게 명령하시는 것은 일 종의 외과수술 같은 것이라 할 수 있습니다. 우리 몸에 암 덩어리가 있다 면 그것은 도려내어야만 몸 전체가 온전할 수 있는 것처럼 하나님께서는 이스라엘 백성을 보전하시기 위하여 이와 같은 일을 단행하신 것입니다.

그런데 이 하나님의 명령에 대해 사울은 순종하지 않았습니다. 사울 은 아말렉 왕 아각을 죽이지 않았고 양과 소의 가장 좋은 것 기름진 것들 은 남겨두었습니다. 지금 아말렉과의 전쟁은 하나님께서 외과수술과 같 이 작정하시고 행하시는 전쟁이었는데 이러한 하나님의 특별한 명령에 대하여 사울은 순종하지를 않았던 것입니다.

사울이 이렇게 망령되이 행하는 것을 보고 하나님께서는 선지자 사무 엘에게 탄식하시며 이렇게 말씀하셨습니다.

"내가 사울을 왕으로 세운 것을 후회하노니 그가 돌이켜서 나를 따르 지 아니하며 내 명령을 행하지 아니하였음이니라"(삼상 15:11).

참 안타깝기 그지없는 말씀입니다. 이런 하나님의 음성을 듣고 그날 밤 사무엘은 크게 근심하며 밤새도록 하나님께 기도하였습니다. 그다음 날 아침이 되었습니다. 하나님의 음성을 들었던 사무엘은 아침 일찍이 사울을 만나러 갔습니다. 바로 그때 사울은 이러한 하나님의 마음을 전혀 헤아리지 못하고 오히려 자기가 전쟁에서 이겼다고 갈멜에 가서 기념비를 세우고 있었습니다. 정말 어이없는 행동이 아닐 수 없습니다.

그 후에 마침내 사무엘은 사울을 만났습니다. 사울이 먼저 사무엘에게 인사를 건넸습니다. "원하건대 당신은 여호와께 복을 받으소서. 내가 여호와의 명령을 행하였나이다"(삼상 15:13). 이때 사무엘은 분명히 말하였습니다. "그러면 내 귀에 들려오는 이 양의 소리와 내게 들리는 소의 소리는 어찌 됨이니이까?"(삼상 15:13). 이 말씀은 왜 하나님의 명령을 따라 아말렉의 모든 것을 진멸하지 아니하였는가 하는 책망이었습니다.

그때 사울은 어이없는 변명을 늘어놓습니다. "그것은 무리가 아말렉 사람에게서 끌어온 것인데 백성이 당신의 하나님 여호와께 제사하려 하여 양들과 소들 중에서 가장 좋은 것을 남김이요. 그 외의 것은 우리가 진멸하였나이다"(삼상 15:15). 이 대답에서 사용하는 표현을 보세요. 하나님을 가리켜 '나의 하나님'이라고 하지 않고, 사무엘 '당신의 하나님'이라고 표현하고 있습니다. 이것은 그만큼 사울의 마음이 여호와에게서 떠났다는 것을 나타내고 있습니다.

바로 그때 사무엘은 지난밤에 하나님께서 말씀하신 것을 들으라고 하면서 이런 내용을 분명히 전해주었습니다. 이 말씀은 사울만이 아니라 오늘 우리도 꼭 들어야 할 말씀인데 오늘 본문 22~23절의 말씀입니다.

"여호와께서 번제와 다른 제사를 그의 목소리를 청종하는 것을 좋아하심 같이 좋아하시겠나이까. 순종이 제사보다 낫고 듣는 것이 숫양의 기름보다 나으니 이는 거역하는 것은 점치는 죄와 같고 완고한 것은 사신 우상에게 절하는 죄와 같음이라. 왕이 여호와의 말씀을 버렸으므로 여호와께서도 왕을 버려 왕이 되지 못하게 하셨나이다"(삼상 15:22-23).

그리고 26절의 말씀입니다.

"사무엘이 사울에게 이르되 나는 왕과 함께 돌아가지 아니하리니 이는 왕이 여호와의 말씀을 버렸으므로 여호와께서 왕을 버려 이스라엘 왕이 되지 못하게 하셨음이니이다"(삼상 15:26).

오늘 우리는 하나님께서 사무엘을 통하여 들려주시는 말씀들 가운데서 우리 하나님께서 우리에게 정말 바라시는 것이 무엇인지 진정으로 깨달아야 합니다. 하나님은 이렇게 말씀하십니다. "나는 순종하는 것을 예배드리는 것보다 더 좋아한다. 나는 내 말을 잘 듣는 것을 제물로 바치는 숫양의 기름보다 더 좋아한다." 이 말씀은 어마어마한 말씀입니다. 예배를 그토록 좋아하시는 하나님이신데 순종하는 것을 예배하는 것보다 더 좋아한다고 하나님은 말씀하고 계십니다. 우리는 평생 하나님 믿으며 살아가는 성도들인데 우리를 향하신 하나님의 뜻을 분명히 알아야 합니다. 하나님은 예배하는 것보다 순종하는 것을 더 좋아하십니다.

이제 이 모든 일의 결국은 어떻게 되었을까요? 순종하지 않았던 사울의 최후는 참으로 비참하였습니다. 그는 결국 다윗에게 왕위를 물려주어야만 했고 남은 평생을 심한 정신병과 히스테리로 고생하다가 블레셋과의 전쟁 중에 자기 칼 위에 엎드러져서 자살해 버리고 말았습니다. 이게 뭡니까? 너무나 허망한 인생이 아닙니까? 순종하지 아니한 인생은 이렇게 허망할 수밖에 없는 것입니다.

우리는 하나님을 떠나서는 살 수도 없고 하나님께 순종하지 않고는 아무것도 이룰 수가 없고 결코 행복할 수도 없다는 사실을 분명히 깨달아야 합니다. 지난 주간 올람 편지 마지막 문단에서 사무엘 이야기를 하면서 저는 이런 문장을 기록해서 전해드렸습니다. "하나님을 섬긴다는 것은 나 하고 싶은 대로 하는 것이 아닙니다. 하고 싶은 대로 죄를 짓다가 이따금 회개하면서 죄를 해결했다고 생각한다면 오산입니다. 이는 하나님을 섬기는 것이 아니라 하나님을 조롱하는 것입니다." "하나님은 내 삶의 주인이십니다. 교회에서도 세상에서도 깨어있을 때도 잠잘 때도 항상 하나님의 말씀을 잘 듣고 순종해야 합니다. 예수님이 내 양은 내 음성을 알고, 내 음성을 듣는다고 말씀하셨습니다(요 10장). 이것이 진정한 신앙입니다."

그동안 우리는 3번에 걸쳐서 사무엘상 말씀을 살펴보았습니다. 사무엘상의 앞부분은 사무엘에 관한 이야기이고 뒷부분은 사울에 관한 이야기입니다. 그런데 너무나 분명하게 아주 날카로운 대조를 이루고 있는 것은 사무엘은 하나님의 말씀을 잘 듣는 사람이었고 사울은 하나님의 말씀을 잘 듣지 않는 사람이었다는 것입니다.

오늘 우리가 사무엘상 말씀을 마감하면서 함께 나누었던 사울의 삶은 참 너무나 안타까운 모습을 보여주고 있습니다. 자기 마음대로 번제를 드려 망령되이 행하였고 하나님의 명령에 불순종하여 하나님께 버림을 받고 말았습니다.

자기 마음대로 번제를 드린 것은 '거룩 위반'이고 아말렉과의 전투에서 자기 뜻대로 행한 것은 '순종 위반'입니다. 우리는 절대로 이런 삶을 살아서는 안 됩니다. '거룩 위반'하면 하나님께서 망령된 인생이 되게 하시고 '순종 위반'하면 하나님께서 그냥 내쳐버리시는 것입니다. 여러분은 진실로 하나님 말씀 잘 듣고 순종하여서 하나님께서 높이 세워주시는 아름다운 삶을 살아가시기를 간절히 바랍니다.

047

성경153율람

전쟁은 여호와께
속하였느니라

아직 사울이 이스라엘의 초대 왕으로 있었을 때, 이스라엘은 가나안 땅 서남부에 있던 해양 민족 블레셋 때문에 아주 많은 고통을 겪고 있었습니다. 블레셋은 가나안 땅에서 철기문화를 독점하면서 이 철제 무기를 가지고 아주 오랫동안 이스라엘을 수시로 침략하였던 정말 골치 아픈 민족이었습니다. 오늘 본문 말씀이 있기 전 7장에서는 사무엘에 의해서 그리고 사울과 요나단이 이끄는 이스라엘 군대에 의해서 대패한 후에 블레셋은 한동안은 이스라엘을 침략할 수 없었습니다.

그러나 지금의 사울은 옛날의 사울이 아닙니다. 사울이 하나님께 불순종하여 버림받고 악신으로 고통받는 연약한 모습으로 전락하였을 때, 블레셋이 이를 갈고 있다가 "이때다" 하면서 지금 이스라엘을 공격해 온 것입니다. 그래서 지금 이스라엘은 블레셋이 이스라엘 땅 '소고'까지 쳐들어와서 진을 치고서는 전쟁을 하자고 싸움을 걸고 있는 아주 절체절명의 위기 가운데 빠져 있는 것입니다.

그런데 이렇게 급변하는 국제정세 가운데서 하나님은 이제 새로운 인물을 예비하셔서 장차 이스라엘의 새 왕으로 세우실 것을 이미 작정하고 계셨습니다. 그래서 하나님은 바로 얼마 전에 사무엘을 베들레헴에 사는 '이새'의 집으로 보내셨고 사무엘은 하나님의 뜻을 받들어서 제사하러 왔다는 명분을 가지고 이새의 집을 찾았습니다.

그러고는 이새의 아들들을 하나씩 지나가게 하였는데 가장 먼저 장자 '엘리압'을 보고서는 그 용모와 키가 준수해서 사무엘은 그가 하나님께서 부르신 사람이라 생각하였습니다. 그런데 이때 하나님은 이렇게 말씀하셨습니다.

"그의 용모와 키를 보지 말라. 내가 이미 그를 버렸노라. 내가 보는 것은 사람과 같지 아니하니 사람은 외모를 보거니와 나 여호와는 중심을 보느니라"(삼상 16:7).

그래서 그다음에 둘째 '아비나답', 셋째 '삼마'를 차례대로 지나가게 하였고 그 후로 이새의 아들 일곱을 다 지나가게 하였는데도 하나님은 그들을 택하지 아니하셨습니다. 일이 이렇게 되자 이제 사무엘은 이새에게 물었습니다. "네 아들들이 다 여기에 있느냐?" 이 질문에 이새가 대답하기를 막내가 남아 있는데 양을 치러 갔다고 하니까 사무엘은 빨리 사람을 보내서 그를 데려오라고 부탁하였습니다. 그래서 마침내 막내 다윗이 나타났을 때 하나님은 "이 사람이 그 사람이니 일어나 기름을 부으라"(삼상 16:12)라고 말씀하셨고 사무엘은 하나님의 뜻을 받들어 다윗에게 기름을 부었습니다.

이 일 후에 블레셋이 전쟁을 일으켰고, 그래서 지금 이스라엘과 블레셋은 엘라 골짜기에서 서로 대치하고 있습니다. 그런데 이런 대치 상황 중에 블레셋 진영에서 싸움 돋우는 자가 나왔는데 그가 바로 무시무시한 골리앗이었습니다. 이 골리앗에 대해 오늘 본문 17장의 앞부분에서는 그 키가 여섯 규빗 한 뼘이고 머리에는 놋 투구를 썼고 몸에는 비늘 갑옷을 입었는데 그 갑옷의 무게가 놋 오천 세겔이며 그의 다리에는 놋 각반을 쳤고 어깨 사이에는 놋 단창을 메었고 들고 있는 창 자루는 베틀 채 같았고 창날은 철 육백 세겔이었다고 알려주고 있습니다.

여기 나오는 단위들이 다 히브리 단위들이라 실감 나지 않으실 텐데요. 이제 제가 이 단위들을 미터법으로 환산해서 알려드리겠습니다. 골리앗의 키는 여섯 규빗 한 뼘, 무려 2m 80cm가 넘는 엄청난 거인입니다. 그가 입은 비늘 갑옷은 놋 오천 세겔, 57kg이나 되고 골리앗이 들고 있는 창은 나무 부분을 제외하고 그 창날만 육백 세겔, 무려 7kg이나 되었습니다.

이 거대하고 무시무시한 자가 자기 진영에서 이스라엘 쪽으로 성큼성큼 걸어 나와서는 이스라엘 군대를 향하여 아주 쩌렁쩌렁한 소리로 이렇게 외쳤습니다.

"이스라엘아, 전열을 갖추어서 나오면 어쩌겠다는 말이냐? 너희 사울의 졸개들아, 나 블레셋 장수와 맞서 싸울 자를 골라 이리로 내려보내라. 만약 그자가 나한테 이겨서 나를 쳐 죽이면 우리가 너희 종이 될 터이나, 내가 이겨서 그자를 죽이면 너희가 우리의 종이 되어 우리를 섬겨야 할 것이다"(삼상 17:8-9 참조).

이렇게 골리앗이 앞으로 나와서 쩌렁쩌렁한 목소리로 고함을 쳤을 때 사울과 이스라엘 군대는 너무나 겁에 질려서 크게 두려워하며 벌벌 떨

수밖에 없었습니다.

어쩌면 지금 이스라엘 군대가 처한 이 상황은 오늘날 우리가 살아가는 삶의 상황일 수도 있습니다. 우리는 이 세상을 살아가면서 이런 일도 당하고 저런 일도 당하는데 그러한 원치 않는 일들을 경험하면서 속수무책, 아무것도 할 수 없어 손을 놓고 있는 때가 참 많은 것입니다. 그래서 지금도 우리가 겪고 있는 질병의 골리앗, 내 힘으로 도저히 풀 수가 없는 문제의 골리앗, 복잡하게 꼬인 인간관계의 골리앗, 이렇게 수많은 골리앗을 맞닥뜨릴 때마다 우리는 정말 절망하지 않을 수 없는 것입니다.

그런데 바로 이러한 절체절명의 순간에도 결코 절망하지 않고 오히려 아주 용감하게 정말 신뢰의 빛을 발하는 한 인물이 있었는데 그가 바로 다윗입니다. 블레셋과의 전쟁 당시에 다윗의 세 형이 전쟁터에 나가 있었는데 아버지 이새는 막내인 다윗을 시켜서 형들에게 음식을 좀 갖다 주고 오라고 심부름을 시켰습니다.

바로 이 일로 말미암아 비로소 다윗이 역사의 전면에 등장하게 되는데 아버지의 심부름을 따라 엘라 골짜기 그 전쟁터를 방문하였을 때, 그 때 다윗은 아직도 어린 소년이었습니다. 전쟁터를 찾은 다윗은 이때 처음으로 골리앗이 쩌렁쩌렁한 목소리로 소리치고 있는 모습을 보게 되었습니다. 그 골리앗의 위세 앞에서 이스라엘의 군대는 크게 위축되어서 심히 두려워하고 있었고 심지어 그 앞에서 도망하는 모습까지 보게 되었습니다.

그러면 지금 사울과 이스라엘 군대가 이렇게도 연약한 모습을 보이는 이유가 무엇일까요? 네, 그것은 사울에게서 하나님의 영이 떠났기 때문입니다. 사울은 출발은 좋았지만 나중이 좋지 않아서 교만하고 불순종하는 사람이 되어버렸고 결국 하나님은 사울을 왕 삼으신 것을 후회하시며 그를 떠나버리셨습니다. 그래서 하나님의 영이 떠나시니까 이스라엘은 이방인에게 모욕과 위협을 당하는 신세가 되었고 그 결과 사울과 이스라엘 군대는 지금 위축되고 두려워서 벌벌 떨고 있는 것입니다.

하나님의 영이 떠나가시면 우리는 아무것도 아닙니다. 하나님의 은혜가 내 머리 위를 떠나가시면 우리는 마른 막대기만도 못한 존재가 되는 것입니다. 그러므로 우리는 오직 하나님만을 신뢰해야 합니다. 하나님의 은혜를 갈구해야 합니다. 하나님과 관계를 돈독히 해야 합니다. 오직 하나님께 내 시선을 고정할 줄 알아야 합니다. 바로 이런 때에 우리는 전능하신 하나님이 주시는 승리의 삶을 살아갈 수 있다는 것을 분명히 알아야 합니다.

다윗이 바로 이런 삶을 살아간 것입니다. 오직 하나님만을 신뢰하며 진실로 참된 믿음과 용기를 가지고 골리앗을 이기고 승리하는 모습을 보여주고 있는 것입니다. 다윗은 적장 골리앗이 쩌렁쩌렁한 목소리로 이스라엘 군대를 위협하고 있을 때 그것을 눈에 보이는 대로만 판단하며 두려워하지 않았습니다.

오히려 다윗은 "이 할례 받지 못한 블레셋 사람이 누구이기에, 살아 계시는 하나님의 군대를 모욕하겠느냐?"(삼상 17:26). 이렇게 말하면서 마음속에 큰 의분이 일어났습니다. 그러고는 손에 막대기를 가지고 시내에서 매끄러운 돌 다섯 개를 골라 주머니에 넣고 평소에 자기가 사용하던 물매를 가지고 골리앗 앞으로 나아갔습니다.

여기 이 3가지 물건, 지팡이, 물맷돌, 물매, 이 3가지는 참으로 중요한 것입니다. 이 3가지는 이미 다윗이 평소에 자기 양 떼를 지킬 때 사용했던 물건들인데 사자나 곰이 와서 양 떼로부터 새끼를 물어 가면 지팡이로 그들을 치고 물매에 물맷돌을 쟁여서 그것을 날려 사자나 곰을 물리쳤던 것입니다.

다윗이 이 3가지를 준비하여 골리앗 앞으로 나아갔을 때 골리앗은 기가 막혔는지 이렇게 외쳤습니다. "네가 나를 개로 여기고 막대기를 가지고 내게 나아왔느냐"(삼상 17:43). 그리고 자기 신들의 이름으로 다윗을 저주하면서 "내게로 오라 내가 네 살을 공중의 새들과 들짐승들에게 주리라"(삼상 17:44) 아주 자신만만하게 외쳤습니다.

바로 이때 다윗은 하나님이 주시는 용기를 가지고 골리앗을 향하여 이렇게 응수하였습니다.

"다윗이 블레셋 사람에게 이르되 너는 칼과 창과 단창으로 내게 나아오거니와 나는 만군의 여호와의 이름 곧 네가 모욕하는 이스라엘 군대의 하나님의 이름으로 네게 나아가노라. 오늘 여호와께서 너를 내 손에 넘기시리니 내가 너를 쳐서 네 목을 베고 블레셋 군대의 시체를 오늘 공중의 새와 땅의 들짐승에게 주어 온 땅으로 이스라엘에 하나님이 계신 줄 알게 하겠고 또 여호와의 구원하심이 칼과 창에 있지 아니함을 이 무리에게 알게 하리라. 전쟁은 여호와께 속한 것인즉 그가 너희를 우리 손에 넘기시리라"(삼상 17:45-47).

바로 이와 같은 굳센 믿음을 가지고 다윗은 그 블레셋 사람 골리앗을 향하여 힘차게 달려나갔습니다. 그리고 손을 주머니에 넣어서 시내에서 주운 돌을 자신의 물매에 쟁였습니다. 그리고 그것을 빙글빙글 돌리다가 골리앗을 향해 힘껏 날렸습니다. 그 돌은 날아가 골리앗의 이마에 박혔고 마침내 골리앗은 땅에 엎드러지고 말았습니다.

오늘 다윗과 골리앗의 이야기는 우리에게 어떻게 하면 승리할 수 있는지 승리의 비결을 잘 알려주고 있습니다. 오늘 블레셋과의 전투에서 이스라엘 앞에는 반드시 넘어야 할 산이 하나 턱 버티고 서 있었는데 그것은 바로 블레셋의 거인 '골리앗'이었습니다. 골리앗은 이스라엘 국내 정세가 혼란한 틈을 타서 완전한 정복을 꾀했던 블레셋 군대의 대표 무사입니다.

골리앗은 키가 2m 80cm나 되는 거인이었고 그가 입은 갑옷만 57kg이나 되었으며 골리앗이 들고 있는 창날의 무게만 7kg이 넘었습니다. 몸집만 거대한 것이 아니라 용맹도 대단하여서 블레셋 군대의 막강함을 혼자서 보여주겠다고 호언장담하고 나섰던 인물입니다. 그래서 당시 영적으로 피폐하던 시절에 눈에 보이는 대로만 판단하였던 이스라엘 군대에게 이 골리앗은 너무나 두렵고 너무나 떨리는 존재가 아닐 수 없었던 것입니다.

그런데 이렇게 엄청나고 놀라운 골리앗에 비해 그를 맞닥뜨리고 있는 다윗은 어떤 인물입니까? 다윗은 아직 얼굴에 어린 티가 채 가시지도 않았고 갑옷을 입어 보았을 때 자기 한 몸을 주체하기도 어려울 만큼 몸집이 작은 정말 한낱 어린 소년에 불과하였습니다. 그리고 이새의 집안에서 여덟 형제 중에 막내였고 자기 위의 세 형이 군대에 나가 있는 동안에 집안에서 양을 돌보던 '양치기'에 지나지 않았습니다.

그래서 우리가 흔히 '다윗과 골리앗'이라는 표현을 도무지 상대가 되지 않는, 그야말로 싸움이 안 되는 그런 관계를 말할 때 사용하지 않습니까? 비유를 한번 해보자면 골리앗이 어른이라고 하면 다윗은 어린아이에 불과한 것입니다. 골리앗을 거대한 바위라고 한다면 다윗은 바위를 치는 달걀에 불과한 것입니다.

그런데 오늘 다윗 이야기의 결론은 다윗이 골리앗을 이겼다는 사실입니다. 그렇다면 어떻게 도무지 상대가 안 되는 상황에서 다윗이 골리앗을 이길 수 있었을까요? 네, 그것은 오직 한 가지, 다윗이 하나님을 신뢰했기 때문입니다. 하나님을 믿고 의지했기 때문입니다. 오늘 본문에 나오는 여러 표현 가운데서 가장 중요한 표현은 바로 이것입니다.

"너는 칼과 창과 단창으로 내게 나아오거니와 나는 만군의 여호와의 이름 곧 네가 모욕하는 이스라엘 군대의 하나님의 이름으로 네게 나아가노라"(삼상 17:45).

바로 이것입니다. 이렇게 하나님의 이름으로 나아가는 것이 바로 믿음입니다. 그래서 오늘 다윗의 승리는 하나님을 굳게 신뢰하는 자가 승리한다는 사실을 분명히 보여주고 있는 것입니다. 다윗은 눈에 보이는 대로만 판단하지 않았습니다. 다른 것과 비교하지도 않았습니다. 세상의 것에 함몰되지도 않았습니다. 다윗은 오직 하나님의 눈으로 모든 것을 바라보았고 오직 하나님을 신뢰하는 믿음으로 골리앗을 물리친 것입니다.

생각해 보십시오. 다윗이라고 두렵지 않았겠습니까? 그 업신여기며 모욕하는 소리가 다윗이라고 듣기 좋았겠습니까? 다윗 역시 똑같이 두렵고 똑같이 떨렸을 것입니다. 그러나 여기서 너무나 중요한 것은 그런 두려움과 떨림보다 다윗이 하나님을 신뢰하는 믿음이 훨씬 더 컸다는 사실입니다. 바로 이 신뢰가 오늘 우리에게 너무나 필요합니다.

인생이 힘들지 않은 사람 한 사람도 없습니다. 골리앗이 두렵지 않은 사람 한 사람도 없습니다. 중요한 것은 하나님을 신뢰하는 마음으로 그런 것들을 다 이겨내야 하는 것입니다. 지금 내 삶에 역사하시는 하나님을 분명하게 믿고 의지해야 합니다. 그때 우리는 다윗처럼 골리앗을 물리치고 승리할 수 있게 되는 것입니다. 이런 믿음을 꼭 갖기를 바랍니다.

다윗의 말 한 가지만 더 생각해 볼까요? 46~47절에 보시면 이런 표현이 많이 나옵니다. "하나님께서 너를 내 손에 넘기셨다." "여호와의 구원하심이 칼과 창에 있지 아니하다.""전쟁은 여호와께 속한 것이다." 이 표현들은 다윗이 얼마나 하나님을 깊이 신뢰하고 있었나 하는 것을 확실히 보여주고 있습니다. 그렇습니다. 다윗이 골리앗을 무너뜨리고 승리할 수 있었던 것은 다름이 아니라 그가 하나님을 무한 신뢰했기 때문입니다. 승리는 오직 하나님의 손에 달린 것입니다.

우리가 이렇게 하나님을 굳게 신뢰하게 되면 그다음에 우리는 정말 새로운 것을 볼 수 있게 됩니다. 거인 골리앗이 이스라엘 군대 앞에 나났을 때 이스라엘 병사들은 한결같이 이렇게 생각하였습니다.
'저렇게 거대한 자를 어떻게 죽일 수가 있단 말인가?'
그러나 다윗의 생각은 완전히 달랐습니다. 이스라엘 병사들과는 달리 다윗은 골리앗을 보고 이렇게 생각하였습니다.
'저렇게 크니까 절대로 빗맞을 일은 없겠군!'
이런 생각은 하나님을 신뢰할 때 가질 수 있는 생각입니다. 하나님을 신뢰하니까 어떤 어려움도 다 이겨나갈 수 있고 하나님을 신뢰하니까 승리를 확신하는 것입니다. 그래서 다윗은 이런 새로운 시선을 가지고 달려나가며 물맷돌을 날렸고 물맷돌은 맞추기가 너무 쉬워서 골리앗의 이마 정수리에 박혔으며, 결국 다윗은 승리하게 된 것입니다.
이 이야기는 고대로부터 지금까지도 이스라엘의 어머니들이 자기 자녀들에게 긍정의 믿음을 심어주려 할 때 반드시 사용하는 이야기로 알려져 있습니다.
'저렇게 크니까 절대로 빗맞을 일은 없겠군!'
이런 생각은 우리 인생에 있어서 정말 중요한 생각입니다.
다윗과 골리앗의 이야기를 생각하면 어렸을 때 골목에서 있었던 추억들이 떠오릅니다. 어렸을 때 많이들 싸우잖아요? 좀 못된 애들도 있고 불량배도 있는데 이런 애들과 싸우게 됐을 때 잔뜩 긴장하고 막 두렵기도 하잖아요? 그런데 그런 중에 완전히 전세가 역전이 되어서 내가 무조건 이기게 되는 경우가 있습니다. 저기서 아버지가 오시는 거예요. 그러면 그때 우리가 하는 말이 있습니다.

"너, 우리 아버지 이겨?"

네, 아버지가 오면 그 아버지 때문에 전세가 완전히 역전되는 것이고 아버지 때문에 우리는 승리하게 되는 것입니다.

한 가정에서 어린 아들이 마당에서 큰 돌을 이쪽에서 저쪽으로 옮기려 하고 있었습니다. 아들이 애쓰는 걸 보고 아버지는 집을 나서며 "최선을 다해보려무나" 격려해 주었습니다. 그런데 몇 시간 뒤에 아버지가 다시 돌아오시는데, 아들은 여전히 돌을 옮기지 못하고 끙끙대고 있었습니다. 이때 아버지가 다시 말하였습니다.

"최선을 다해보지 그랬니?"

그랬을 때 아들은 이렇게 대답하였습니다.

"아빠, 최선을 다했는데도 이 돌은 꿈쩍도 안 해요."

그때 아버지는 자상한 음성으로 이렇게 말해주었습니다.

"아냐 너는 아직도 최선을 다하지 않았어. 이 아빠의 도움을 구하지 않았잖아."

아빠의 도움을 구하는 것이 최선이라는 사실입니다.

이 두 이야기는 오늘 다윗과 골리앗의 핵심 정신이 무엇인지 잘 알려주고 있습니다. 그것은 하나님을 굳게 신뢰하고 의뢰하는 것이 승리의 비결임을 잘 알려주고 있습니다. 그렇습니다.

"너, 우리 아버지 이겨?"

이렇게 하나님을 신뢰하는 것이 승리의 비결입니다.

"이 아빠의 도움을 구하는 것이 최선이란다."

이렇게 하나님의 도우심을 구하면 우리는 반드시 모든 영적 싸움에서 승리하게 되는 것입니다.

지금도 우리는 삶을 살아가면서 수많은 골리앗을 만나게 됩니다. 질병의 골리앗, 결핍의 골리앗, 꼬여버린 인간관계와 문제들의 골리앗을 우리는 만날 수밖에 없습니다. 그런데 내 힘으로는 어찌할 수 없는 골리앗을 만났을 때 우리가 승리할 수 있는 비결은 하나님을 신뢰하는 것뿐입니다. 바로 이 사실을 마음 깊이 기억하여서 앞으로도 인생 가운데 수많은 골리앗을 만날 때마다 오직 하나님을 신뢰하고 의지하여 승리의 삶을 꼭 살아가시기를 간절히 바랍니다.

048

그의 나라를
견고하게 하리라

이 세상을 살아가는 모든 사람은 다 자기 삶을 아름답고 성공적인 삶으로 살아가고 싶어 합니다. 이것은 한 사람도 예외 없이 모든 사람의 소망이라 할 수 있습니다. 그런데 아주 이상한 것 한 가지는 그렇게 모든 사람이 자기 삶을 아름답고 성공적인 삶으로 살아가기를 바라지만 그것을 이루기 위한 길은 잘 걸어가지 않는다는 사실입니다.

이것은 가만히 생각해 보면 아주 이상한 모습인데 사람들은 자기 인생이 아름답기는 바라면서 아름다운 길은 걸어가지 않고, 성공하기는 바라지만 성공의 길은 걸어가지 않습니다. 아름답기를 바란다면 아름다운 길을 걸어가야 합니다. 성공하길 바란다면 성공의 길을 걸어가야 합니다.

이것은 우리 믿음의 삶에서도 똑같이 적용되는 중요한 원칙입니다. 하나님의 복을 받으려면 복 받는 길을 걸어가야 합니다. 하나님의 은총을 덧입기를 바란다면 하나님 원하시는 은총의 길을 가야 합니다. 하나님이 높이 세워주시는 삶을 살고 싶다면 정말 겸손의 길을 걸어가야 합니다.

바로 이 중요한 사실을 오늘 우리는 사울과 다윗의 삶을 비교해 보면 아주 명백하게 발견할 수 있습니다. 사울은 자기를 앞세우며 거룩을 위반하고 자기 마음대로 행동하면서 하나님께 불순종하여서 결국 하나님께 버림받고 말았습니다. 하지만 이때쯤 역사의 전면에 등장한 다윗은 오직 하나님의 뜻을 물을 줄 알았고 그 뜻대로 잘 순종함으로써 하나님께서 함께하시는 사람이 되었습니다. 이런 중요한 차이로 말미암아 하나님께서는 사무엘을 통하여 첫 번 왕 사울을 폐위하시고 다윗에게 기름을 부어서 그를 이스라엘의 새 왕으로 준비하신 것입니다.

하나님께 버림받은 사울은 여러 가지 모양으로 아주 히스테리컬한 모습으로 변모하였고 그 뒤로 그는 끊임없이 다윗을 죽이려고 하였습니다. 블레셋과의 전쟁에서 다윗이 골리앗을 물리치고 승리하고 돌아왔을 때 백성들이 이런 노래를 부르며 환영하였습니다. "사울이 죽인 자는 천천이요. 다윗은 만만이로다"(삼상 18:7). 이에 대해서 사무엘상 18장 9절에서는 이렇게 기록하고 있습니다. "그날 후로 사울이 다윗을 주목하였더라" 이 말은 그날 후로 사울이 다윗을 의심하고 분노와 증오에 가득 차서 질투의 시선으로 다윗을 지켜보았다는 것입니다.

이렇게 하나님께 버림받고 새로운 경쟁자가 등장하니 그는 마음이 초조해지고 정신적으로 무너지게 됨으로써 결국 사울에게는 악령이 임하기까지 하였습니다. 이때 수금을 잘 탔던 다윗이 그 곁에서 수금을 연주하여 그 마음을 위로하곤 하였는데 그런 순간에도 사울은 또 갑자기 돌변해서 다윗을 향해 창을 던지기도 하였습니다. 이것은 사울이 어떤 때는 온전하다가 악령이 임하면 무너져버리고 정신적으로 아주 히스테리컬하게 되어서 온전한 삶을 살아가지 못하였음을 말해주는 것입니다.

그러나 이런 중에서도 하나님은 다윗을 지켜주시고 그의 목숨을 온전히 보전해 주셨습니다. 골리앗과 싸움 이후에 사울의 모습과 다윗의 모습을 가만히 비교해 보면 하나님이 떠난 사람과 하나님이 함께하는 사람의 모습을 대조하여 보여주고 있습니다.

하나님이 떠난 사람 사울은 망할 수밖에 없었고 악령이 임하였고 정신 나간 사람처럼 행동하였고 혼자 중얼거리며 참으로 비참한 삶을 살아갔습니다. 그러나 하나님이 함께하는 사람 다윗은 사울과는 전혀 다른 삶을 살았습니다. 사무엘상 18장 12절에 이런 말씀이 있습니다. "여호와께서 사울을 떠나 다윗과 함께 계시므로 사울이 그를 두려워한지라" 이것은 정말 중요한 말씀이 아닐 수 없습니다.

하나님께서 떠나버리는 사람이 되면 안 됩니다. 가끔 사람들의 삶을 들여다보면 저러면 하나님께서 떠나시는데…. 이렇게 안타까운 생각이 드는 사람들이 있습니다. 그런 경우를 보면 참 마음이 안타깝습니다. 저렇게 자기중심적으로 자기만 앞세우면 안 되는데, 저렇게 욕심부리며 살면 안 되는데, 저렇게 교만하면 안 되는데… 아, 저러면 하나님이 떠나시는데…. 이런 생각이 들 때가 참 많습니다.

우리는 어떡하든지 하나님이 내 안에 계시도록 해야 합니다. 어떡하든지 우리는 정말 하나님을 꼭 붙들고 있어야 합니다. 하나님이 떠나시면 우리 인생은 낭패입니다. 그래서 하나님이 떠나시면 제아무리 대단한 사람이라도 결국은 사울처럼 되고 마는 것이니 여러분은 진실로 하나님께서 함께하시는 사람이 꼭 되시기 바랍니다.

사실은 다윗이 사울을 피해 도피한 세월이 무려 10년에 이르고 있습니다. 하루 이틀도 아니고 무려 10년입니다. 얼마나 힘들었겠어요? 가장 먼저 사울은 곁에서 수금을 타는 다윗에게 창을 던져 죽이려 하였습니다. 어떤 때는 정신이 돌아와서 다윗을 자기 측근에 두려고 자기 딸 미갈을 주었습니다. 그런데 그러면서도 결혼 조건을 내세우기를 블레셋 사람들의 포피 백 개를 베어오라 하였는데 이것은 블레셋 사람에게 붙잡혀 죽으라는 이야기입니다.

자기 신하들에게 다윗을 죽이라고 명령을 내리기도 하였고 이미 자기 사위가 된 다윗의 집으로 전령을 보내서 다윗을 암살하려 하기도 하였습니다. 이렇게 참 끊임없이 사울이 다윗을 죽이려 하였으므로 다윗은 블레셋 이방 땅으로 도피하기도 하였는데 가드왕 아기스에게로 도망하였을 때 사람들이 알아보자 다윗은 다리를 그적거리며 수염에 침을 흘리며 미친 체하기도 하였습니다.

그런데 이런 중에 다윗은 사울을 완벽하게 죽일 기회가 있었지만 절대로 그렇게 하지 않았습니다. 한번은 다윗이 엔게디 동굴에 피신해 있었는데 캄캄한 중에 사울이 따라 들어왔고 이때 다윗은 사울을 죽일 수 있었지만 가만히 그의 옷자락만 베고 살려주었습니다. 그 뒤에도 다윗이 하길라 산에 있었을 때 사울은 3천 명의 군사와 함께 그를 죽이려고 달려왔습니다. 이때 다윗은 밤에 그 진영에 내려가 잠들어있는 사울의 머리맡에 있는 창과 물병만 갖고 나왔고 자기 손으로 그를 죽이지 않았습니다.

그때마다 주위에 있던 장군들은 지금이 사울을 죽일 수 있는 절호의 기회라고 재촉했지만, 다윗은 "내가 손을 들어 여호와의 기름 부음을 받은 내 주를 치는 것은 여호와께서 금하시는 것이니 그는 여호와의 기름 부음을 받은 자가 됨이니라"(삼상 24:6)고 말하면서 자기 손으로 원수 갚은 일을 행하지 아니하였고 자기 사람들도 금하여 사울을 해하지 못하게 하였습니다.

참 이런 것을 보면 정말 다윗은 하나님께서 좋아하지 않을 수 없는 사람이었습니다. 모든 것을 다 하나님께 맡기고 하나님의 뜻을 따라 사는 사람이었습니다. 여러분도 다 하나님께 맡겨드리고 하나님의 뜻을 따라 살아가는 성도가 되시기 바랍니다. 하나님은 살아계시니까 모든 것을 다 섭리하시니까 그 하나님께 모든 것을 맡기고 원수 갚은 것도 하나님께 맡겨드리고 오직 하나님께 순종하여 그 뜻대로 살아가시기 바랍니다.

이렇게 무려 10년 동안의 도피 생활 끝에 사울은 또다시 블레셋과의 전쟁에서 이스라엘이 패했다는 소식을 듣고서는 결국 자기 칼에 엎드려져 죽고 말았습니다. 이게 뭡니까? 참 안타까운 종말입니다. 출발은 좋았는데 나중이 좋지 못한 사람, 욕심이 생겨서 하나님을 떠난 사람, 거룩을 위반하고 순종을 위반하여 하나님께서 버린 사람, 그는 결국 이렇게 비참한 종말을 맞이하고야 만 것입니다. 우리는 절대 이런 삶을 살지 말아야 하겠습니다.

사울이 죽고 나서 이제는 다윗의 시대가 도래하였습니다. 그러나 그 뒤로도 다윗의 삶을 결코 쉽지가 않았습니다. 먼저 다윗은 헤브론에서 유다 지파만의 왕이 되었습니다. 그 뒤로도 수많은 적대자가 있었고 비열한 인간들도 많았습니다. 그런 중에도 다윗은 그들을 설득하고 포용하여서 사울이 죽은 후에 10년의 세월이 지난 다음에야 비로소 다윗은 온 이스라엘 전체의 왕이 되었습니다.

이렇게 온 이스라엘의 왕이 된 다음에 다윗은 여부스 사람의 성읍을 공격하여 예루살렘을 쟁취하였고 수도를 헤브론에서 예루살렘으로 옮겨서 나라의 기틀을 잡았으며 하나님의 언약궤를 예루살렘으로 옮겨와 안치하였습니다.

이렇게 이스라엘 나라의 온전한 왕이 되어서 하나님의 뜻을 이루며 통치하는 중에 다윗의 마음속에는 언약궤를 안치할 하나님의 성전을 건축할 강렬한 열망이 불타올랐습니다. 하지만 그때 하나님은 선한 뜻이 있는 다윗에게 나단 선지자를 통해 이렇게 말씀하셨습니다.

오늘 하나님께서 나단 선지자를 통해 말씀하시는 이 내용은 구약에서 가장 중요한 장면 세 개 중에 드는 너무나 귀한 말씀인데 그 말씀이 바로 그 유명한 다윗 계약입니다. 그동안 우리가 계약에 관해서 공부한 바가 있는데 하나님께서 우리와 맺어주시는 계약에는 크게 두 가지 종류가 있습니다. 하나는 횡적인 계약이고 하나는 종적인 계약입니다.

횡적인 계약은 하나님과 우리, 계약의 당사자들이 다 책임과 의무를 잘 이행해야 하는 계약으로 이 계약을 '쌍무계약'이라 부르기도 합니다. 우리 구약성경 안에서는 시내산 계약이 그 유명한 횡적인 계약, 쌍무계약입니다. 그다음에 종적인 계약도 있는데 이것은 하나님께서 그 상대가 잘났든 못났든 잘하든 못하든 그 어떤 것도 묻지도 따지지도 않고 그저 은혜로 맺어주시는 계약인데 이것을 '은혜 계약'이라고 부르기도 하는 것입니다.

오늘 본문의 다윗 계약은 종적인 계약인 은혜 계약인데, 하나님께서는 다윗에 대하여 무한한 은총을 가지고 아주 일방적으로 놀라운 은혜의 계약을 선포해 주셨습니다. 오늘 다윗 계약의 내용은 모두 4가지로 요약할 수 있는데 그 내용 하나하나가 어마어마한 말씀들입니다.

그러면 어떤 내용인지 살펴보겠습니다.

"그러므로 이제 내 종 다윗에게 이와 같이 말하라 만군의 여호와께서 이와 같이 말씀하시기를 내가 너를 목장 곧 양을 따르는 데에서 데려다가 내 백성 이스라엘의 주권자로 삼고 네가 가는 모든 곳에서 내가 너와 함께 있어 네 모든 원수를 네 앞에서 멸하였은즉 땅에서 위대한 자들의 이름 같이 네 이름을 위대하게 만들어 주리라"(삼하 7:8-9).

이 말씀은 하나님께서 한낱 목동에 불과한 다윗을 이스라엘의 주권자로 삼아주신다는 것과 하나님께서 그 다윗의 이름을 위대하게 만들어주시겠다는 내용입니다. 이 말씀은 하나님께서 다윗의 원수들을 다 멸해주시고 오히려 다윗을 높이 세워주신다는 말씀입니다. 여러분 이것은 정말 어마어마한 은총이 아닐 수 없습니다.

> "내가 또 내 백성 이스라엘을 위하여 한 곳을 정하여 그를 심고 그를 거주하게 하고 다시 옮기지 못하게 하며 악한 종류로 전과 같이 그들을 해하지 못하게 하여 전에 내가 사사에게 명령하여 내 백성 이스라엘을 다스리던 때와 같지 아니하게 하고 너를 모든 원수에게서 벗어나 편히 쉬게 하리라"(삼하 7:10-11).

다윗 계약의 두 번째 내용은 하나님께서 다윗의 후손을 한 곳에 심고 그곳에 거주하게 하시고 그들이 평안하게 만들어주시겠다는 약속입니다. 여기서 한 곳에 그를 심는다는 말씀은 사사시대로부터 너무나 잦은 외세의 침략에 쫓겨 다니며 살았는데 이제는 한곳에 정착하여 평화롭게 살 것이라는 약속입니다. 이것은 하나님이 안전보장이 되어주시겠다는 약속입니다.

> "네 수한이 차서 네 조상들과 함께 누울 때에 내가 네 몸에서 날 네 씨를 네 뒤에 세워 그의 나라를 견고하게 하리라 그는 내 이름을 위하여 집을 건축할 것이요 나는 그의 나라 왕위를 영원히 견고하게 하리라"(삼하 7:12-13).

다윗 계약의 세 번째 내용은 하나님께서 오고 오는 세대에 다윗의 후손을 계속 세워주셔서 그의 나라와 다윗 왕조를 견고하게 해주실 것이라 하는 약속입니다. 그리고 후손 중에 1대 후손인 솔로몬이 하나님의 이름을 위하여 성전을 건축할 것이고 이로써 하나님은 이스라엘 가운데 임하셔서 그의 나라와 왕위를 영원히 견고케 하신다는 것입니다. 이것은 다윗 왕조가 영원할 것이라 하는 약속입니다.

> "나는 그에게 아버지가 되고 그는 내게 아들이 되리니 그가 만일 죄를 범하면 내가 사람의 매와 인생의 채찍으로 징계하려니와 내가 네 앞에서 물러나게 한 사울에게서 내 은총을 빼앗은 것처럼 그에게서 빼앗지는 아니하리라. 네 집과 네 나라가 내 앞에서 영원히 보전되고 네 왕위가 영원히 견고하리라 하셨다 하라"(삼하 7:14-16).

다윗 계약의 네 번째 내용은 다윗의 후손은 하나님의 아들이 되고 하나님은 그들의 아버지가 되어주신다는 것인데 저는 이 표현이 성경에서 제일 좋습니다. 그래서 이런 관계 속에서 범죄시에 징계는 하지만 그 왕위는 결단코 빼앗지는 않는다는 것입니다. 이것은 그야말로 조건 없는 사랑이요 조건 없는 인정입니다.

그리고 이 대목에서 우리는 이 다윗 계약을 시공을 뛰어넘는 영적인 개념으로 이해할 필요가 있습니다. 오늘 본문의 다윗 계약은 궁극적으로 해석하자면 다윗의 혈통에서 나실 메시아께서 영적 이스라엘에 대하여 영원한 왕권을 행사하실 것임을 예표하고 있는 것입니다.

이러한 사실은 BC 586년 예루살렘의 멸망으로 인하여 다윗 왕조는 외면상 사라졌지만 다윗의 후손이신 예수님께서 오늘날 영적 이스라엘인 교회의 머리가 되셨고, 또 장차 하나님의 나라 천국에서 영원토록 자기 백성을 다스리실 것이라는 사실에서 우리는 분명히 확인할 수 있습니다. 그래서 이렇게 다윗 계약은 하나님의 원대한 구원 역사를 우리에게 알려주고 있는 것이니까 이제 우리는 왕 되신 예수님을 잘 믿고 예수님이 통치하시는 하나님 나라 건설을 위해 최선을 다하는 성도가 되어야 합니다.

오늘 저는 아브라함 계약, 모세의 시내산 계약에 이어서 그 중요한 다윗 계약에 대해 말씀을 드렸습니다. 그런데 오늘 이 다윗 계약을 설명하면서 참 묘한 마음이 들었습니다. 그것은 바로 '질투'라는 개념입니다. 구약성경은 가끔 하나님을 '질투하시는 하나님'으로 묘사하고 있습니다. 우리의 왕, 우리의 주되신 하나님을 외면하고 다른 우상을 섬기면 우리 하나님께서 크게 질투하신다는 개념입니다.

그런데 사실은 우리 쪽에서도 '영적 질투'가 필요합니다. 하나님은 왜 이렇게도 다윗을 사랑하신단 말씀입니까? 왜 하나님은 다윗을 이렇게도 좋아하실까요? 오늘 본문의 다윗 계약의 네 가지 내용은 그야말로 정말 어마어마한 말씀입니다. 다윗을 주권자로 삼아 존귀하게 하시고 한곳을 정하여 안전 보장해 주시며 후손들까지 그 왕조를 견고하게 하시고 특별한 관계 속에서 그 나라와 왕위를 절대 빼앗지 않을 것이라고 말씀하고 계십니다.

도대체 왜 하나님은 다윗을 이렇게도 좋아하고 사랑하며 이렇게도 은혜를 베푸신단 말입니까? 질투 나지 않으십니까? 하나님, 왜 다윗을 이렇게도 좋아하고 사랑하시는데요? 하나님 나도 좀 사랑해 주세요. 하나님 나에게도 은혜 좀 베풀어주세요. 이런 마음이 들지 않으십니까?

제가 지난주에 설교 말씀을 준비하면서 정말 깊이 생각해 보았습니다. 내 안에 영적 질투심이 생기는데 왜 하나님께서 이렇게도 다윗을 좋아하고 은혜를 베푸실까요? 그러다가 저는 성경 한 구절에서 그 해답을 찾았습니다. 물론 하나님은 조건 없이 은혜를 베푸시는 분이지만, 그래도 다윗이 이렇게 사랑받는 것은 뭔가 이유가 있지 않겠어요? 그 이유가 이 구절에 나와 있습니다.

"그 후에 그들이 왕을 구하거늘 하나님이 베냐민 지파 사람 기스의 아들 사울을 사십 년간 주셨다가 폐하시고 다윗을 왕으로 세우시고 증언하여 이르시되 내가 이새의 아들 다윗을 만나니 내 마음에 맞는 사람이라. 내 뜻을 다 이루리라 하시더니"(행 13:21-22).

여기에 해답이 나와 있습니다. 하나님은 다윗을 보고 '내 마음에 맞는 사람', "내 마음에 합한 사람"이라고 말씀하셨습니다. 이것은 정말 중요한 말씀입니다. 다윗은 잘될 때나 안 될 때나 하나님께 물었습니다. 절대로 하나님을 떠나지 않았습니다. 심지어 그는 심각한 죄를 지었을 때도 하나님을 떠나지 않고 눈물로 회개하였고, 그래서 모든 경우에 그는 하나님께 묻고 하나님께 꼭 붙어 있었습니다. 바로 이것입니다. 다윗이 이토록 하나님이 좋아하고 아름다운 복을 누린 것은 바로 이것입니다. "하나님 마음에 합한 사람"

아름답기를 바란다면 먼저 아름다운 길을 걸어가야 하고 성공하기를 바란다면 먼저 성공하는 길을 걸어가야 합니다. 마찬가지로 여러분이 영적 질투심으로 오늘 본문의 어마어마한 복과 은혜와 사랑을 누리고 싶다면, 정말 하나님이 좋아하는 사람이 되고 싶다면 하나님 마음에 합한 사람이 되시기 바랍니다. 한 번밖에 없는 인생인데 정말 하나님 마음에 합한 사람이 꼭 되어서 하나님이 참 좋아하시고 사랑하시고 어마어마한 복을 받아 누리는 여러분이 꼭 될 수 있기를 간절히 바랍니다.

049
성경 153올람

내가 여호와께
죄를 범하였노라

다윗은 사무엘에게 기름 부음 받은 후 10여 년 동안 오직 하나님만을 의지하며 그 모진 고난을 잘 견디어냈습니다. 사울이 죽은 후에도 여전히 적대자들에 의해 큰 고난을 당하였지만 또 10년 동안 하나님을 의지하여 잘 견디어내고 마침내 이스라엘 전체의 왕이 되었습니다. 다윗은 이스라엘 나라 전체의 왕이 된 다음에도 여전히 하나님 마음에 합한 자로서 자기 사명을 잘 감당해 나갔습니다.

이때 하나님께서는 다윗과 더불어 '다윗 계약'을 체결해 주셨는데 이 말씀은 정말 어마어마한 말씀이었습니다. 하나님은 다윗을 주권자로 삼아 존귀하게 하시고 한곳을 정하여 안전보장 해주시며, 후손들까지 그 왕조를 견고하게 하시고 특별한 관계 속에서 범죄 시 징계는 하지만 그 나라와 왕위는 절대 빼앗지 않을 것이라고 약속해 주셨습니다.

이렇게 어마어마한 하나님의 은총을 입은 후에 다윗은 더욱더 승승장구하여서 가는 곳마다 대대적인 정복 사업을 성공리에 잘 수행할 수 있었습니다. 이때 다윗의 모습에 대해 사무엘하 8장 6절과 14절에서는 두 번씩이나 이렇게 묘사하고 있습니다. "다윗이 어디로 가든지 여호와께서 이기게 하시니라." 정말 중요한 말씀입니다. 이 말씀은 다윗이 하나님께 늘 묻고 순종하여서 하나님의 대리자로서의 사명을 잘 감당하였고, 그래서 하나님은 다윗이 어디를 가든지 이기게 해주셨다는 것입니다.

그런데 사람은 잘될 때 조심해야 하는가요? 이렇게 승승장구할 때에 그만 다윗이 삐거덕하기 시작하였습니다. 다윗이 크게 실수하고 범죄하는 기사가 사무엘하 11장부터 기록되어 있는데 오늘 이 내용은 참 너무나 안타깝고 가슴 아픈 기사가 아닐 수 없습니다.

가장 먼저 사무엘하 11장 1절을 보시면 해가 바뀌어서 우기가 끝나고 건기가 찾아왔을 때 가나안과 그 주변 지역에는 다시 전쟁의 분위기가 감돌았습니다. 그래서 다윗은 요압 장군과 이스라엘 군대를 보내서 암몬과 다시 전쟁을 벌였는데 암몬의 수도 랍바 지역에서 전투를 벌이는 중에 "다윗은 예루살렘에 그대로 있더라"고 이렇게 기록하고 있습니다. 이 모습부터 잘못된 것입니다. 바로 이것이 다윗이 돌이킬 수 없는 범죄를 저지른 배경이 되고 있습니다.

지금 이 모습은 다윗의 본모습이 아닙니다. 전에 다윗은 이스라엘 군대와 함께 전쟁에 나갔고 거기에서 진두지휘하며 하나님의 도우심으로 날마다 승리해 왔던 것입니다. 그러니까 지금 자신의 군대가 생사를 건 전쟁을 수행하고 있으므로 다윗은 누구보다 경성해 있어야 하는 상황이었지만 그는 그만 영적 해이와 나태함과 자만 속에 빠져서 그냥 예루살렘에 머물러 있었던 것입니다.

바로 이런 중에 다윗에게 심각한 유혹이 밀려왔는데 다윗은 저녁때에 침상에서 일어나 왕궁 옥상을 거닐었습니다. 사람이 한 번 자만과 안일함 속에 빠지면 유혹은 항상 밀려오는 법입니다. 지금 자기 군사들은 전쟁터에서 목숨을 걸고 전쟁을 수행하고 있는데 최고 통치자인 다윗은 저녁때나 돼서야 겨우 침소에서 일어났습니다.

이렇게 영적 해이와 안일주의와 나태함과 심각한 자만 속에 빠져 있던 다윗의 눈에 저 아래쪽으로 한 여인이 목욕하고 있는 모습이 보였습니다. 그 모습을 보는 순간 이제 악한 일은 일사천리로 진행되었습니다. 다윗은 그 여인을 보고 정욕이 발동하였고 사람을 보내서 그 여인을 불러와서 동침하고야 말았습니다. 그런데 얼마 뒤에 그 여인은 임신하게 되었고 사람을 다윗에게 보내서 자기가 임신하였다고 알려주었습니다.

한순간 정욕의 발동으로 말미암아 다윗은 이제 책임져야 할 엄청난 일을 맞닥뜨리게 된 것입니다. 하나님의 율법인 레위기 20장 10절에는 이렇게 기록되어 있습니다. "누구든지 남의 아내와 간음하는 자 곧 그의 이웃의 아내와 간음하는 자는 그 간부와 음부를 반드시 죽일지니라" 이 율법을 모를 리 없었던 다윗은 그만 눈앞의 정욕에 이끌려 다른 사람의 아내를 범하였고 한 가정을 파탄에 이르게 하였고 하나님의 명령을 거스르고 말았던 것입니다.

그래서 자기가 범한 여인 밧세바가 전해온 임신 소식을 듣고는 부랴부랴 다윗은 또 하나의 범죄를 계획하였습니다. 그것은 자기가 범한 여인 밧세바의 남편인 우리아가 전쟁터에 나가 있었는데 다윗은 우리아를 급히 예루살렘으로 불러들여 자기 집으로 보내서 그 아내와 동침하게 함으로써 자신의 죄를 은폐하려 하였던 것입니다.

그런데 우리아는 아주 충직한 사람이었습니다. 다윗이 집으로 들어가라 하며 음식까지 보내주었지만 우리아는 그날 밤 자기 집으로 들어가지 않았습니다. 그것은 우리아가 다윗의 37인 용사 중의 한 사람으로서 아주 충직하고 인간미가 넘치는 사람이었고 요압과 부하들이 바깥 들에 진치고 있는데 자기가 집으로 들어가서 처와 함께 잘 수가 없다고 거절하였던 것입니다.

오늘 본문을 통하여 우리가 살펴보면 이 죄라고 하는 놈은 아주 교묘하여서 우리를 헤어 나올 수 없는 구렁텅이에 빠뜨리는 것임을 알 수 있습니다. 첫 번째는 욕정을 못 이겨 죄를 짓고 그다음에는 죄를 은폐하려 하고, 이것이 잘 안될 때 이제는 그 죄를 감추기 위해 더 큰 죄를 짓게 만드는 아주 못된 놈임을 알 수 있습니다.

그래서 다윗은 영적 해이와 안일함과 자만에 빠져 욕정으로 죄를 범했는데 그 후엔 죄를 은폐하려 하였고 그것이 안 되니까 이제는 아주 악한 일을 계획하였습니다. 그것이 무엇이냐 하면 전장에 나가 있는 요압 장군에게 기별하여서 지금 우리아가 전쟁터로 돌아가면 그를 아주 맹렬한 전투 가운데 내보내서 전사하게 만들라고 하는 너무나 심각한 악행을 저질렀던 것입니다.

그 명령을 요압 장군에게 전할 때 어떤 방법을 사용했는가 하면 이게 정말 기가 막히는 악한 일인데요. 이제 다시 전쟁터로 돌아가는 우리아의 손에 그 우리아를 죽이라고 하는 편지를 들려서 보냈다는 사실입니다. 아, 정말 너무 악한 모습입니다. 이것은 정말 천인공노할 심각한 범죄입니다. 앞서 욕정을 못 이겨 죄를 짓고 그것을 은폐하려 한 것이 연약한 인간의 모습이라면 지금 우리아를 죽게 하려고 그 손에 편지를 들려 전쟁터로 내보내는 모습은 아주 악하기 그지없는 통탄할 모습입니다.

결국 요압은 다윗 왕의 명령을 따라서 우리아를 맹렬한 전투 가운데 내보내서 그를 죽게 했고 즉시 그 결과를 다윗에게 통보하였습니다. 우리아의 아내 밧세바는 남편이 전쟁에서 죽었다는 소식을 전해 듣고 크게 울고 장례를 치렀습니다. 장례 후에 다윗은 사람을 보내어 밧세바를 왕

궁으로 데려왔고 자기 아내로 삼고 아이를 낳았습니다.

이렇게 해서 모든 것이 다 끝난 줄로 알았겠지만 그러나 하나님은 불꽃 같은 눈으로 감찰하시며 그 죄악을 그냥 보아 넘기지 아니하셨습니다. 다윗의 이 모든 악행을 기록하고 있는 사무엘하 11장의 마지막 27절은 이렇게 끝을 맺고 있습니다. "다윗이 행한 그 일이 여호와 보시기에 악하였더라." 아, 이것은 정말 서글프고 안타까운 말씀이 아닐 수 없습니다. 그 악한 모습을 하나님은 그냥 보아 넘기지 아니하시고 나단 선지자를 그에게 보내셨습니다.

하나님께서 보내신 선지자 나단은 다윗 왕을 만나러 갔습니다. 그런데 나단은 참 지혜롭게 다윗에게 이런 비유를 전하였습니다. "한 성읍에 두 사람이 있는데 한 사람은 부하고 한 사람은 가난하였습니다. 그 부한 사람은 양과 소가 심히 많았지만 가난한 사람은 작은 암양 새끼 한 마리뿐이었습니다. 가난한 집의 그 암양 새끼는 그 자녀와 함께 자라며 함께 먹고 마시고 그 품에 누워 잠자므로 그 가난한 사람에게 이 암양 새끼는 딸처럼 되어 있었습니다. 그런데 어떤 행인이 부자의 집을 방문하였는데 부자는 자기 집에 온 행인을 위해 대접을 할 때 자기의 수많은 양과 소들 가운데 잡지 아니하고 가난한 사람의 양 새끼를 빼앗아 자기에게 온 사람을 위하여 잡았습니다"(삼하 12:1-4 참조).

여기까지 이야기를 들었을 때 다윗은 크게 분노하면서 그 부자는 마땅히 죽을 자라고 소리쳤습니다. 바로 그때 나단 선지자는 "당신이 그 사람이라"고 분명히 선포하였습니다. 수많은 후궁을 거느리고 있으면서도 욕정에 못 이겨 충직한 부하의 아내를 빼앗은 당신이 바로 그 악한 부자와 같은 사람이라고 분명하게 알려주었습니다.

이어서 나단은 하나님의 뜻을 계속하여 전해주었습니다.

"이제 네가 나를 업신여기고 헷 사람 우리아의 아내를 빼앗아 네 아내로 삼았은즉 칼이 네 집에서 영원토록 떠나지 아니하리라 하셨고"(삼하 12:10).

이 말씀은 죄로 인한 후유증이 너의 집에 있게 될 것이라고 하는 하나님의 무서운 경고입니다.

바로 그 순간에 다윗은 아차 싶었습니다. 그동안 10개월 가까이 죄로 인해 양심이 마비되어 있었지만 나단 선지자가 와서 하나님의 뜻을 선포하였을 때 그는 하나님 앞에서 즉각 회개하였습니다.

"내가 여호와께 죄를 범하였노라"(삼하 12:13).

그 회개는 상투적인 회개가 아니라 한 번쯤 해보는 회개가 아니라 정말 철저하게 회개했는데 다윗은 자기 침상이 눈물로 홍건히 젖을 정도로 진심으로 회개하였습니다.

다윗의 회개에 대하여 가장 잘 표현하고 있는 성경 구절은 바로 시편 51편의 말씀입니다.

(1절) "하나님이여 주의 인자를 따라 내게 은혜를 베푸시며
　　　주의 많은 긍휼을 따라 내 죄악을 지워 주소서."
(2절) "나의 죄악을 말갛게 씻으시며 나의 죄를 깨끗이 제하소서."
(7절) "우슬초로 나를 정결하게 하소서 내가 정하리이다.
　　　나의 죄를 씻어 주소서. 내가 눈보다 희리이다."
(10절) "하나님이여 내 속에 정한 마음을 창조하시고 내 안에
　　　정직한 영을 새롭게 하소서."

(17절) "하나님께서 구하시는 제사는 상한 심령이라. 하나님이여
      상하고 통회하는 마음을 주께서 멸시하지 아니하시리이다."

다윗이 자기의 일생을 두고 가장 잘한 것은 바로 이 회개입니다. 다윗이 간음죄와 살인죄를 범한 것은 통탄할 일이지만, 그러나 다윗이 그런 중에서라도 가장 잘한 것은 그는 하나님 앞에서 철저히 회개하였다는 사실입니다.

하나님은 다윗의 회개를 받으시고 그를 용서해 주셨으며 그가 왕위를 이어갈 수 있도록 은혜를 베풀어주셨습니다. 비록 그 죄들로 말미암아 후에 많은 고난이 있었지만, 그러나 다윗은 그때부터 하나님 앞에서 신실함을 잃지 않았습니다.

오늘 우리는 다윗의 범죄 사건에서 많은 영적인 교훈을 얻게 됩니다. 그중에서 우리가 기억해야 할 첫 번째 살 떨리는 교훈은 잘될 때 조심해야 한다는 것입니다. 지금까지 다윗은 전쟁할 때마다 승리하였고, 그래서 자기에게 칼을 빼어 들 나라는 거의 사라졌고 사울을 추종하던 세력들도 다 멸절된 상태였습니다. 그리고 가정도 평안하고 나라도 번영하는 등 그야말로 태평성대의 시대가 도래하였습니다.

이렇게 되니까 다윗은 영적으로 해이해졌고 안일과 자만 속에 빠져서 전쟁터에 나가지 않고 예루살렘에 머물러 있다가 목욕하는 여인을 보고 욕정이 발동하였고, 그 죄를 은폐하려 마침내 살인죄까지 저지르고 말았던 것입니다. 이 모든 과정을 우리가 깊이 상고해 보면 정말 우리는 잘될 때 조심해야 합니다. 형통할 때 겸손해야 합니다.

다윗이 사울의 낯을 피하여 10년 동안 그 힘든 도피 생활을 할 때는 결코 죄를 범하지 않았습니다. 그리고 적대자들의 위협 속에서 또다시

10년 동안 그 힘든 과정을 지나올 때도 그는 결코 범죄하지 않았습니다. 그런데 지금 적대 국가가 사라지고 내부의 적대자들도 없어지고 가정은 평안하고 나라는 번영하고 이렇게 태평성대를 이루었을 때 다윗은 그만 범죄하고 만 것입니다.

아, 여러분, 이런 것을 보면 정말 잘 되고 형통할 때 더욱더 조심해야 합니다. 왜냐하면 바로 그런 때 다윗처럼 영적 해이와 안일과 자만 속에 빠지기 쉽기 때문입니다. 그러므로 우리는 늘 자기를 쳐서 복종시킬 줄 알아야 합니다(고전 9:27). 선 줄로 생각하는 자는 넘어질까 조심해야 합니다(고전 10:12). 악한 마귀 사탄이 틈타지 않도록 깨어서 경성해야 하는 것입니다(벧전 5:8-9, 엡 4:27). 천금과 같은 이 말을 마음속에 꼭 새겨두세요.

"잘될 때 조심해야 한다."

"형통할 때 겸손해야 한다."

그리고 또 한 가지, 우리가 마음 깊이 기억해야 하는 것은 죄라고 하는 놈의 본모습을 우리가 깊이 각성해야 합니다. 정말 이 죄라고 하는 놈은 너무너무 무서운 것입니다. 아주 지긋지긋합니다. 스멀스멀 우리에게 파고들어서 결국은 우리를 멸망에 이르게 하는 것이 바로 이 죄라고 하는 놈입니다.

이 죄는 우리의 철천지원수입니다. 지금 우리가 당하고 있는 모든 고통, 아픔, 눈물, 탄식을 거슬러 올라가 보면 결국은 바로 이 죄가 도사리고 있는 것입니다. 악한 마귀 사탄이 심어준 이 죄악 때문에 우리는 결국 사망에 이르게 된 것입니다. 그러므로 이 철천지원수, 이 죄에 대해 깊이 각성하고 죄는 그 모양이라도 버리고 진실로 죄에 대한 민감성을 가지고 이 죄를 멀리할 줄 알아야 합니다.

여기서 종교개혁자 루터의 이야기를 하지 않을 수 없습니다. 루터의 종교개혁은 뭔가 잘못돼서 바꿔야 한다는 것이 아니라 죄에 대한 심각한 고민의 결과입니다. 루터는 수도원에서 기도와 명상과 고행을 하던 사람이었습니다. 그런 그는 죄를 지으려야 지을 수가 없는 사람이었습니다. 여자가 없으니 간음죄를 지을 수 없고 사유재산이 없으니 도적질할 것도 없으며 가족도 없고 또 나아가서 출세니 명예니 하는 것도 없으니까 욕망의 노예가 될 필요도 없었습니다.

그러나 루터는 자기 존재 자체가 죄인인 것을 고민하지 않을 수 없었고 어떻게 하나님 앞에서 의로워질 수 있는가 하는 문제를 붙들고 고민하고 또 고민하였습니다. 어떤 날은 고해성사를 하루에 스무 번도 더 하였습니다. 가서 죄를 고하고 돌아와서 또 고민돼서 또 가서 고하고… 마지막엔 신부가 너무 귀찮아서 "루터야, 죄를 좀 모았다 가지고 오너라" 이렇게 말했다는 이야기가 전해지고 있습니다.

종교개혁자 루터의 가장 심각한 고민은 오직 한 가지, 죄의 문제였습니다. 바로 이 죄의 문제가 해결되지 않아 그는 심각한 고민을 하고 있었지만 당시에 면죄부를 팔고 있던 가톨릭교회는 루터에게 아무런 대답도 주지 못하였습니다. 이런 중에 루터에게 한 줄기 빛이 비쳤는데 그것은 루터가 로마서를 연구하는 중에 새롭게 들려진 로마서 1장 17절의 말씀이었습니다. "오직 의인은 믿음으로 말미암아 살리라."

바로 이 말씀이 루터를 살렸습니다. 바로 이 말씀이 루터를 일으켜 세웠습니다. 그는 예수님의 복음 안에서 죄의 문제를 해결함 받았고 비로소 의의 확신을 가질 수 있었습니다. 그래서 바로 이 확신을 가지고 비텐베르그 성 교회 정문에 그 당시 아무런 영적 감화를 주지 못하던 로마 가톨릭교회에 반박하는 95개 조 반박문을 써 붙였는데 바로 이것이 종교개혁의 출발점이 되었던 것입니다. 종교개혁은 이게 잘못됐으니까 한번 바꿔보자는 운동이 아닙니다. 종교개혁은 한 청년의 죄에 대한 깊은 고민으로부터 시작된 것입니다. 이것이 바로 종교개혁의 본질입니다.

지금은 성탄의 계절입니다. 그런데 예수님께서 왜 우리 가운데 찾아오셨을까요? 네, 그것은 바로 예수님께서 우리의 죄의 문제를 해결하려 우리 가운데 오신 것입니다. 예수님은 우리 가운데 오셔서 십자가에 죽으심으로 스스로 희생제물이 되셨고 이로써 하나님의 공의와 사랑을 완성하시고 우리를 구원해 주신 것입니다.

바로 이것입니다. 바로 이것이 우리가 예수님을 믿는 이유이고 종교개혁의 본질입니다. 바로 이것이 우리 신앙 생활의 핵심이고 바로 이것이 우리 기독교의 전부입니다. 그러므로 우리는 착각하지 말아야 합니다. 신앙 생활을 한다는 것은 교회 다니는 것이나 교회 가서 사람들과 친하게 지내는 것이나 이런저런 교회 사업에 힘쓰는 것이 아닙니다.

그런 것들은 다 이차적인 것들이고 신앙 생활의 핵심은 심각한 죄의 문제를 해결하기 위하여 구원자 예수님을 믿는 것이 신앙 생활의 본질입니다. 그러므로 예수님 믿고 나의 죄 된 모습에 대해 깊이 각성하고 나의 죄 된 모습에 깊이 절망하고 오직 희망은 죄의 문제를 해결해 주신 예수님밖에 없다는 것을 확신하고 날마다 예수님 의지하여서 죄의 문제를 이겨나가야 합니다.

오늘 다윗의 범죄 이야기는 우리에게 죄의 문제가 얼마나 심각한가 하는 것하고 우리가 신앙 생활 한다는 것이 무엇인지를 분명히 알려주고 있습니다. 천하에 다윗만 한 사람이 어디에 있겠습니까? 그는 늘 하나님께 묻고 하나님과 교제하며 하나님 마음에 합한 자였습니다. 그런데 그런 다윗도 문제가 없고 모든 것이 형통하니까 그만 영적 해이에 빠지고 안일함과 나태함과 자만 속에 빠져 간음죄를 짓고 살인죄까지 저지르고 말았습니다.

그러므로 이제부터 진실로 잘될 때 조심해야 합니다. 형통할 때 겸손해야 합니다. 죄는 그 모양이라도 버려야 합니다. 자기 자신을 쳐서 복종시킬 줄 알아야 합니다. 그래서 죄의 심각성을 분명히 깨닫고 예수님을 믿는다는 것은 다름이 아니라 바로 이 죄의 문제를 해결함 받는 것임을 확실히 기억하여서 정말 신앙 생활 바르게 잘해야 합니다. 정말 예수님 잘 믿읍시다. 이제부터 예수님 믿어서 죄를 이기고 날마다 승리하는 성도들이 되시기를 간절히 바랍니다.

050

성경153올람

네게 지혜로운 마음을
주노라

세월은 흐르고 흘러 이렇게 또 한 해가 훌쩍 지나가고 있습니다. 참으로 힘들고 어려운 한 해였지만 하나님의 은혜로 이만큼 살아왔는데 새해에도 성도 여러분들 더욱더 건강하시고 하나님의 은혜가 충만하시기를 간절히 기원합니다. 특별히 〈성경153올람〉 운동을 시작하여 오늘에 이른 것이 너무나 감사하고, 마침 오늘은 이 운동을 시작한 지 50번째에 이르고 있습니다.

이 일은 정말 이 시대 하나님께서 행하신 새 일이고, 그래서 우리는 어떻게 하든지 내년, 내후년까지 하나님 말씀으로 철저히 가치관 훈련을 하고 가정예배를 통해 우리 자녀들에게 아름다운 신앙 가치를 유산으로 잘 물려주어야 하겠습니다.

지금 우리는 왕조시대 속으로 들어와서 특별히 통일왕조 시대의 왕들을 살펴보고 있습니다. 앞서 우리가 살펴보았던 사무엘상 말씀은 크게 두

부분으로 나눌 수가 있는데 앞부분은 사무엘에 관한 이야기이고 뒷부분은 이스라엘의 첫 왕 사울에 관한 이야기입니다. 그다음에 사무엘하 말씀은 온통 전체가 다 두 번째 왕 다윗에 관한 이야기로 가득 차 있습니다.

이제 오늘 우리는 열왕기상 말씀 속으로 들어왔는데 이 책의 앞부분은 세 번째 왕 솔로몬에 관한 이야기입니다. 그리고 열왕기상 말씀의 뒷부분은 이스라엘 나라가 남과 북으로 분열되어 남쪽은 유다 왕조를, 그리고 북쪽은 이스라엘 왕조를 이어가는 이야기를 기록하고 있습니다.

이스라엘 모든 왕조를 통틀어 다윗만큼 위대한 왕은 없었습니다. 그는 하나님 마음에 합한 왕이었습니다. 가끔 실수로 범죄하긴 하였지만 그는 그때마다 철저히 회개하여서 하나님을 기쁘시게 하는 왕이 될 수 있었습니다.

이렇게 다윗이 이스라엘 나라를 통치한 지 40년이 되었을 때 그는 이제 죽을 날이 임박하여 마지막으로 그 아들 솔로몬에게 이런 말을 전하였습니다. "내가 이제 세상 모든 사람이 가는 길로 가게 되었노니 너는 힘써 대장부가 되고 네 하나님 여호와의 명령을 지켜 그 길로 행하여 그 법률과 계명과 율례와 증거를 모세의 율법에 기록된 대로 지키라. 그리하면 네가 무엇을 하든지 어디로 가든지 형통할지라"(왕상 2:2-3).

이렇게 다윗의 뒤를 이어서 이스라엘의 새로운 왕이 된 사람이 바로 다윗의 아들 솔로몬이었습니다. 솔로몬은 이스라엘의 왕이 된 후에 그 막중한 사명을 어깨에 짊어지고 어떻게 하면 이 사명을 온전히 잘 감당할 수 있을까 깊이 고민하고 또 고민하였습니다. 바로 그러한 고민 끝에 솔로몬은 모든 것이 다 하나님한테서 나온다는 사실을 마음 깊이 깨닫고 먼저 그 하나님께 모든 영광과 감사와 존귀를 올려드리기로 작정하였습니다. 그래서 솔로몬은 이제 하나님께 '일천 번제'를 드리기로 결단하고 그것을 실행에 옮겼습니다.

　우리가 성경을 읽어나가다가 가끔 잘못 이해해서 오해하고 있는 구절이 의외로 많이 있습니다. 오늘 본문에 나오는 '일천 번제'도 우리가 오해하기 쉬운 표현인데, 일천 번제는 일천 번의 제사를 드렸다는 뜻이 아닙니다. 열왕기상 3장 3절을 보세요.

"이에 왕이 제사하러 기브온으로 가니 거기는 산당이 큼이라. 솔로몬
이 그 제단에 일천 번제를 드렸더니"(왕상 3:4).

　이 말씀 가운데서 솔로몬이 그 제단에 일천 번제를 드렸다는 것은 한 번, 두 번, 세 번, 그리고 백 번, 이백 번, 삼백 번, 그리고 마침내 일천 번의 제사를 드렸다는 뜻이 아닙니다. 여기서 '일천 번제'할 때 이 '번'자는 일천에 붙는 것이 아니라 뒤에 있는 '제'자에 붙는 것입니다. 그러니까 한 번 두 번 할 때 그 '번'(番) 자가 아니라 태울 '번'(燔) 자이고, 그래서 하나님께 제물을 태워드리는 제사인 '번제'(燔祭)를 가리키고 있는 것입니다. 그러므로 일천 번제는 일천 번의 제사를 드렸다는 것이 아니라 일천 마리의 아주 큰 제물을 가지고 하나님께 번제의 제사를 드렸다는 뜻입니다.

　일천 마리의 제물로 하나님께 드린 제사이니까 그 규모는 정말 크고 놀랍고 대단한 제사였을 것입니다. 학자들은 솔로몬이 일천 마리의 번제물을 드렸을 때 아마도 7~8일 정도 소요되었을 것이고 아마도 몇 차례 나누어서 이 일천 마리의 제사를 드렸을 것으로 보고 있습니다.

　일천 마리의 제물을 몇 차례 나누어 제사를 드린다고 해도 한 번에 수백 마리가 될 텐데 그렇게 큰 제단이 있었을까요? 방금 읽었던 4절 말씀을 다시 보시면 "거기는 산당이 큼이라"고 이렇게 기록하고 있습니다. 그

러니까 아주 큰 제사를 드릴 수 있도록 아주 큰 산당이 있었다는 것입니다. 영어 성경에 보니 그 산당을 "the great high place, K.J.V, R.S.V" 라고 기록하고 있는데 이것은 그 장소가 어마어마하게 큰 산당이었음을 말해주는 것입니다. 그래서 일천 번제라는 것은 일천 번의 제사를 드렸다는 것이 아니라 일천 마리의 제물로 큰 번제를 드렸다는 뜻입니다.

그러므로 이 일천 번제라고 하는 것은 정말 굉장하고 어마어마한 규모의 제사인 것을 우리가 알 수 있습니다. 생각해 보십시오. 일천 마리의 가축을 드리는 제사를 아무나 감당할 수 있었겠습니까? 예를 들어 일천 마리의 소를 바쳤다고 생각해 보시기 바랍니다. 당시 일반 서민으로서는 꿈에도 감당할 수 없는 거액이 아닐 수 없습니다. 그러나 솔로몬은 이스라엘의 왕이었습니다. 국가의 모든 소유가 그의 것이었습니다. 솔로몬은 이스라엘의 왕이었기에 일천 번제를 드릴 수 있는 충분한 재물이 있었던 것입니다.

그렇다고 해도 솔로몬이 재물이 많아서 하나님께 일천 번제를 드렸다고 생각해서는 안 됩니다. 역대 이스라엘 왕 가운데 재물이 없었던 왕이 누가 있었습니까? 그러나 그들은 오히려 하나님을 배반하고 우상을 섬겼지 하나님께 일천 번제를 드리지는 않았습니다. 그러나 솔로몬은 달랐습니다. 솔로몬은 마음이 오직 하나님을 향해 있었고 중심으로 하나님만 바라보았습니다. 솔로몬은 이스라엘의 왕이 되어 그 사명을 잘 감당하기 위해 먼저 하나님을 바라보았으며 모든 능력의 근원이 바로 하나님이시라는 고백을 가지고 이렇게 일천 번제를 하나님께 드린 것입니다.

솔로몬이 드린 일천 번제를 받으시고 하나님은 솔로몬의 마음 중심을 보시며 크게 기뻐하셨습니다. 그래서 하루는 꿈속에 나타나셔서 이렇게 말씀하셨습니다.

"기브온에서 밤에 여호와께서 솔로몬의 꿈에 나타나시니라. 하나님이 이르시되 내가 네게 무엇을 줄꼬 너는 구하라"(왕상 3:5).

"내가 네게 무엇을 줄꼬. 너는 구하라." 이 말씀이 참 좋지 않습니까? 솔로몬이 일천 번제를 드리니까 그 마음의 중심을 보시고 하나님은 이렇게 말씀하신 것입니다. 바로 그때 솔로몬은 무엇을 구하였습니까? 네, 6절에서 9절까지에 이 내용이 나와 있는데 그 말씀을 요약하면 이런 내용입니다. "하나님이여, 저의 아버지 다윗에게 은혜를 베푸셨고 이 부족한 종이 다윗의 대를 이어 이스라엘의 왕이 되게 하셨습니다. 그러나 하나님, 저는 작은 아이와 같아서 이 백성을 잘 다스릴 수가 없습니다. 그러하오니 하나님이여 이 종에게 하늘의 지혜를 허락하여 주시옵소서."

이 기도는 참으로 놀라운 것입니다. 솔로몬은 다른 것이 아니라 바로 '지혜'를 구하였습니다. "하나님, 이 백성들을 위해 사용할 지혜를 주시옵소서." 솔로몬은 자신의 부귀와 영화를 구하지 않았습니다. 장수를 구하지도 않았습니다. 악한 원수를 갚도록 원수의 생명을 구한 것도 아니었습니다. 오직 하나님의 백성을 잘 재판하고 선악을 판단할 수 있도록 하늘의 지혜를 구하였던 것입니다.

이렇게 솔로몬이 하나님께 지혜를 구하는 것을 보고 아마도 하나님께서 크게 감동하신 것 같습니다. 오늘 본문 10절 말씀을 보시면 솔로몬이 지혜를 구하였을 때, 그때 하나님의 마음이 잘 표현되어 있습니다. "솔로몬이 이것을 구하매 그 말씀이 주의 마음에 든지라."

이것은 하나님께서 솔로몬의 모습을 보시고 크게 감동하셨다는 뜻입니다. 진정으로 구해야 할 것을 구하는 솔로몬을 보시고 마음에 크게 흡족하셨다는 뜻입니다. 오늘 솔로몬의 이야기를 읽으면서 저는 갑자기 이런 표현이 떠올랐습니다. '예쁜 짓.' 예쁜 짓은 우리가 어린 자녀들에게 가끔 사용하는 표현입니다. '예쁜 짓 해봐!' 그런데 하나님께서 우리를 바라보실 때도 예쁜 짓 하는 사람이 있는가 하면 못된 짓 하는 사람이 있다는 것입니다.

오늘 본문에는 솔로몬이 하나님 앞에서 참 예쁜 짓을 하고 있는데 그것을 찾아보니까 모두 3가지에 이르고 있습니다.

첫째는 조금 전에 설명한 것처럼 하나님께 일천 번제를 드리는 모습이 너무나 귀한 예쁜 짓입니다.

솔로몬이 일천 번제를 드린 것은 모든 것이 다 하나님한테서 나온다는 사실을 마음 깊이 깨닫고 먼저 그 하나님께 모든 영광과 감사와 존귀를 올려드리는 모습입니다. 왕이니까, 돈과 제물이 많다고, 다 일천 번제를 드린 것은 아닙니다. 통일왕조, 남북왕조 전체를 통틀어서 이렇게 정성을 다하여 제사를 드린 왕이 없었습니다. 그러므로 솔로몬이 일천 번제를 드린 것은 최고의 영광을 돌려드려야 할 분이 하나님이신 것을 알았기 때문입니다. 그리고 자기의 모든 것은 다 하나님한테서 나온다는 것을 솔로몬은 분명히 기억하였기 때문에 이렇게 엄청난 일천 번제를 하나님께 드릴 수 있었던 것입니다.

바로 이 모습이 하나님 보시기에 참 예쁜 짓이었습니다. 하나님은 솔로몬의 일천 번제를 받으시고는 "내가 네게 무엇을 줄꼬. 너는 구하라." 이렇게 말씀하신 것입니다. 하나님을 인정하고 하나님께 최고의 영광을 올려드리며 잘 순종하는 것이 정말 예쁜 짓임을 기억하시고 여러분도 이렇게 행하여서 하나님의 큰 복을 받으시기를 바랍니다.

둘째로 오늘 솔로몬이 행한 예쁜 짓은 7절에 나와 있습니다.

솔로몬은 하나님께 "종은 작은 아이라 출입할 줄을 알지 못합니다."

라고 고백하고 있습니다. 이 말씀은 솔로몬이 하나님께서 "내가 네게 무엇을 줄꼬. 너는 구하라." 말씀하셨을 때 오직 지혜를 구하면서 저는 작은 아이라 출입할 줄도 모르는 존재인데 지혜를 주시면 좋겠다고 말씀드릴 때 사용한 표현입니다. 솔로몬은 한 나라의 왕입니다. 우리가 잘 아는 대로 고대 시대에 왕은 무소불위의 권력을 행사하는 사람입니다. 그런데 이렇게 막강한 권력을 가진 한 나라의 왕이 "나는 작은 아이"라고 말하는 것은 엄청난 겸손의 모습입니다. 하나님 앞에서 교만하고 자기 마음대로 행하는 존재도 수없이 많은데 솔로몬은 스스로 하나님 앞에서 겸비하여서 자기는 작은 아이라고 말하고 있습니다. 네, 이 모습은 하나님 보시기에 참 예쁜 짓이었던 것입니다.

하나님께서 가장 싫어하시는 것은 바로 교만의 죄이고 이렇게 교만한 자는 하나님께서 그 뿌리째 뽑아버리신다는 사실을 분명히 기억해야 합니다. 성경에 많이 나옵니다. 반면에 하나님은 겸손한 자를 보호하시고 그를 구원하시며 그를 높이 세워주신다는 사실도 분명히 기억하시고 하나님 앞에서 예쁜 짓, 겸손으로 복 받는 여러분 되시기를 바랍니다.

셋째는 솔로몬이 간구한 내용에 나와 있습니다.

솔로몬은 하나님께서 "내가 네게 무엇을 줄꼬. 너는 구하라"고 말씀하셨을 때 오직 지혜를 구하였습니다. 이 세상에 하나님 앞에 기도하기를 자신의 안위와 평안과 축복만을 간구하는 사람이 얼마나 많은데 그런데 지금 솔로몬은 백성을 잘 재판할 지혜를 구하고 있습니다. 이것은 하나님 앞에 구할 때 이기적인 모습으로 간구한 것이 아니라 그야말로 이타적인 기도로 지혜를 구한 것인데 이것이 바로 하나님 보시기에 참 예쁜 짓이었던 것입니다.

우리가 구해야 할 것을 구할 때 하나님은 크게 기뻐하십니다. 바로 이것이 하나님 보시기에 예쁜 짓입니다. 여러분도 구해야 할 것을 구하고 무엇보다 이기적인 마음을 버리고 이타적인 모습으로 살아서 참 예쁜 짓으로 하나님께 응답받는 여러분 꼭 되시기를 간절히 바랍니다.

이렇게 솔로몬이 참 귀한 모습으로, 정말 예쁜 짓으로 하나님 앞에 나아갔을 때 하나님은 정말 놀라운 응답을 주셨습니다.

"이에 하나님이 그에게 이르시되 네가 이것을 구하도다. 자기를 위하여 장수하기를 구하지 아니하며 부도 구하지 아니하며 자기 원수의 생명을 멸하기도 구하지 아니하고 오직 송사를 듣고 분별하는 지혜를 구하였으니 내가 네 말대로 하여 네게 지혜롭고 총명한 마음을 주노니 네 앞에도 너와 같은 자가 없었거니와 네 뒤에도 너와 같은 자가 일어남이 없으리라"(왕상 3:11-12).

이것은 참으로 크고 놀라운 축복이 아닐 수 없습니다. 하나님은 이렇게 우리가 올바른 것을 구하기만 하면 놀랍도록 은혜와 축복을 허락해 주시는 하나님이십니다. 솔로몬을 보고 감동하신 하나님의 축복은 여기에서 멈추지 않습니다.

"내가 또 네가 구하지 아니한 부귀와 영광도 네게 주노니 네 평생에 왕들 중에 너와 같은 자가 없을 것이라. 네가 만일 네 아버지 다윗이 행함 같이 내 길로 행하며 내 법도와 명령을 지키면 내가 또 네 날을 길게 하리라"(왕상 3:13-14).

신앙의 명언 가운데 이런 말이 있습니다. "행복하기 위해서는 행복을 포기하라" 아주 의미심장한 말입니다. 우리의 삶은 행복해야 합니다. 이것은 우리를 향하신 하나님의 뜻입니다. 우리는 행복하도록 창조되었습니다. 그러나 우리가 진정으로 행복해지기 위해서는 오히려 그 행복을 포기할 줄 알아야 합니다.

바로 이 원리에 대해서 마태복음 6장 33절은 이렇게 말씀하고 있습니다. "그런즉 너희는 먼저 그의 나라와 그의 의를 구하라. 그리하면 이 모든 것을 너희에게 더하시리라" 예수님의 말씀은 진정 행복해지려고 하면 그 행복을 포기하고 먼저 하나님의 뜻을 구할 줄 알아야 한다는 것입니다. 이것이 예수님이 알려주시는 가치관입니다. 그래서 먼저 그의 나라와 그의 의를 구하면 이 모든 것 그러니까 우리가 바라는 모든 행복까지도 하나님께서 우리에게 분명히 더해 주신다는 말씀입니다.

이것이야말로 솔로몬이 먼저 지혜를 구하였더니 하나님께서 지혜는 물론 구하지 않은 부귀와 영화까지도 허락해 주신 것하고 똑같은 방식 아닙니까? 성경은 역설적인 책입니다. 신앙도 역설적인 것입니다. 그래서 죽으면 사는 것입니다. 나누면 부해지는 것입니다. 낮추면 높아지는 것입니다. 버리면 오히려 얻는 것입니다. 이 진리는 교회 생활에서나 가정생활에서나 부부 생활에서나 인간관계 속에서나 모든 곳에 적용되어야 하는 하나님의 참 중요한 가치관입니다.

프란시스 쉐퍼(Francis Schaeffer) 목사님은 미국의 기독교 철학자이고 복음주의 운동가이신데 1984년에 세상을 떠나셨지만 지금까지 존경을 받는 목사님입니다. 쉐퍼 목사님은 말년에 암으로 투병했는데 암과 혹독하게 싸우면서도 아픈 몸을 이끌고 캠퍼스 사역에 나섰습니다. 그분은 자신의 인생이 얼마 남지 않은 것을 알면서도 자기가 사랑했던 젊은이들에게 남기고 싶은 최후의 메시지를 아주 피를 토하듯 외쳤습니다.

그런데 그분이 외친 말씀의 내용은 아주 이상스러운 것이었습니다.

말년에 쉐퍼 목사님이 가장 많이 외친 내용은 바로 이것이었습니다. "행복을 삶의 목표로 삼지 마십시오." 그 의미는 이런 것입니다. 미국 그리스도인들의 문제는 행복은 구하지만 거룩함은 구하지 않고 있다는 것입니다. 쉐퍼 목사님의 메시지는 오늘날 우리의 가슴을 찌르고 있습니다. 정말 뜨끔해지는 것 같습니다. 오늘날 그리스도인들이 빛과 소금의 역할을 감당하지 못하는 이유는 행복만을 구하고 거룩함은 구하지 않기 때문이라는 것입니다.

한 해가 가고 오는 이 시간, 이제부터 솔로몬처럼 하나님 앞에서 예쁜 짓 하면서 살아가시면 좋겠습니다. 먼저 하나님의 나라와 그의 의를 구하면 하나님은 모든 것을 더해 주실 것입니다. 진실로 솔로몬처럼 구해야 할 것을 구하고 하나님 앞에서 참 예쁜 짓을 하고, 그래서 하나님이 기뻐하시며 크신 복을 내려주시는 아름다운 인생 살아가시기를 간절히 바랍니다. ■